政府创新管理

叶勇◎编著

清华大学出版社
北 京

内 容 简 介

  政府创新是一门系统地研究政府创新活动与创新管理过程的普遍规律、基本原理、一般方法和主要职能的新兴学科。本书运用政治学、管理学、经济学、社会学、法学等综合知识厘定了创新与政府创新的基本内涵，从发起、实施、应用、考核等多维度描述了政府创新管理的实际情景以及动态过程，结合新时代背景探讨了当下政府创新管理的新趋向，并嵌入大量通俗易懂的鲜活案例，可以帮助行政管理、公共事业管理、社会政策等专业的学生，公共管理学者和研究人员，企业界的决策者和管理者以及政府公务员等更好地理解和实践政府创新管理，积累政府创新及其管理的必备知识，培养政府创新与政府创新管理意识，掌握关键的创新及其管理技能和本领，提高创新及其管理能力。

图书在版编目（CIP）数据

  政府创新管理 / 叶勇编著 . -- 北京：清华大学出
版社，2025.7. -- ISBN 978-7-302-53256-9

  Ⅰ．D630.1

  中国国家版本馆 CIP 数据核字第 2025X60S66 号

责任编辑：张尚国
封面设计：刘 超
版式设计：楠竹文化
责任校对：范文芳
责任印制：宋 林

出版发行：清华大学出版社
    网   址：https://www.tup.com.cn，https://www.wqxuetang.com
    地   址：北京清华大学学研大厦 A 座   邮   编：100084
    社 总 机：010-83470000   邮   购：010-62786544
    投稿与读者服务：010-62776969，c-service@tup.tsinghua.edu.cn
    质量反馈：010-62772015，zhiliang@tup.tsinghua.edu.cn
印 装 者：大厂回族自治县彩虹印刷有限公司
经 销：全国新华书店
开 本：185mm×260mm   印 张：20   字 数：421 千字
版 次：2025 年 9 月第 1 版   印 次：2025 年 9 月第 1 次印刷
定 价：69.80 元

产品编号：104990-01

前　言

PREFACE

目前，全球正经历前所未有的革新，政治、经济、社会、科技等领域均发生深刻变化。政治多极化趋势显著，新兴市场国家崭露头角，传统发达国家主导地位有所调整，国际竞争与合作环境日渐复杂。经济全球化促进了全球经济融合与快速发展，但逆全球化思潮、贸易保护主义和单边主义给全球经济带来挑战。社会结构亦发生根本转型，人口格局、阶层分布与文化样式的演变推动民众需求多样化、个性化，文化多元化动向不可逆转。同时，新科技革命，如人工智能、大数据、云计算等，正深刻影响人类的生产模式、生活方式以及思维习惯。在此背景下，创新成为持续推动人类社会深刻变革与全面进步的重要引擎，其涵盖技术创新、制度创新、文化创新等多个层面。在竞争愈发激烈的当下，这些创新相互促进、协同发力，更是成为提升国家国际竞争力、实现可持续发展的关键要素。同时，政府作为国家发展的引领者和社会治理的主导者，其创新能力在加速国家发展进程与提升社会治理效能方面具有至关重要的地位与作用。在这样的背景下，政府创新应运而生，要求政府在治理理念、组织结构、政策制定与执行等方面探索新路径，以适应时代发展。政府创新管理的目标是通过对政府创新过程的系统管理，包括筹划、组织、实施、控制、考核、激励等，营造政府创新氛围，激发政府创新动力，保障政府创新实施，进而提升政府创新效果，确保政府牢牢把握"发展之舵"。毋庸置疑，政府创新管理成为时代的必然选择。

本书正是基于这样的考量和研判，开始全面、系统、深入地探讨政府创新管理的理论与实践。它不仅是对政府创新管理理论的一次持久不懈的探索，更是对政府创新管理实践的一次客观真实的检视。本书开篇即以创新为起点，通俗易懂地阐释了政府创新与政府创新管理的核心意义与广泛影响。随后，本书细致地叙述了政府创新管理的整个生命周期，从创新的发起、实施、应用以及考核这四个主要阶段的角度，对政府创新管理进行了全方位的解读。在创新的发起阶段，本书深刻地剖析了推动政府创新的动力之源及其作用机制，挖掘了创新的源泉与力量。在创新的实施阶段，本书描绘了政府创新实施的全过程，精准甄别了创新实施的策略选择、资源配置、组织协调与风险管理，凸显了其在管理过程中的关键地位。在创新的应用阶段，本书透彻地辨识了政府创新应用的内涵、流程、绩效评估及制度化管理等多个维度，刻画了政府创新的实际应用图景。在创新的考核阶段，本书构建了一个严谨的政府创新考核框架，为政府创新管理提供了有力的评价依据。凭借上述内容的梳理，本书提出了政府创新管理未来发展的三个趋势：面向数字时代的政府创新管理、开展有责任的政府创新管理和面向低碳经济与绿色发展的政府创新管理，致力于揭示政府创新管理的新方向与新机遇。

在编写本书的过程中，我们尤为注重系统性、前瞻性、实用性、国际性和互动性的融合。本书旨在打造一个条理清晰、层次分明的政府创新管理知识体系，从宏观战略至微观细节，从理论基石到实践应用，全景式、多角度地为读者呈现这一领域更为广阔系统的布局。我们不仅追溯了政府创新管理的历史沿革，对其未来发展趋势也进行了确切预测与深刻洞察，以期带动读者获得前瞻性的认知，牢牢把握未来机遇。在实用性方面，本书紧密贴合实际需求，巧妙融合理论与实践，提供了一系列行之有效的工具与策略，帮助读者将抽象理论转化为解决实际问题的锐利武器。同时，我们广泛汲取国际先进经验，将全球视野下的政府创新管理精髓融入字里行间，让读者能够领略到不同国家和地区在政府创新管理中的卓越实践，激发本土创新管理的灵感与活力。尤为重要的是，本书鼓励并促进读者的积极参与，通过鲜活的案例分析、深入的讨论环节及有实践导向的学习活动，极大地增强了读者的参与感与互动性。

在变革的浪潮之中，笔者怀揣着对知识的敬畏与对创新的渴望，精心编撰了本书。笔者期盼它的出版能够激起读者及社会各界对政府创新管理的广泛关注和深刻思考。笔者也憧憬有更多的人能从中吸取宝贵的经验与深刻的启示，不断开拓政府创新管理的方式与技术领域，以便更好地适应时代的发展，并引领时代的发展潮流。

笔者深知，在当今这个变革日新月异的时代，创新活动的复杂性日益凸显，对政府创新及创新管理的动态过程、内在机理等方面的深入研究仍有待进一步加强。构建符合中国本土特色的政府创新管理知识体系，以及对教学内容和方法的改革与探索，需要长期的专注和努力。笔者期待在未来的研究和实践中与各位同人携手共进，为推动政府创新管理领域的完善与发展贡献力量，并衷心希望广大师生、政府管理工作者及所有关心此领域的朋友们，能给予笔者宝贵的意见与建议，让我们在交流中不断进步，共同推动政府创新管理事业的蓬勃发展。

叶　勇

2025 年 7 月

目 录
CONTENTS

第一章

创 新

以创新之力推动中国经济高质量发展

世界知识产权组织发布的《世界知识产权指标报告》显示，2022 年中国专利申请量约 160 万件，居世界第一。该组织此前发布的《2023 年全球创新指数》显示，中国排名第十二位，其中六个指标排名世界第一；中国拥有 24 个全球顶级科技集群，在全球顶级科技集群排名中首次跃居世界第一。这些都说明，迈入创新型国家行列的中国，科技创新能力仍在继续提升。

创新是引领发展的第一动力，是建设现代化经济体系的战略支撑。在世界经济复苏乏力的背景下，中国经济回升向好，高质量发展扎实推进，现代化产业体系建设取得重要进展，科技创新实现新的突破。中国国家统计局 2023 年 8 月发布的数据显示，2022 年中国经济发展新动能指数为 766.8，同比增长 28.4%。从主要构成指标看，创新驱动指数为 336.3，同比增长 15.5%；知识能力指数为 193.4，同比增长 5.9%。中国已成为全球规模最宏大、门类最齐全的人才资源大国，人才资源总量达到 2.2 亿人，2022 年研发人员总量超过 600 万人。国际人士认为，中国不断提升科技创新能力，以科技创新支撑高质量发展，推动学术、创新和生产形成良性循环。

"中国将继续是一个能为双边合作提供巨大机会的经济体。"时任新加坡副总理兼财政部部长黄循财在北京表示，中国经济规模巨大，在先进制造、绿色经济等领域有很多优势，还拥有巨大的市场。巨大机会厚植于中国崇尚创新的沃土之中。联合利华在天津设立亚洲研发中心，施耐德电气中国自动化研发中心在无锡启用，霍尼韦尔公司汽车零部件的全球研发中心设在上海，大众汽车宣布将在合肥的新基地开发电动汽车并进行生产……中国市场不仅是跨国公司竞逐的大市场，也成为新技术和新模式的孵化器、路演区和展示推广平台。越来越多在华投资的跨国企业负责人认为，很多科技创新都来自中国,随后扩展到全世界,"中国是推动新兴技术超大规模应用的热土"。

中国的科技创新不仅为本国经济增长提供持久动力,也为世界带来实实在在的发展机遇。中国与160多个国家和地区建立科技合作关系,签订了116个政府间科技合作协定,构建起全方位、多层次、广领域的科技开放合作新格局。中国与80多个"一带一路"共建国家签署政府间科技合作协定,共建50多家"一带一路"联合实验室,在共建国家建成20多个农业技术示范中心和70多个海外产业园,建立10个海外科教合作中心,建设9个跨国技术转移中心。美国中美研究中心高级研究员丹尼斯·西蒙认为,中国的科技成就举世瞩目,在全球创新版图中发挥着重要作用,成为国际前沿创新的重要参与者、解决全球性问题的重要贡献者。

资料来源:以创新之力推动中国经济高质量发展 [EB/OL].(2023-12-12). http://world.people. com.cn/n1/2023/1212/c1002-40136548.html.

在本书的开篇,我们即将踏上一段探索与启迪的旅程,旨在揭开创新这一时代引擎的神秘面纱,尤其是其在政府治理领域的无限潜力与深远影响。创新,作为社会进步的强劲脉搏,不仅驱动着科技的飞跃与经济的繁荣,更是政府提升治理能力、优化服务效能、增进民众福祉的关键所在。本章我们将深入剖析创新的本质与特征,揭示其背后的逻辑与范式,描绘创新从萌芽到实现的生动图景,并直面创新过程中的风险与挑战,探讨有效的管理策略。同时,我们还将引入创新的思维模式和实用工具,为政府管理者提供一套系统化的创新方法论,以期在快速变化的时代背景下,引领政府创新实践,共创更加智慧、高效、包容的未来治理新篇章。

第一节　创新的概念

一、创新概念的内涵与外延

党的二十大报告强调,"创新是第一动力。"从辞源学角度考察,"创新"一词在中国出现较早,意为创造新的事物,如《魏书》中的"革弊创新"、《周书》中的"创新改旧"。《现代汉语词典》(第 7 版)对"创新"动词词性的释义为"抛开旧的,创造新的";名词词性的释义为"创造性;新意"。在西方,创新(innovation)源自拉丁文(innovare),包括更新、创造或者改变事物等含义。

从广义上来说,一切创造新的商业价值或社会价值的活动都可以被称为创新。本书采用从历史唯物主义和实践角度对"创新"一词的阐释,认为创新本质上是现实的人面对新的实际情况有目的地从事的一种前人未曾从事过的创造性实践活动。

创新具有丰富的外延,涵盖理论、科技、制度、文化、实践五个方面。

　　理论创新是人们通过思维创造出反映客观实际的新原理、新观念、新范畴等，以解放思想，开辟新领域为目的。一方面，任何理论都是在一定的社会历史现实下产生的。当社会现实发生变化时，理论随之调整，这种调整便是"创新"。另一方面，人类依靠自身的实践活动适应不断变化的社会现实。随着社会实践活动的不断发展，社会实践的广度和深度都会发生相应改变，旧理论的局限性也由此体现出来。因此，只要存在社会实践，就必然会有理论的创新。

　　科技创新是指自然科学理论的新突破、新发现以及新产品、新方法、新工艺、新发明、新技术等的首次商业性应用。科技创新包含两个方面：一是指在自然科学指导下生产的各类新产品或新工艺技术的首次商业性应用；二是指自然科学理论的创新。

　　制度创新是制度的创建和革新。从微观层面看，制度创新是指社会中各类组织结构形式的创新；从中观层面看，制度创新是法律、政策等的创新；从宏观层面看，制度创新就是将所有制、生产关系朝着解放生产力、解放人的方向推动。综合来看，制度创新是在宏观上有人类整体命运视野，在中观上有寻求全社会意愿和要求的最大公约数意识，在微观上有切实可行的践行形式。

　　文化创新不仅是精神文化内容的创新，还包含了其形式、载体、传播手段等方面。文化创新实质上就是为非物质的精神领域注入新活力，有其自身的相对独立性。一方面，它不是无根之木、无源之水。文化创新需要依赖物质世界、历史传统等因素的推动，并不是随心所欲就能够达成的。另一方面，文化创新不是对过去文化的简单复制或"旧事重提"，而是结合实践需要不断向前推进。

　　实践创新就是在实践中不断检验过去的成果，不断在实践中探索新事物、新现象，并在此基础上进行实践方式、方法的创新。通过这样循环往复的过程，我们一方面能够将各种早已脱离现实实践的旧世界观和方法论予以扬弃，另一方面又可以将新认识和新理论纳入知识体系。

二、创新概念的发展

　　当下，"创新"是一个热门词，并且频繁出现在理论、制度、科技、文化、实践等各个领域。从某种意义来说，"创新"是一个褒义词，这主要得益于"创新"这一概念已经与经济学思想紧密联系，特别是与"技术"相结合形成"技术创新"，并在现代社会中发挥着日益重要的作用。然而，在过去相当长的一段时间，人们在"创新"名义下的探讨实际上仅仅是"技术创新"而非"创新"概念本身，二者并未明显区分开来，抑或对"创新"的解读有误。总的来说，"创新"概念经历了"从争论到工具，再到理论"这一过程。

　　在西方历史上，"创新"曾是一个富有争议性的概念。戈丹（Godan）将"创新"的源头追溯到古希腊时期，他认为这一概念源于希腊语 καινοτομία（拉丁文为 kainotomia），表示在一种既定的秩序中引进变化的要素。由于古希腊人一直执着于对稳定秩序的追求，所以"创新"在他们眼中是被防备的对象，因此具有消极、否定和贬义的色彩。

"创新"的含义开始由消极向积极转变发生在19世纪。近代科学兴起的过程中，作为重要角色的工匠中的一部分在不同的技术领域进行了创新的实践，成为技术创新者，在当时也被称为"设计者"。由于继承早期对"创新"概念的论断，当时的绝大多数人仍然将"创新"视为贬义词。整个19世纪，创新在贬义和褒义两方面的应用是共同存在的。

随着技术的发展，"创新"涉及医学、农业、教育等诸多领域。"设计者"们不仅将创新的成果用于积极的方面，也定义了创新在这个时期的两个特点——实用性和以科学原理为基础。这个阶段的"创新"概念与市场并未建立联系，也远远没有达到20世纪的广泛应用以及发明成果的商业化。但经过这一阶段后，"技术"一词开始被广泛使用。除此之外，这一时期的许多百科全书编辑或作者在著作中都积极地把"创新"一词应用到实用技艺上。尽管对当时的人们来说，"创新"一词仅仅作为当下一种时髦的话语，并无相应的理论，然而设计者和百科全书作家对这一概念的积极使用促使了"技术创新"的形成以及初期的传播。"创新"这一概念也渐渐转向一种美德，最后完全成为一个褒义词，并且与技术相结合形成技术创新，成为实现社会目标的一种手段，并不断应用于其他领域。

20世纪初，美籍奥地利人、哈佛大学教授约瑟夫·阿洛伊斯·熊彼特（Joseph Alois Schumpeter）在《经济发展理论》一书中首次从经济学的角度系统性地提出了创新理论，推动了"创新"概念的进一步发展。熊彼特认为，创新是指在商业化过程当中，引入了新的力量和元素，如新的产品、新的组织形式、新的原材料等，引起市场力量发生变化的现象。其主体是企业，目的在于获取潜在利润。他将创新概括为以下五种情况：引进新产品；采用新的生产方法（或新技术）；开拓新的市场；控制原材料的新的供应来源；实行一种新的企业组织形式。需要注意的是，熊彼特强调的是在商业进程以及市场中的创新，新想法、新观念未转化成为商业化成果，得到实际的应用之前均不属于他所定义的创新范畴。熊彼特的创新理论自提出以来得到了广泛的传播与认可，这些观点深刻揭示了创新的本质和特征，对后续的创新研究产生了深远影响。

三、创新与其他相关概念

（一）创新与发明

创新和发明二者虽然具有一定的联系，但在本质上仍有较大差别。发明的成果只有在被企业吸收转化，经过商业化流程变成可大规模复制、进行市场交易的产品或服务之后才能够被称作创新。具体而言，创新与发明具有以下四点区别。

第一，"创新"本质上是一个经济学范畴的概念，创新活动必然伴随着收益的产生。

若根据新思想产出的结果不能进行实际应用，不能进入市场并产生收益，即使产出的结果很新颖，从严格意义上来讲也不能被称作创新，只能被称作发明。

第二，"发明"是一个绝对的概念，而"创新"则是相对的概念。发明强调"创造"的意味，也就是说，它在首创性的问题上是绝对的。相对地，创新不必像发明一样强调是不是"第一次出现"，而是有一个相对的范围。不必先考虑在部门、系统内过去有没有人做过，了解了现如今做的进度如何，有何发展提升的空间，在此基础上进行加强、完善、改进并获得一定的收益的活动亦可称为创新。

第三，就发明而言，既有促进社会发展的积极发明，也有阻碍社会发展的消极"发明"；而当今时代背景下，"创新"作为一个褒义词主要用于促进社会发展的积极活动。

第四，发明强调第一次的首创，或全盘否定后的全新创造；创新则更强调永无止境的更新，它一般不是对原有事物的全盘否定，而是在实践的过程当中根据辩证的否定螺旋上升。

（二）创新与创造力

创造力（creativity）也称创造性，最早来源于拉丁语"creare"，意为"创造、创建、生产、造成"。从"创造力"的词源角度解释，创造力的意思是"在一无所有的条件下生成新的东西的能力和特质"。

从定义性质的角度来看，创新通常指的是在经济、社会或技术等领域中，通过引入新的观念、方法或产品实现价值的增值和效益的提升，强调的是对现有事物的改革和更新，具有明确的实用性和目标导向。而创造力则更侧重于产生新思想、新观念和新事物的能力，它更多地强调创造力是一种能力，关注于思维的独特性和原创性，不一定有明确的实用目标。具体而言，创新与创造力主要在主体、经济活动中的作用、成功的标准上有着明显区别。

首先，创新的主体是多元化的。在当今的创新系统中，包括官、产、学、研、用的多元化创新主体各自承担着自身特有的创新功能，具有不可替代的作用。而当前对创造力的研究主要集中在个体层面，用于描述个体的创造性思维以及创造性能力。

其次，创造力和创新在经济活动中具有承前启后的关系。在创新活动前期，创造力承担了新设想、新构思的输入，而创新则是创造过程最终对这些新设想、新构思的成功输出。

最后，创新与创造力二者的成功标准不同。创造力依靠创意、灵感以及发散性思维，其相关活动可以发明创造出新的设想；而创新则需要在此基础上真正付诸实施、用于实践，真正实现经济价值或社会价值。

创新和创造力之间同样拥有千丝万缕的联系。一方面，创新活动基于创造力的发挥。创造力为创新提供了源源不断的思维火花和原创性想法，这些想法是创新的基础和前提。没有创造力的支持，创新就难以产生真正有价值的成果。另一方面，创造力推动创新活动的发展。创造力不仅为创新提供了思维基础，还通过激发人的潜能和探索精神推动创新的发生和发展。

（三）创新与创业

创业是指某个个体或者群体发现某种信息、资源、机会或掌握某种技术，利用或借用相应的平台或载体，将所掌握的信息、资源、机会、技术等以一定的方式和途径转化、创造更多的财富和价值，并实现某种目标或追求的过程。

创新和创业二者是密不可分的，创新处于创业活动的核心。创业者要想使创业活动取得成功，必须根据市场的需求和空缺，针对性地发明新技术、新产品、新服务、新工艺来开拓新的市场或提供新的资源，而这些活动恰恰属于创新的范畴。如果社会或市场接受了这些创业行为，就表明社会认为通过这些创业活动引进的新要素相较旧的要素更有价值。创新为创业提供了源源不断的动力和新的机会。通过创新，创业者能够开发出独特的产品或服务，满足市场需求，从而在竞争激烈的市场中脱颖而出。创新成果需要通过创业实践实现其商业价值。创业者通过商业化运作将创新成果转化为实际的产品或服务，并推向市场，从而为社会带来经济效益。

创新与创业既相互作用、相互联系，又相互区别。创新可以发生在任何领域，由个人、团队或组织完成，其核心在于采用科学的方法完成从新思想的产生到首次商业化的全过程。创业通常由具有商业思维的人或团队发起，其核心在于采用科学的方法认识、理解、分析和指导创业行为，重点在于商业模式的创新和市场价值的实现。创新活动是否成功主要看是否在特定领域取得了新的突破，而创业是否成功则要看是否产生了新的事业。值得注意的是，尽管创新和创业都包括商业化的阶段，但是从狭义上来讲，创业一定伴随着新事业的产生，而在原有的业务上进行拓展不能被称作创业；而创新活动不一定要有新事业的产生，如转让专利也是一种商业化的途径，可以被称作创新但不是创业。

四、创新的误区

创新的误区是指在理解和实施创新过程中存在的一些错误观念、行为或思维方式，这些误区可能会阻碍创新的有效进行，甚至导致创新的失败。在创新的过程中如果陷入创新的误区可能导致资源浪费、效率低下、影响长期竞争力等不良后果。因此，明确并规避创新的误区对创新者而言至关重要。以下是一些常见的创新误区。

（一）创新就是指技术创新，技术上越领先越好

创新的形式多种多样，除了技术创新，还包括商业模式创新、组织创新、产品创

新、流程创新、市场创新等形式。这些形式的创新也能够创造巨大的商业价值。

一味追求技术创新可能使创新主体忽略市场需求、竞争环境、成本效益等多方面因素。技术创新虽然可以在一定程度上为企业带来竞争优势，但过高的技术门槛也可能导致市场接受度低、成本高昂等问题，最终可能影响企业的市场竞争力和盈利能力。

（二）创新就是否定旧事物中的一切

创新并不意味着要完全否定旧事物中的一切。事实上，创新往往是在旧事物的基础上进行改进、优化和重组，以创造出更加符合现代需求的新事物。这种创新方式能够充分利用现有资源和技术优势，降低创新成本，提高创新效率。同时，它也能保持与旧事物的连续性和稳定性，避免因为全面否定旧事物而带来的风险和挑战。若将创新等同于对旧事物的全面否定，可能导致资源浪费、效率低下，甚至丧失原本的优势。

（三）过度追求创新中的"新颖性"

在创新过程中，追求新颖性无疑是重要的，但"过度追求"就可能成为一种误区。这种误区主要体现在，企业或个人可能将新颖性视为创新的唯一标准，而忽视了创新的其他关键要素，如实用性、可行性、市场需求等。这种过度追求新颖性的做法，可能会导致创新成果与市场需求脱节，甚至产生"创新泡沫"，即虽然看似新颖，但实际上并无实际应用价值或市场前景。

（四）企业比用户更了解产品

在创新过程中，企业作为创新主体往往容易陷入一个误区，即认为自己作为研发者一定会比用户更了解产品。这种误区主要体现在企业管理者过度自信地认为自身对产品的理解远超过用户，从而忽视了用户的实际需求和反馈。然而，实际上用户是产品的最终使用者，他们的需求和反馈是产品改进和创新的重要依据。过度依赖企业内部的专业知识和经验，而忽略用户的声音，可能导致产品设计与市场需求脱节，影响产品的市场竞争力。

例如，微软在开发 Vista 操作系统时投入了大量的人力和物力，试图通过技术创新打造一款完美的操作系统。然而，由于微软过于自信，忽视了用户的实际需求和反馈，导致 Vista 在发布后遭遇了大量的负面评价。用户抱怨系统过于复杂、资源占用高、与硬件兼容性差等问题。这些问题的存在使 Vista 在市场上受到了严重的挫折，销量远不如预期。数据显示，Vista 发布后的第一年，其市场份额远低于微软的预期。许多用户选择继续使用旧版的 Windows 操作系统，而不是升级到 Vista。

这一失败案例充分说明，企业不能仅凭自己的主观认知定义产品，而应该更多地关注用户的需求和反馈，积极收集和分析用户数据，了解用户的使用习惯、需求和痛点，并将其作为产品设计和改进的重要依据。只有始终以谦逊的态度保持对市场和用户的持续关注，企业才能打造出真正符合市场需求、具有竞争力的产品。

（五）创新是少数天才的专利

长期以来，相当一部分人认为创新是少数天才的专利，普通人没有必要也没有能力进行创新，这种观点其实是失之偏颇的，忽视了创新活动的广泛性和多样性，限制了个体创新潜力的发挥。实际上，创新并非仅限于少数天才或特定人群，而是可以发生在任何领域、任何层面、任何人身上的活动，并且在创新范式的发展进程中呈现出不断民主化、开放化、大众化的趋势。企业或个人应该摒弃这种误区，充分认识创新活动的普遍性和重要性。通过鼓励广泛参与、激发创新潜能、营造创新氛围等方式，推动创新的持续发展和广泛应用。这样不仅能够提高企业和个人的竞争力，还能够推动社会进步和经济发展。

（六）创新具有随机性和偶然性，很难管理或者不需要对其进行管理

有的观点将创新视为一种随机、偶然且不可控的过程，认为创新无法或不应被管理。然而，这种观点忽视了创新过程的系统性和可预测性，以及管理在推动创新中的重要作用。实际上，创新虽然包含了一定的随机性和偶然性，但通过有效的管理，可以极大地提高创新的效率和质量。

创新并非完全随机和偶然的过程，而是一个系统性的过程，涉及多个环节和因素。从市场需求分析、技术研发到产品上市，每一个环节都需要精心的策划和管理。只有通过系统性的规划和执行，才能确保创新活动的顺利进行。尽管创新过程中存在一定的不确定性，但通过对市场趋势、技术发展、用户需求等因素的分析和预测，可以在一定程度上降低创新的风险，实现收益的最大化。同时，利用数据分析、用户反馈等手段，可以及时发现创新过程中的问题并对其进行调整。创新主体通过制定创新战略、优化资源配置、建立创新团队、营造创新文化氛围等手段，可以激发组织个体的创新潜力，推动创新活动的深入发展。管理在创新过程中发挥的作用不言而喻。

（七）任何形式的创新都是值得鼓励的

创新具有复杂性，对创新者个体或者创新组织而言，选择进行的创新模式具有多元性特征。创新并不是越多越好，也并非所有形式的创新都是值得鼓励的。相反，组织应该立足自身，从实际出发，因地制宜地选择适合自己的创新战略。一般来说，组织在支持创新时应该考虑以下两个问题。

第一，进行创新活动前组织是否了解市场需求、明确创新目标、找准自身定位。在开展创新活动之前，组织应该深入了解市场需求和趋势，确保创新活动能够满足客户的期望和需求。在此基础上，组织还需要根据具体的创新目标设定具体的、可衡量的目标，跟踪和评估创新活动的效果。如果组织盲目开展创新活动，很可能造成资源浪费、产品与市场脱节等后果，从而影响组织整体的营收情况，甚至对自身的口碑和美誉度造成不良影响。

第二，开展的创新活动是否兼顾了组织内部管理和社会外部效应。组织在支持某项创新活动时，不仅关乎组织内部的运营效率和发展潜力，更与社会的整体福祉和可持续发展密切相关。不注重内部管理和外部效应的创新活动可能会使组织陷入发展困境。内部管理不善可能导致创新资源浪费、创新效率低下等问题；而外部效应不佳则可能使组织失去市场机会和合作伙伴的支持，从而阻碍其长期发展。因此，创新活动应该充分考虑组织内外部的效应。创新活动不能建立在牺牲环境、牺牲客户的利益、牺牲组织内部员工的利益上，而应该在制度合法性的框架下产生对组织个体、社会、环境都好的结果。

（八）创新是组织个体的事情，因此只需要关注组织内部的事情即可

创新并非仅局限于组织内部，而是需要综合考虑内外部因素的互动和融合。组织在追求创新时，如果仅关注内部因素，可能会忽视外部环境的变化和机遇。一方面，技术进步、市场需求变化、政策法规调整等外部环境因素给创新活动带来的影响可能是颠覆性的，组织在开展创新活动的全过程中都需要对这些外部环境因素进行持续关注，以便及时调整创新活动的进度和方向；另一方面，外部合作伙伴、供应商、客户甚至竞争对手都可能成为创新的灵感来源，忽视外部因素可能导致组织在创新过程中重复造轮子，浪费时间和资源。因此，组织在追求创新时应该充分考虑外部环境因素的影响，并积极与外部合作伙伴建立联系和合作。通过开放式创新模式、跨行业合作以及关注市场需求等方式，组织可以拓宽创新来源、提高创新效率并加速创新成果的转化和应用。

第二节 创新的特征

创新是推动社会进步和发展的重要动力，带来了前所未有的变革和机遇。为了更好地理解和推动创新，我们有必要进一步深入探讨创新的特征。理解创新的特征对推动创新实践具有重要意义。一方面，它有助于我们识别和评估创新机会，为创新决策提供有力支持；另一方面，它还能够指导我们在创新过程中注重价值创造和风险管理，确保创新的成功实施。

一、首创性

首创性是指首次做出重大发现，系统性地提出此前不存在或未被预见的新概念、新理论或新技术等。"创新"一词中强调的"新"，亦有首创的含义。

创新不是简单地对既有知识和技术的简单模仿或再造，而是在继承中突破旧有的思想、模式、框架、方式和方法，从而创造出新的事物。这意味着创新者需要敢于挑战传统，敢于尝试新的方法和途径，以实现对既有问题的全新解决方案。这种首创性不仅体现在技术层面，也体现在商业模式、管理方法、社会服务等多个领域。

首创性是创新的重要特征，它使创新能够引领潮流，开创新的市场和发展空间，为社会带来实质性的贡献。

二、突破性

突破性是指在世界范围内以创新活动的成果为起点，吸引一批扩展性或跟踪性研究，它标志着创新在超越既有框架、打破传统束缚以及实现质的飞跃方面能力卓越。

创新的突破性强调创新在技术和知识层面的深度变革。这种变革不仅体现在对既有技术的优化和升级，更体现在通过全新的理念、原理和方法，实现对传统技术的颠覆性变革。这种颠覆性变革能够带来技术性能的大幅提升、成本的大幅降低和全新市场的开拓，从而推动整个行业的进步和发展。一些重要的创新活动一旦获得成功，往往就会开辟新的研究方向和研究领域，甚至创建新的学科。

创新活动的突破性还体现在其对社会和经济系统的深远影响。创新的突破性意味着创新活动能够打破旧有的社会和经济结构，催生新的产业、商业模式以及社会形态。这种影响不仅局限于某一领域或行业，更能够引发整个社会的深刻变革，推动科技进步和经济发展，同时也为人们的生活带来更多的便利和可能性，推动社会经济的持续健康发展。

三、风险性

风险性是指创新活动由于内外部环境的不确定性、技术复杂性、市场变动性等多种因素，导致创新成果与预期目标发生背离，甚至可能引发经济损失或其他不利后果。

创新风险性的根源在于内外部环境的复杂性。创新活动往往涉及多个领域和层面，需要应对技术、市场、政策、法律等多方面的挑战。这些因素的变动性和不确定性使创新过程充满了未知和变数。因此，创新者需要具备高度的敏感性和应对能力，以应对各种可能出现的风险。

创新风险性还体现在创新成果的不确定性和难以预测性。创新活动往往是一种探索性和试验性的过程，其结果往往难以准确预测。即使经过了充分的研究和准备，创新成果也可能因为各种原因与预期目标发生偏差。这种不确定性不仅可能导致创新者的投资无法获得预期的回报，甚至可能引发创新活动的失败。

创新风险性还与创新者的决策能力和风险管理水平密切相关。创新者在面对复杂多变的创新环境时，需要做出明智的决策，以应对各种可能出现的风险。同时，创新者还需要具备有效的风险管理能力，通过制定科学的风险管理策略、建立风险预警机制、加强风险监控和应对等措施，降低创新风险的发生概率和影响程度。同时，社会和政府也应为创新者提供必要的支持和保障，共同推动创新活动的健康发展。

四、时效性

创新的时效性是指创新成果在一定时期内具备的价值和影响力，它反映了创新成果与社会、经济、科技环境的适应程度以及其在市场竞争中的优势。时效性是创新活动不可忽视的重要特征。

在现代市场经济中，经济主体之间的竞争越来越激烈，创新成果能否在市场上取得成功，往往取决于其是否能够满足当时的市场需求。随着市场环境的不断变化，消费者的需求和偏好也在不断调整。因此，创新活动需要密切关注市场动态，及时捕捉市场机遇，以确保创新成果能够与市场需求保持同步。竞争者们为了打破垄断，抢占市场，最好的方法之一就是成为某种产品、服务、工艺、技术的"创新第一人"，创新成果的技术领先性能够为企业带来巨大的竞争优势。然而，随着技术的不断进步和普及，新的创新成果不断涌现，原有的技术领先性可能逐渐减弱。在超额利润的吸引下，其他企业也可能通过模仿或改进推出类似的产品或服务，使创新成果的可替代性增强。如果市场监管不及时，甚至还会出现"劣币驱逐良币"的逆淘汰现象。即使市场监管及时，由于消费者需求的变化，长期来看也会使已有产品越来越不受青睐，逐渐失去新鲜特色，因此创新的有效性具有一定的时间限制。

一方面，时效性的存在要求创新活动必须持续不断地进行。由于市场需求和技术环境的不断变化，创新成果的价值和影响力也会逐渐减弱。因此，创新活动需要不断地推陈出新，保持创新成果的新颖性和独特性，以维持其市场竞争力。另一方面，时效性决定了创新活动需要具有前瞻性。进行创新活动需要充分考虑未来的发展趋势和潜在需求，以便能够提前布局和规划。

创新的时效性作为创新活动的重要特征之一，对创新活动具有深远影响。在创新活动中，需要密切关注市场需求和技术环境的变化，保持创新成果的新颖性和独特性，以应对潜在的市场竞争和挑战。

五、动态性

创新的动态性特征强调创新活动是一个动态的过程，它随着技术进步和市场需求的变化而不断发展演变。在这个过程中，创新成果随着时间的推移和环境的变迁，其价值和应用领域也在不断演变和拓展。创新的动态性要求创新者具备敏锐的洞察力和灵活的思维方式，以便及时捕捉新的机会和应对挑战。

创新活动的动态性体现在多个方面。在创新过程中，创新主体需要不断适应外部环境的变化，包括市场需求、技术进步、竞争态势等。同时，创新活动还需要不断调整和优化内部要素，如创新策略、组织结构、资源配置等，以确保创新活动的顺利进行。此外，创新活动的动态性还表现在创新成果的持续更新和迭代上。随着技术的不断进步和应用场景的不断拓展，创新成果需要不断升级和完善，以满足市场和用户的需求。

创新活动的动态性使创新活动能够灵活应对各种挑战和机遇。在快速变化的市场环境中，创新活动需要不断调整策略和方向，以适应新的市场需求和技术发展趋势。创新活动是一个不断试错、不断优化的过程。动态性一方面使创新活动能够不断吸收新的知识和经验，改进和完善创新成果，从而推动创新的不断进步；另一方面这个动态的过程有助于创新主体及时识别和应对风险和挑战，从而降低创新活动失败的可能性。

六、独特性

独特性是某事物与其他事物相比所具有的显著区别和特色，它使该事物在同类中脱颖而出，具有鲜明的识别性。在创新活动中，独特性表现为对传统思维模式的突破，对现有技术和方法的革新，以及对市场需求的独特洞察和满足。独特性是创新活动中不可或缺的一个部分，也是创新的最本质特征之一。

在现代市场经济竞争越来越激烈的条件下，无论是国家还是企业和个人为了在竞争中取胜，都在结合内外部环境不断进行着大胆探索，以形成自身独具特色的核心思想和技术。创新成果的独特性使国家、企业或个人在激烈的市场竞争中脱颖而出，吸引更多用户和投资者的关注。另外，独特性又能够使创新活动更好地满足市场的需求和用户的期望，从而提高其市场占有率和商业价值。

七、价值性

价值性指的是创新成果能够满足某种需求或解决问题，从而为用户、企业和社会带来实际利益或效益。创新必须能够创造价值，无论是经济价值、社会价值还是文化价值。创新的价值性体现在满足用户需求、提升生产效率、提高生活质量或推动社会进步等多个方面，是创新活动的核心特征之一。

创新的价值性是其被接受和广泛应用的基础，也是推动创新持续发展的重要动力。人类进行创新的目的本质上是更好、更快地满足自身生存和发展的需求，因此创新的成果一定要适应人类社会的需求。一项最新的思想或成果若不适应社会需求，没有市场，那就没有真正体现创新的价值和意义。人类历史上也曾经出现过许多令人哭笑不得的奇葩发明，如"雨天专用烟斗""悬挂式育婴笼""番茄静电计"等。这些产品都由于缺乏实际用途和商业价值而不被大众认为是成功的创新。

因此，在一场创新活动中，其对应的产品和服务必须完成通过市场进行双方交换，实现消费者对使用价值最大化的追求目标和生产者对最大利润的追求目标的完整过程。只有那些能够带来实际价值的创新才能得到市场的认可和支持，进而推动创新的深入发展。与此同时，价值性也是评价创新活动成功与否的重要标准。一个成功的创新活动必然能够创造出显著的价值，为社会、经济、文化和技术等方面带来积极的影响。

第三节　创新的范式

自熊彼特第一次从经济学视角系统化将"创新"作为理论概念提出界定以来，国内外至今提出的创新范式概念、理论与模型有数十种之多，形成了概念"丛林"现象。创新的范式呈现纷繁复杂的丛林化特征，其多样性不仅体现了创新活动的丰富内涵，也反映了不同领域、不同主体对创新路径的多元探索。

从企业发展需求的维度来看，当下主流的观点认为双元性创新的探索至关重要；从创新主体的维度来看，可以分为企业社会创新、用户创新、居家创新、协同创新等；从创新活动本身的特点维度来看，又可以分为朴素式创新、负责任创新等。了解这些创新的范式不仅有助于我们全面把握创新活动的多样性和复杂性，也为我们在实践中选择和应用合适的创新模式提供了重要依据。

一、双元性创新

双元性创新（ambidexterity innovation）指的是双元性组织同时具有探索和开发的能力。双元性组织即企业为适应未来新需求，需要不断探索学习新知识、新技术以及创造开发新产品，从而增强企业的创新竞争力。

在当今时代背景下，大家逐渐形成了一种共识——组织需要不断地调整自身以适应外部的动态环境，并不断进行创新以满足未来的需求；但与此同时，组织也需要延续其现有的商业模式，并保持一定的稳定性，以保证当前稳定的收益。这两种活动虽然都代表着组织的发展方向，但是却需要遵循完全不同的逻辑模式。因此，组织必须进行变革以解决这种对立的发展模式之间的紧张关系，同时，追求开发性和探索性的活动，也就是达到"组织双元性"（Organization Ambidexterity）的状态。双元性创新的组织能够在开发现有能力的同时，探索组织的新机遇。

许多经验性的研究显示，开发性和探索性的活动之间存在一定的对立关系，其原因在于探索和开发活动都会对公司的稀缺资源进行争夺，并且在其他因素相同的情况下，这两种行为会进行反复的自我强化。除此之外，两种行为的思维模式、组织管理等方面完全不同，同时进行这两类行为几乎是不可能的。

双元性所代表的矛盾性思维和管理模式对中国企业的发展来说具有重要意义。在日益复杂的外部环境中，企业经常面临着开发已有的竞争能力与探索新的竞争能力的矛盾，既要成功变革又要保持已有的优势。因此，如何在保持原有竞争优势的前提下，开展新的创新活动，成为很多企业面临的重要问题。

现有的主流研究认为，双元性创新主要有渐进式创新与突破式创新、持续性创新与破坏性创新、模仿性创新与原始性创新、利用式创新与探索式创新、封闭式创新与开放式创新等。

按照创新结果所带来的变化大小进行分类，可以将创新范式划分为渐进式创新（incremental innovation）和突破式创新（radical innovation）。渐进式创新是一种不断进行的累积性、连续性的技术改进，强调对现有技术的改良和拓展，旨在通过逐步改进产品或服务的基础，以提高其性能、效率和用户体验。突破式创新则是在技术推动或市场拉动下，或两者综合作用下产生的技术上的根本性突破，是对产品、生产工艺的显著性改变。这种创新通常是颠覆性的、独一无二的，为行业或领域带来前所未有的新功能、新产品或新服务。突破式创新的特点包括耗时长、不持续、高度不确定性和风险性、独特性以及对现有市场的极大影响等，多发于中小型企业。虽然它可能带来巨大的收益和领先优势，但也可能因为研发或尝试不确定的技术而导致失败。

渐进式创新和突破式创新都是企业实现创新发展的重要手段，只是侧重点和路径不同。渐进式创新有助于企业保持竞争优势，满足市场不断变化的需求，推动行业的稳步发展；而突破式创新则能够引领行业趋势，创造新的市场机会，甚至改变整个行业的竞争格局。除此之外，突破式创新相比于渐进式创新而言更能够推动社会技术的进步，提高生产效率，改善人们的生活质量。在实际的市场活动中，企业应根据自身的实际情况和市场需求，灵活选择并综合运用这两种创新策略，以实现持续的创新发展和竞争优势。

按照对市场和技术的影响程度大小进行分类，可以将创新范式划分为持续性创新（sustaining innovation）和破坏性创新（disruptive innovation）。持续性创新主要关注对现有产品或服务的持续改进和优化，以满足主流市场客户不断变化的需求。它通常是在现有技术框架下进行的，强调的是对现有技术、产品、服务等方面的渐进式改进和完善，注重现有市场中的竞争优势和市场份额的保持。破坏性创新，又称为颠覆性创新，是一种能够颠覆现有市场规则和技术框架的创新。它通常从边缘市场或低端市场开始，提供与主流市场产品相比尚不够完善的新产品或服务，但具有更低的成本、更简单的结构或更便捷的使用方式，具有极大的市场破坏性。

根据创新活动基础的不同进行分类，可以将创新范式划分为模仿性创新（imitation innovation）和原始性创新（original innovation）。模仿性创新是在已有创新成果的基础上进行模仿、改进和再创新的过程。它侧重于对现有技术、产品或服务进行消化吸收，并在此基础上进行适度的改进和优化，以适应不同的市场需求。原始性创新则具有完全不同的内涵，强调从无到有的创新过程，依靠自身的努力和探索，在技术创造和技术应用过程中产生技术突破，攻克技术难关，并推动技术创新的后续环节，完成技术的商品化并获得企业利润。原始性创新的核心特征在于其技术的内生性、首创性、基础性和根本性，它是基于企业内部的技术突破，具有开创性和引领性。

根据创新活动的目标不同进行分类，可以将创新范式划分为利用式创新（exploitation innovation）和探索式创新（exploration innovation）。利用式创新主要指的是企业通过深入挖掘现有知识，对已有技术、产品和服务进行强化和改进，以满足既有市场和顾客的需求。探索式创新的内涵在于企业依靠新知识和新技术开发新产品和服务，以迎合新市场和新客户。这种创新活动强调对未知领域的探索和突破，具有风险高、投入大、周期长等特点，有助于企业开拓新市场，创造新的增长点，为长期发展奠定基础。

封闭式创新（closed innovation）和开放式创新（open innovation）主要是针对创新活动要素流动的时空维度不同而形成的概念。封闭式创新主要指的是企业依靠自身的资源和能力，独立完成从创意产生到产品上市的全过程。开放式创新模式是企业有意识地突破组织边界，整合内外部创新资源，从而快速实现商业化及占领技术市场的目标。封闭式创新在一定程度上限制了创新资源的流动和共享，可能导致市场竞争的单一化和创新活动的滞后。而开放式创新能够促进创新资源的优化配置和共享，推动市场竞争的多样化和创新活动的加速发展。

二、企业社会创新

企业社会创新（corporate social innovation）是企业基于创新精神，兼顾社会目标与商业目标，通过创新性的方式提升社会福利水平和人们的幸福程度，进而平衡社会价值和商业价值的行为。通过社会创新，企业能够为社会创造持续有利的影响，同时实现自身的可持续发展。

企业社会创新的起源可追溯至德鲁克（Drucker）的社会创新思想。德鲁克强调，社会创新与技术创新在企业发展中具有同等的重要性，并提出应将政府、社会组织以外的企业引入社会创新领域，作为企业社会创新的重要主体。这一思想的提出，为企业打开了一个全新的视角，即企业不再仅仅是追求经济利益的实体，更是社会创新的积极参与者和推动者。

企业社会创新具备以下四个典型特征。

第一，目标的社会性。其主要目标一定包括产生显著的社会效果，这也是与其他类型的创新活动区分的关键特征。以商业化为导向或驱动的创新活动通常致力于实现盈利水平最高，而企业社会创新以社会福利、社会价值等为首要目标，强调立足创新精神，解决受到密切关注的社会问题。在新的产品或服务在显著外部性的领域，企业社会创新活动的实施所带来的社会效益将高于传统意义上的经济利益，其影响也不只局限于企业内部或有限的利益相关者范围，而是扩散至更广阔的社会领域。

第二，过程的协同性。社会创新由受益人协同作用产生，受益人可以通过深度参与的方式开发、配置和使用各类资源，进而满足自身长期发展的需要。相比于以往由提供者驱动的创新范式，企业社会创新是一种新型的社会协作模式，其价值创造活动涉及更多利益相关者。他们在全流程中都发挥了先导作用，通过率先践行企业社会创新理念，激发更多公众的热情，引导公众主动宣传、推广、参与这些活动，使其从微观层面的"企业"场域拓展至宏观层面的"社会"场域，最终通过社会范围内更多主体和参与者的力量，推动形成更大的作用，进而产生涟漪效应和持续影响。

第三，方式的新颖性。企业社会创新活动自嵌创新精神、创业精神，或者具备有效的创新管理办法。传统视角下的创新创业精神倾向于识别与利用商业机会，商业问题通常是其关注的焦点；而企业社会创新则是将创新创业精神引向社会范畴，强调在社会问题中采用商业模式，并评估创新效果。在这种精神下，行动计划、行动过程和行动结果都是企业的关注点，进而推动企业构建有效的创新管理机制，同时能促进社会关系和治理结构的改善。例如，近年来如火如荼的社会企业白象食品股份有限公司就是企业社会创新与企业家精神结合的典型代表。

第四，创新的一般属性，如系统性、多样性等。如前所述，企业社会创新也是一种创新形式，但因其具备的"社会"属性使其创新路径具有一定的特殊性。可持续的企业社会创新活动不仅能为企业带来效益，更对改善社会和环境现状具有积极作用，反之亦然。因此，企业需要构建系统性思维，综合考虑多种复杂因素以及可能的影响。同时，由于社会问题存在多种类型，就需要不同形式的企业社会创新。例如，在组织建设、合作机制等方面，企业可能会与不同主体合作建立专注于社会问题或开展与实施企业社会创新的新型部门、知识交流机制等，以提升组织类型的丰富性、知识经验的流动性等，这些创新成效也将有助于企业做出更有效的发展决策。

企业社会创新的最大挑战在于如何在追求经济效益的同时，有效地解决社会问题，并在这个过程中保持创新的可持续性。一方面，企业社会创新往往需要投入大量的资源和精力，而回报却可能并不立即显现，甚至可能面临失败的风险；另一方面，社会问题往往涉及多个利益相关方，需要协调各方的利益和需求，其复杂性和多样性使企业难以找到有效的解决方案，增加了创新的难度和不确定性。通过制定明确的战略、加强合作与资源整合、改善制度和文化环境以及注重创新成果的评估与反馈等策略，企业可以克服这些挑战，实现社会创新的可持续发展。

三、用户创新

从市场需求角度出发，埃里克·冯·希普尔（Eric von Hipple）从创新主体与用户互动的角度提出了"用户创新"（user innovation）的概念。用户创新是指用户在对现有产品或服务不满的前提下，乐意对产品或服务提出新设想或进行新改进，强调用户的主动性和创造性，体现了"从用户中来，到用户中去"的创新理念。依靠用户的参与，企业可以降低创新成本、减少风险、缩短新产品开发周期，提高用户满意度。

用户创新的主体是广大消费者或用户。一方面，终端用户凭借自身对产品的深入了解和实际使用经验，能够发现产品存在的问题和不足之处，并提出切实可行的改进方案。与专业研发人员相比，用户创新者更贴近市场、更了解用户需求，因此他们的创新成果往往更具针对性和实用性。另一方面，由于客户个体的隐性知识具有黏性而无法直接传递到企业内部，传统的封闭式创新无法满足用户多样化和个性化的需求。在此情况下，企业应当将外部用户（特别是领先用户）的个体化隐性知识作为创新的重要资源，主动将用户参与引入创新的过程之中，最大限度地获取其处于隐性与显性状态的需求，从而提升创新的效率与效果。

用户创新具有以下四个典型特征。

第一，需求导向性。用户创新的需求导向性是指用户创新的出发点和动力主要来源于自身的需求。用户在使用产品或服务的过程中，会遇到各种问题或不便，这些问题或不便就是用户的需求痛点。用户为了解决这些问题，会主动寻找解决方案，从而催生出创新想法或行为。这种以需求为导向的创新方式使用户创新更贴近市场需求，更有可能被市场接受和认可。

第二，自发性。与传统的由企业主导的创新不同，用户创新行为是用户自主发起的，不需要外部力量的推动或引导。用户在使用产品或服务的过程中，凭借自己的经验、知识和技能，主动发现问题、提出解决方案，并尝试实施这些方案。这种自发性的创新行为使用户创新更加灵活和多样，也更容易产生具有创新性的解决方案，是推动用户创新的重要力量。

第三，分散性。由于用户群体庞大且分布广泛，用户创新往往是由个体或小规模群体自发发起的，分散在各个角落，没有固定的组织或机构来统一协调和管理，呈现出一种分散的状态。不同的用户可能会针对同一产品或服务提出不同的创新方案，这些方案可能涉及不同的领域、不同的技术和不同的解决方案。用户创新的分散性使创新思想更加多元和丰富，但也给创新成果的整合和推广带来一定的难度。

第四，实用性。用户创新的实用性是指用户创新成果往往具有实际的应用价值和使用效果，是用户创新的重要特征之一。用户创新的出发点就是为了解决实际问题或满足实际需求，因此用户创新通常注重实用性和可操作性，强调创新成果能够直接应用于实际生活，带来实际的价值和效益。这种实用性使用户创新更容易被市场接受和认可，也更容易实现商业化和产业化。

用户创新能够为市场带来更多的创新产品和服务，推动市场竞争的加剧和产品的差异化，有助于激发企业的创新活力，提升整个行业的竞争力。除此之外，用户创新还能使消费者更加直接地参与产品设计和改进的过程，增强了消费者的参与感和满足感。同时，这也体现了民主化创新的趋势，使创新不再是少数专业人士的专利，而是成为大众共同参与的活动。但是，由于用户创新往往缺乏专业的知识产权保护意识和手段，导致创新成果容易被他人模仿或盗用，从而损害创新者的利益。一些用户创新者虽然拥有创新的想法和需求，但在实际操作中往往缺乏足够的技术能力和资源支持，导致创新项目无法顺利推进或无法达到预期效果。即使用户创新成果具有较高的实用性和创新性，但在市场推广和商业化过程中仍可能面临消费者对新产品的接受度、竞争对手的反应以及市场环境的变化等诸多挑战，从而影响创新成果的商业化进程。

四、居家创新

随着科技的不断进步和人们生活水平的提高，家庭作为生活的重要场所，其功能和需求也在不断变化。人们开始寻求更为便捷、舒适和智能的居家生活方式，这种需求推动了居家创新（household sector innovation）的发展。很多创新者利用自己可自由支配的时间开发新产品、流程和服务，以对家庭成员的关爱和家庭成员需求的满足为驱动，不以营利为目的，甚至放弃对知识产权的保护而免费分享。这种在家庭情境下，以家庭成员、邻里朋友等小型社会群体为基础，利用闲暇时间和免费劳动完成供自己使用的产品的创新过程就是居家创新。

居家创新是以关爱为驱动的创新行为，旨在提升个人或家庭成员的幸福感和生活质量。不同于生产者创新都会关注潜在市场的范围和性质，居家创新者的创新行为源于对家人的关爱，在创新成果开发和推广过程中，多是为了解决家庭成员或直系亲属在生活中的不便捷问题，感受随之而来的积极情绪以及亲人的满足。这种处于价值链末端的、高频的、以满足个性化需求为导向的创新性行为，会随着互联网经济和企业开放式创新的跨越式发展变得更加广泛。随着创新工具使用的便捷性和创新要素可得性的不断加强，居家创新将成为一种普遍的、高频的、多样化、个性化的创新行为。

居家创新强调免费性、自发性、朴素性、草根性、普惠性等特点，是一种满足个性化需求的创新行为，并最终会带来整个社会福利的改善。

居家创新的免费性主要体现在两个方面。第一，它不需要额外的经济投入或交易过程。家庭成员在居家环境中，利用已有的资源和技能进行创新活动，如改造家居、发明新的生活工具或创造新的生活方式等，这些活动通常不需要花费额外的金钱。第二，居家创新也强调无偿劳动的使用，即家庭成员通过投入自己的时间、精力和智慧，进行创新活动，而不是通过购买他人的服务或产品来实现创新。这种免费性使居家创新成为一种低成本、高效率的创新方式。

居家创新的自发性体现在创新活动的主动性和自愿性上。与传统的企业创新或政府推动的创新不同，居家创新是由家庭成员由于对家人的关爱而自主发起和推动的。这种自发性使居家创新更加灵活和多样，能够快速地适应家庭生活的变化和需求。同时，由于创新活动是由家庭成员自愿参与的，因此也更容易激发他们的创造力和创新精神。

居家创新具有朴素性，主要体现在居家创新的成果简单、实用、直接的特点上。与复杂的科技创新或商业创新相比，居家创新更注重实用性和直接性。它往往不需要高精尖的技术或复杂的设备，而是利用简单的工具和材料，创造出符合家庭生活需求的新产品或服务。这种朴素性使居家创新更加贴近普通人的生活，更容易被广大人民群众所接受和推广。

居家创新具有草根性。与专业的科技人员或商业精英相比，居家创新的参与者更加广泛和多样。无论是老人还是孩子，无论是城市居民还是农村居民，只要有创新的需求和兴趣，都可以参与居家创新。这种草根性使居家创新具有更强的生命力和活力，能够不断地推动社会进步和发展。

居家创新具有普惠性。居家创新不需要补偿性交易的特征使其成果更容易流动、推广和再生产，这种创新成果的扩散也为其他家庭带来了极大的便利。这种非商业化的创新模式在推动家庭生活质量的提升的同时，还为社会的持续发展提供了有力支持。

五、协同创新

协同创新（collaborative innovation）是指各个创新要素的高效协同以及创新资源在系统内部的无障碍流动，是企业、政府、科研机构等为了实现重大科技创新而开展的大跨度整合，旨在获得"1+1+1 ＞ 3"的非线性叠加效应的创新组织模式。

德国学者赫尔曼·哈肯（Hermann Haken）最早提出"协同"的概念，强调了系统中各子系统的相互协调、合作或同步的联合作用及集体行为。协同创新起源于 20 世纪 70 年代国际创新研究领域出现的协同理论，其核心观点在于创新主体之间的互动联结和集体创新，旨在通过协同方式促进创新活动的发展。在协同创新中，政府是主导者，负责发起和推动协同创新的进行；企业是核心，通过与其他主体的合作，分享知识、技术、市场等信息，激发出更多的创新想法和思路，有利于产品的研发与创新；高校和科研院所是创新的源泉，提供人才和技术支持；中介机构则起到桥梁作用，促进各方资源的有效对接。

协同创新主要包括整体性、动态性、开放性、多元性、融合性、持续性等特征，并逐渐向跨学科和区域化、国际化和网络化方向发展。

第一，整体性是协同创新的核心特征之一。它强调各创新主体之间的协同作用，以实现整体创新效果的最优化。在协同创新过程中，各主体通过资源整合、信息共享和优势互补，形成强大的创新合力，从而突破单一主体在创新过程中的局限，提高创新的整体水平和效率。

第二，动态性是协同创新的重要特征。由于创新环境和创新需求的不断变化，协同创新需要不断调整和优化创新策略和资源配置。这种动态性不仅体现在创新主体之间的合作关系上，还体现在创新过程中的知识流动和技术更新上。通过不断适应和调整，协同创新能够保持持续的创新活力和竞争力。

第三，开放性是协同创新的基本特征。它要求创新主体打破传统的组织边界和行业壁垒，积极寻求外部合作和资源。通过开放式的创新模式，协同创新能够吸引更多的创新资源和人才，促进创新成果的扩散和应用。同时，开放性的创新活动有助于降低创新风险，提高创新成功的概率。

第四，多元性是协同创新的重要体现。它意味着创新主体来自不同的领域、行业和文化背景，拥有多样化的知识和技能。这种多元性有助于丰富创新思路和方法，提高创新的广度和深度。同时，多元性要求创新主体之间具备较高的包容性和协作能力，以应对不同文化和思维方式之间的冲突和融合。

第五，融合性是协同创新的关键特征。它强调不同创新要素和资源之间的深度融合和相互渗透。通过跨领域、跨行业的合作，协同创新能够实现技术、知识、市场等要素的有机融合，推动创新成果的转化和应用。

第六，持续性是协同创新的重要保障。它要求创新主体具备长期投入和坚持的精神，不断推动创新的深入发展。通过持续的知识创造和技术更新，协同创新能够保持创新的活力和动力，为经济社会发展提供源源不断的创新支持。

协同创新是一种具有深远影响力和广泛应用价值的创新模式，它通过整合多元主体的资源和优势，推动创新的加速发展，为市场活动和社会进步提供强大动力。但是，在实际实施过程中，应注意协同创新过程中存在的知识产权归属权问题和利益分配问题。经费使用进度缓慢和机制体制改革困难是协同创新中心建设中常见的困境，不同主体之间的信息沟通、资源共享等方面也可能存在障碍。

六、朴素式创新

朴素式创新（frugal innovation）是一种针对新兴市场中的消费者所进行的资源限制型创新模式。它借助对消费者需求的充分了解，通过创新商业模式、价值链、生产流程和产品设计等，降低产品及其价值链的复杂程度和成本，提供质量合格、耐用易用、能满足需求的产品或服务。这种创新模式强调在有限的资源条件下，通过简单、直接、实用的方式，实现产品的创新和改进。

朴素式创新的理念起源于 20 世纪 50 年代的"适用技术"（appropriate technology）运动，特别是在资源匮乏的条件下，为满足广大消费者需求而发展出的一种创新模式。朴素式创新概念的形成和盛行发生在印度。印度有着深远的"jugaad"文化，即"突破各种限制条件，用有限资源即兴设计有效的解决方案"。依赖于该思想，印度企业以当地的用户需求和市场特征为出发点，通过重新构架产品概念和减少不必要的产品设计，不仅降低了产品的生产成本，而且维持了产品的耐用性和易用性，获得了巨大的成功。以金砖国家为代表的新兴经济体，在发展中普遍面临资源环境制约、市场机制不完善、基础设施相对薄弱、人口基数大以及"金字塔底端"消费者数量巨大等问题，为了应对自身发展困境而出现越来越多的朴素式创新行为，这种模式也渐渐风靡了整个世界。

　　与其他创新范式相比，朴素式创新具有低成本高性能以及社会价值性两个显著特征。

　　从低成本高性能的角度来看，朴素式创新强调在有限的资源条件下，通过精简设计、优化生产流程、采用低成本材料等方式，实现产品的创新和改进。具体来说，朴素式创新者会深入了解市场需求，准确把握消费者的核心需求，避免在产品设计和生产过程中添加不必要的功能和装饰，从而降低生产成本。同时，他们还会寻求与低成本供应商的合作，通过批量采购、集中生产等方式进一步降低生产成本。但是，低成本并不意味着低质量，朴素式创新在追求低成本的同时，也非常注重产品的性能和品质。此外，朴素式创新者还会不断关注市场动态和技术发展趋势，及时引入新技术和新材料，提升产品的技术含量和附加值。

　　从社会效应的角度来看，朴素式创新的社会价值性主要体现在其包容性和可持续性上。朴素式创新的包容性体现在它将传统经济忽略的底层消费群体重新整合到经济中，旨在更好地服务社会中的贫困群体，通过重构供应链和研发模型来帮助贫困群体提高其社会和经济资本，有利于实现社会的公平化和民主化。这种创新模式打破了传统市场中的价格壁垒，让更多人能够享受到科技创新带来的便利和福利，而其可持续性主要体现在朴素式创新通过降低生产成本和提高产品性能，提升企业的竞争力和市场份额，在一定程度上能够促进相关产业的发展和就业机会的增加，为经济发展注入了新的动力。另外，朴素式创新还强调在有限的资源条件下实现产品的创新和改进，而这种理念亦符合可持续发展的要求。通过降低生产成本和提高资源利用效率，朴素式创新有助于减少对环境的破坏和资源的浪费，推动经济的可持续发展。

　　朴素式创新作为一种资源限制型创新范式，是一种少花钱多做事的能力，和更快、更好、更便宜地创新。这种方式强调通过技术重组、产品重构、流程重塑等方式在保证产品质量的前提下实现降低成本的目标，从而为众多低收入消费群体提供支付得起和质量过关的产品或服务。学习和吸纳朴素式创新将不仅有助于企业在发达国家以印度等为代表的金砖国家获得成功，在新兴市场也将同样有用。

七、负责任创新

　　负责任创新（responsible innovation）是指在创新过程中，创新者积极考虑社会、环境和经济的可持续发展因素，以确保创新的成果符合道德、法律和伦理要求，并能够带来积极的社会影响。它旨在实现经济增长、社会进步和环境保护的良性循环，促进可持续发展。

　　"负责任创新"的概念起源于21世纪初，由德国学者托马斯·海斯托姆（Tomas Hellstrom）在2003年首次提出。近年来，转基因技术、智能机器人、核技术、军事和安保技术等领域的创新取得了显著进展，然而，这些技术发展的变革性和复杂性也带来了创新伦理的挑战。技术理性的不确定性引发了公众对技术安全的深切担忧，如转基因食物的安全性、核污染等问题，这些高新技术的发展无疑具有双重性。在推动创新发展的同时，不能再单单以经济发展、企业效益和创新效率为目标。创新是公众价值观的表达，各创新主体应积极承担起相应的社会责任，对科技创新行为在道德层面开展探讨与评估。在这一背景下，"负责任创新"理念应运而生。负责任创新延伸了传统模式对技术不确定性与危害的讨论，意味着对现有科学与创新的集体管理，从伦理角度有效评估和影响技术创新活动的负外部性及其潜在风险，其本质是创新共同体以积极履行、承担责任为方法论的一种创新评价、认识和实践，具有综合性、响应性、前瞻性、自省性和多主体协商等特征。

第一，负责任创新的综合性特征体现在创新主体应深刻理解和全面考量创新活动对社会、环境和经济等多个方面的影响，追求全面的可持续发展，构建经济效率、社会效益与道德价值三者相平衡的创新体系。传统的以营利为目的的创新活动必然将排斥影响获得利益的其他责任。企业以利润为导向的理念与社会责任、环境责任、公平责任及隐私责任等创新的道德和民主化使命之间不可避免地会存在矛盾。负责任创新的理念要求创新主体充分平衡创新活动中的经济效益以及活动本身所产生的负外部性以及伦理道德问题，寻找一个恰到好处的"平衡点"。

第二，负责任创新的响应性不仅与风险相联系，要求创新主体对技术应用携带的风险做出预测和回应，而且与透明度和可及性相关，要求创新主体披露与公众相关的研究问题。在创新过程中，创新主体需要密切关注技术应用的实际情况和潜在风险，及时采取应对措施，确保创新活动的安全性和可控性。同时，创新主体还需要保持高度的透明度和可及性，向公众披露相关的研究问题和成果，接受公众的监督和评价，确保创新活动的公正性和公信力。

第三，负责任创新的前瞻性要求创新主体在推动技术创新时，不仅要关注当前的利益和需求，更要充分设想未来的前景和可能产生的后果。前瞻性要求创新主体具备前瞻性的思维能力和战略眼光，能够预见并应对技术发展可能带来的挑战和风险，强调在推动技术创新的同时，必须深入分析和预测这些潜在风险，并采取有效措施加以规避。

第四，自省性是负责任创新的另一个重要特征。自省性要求创新主体在创新过程中不断反思自身的知识边界和分析框架的适用限制。在技术发展日新月异的今天，任何知识体系和分析框架都存在一定的局限性和不足。因此，创新主体需要保持开放和谦逊的态度，不断审视和更新自身的知识体系和分析框架，以确保创新活动的科学性和合理性。同时，自省性还要求创新主体在发展过程中注重对价值观和信仰的反思，通过增强公众参与和强调公共对话的方式，避免技术发展走入歧途，确保创新活动符合社会的整体利益和道德标准。

第五，多主体协商特征也是负责任创新包容性的体现。它要求创新主体在创新过程中充分考虑所有利益相关者的需求和利益，让所有的利益相关者都能参与到研究、创新与发展的早期阶段。在责任延伸的帮助下，创新过程将更好地平衡经济、社会文化和环境利益。因此，政府、企业、组织和公众等多元主体都应成为负责任创新的原动力，通过多元主体的参与和合作，创新主体可以更好地理解创新活动可能带来的影响，共同寻找解决问题的方案，从而使创新活动更加符合社会的整体利益和道德标准。同时，多主体协商的特征还要求创新主体积极寻求与社会公众的沟通和互动，向社会公众寻求解决问题的方案，增强创新活动的社会认同感和支持度。

负责任创新为企业社会责任的理论和实践开启了一个新的研究视角和线索，拓展了原有对企业、社会和责任的认识，应在国家战略层面提倡负责任创新，并且落实在企业和产业的实际行动中，使之能够成为成功发展的经济战略。"负责任创新"作为一个系统工程，不仅需要政府、科学共同体、企业和公众发挥各自的角色优势，明确各主体的责任内容，还需要建立崭新的协商共治空间，弥合主体间的认知鸿沟，协调与平衡主体间的价值冲突与利益诉求，凝聚治理共识，以达到系统最优状态。创新主体应当时刻注意在责任基础上实施创新，将创新的出发点和落脚点都指向人类长远的责任，改善地球生态，促进社会进步。只有这样，创新和责任才能完美结合。

第四节　创新的一般过程

创新的一般过程是一个涉及多个环节和步骤的循环迭代过程，它涵盖了从创新理念的提出、选择，到创新定位的确立，再到创新方案的设计和实施，以及最后的创新活动总结与评估。掌握创新的一般过程有助于创新者或创新团队更加系统地规划和实施创新活动，减少盲目性和随意性，从而提高创新的效率和质量。

一、创新理念的提出和选择

创新理念提出的过程是创新的起点，需要组织对当下的市场需求、政策环境、组织内部状况等进行充分的调研和考察，敏锐识别潜在的创新机会，并针对其提出新想法或新的解决方案。创新者可以通过头脑风暴、市场研究、技术趋势分析等方式，产生多个创新方案，根据创新理念的可行性、市场潜力、技术难度等因素进行初步筛选，排除那些明显不可行或没有市场的想法，并就市场需求、竞争态势、技术实现难度、成本效益等方面对筛选出的创新理念进行详细评估，从中选取最合适的理念开展相应的创新活动。

二、创新定位

在选择了创新理念之后，需要对创新进行定位，明确创新在市场中的位置、目标用户、竞争对手以及自身的竞争优势。这有助于确保创新活动能够准确地满足市场需求和用户需求。在明确创新定位的过程中，组织首先应该明确开展创新活动的目标。根据所希望达到的目标深入了解目标市场的需求和趋势，组织需要结合自身的能力评估，确定创新产品或服务的目标市场，包括目标用户群体、市场规模、市场潜力等。最后，根据目标市场的需求和竞争态势，制定差异化策略，使创新产品或服务在市场中具有独特的竞争优势。创新定位能够为企业或团队提供明确的创新方向和目标，避免盲目创新和资源浪费。需要注意的是，由于市场环境和用户需求是不断变化的，所以创新定位也需要保持一定的灵活性，以便根据市场变化进行调整和优化。

三、创新方案设计

如果说创新定位主要关注的是组织或产品在市场中的位置，通过了解市场需求、竞争态势以及组织自身的资源和能力，确定自身在市场中的独特位置，以满足目标市场的特定需求，那么创新方案设计则是在创新定位的基础上，根据定位的结果和目标，设计出具体的、可执行的方案。创新方案设计关注的是更加具体的创新事务，内容包括产品设计、营销策略、研发计划等，旨在将创新定位转化为实际的行动计划和操作指导。做好创新方案的设计能够确保创新活动的顺利进行，提高创新效率，降低创新风险，推动实现创新的价值。

四、实施创新活动

实施创新活动的过程要求创新者或者创新团队立足前期调研的结果和市场环境变化，通过执行设计完成的创新方案，将创新想法或理念转化成实际成果或产品的过程。在实施创新行动的过程中，组织应该注意建立有效的跨部门沟通机制，确保信息畅通无阻；关注外界政策环境和市场需求的变化，建立有效的反馈机制，以便及时调整具体的创新活动方向。

五、创新活动总结与评估

创新活动总结与评估是对创新过程及其成果进行全面、系统、客观的分析和评价，以判断创新活动是否达到预期目标，识别创新过程中的成功因素和存在的问题，并为未来的创新活动提供改进方向和参考依据。进行创新活动的总结与评估：一方面能够帮助组织识别创新过程中的问题和不足，提高组织创新的质量和效率；另一方面，它还能够帮助组织评估创新活动的实际效果和价值，为组织的下一步决策提供科学依据。

第五节 创新的价值

党的十八届五中全会提出创新、协调、绿色、开放、共享新发展理念，把创新放在首位，以创新引领发展，突出了创新的极端重要性。创新作为推动社会进步和发展的重要动力，其价值深远。从多个维度来看，创新不仅为经济发展提供源源不断的动力，也极大地丰富了人类的精神世界，提升了人们的生活质量，并促进了社会的全面进步。

一、创新与人类发展

创新是人类文明进步的永恒的主题、不竭的动力，也是人类文明进步的本质特征。从古代的发明创造到现代的科技革命，每一次创新都极大地推动了人类社会的发展，提高了生产力，改善了人们的生活水平。未来学家约翰·奈斯比特（John Naisbitt）认为，人类社会先后经历了传统农业社会、工业社会以及信息社会三个阶段，这三种社会分别对应着农业、工业和信息三种文明形态。

在农业社会时期，以自给自足的农业活动为基础的生产方式能够解释人类文明史上绝大多数时间内的经济运行规律。这个阶段产生了犁、联合收割机、轧棉机等代表性创新成果。这些创新产品的涌现帮助当时的人们节省人力劳动、提高农业生产力，对农业革命产生了巨大影响，同时推动了工业化进程。

自18世纪开始，人类社会从农业社会迈入工业社会，出现了现代科学与工具系统，将主要经济活动建立在机器大生产基础之上，逐渐演变为以制造业为基础的经济。蒸汽机、电、半导体等新技术的出现进一步提高生产率，解放劳动力，当时的生产生活方式以及社会结构皆因此发生了深刻变革。

20世纪初以来，随着技术资本的逐渐沉淀，利润中心由有形财物生产转向无形的服务性生产，劳动力也由农转工、工转商，各种资源逐渐向第三产业转移，发展成为以服务业为基础的经济模式。20世纪中叶以后，计算机的诞生标志着人类进入信息时代，信息产生价值并代表着先进生产力。计算机的问世改变了传统的生活习惯和行为方式，使人们能够摆脱时空的限制，在社会各个领域中提高了信息的收集、处理和传播速度与准确性，加速经济和社会发展，加快了人类向信息化社会迈进的步伐，是科学技术发展史上的里程碑。

人类文明史实际上是一部创新的发展史。人类通过科技创新不断衍生出强大动力，推动人类文明的"车轮"滚滚向前。

二、创新与国家竞争力

国家竞争力是指一个国家在世界经济的大环境下，创造增加值和国民财富的可持续增长的综合能力。它不仅体现在现有的经济实力和军事实力上，更是一个复杂的系统，涉及多个方面的能力和因素。

"创新是引领发展的第一动力。"得益于当今经济发展驱动的转变，决定一国在国际竞争中成败的不再是传统意义上的静态且有限的战略资源，而是转变为动态可演化的该经济体发展中所蕴含的科技含量以及它所带来的增值能力。近年来，世界各国都深刻认识到创新是经济增长的重要引擎，是提升国家经济竞争力和综合国力的关键。

（一）创新是提升国家竞争力的核心动力

在全球化时代，国家的竞争力主要体现在技术、经济、文化等多个领域。创新作为推动这些领域发展的重要驱动力，能够为国家带来技术上的突破、经济上的增长和文化上的繁荣。通过创新，国家可以不断提高自身的技术水平，开发出更具竞争力的产品和服务，从而在全球市场上占据有利地位。纵观当今世界的发展，拥有较高国际地位的国家往往是创新能力较强的国家，只有拥有独创性核心技术的国家，才能占据国际产业链分工的高地，把控国际产业贸易中的主导权。另外，在全球化和知识经济时代，各国之间的竞争日益激烈，各种外部挑战也层出不穷。只有通过创新，一个国家才能不断适应和应对这些挑战，保持自身的竞争力和发展动力。

（二）创新推动产业升级和经济结构转型

随着科技的不断发展，传统产业正面临着转型升级的压力。技术创新是产业升级的核心驱动力。新技术的不断涌现，使得企业能够开发出更高效、更环保、更智能的生产方式，推动产业向技术密集型、知识密集型转变，新兴产业不断崛起。这种转型不仅有助于提高产业附加值和竞争力，还能够促进就业增长和经济可持续发展。创新推动经济结构转型主要体现在：在创新驱动下，经济发展从以往的依赖资源消耗、环境污染的传统模式向绿色、低碳、循环的可持续发展模式转变。这种转变充分重视经济发展的外部性，平衡发展与环境之间的关系，有助于降低经济发展对环境的负面影响，提高经济发展的质量和效益。

（三）创新推动政府治理能力提升

政府治理能力是国家竞争力的基础，直接影响国家竞争力的强弱。而创新在推动政府综合治理能力提升方面发挥着至关重要的作用。技术创新、机制创新、管理创新都是推动政府综合治理能力的有效途径。从技术创新的角度来看，通过引入新技术，如大数据、人工智能、区块链等，政府可以更有效地收集、处理和分析信息，实现数据驱动的决策，从而提升治理效率和质量；从机制创新的角度来看，政府能够建立跨部门协作机制，引入社会力量参与治理，打破信息壁垒，实现资源共享和协同治理；从管理创新的角度来看，政府可以引入现代管理理念和方法，如扁平化管理、精细化管理等，优化管理流程，提高管理效率。除此之外，在面对复杂多变的社会环境和经济挑战时，政府可以通过创新活动及时调整政策、优化资源配置，确保国家的安全和稳定，更好地面对危机和挑战。

（四）创新有助于提升国际话语权和影响力

创新是国家发展的驱动力，也是塑造国家形象的关键因素。当一个国家在各个领域，特别是科技、经济、文化等方面取得显著的创新成果时，其国际形象会得到显著提升。在全球化的背景下，国家之间的竞争已经不仅仅是经济上的竞争，更是科技和文化上的竞争。通过创新，国家可以不断提升自身的科技实力和文化软实力，增强在国际舞台上的话语权和影响力。这种影响力不仅有助于国家在国际合作和竞争中获得更多的利益和话语权，还能够提升国家的国际形象和地位。

（五）创新是实现可持续发展和环境保护的重要手段

"绿水青山就是金山银山。"随着全球环境问题的日益严重，可持续发展已经成为各国共同追求的目标。可持续发展对国家来说的重要性不容忽视，它关乎国家的长远利益、经济繁荣、社会稳定以及全球竞争力。而创新作为实现可持续发展的关键手段，能够帮助国家开发出更加环保、高效的创新产品、生产技术、生产模式，为解决资源短缺、能源危机、环境污染等问题提供了新的途径。这种发展方式不仅有助于保护人类共同的家园，还能够为国家创造更多的经济和社会价值。除此之外，政策创新和文化创新等在推动可持续发展和环境保护方面同样发挥着不可替代的作用。一个国家只有把创新放在首位，充分担负起自己的国家责任，坚决不以牺牲环境为代价换取经济的发展，才能实现经济、社会和环境的协调发展。

三、创新与企业竞争力

企业竞争力是指企业在市场竞争中相对于其竞争对手所展现出的优势和能力，这种优势和能力使企业能够持续、稳定地获取市场份额和利润。企业竞争力的提升是企业长期发展的关键因素之一。

创新能力是提升企业综合竞争力的关键因素之一。通过不断创新，企业能够不断推出新产品和服务，增强技术领先优势，优化运营管理系统，提升品牌形象和声誉，从而在激烈的市场竞争中立于不败之地。

（一）创新激发企业经营活力

企业在管理时将最新的企业管理思想融入工作，能够有效激发企业的经营活力，让企业能够长久、稳定地发展，能够在市场中抢占先机，争取更多的市场份额。企业将创新理念融入经营管理中，既体现了技术创新工作的意义，也能极大地促进企业的发展。许多规模较大的企业都会将大量的资金和资源用于研究环节。此外，企业还会给研究人员颁发贡献奖金等，以提供较好的薪资福利待遇。所有的行为都是在加强企业自身的发展，保证生产研究工作的顺利进行，使科研人员对工作的积极性提高，能够把科研的成果转化为生产力，为企业带来经济利益，提高企业的社会影响力。

（二）创新有利于企业可持续发展

在现代化经济社会的发展中，随着市场多元化创新元素的融入，企业不仅要加强对国内市场的创新，而且要积极开拓新的海外市场，以此来应对全球市场的各种竞争。在当前的发展环境下，企业的经营面临着更多的挑战。同时，在可持续发展的层面上，企业必须依靠技术创新的成果。企业需要不断地改变和调整自己正在使用的管理方式，使自己能够适应市场环境和时代背景。如果不能适时推动技术创新，无法满足企业的可持续发展需要，在市场竞争中，企业将会被淘汰。所以，企业要保持一个可持续的发展状态，就要把技术创新和管理结合起来，重新整合创新企业管理结构，开发创新科技的潜在利用价值。

（三）创新提高企业核心竞争力

企业在激烈的行业竞争中，必须获得核心竞争力，而提高企业核心竞争力在于企业管理技术的创新以及科技的创新研发。管理能力是保证企业发展的关键，如果管理效率低下，管理体制不健全，企业的业务发展就会受阻；技术创新是企业战略发展的重要力量，如果一个企业只是想要保持稳定，不在产品开发和产品迭代上进行创新，则会逐渐失去市场，使企业面临严重的生存危机。所以，在科技创新和管理方面，企业应更加注重两者的相融，企业要对管理的主要发展方向进行科学规划，将技术创新作为企业发展的核心内容，强化企业的管理能力。

第六节　创新的风险

一、创新的风险是客观存在的

创新的风险是由于外部环境的不确定性、项目本身的难度与复杂性，以及企业自身能力的有限性所导致的企业技术创新活动中止、撤销、失败或达不到预期的经济技术指标的可能性。这种风险贯穿于创新活动的始终，是创新过程中不可避免的一部分。

创新活动的风险总是客观存在的，其客观性体现为创新过程中存在的风险是固有的、不可避免的，并且不以人的意志为转移。这种客观性源于创新活动本身。由于创新总是涉及对未知领域的探索，这个过程中的不确定因素来源于技术、市场、管理、政策等多个方面，其涉及的新产品、新技术、新工艺或新模式在诞生初期往往具有高度的不确定性和随机性，创新的风险也随之产生。

正确地认识和理解创新活动风险存在的客观性能够帮助我们增强风险意识，提高风险的防范和应对能力，对个人综合素质的提升、企业经济活动的进行、国家创新战略的制定和实施都有重要意义。

二、创新的风险是可管理的

创新风险本质上是一种投机风险，它源于对未知领域的探索和对现有框架的突破。这种风险意味着创新者在追求创新成果的同时，也需要承担一定的不确定性和可能的失败。然而，这种风险并不是完全负面的，因为它往往伴随着巨大的收益潜力。通过明智的决策和有效的管理，创新者可以在风险与收益之间找到平衡，实现创新的价值。

创新过程中面临的风险并非完全不可控制的。相反，创新活动的风险在一定程度上具有可预测性，企业或个人通过对市场、技术、管理、政策等多方面的因素进行分析和评估，能够提前识别和预测可能出现的风险，从而采取相应的风险管理措施来降低风险发生的可能性和影响程度。

创新风险管理是一个系统性的过程，通过采取一系列的风险防范措施和控制策略，创新主体能够在一定程度上降低创新的风险，使创新活动的收益最大化。这个过程主要包括信息收集、风险识别、风险评估、风险决策、风险控制五个阶段（见图1-1）。

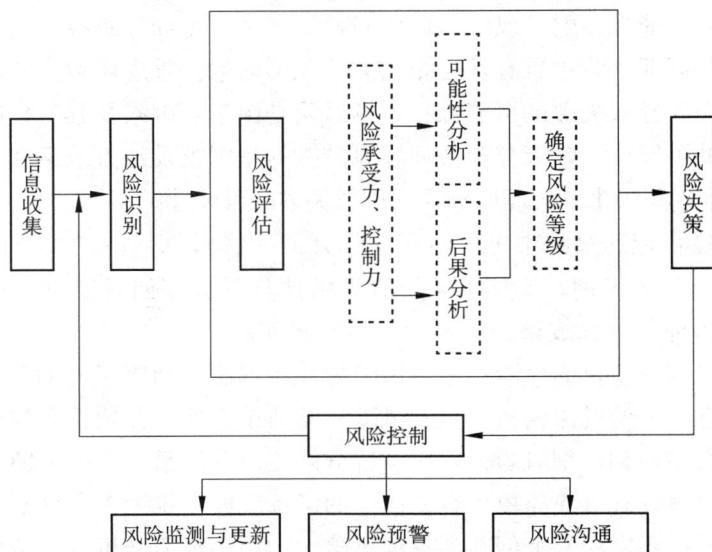

图1-1 风险管理流程图

（一）信息收集

信息收集是风险管理工作的开始和前提条件。创新活动本质上是一个信息量不断增加、不确定性不断减少的过程，是一种典型的不完全信息下的决策。为了降低创新的不确定性，必须有效发挥风险初始信息的竞争情报价值，尽可能获取影响创新的不完全信息。

信息是决策的基础。在创新过程中，无论是项目的选择、资源的配置，还是风险的识别与评估，都需要依赖于准确、全面的信息。通过对市场、技术、竞争等方面不同渠道、不同角度的信息进行收集和分析，创新主体可以更加准确地识别出创新过程中可能遇到的风险和挑战，从而做出更加科学、合理的决策。

（二）风险识别

风险识别是指在风险事故发生之前，对系统中存在的各种潜在风险因素进行感知、判断与归类分析，是风险管理的基础性工作。风险识别贯穿于企业技术创新的整个生命周期，一般包括确定风险源、描述风险特征和预测可能产生的风险事件等。

从现有研究文献来看，关于创新风险识别的研究主要有风险来源角度、创新过程角度以及实证分析角度三个方面。鉴于一般性考量，本书从风险来源角度进行创新风险的识别分析，即创新的风险包括技术风险、生产风险、财务风险、管理风险、市场风险以及政策与社会环境风险。

技术风险是企业创新过程中由技术方面的因素及其不确定性而导致创新失败的可能性；生产风险是企业在研发成功之后投入生产时由生产系统中的因素及其不确定性致使创新失败的可能性；财务风险是由创新投入资金不足而导致技术创新活动失败的可能性；管理是创新风险中具有较强影响力的无形因素，管理风险指的是创新活动中由管理层决策失误导致失败的可能性；市场风险是由市场因素及其变化的不确定性而导致创新失败的可能性；政策与社会环境风险指的是国家及地方政策和自然、社会环境的变化给技术创新带来的负面影响导致创新失败的可能性。

在创新风险管理的过程中可以运用一系列的方法对创新活动可能面临的风险进行较为系统、全面的识别。比如，运用假设条件分析法在创新项目计划和决策过程中，对项目的各种条件和成果进行假设，然后将实施情况与计划中的假设进行对照，从而识别和找出创新项目的风险；运用风险核验清单法，利用历史类似的创新项目风险管理经验，设计一份具体创新项目的风险核验清单，然后在项目实施过程中对照列出的风险清单去核检和识别风险；运用系统分解法，利用系统分解的原理和方法，将复杂的创新项目系统分解成简单、容易认识的子系统或系统元素，分析和识别创新项目各子系统、系统要素和整个创新项目的风险；运用大环境分析法，帮助企业识别政治、经济、社会、技术、法律和环境等因素对企业的影响，从而预测和识别潜在的风险等。

创新风险管理的风险识别是确保创新活动顺利进行的关键环节。通过全面、系统、连续的风险识别过程和方法，可以准确识别出潜在的风险因素并制定应对策略，为创新活动的成功提供保障。

（三）风险评估

风险评估是指采用定性或定量的方法，系统分析和综合评估企业技术创新风险的各种因素，并针对评估结果开展排序分级，以此划定风险防控的优先等级，是风险决策的前置工作。

在风险评估的过程中，不仅要关注创新主体的风险承受能力，也要考量主体的风险控制能力。除此之外，还要从风险发生的可能性以及风险带来的后果的冲击性进行综合考量，才能够确定风险等级以及应对措施。

风险评估需要有一个具有一定可见性的工具，把创新风险的不确定性转化成为可见的结果。风险矩阵法是一种常用的风险评估工具，它通过矩阵的形式展现风险发生的可能性和风险带来的后果的影响程度，将风险划分为不同的等级，结果清晰明确。运用风险矩阵，首先需要明确风险评估的目标和范围，确定要评估的风险类型和领域，并根据这些目标和范围制定相应的评估指标。接下来，对风险发生的可能性以及风险带来的后果的影响程度进行评估，将其分别划分为若干等级，如：极低、低、中、高、极高；轻微、一般、严重、非常严重、灾难性等。将可能性和影响程度的等级分别作为矩阵的纵轴和横轴，构建一个二维的风险矩阵。根据每个风险的可能性和影响程度，在风险矩阵中找到相应的单元格，从而确定该风险的风险等级（见表1-1）。风险等级越高，表示该风险越需要关注和管理。最后，对评估出的不同风险等级进行排序，确定优先处理的风险。这有助于组织将有限的资源投入最需要的地方，以实现风险管理的最大化效益。

表1-1 风险矩阵

风险等级		后果严重性				
		灾难性	非常严重	严重	一般	轻微
发生可能性	极高	I 级	I 级	I 级	II 级	III 级
	高	I 级	I 级	II 级	III 级	III 级
	中	I 级	II 级	III 级	III 级	IV 级
	低	II 级	III 级	III 级	IV 级	IV 级
	极低	III 级	III 级	IV 级	IV 级	IV 级

除风险矩阵法外，结构化假设分析法（SWIFT）[①]、层次分析法（AHP）[②]、德尔菲法等也是风险评估中常用的评估工具。当前风险评估技术的发展呈现出从定性风险评价到定量风险分析、从单一风险评价到综合风险体系、从局部风险评价到系统风险管理的趋势。因此，对任何创新主体而言，掌握风险评估工具的使用方法，灵活选择运用不同的工具对风险等级进行合理评估，对整个创新风险管理的工作至关重要。

（四）风险决策

风险决策是指在风险评估的基础上考虑企业的风险偏好，分析和对比各种备选方案，进而采取一项或多项措施来处理和规避风险，实现技术创新风险损失降低以及利益和机会的最大化，是一个多目标的周期性决策过程。

企业选择何种风险处理策略，重在考虑项目风险度和决策者的风险态度，决策行为大体可分为风险回避、风险分担、风险控制和风险接受四种类型。风险回避型决策是指创新主体以放弃或拒绝创新项目的方式避免损失发生的可能性，但与此同时也放弃了潜在的市场和创新收益，一般用于未实施项目前预估存在极大风险，且该风险可能远远超出创新主体可承受的范围的情况；风险分担型决策是指创新主体以项目组合、合作创新、共同投资、战略联盟等形式，使创新风险在多个项目和主体间得到分散，适用于创新主体创新综合能力有限、项目资金不足、产品难以实现批量生产等情况；风险控制型决策是指创新主体采取适当的内部控制措施，将风险控制在自身能承受的范围以内，适用于创新主体创新和风险管理能力不足、风险管理和决策机制不完善的场景；风险接受型决策则是指创新主体主动或者被动地进行剩余风险承担的情况，也被称为风险自留，一般发生在项目小部分风险无法完全规避，企业认为通过冒险能够获得高收益的情况。

风险决策作为创新风险管理的重要组成部分，能够为企业提供明确的风险管理目标和方向，确保整个风险管理系统的高效运行。通过风险决策，以企业为主的创新主体不仅可以不断优化风险管理策略和措施，提高风险管理系统的有效性和针对性，还能促进企业与外部环境的互动和沟通，确保企业在复杂多变的市场环境中保持竞争优势。

---

① 结构化假设分析法（SWIFT）作为一种风险评估技术，最初是作为 HAZOP（危险与可操作性分析法）的替代性方法而提出的。它采用一系列"提示"或简短的问题来引导分析者进行"假设分析"，即通过对正常程序和操作行为的偏差进行假设，以评估这些偏差对系统、设备、组件或程序可能产生的影响。

② 层次分析法（AHP）是一种多准则决策方法，通过将与决策总是有关的元素分解成目标、准则、方案等层次，并在此基础上进行定性和定量分析，从而帮助决策者做出更明智的决策。

（五）风险控制

风险控制既是创新风险管理工作的主要目的，也是贯穿在整个创新风险管理工作全过程的重要内容，主要包括风险监测与更新、风险预警以及风险沟通。

首先，风险监测指的是在风险评估结果的基础上，根据情况的变化和风险控制的成效、存在的问题，密切监测相关风险的动态变化。其次，创新本身就是一个不断演进、动态发展的过程。通过动态监测及风险更新，创新主体能够及时发现风险，提前制定预警和应对措施，从而避免因风险爆发而导致的重大损失。最后，风险沟通也是风险管理工作中至关重要的一项工作。创新风险管理是一项涉及多元主体、多元场景、全过程的管理性活动。在这个过程中，沟通总是贯穿始终且必不可少的。在整个风险控制的过程中，风险沟通能够促进信息的共享和理解，确保风险信息在各利益相关者之间得到及时传递，提高项目的执行效率和质量。通过有效的风险沟通，创新主体可以更好地应对创新过程中的各种挑战和风险，确保项目的顺利进行并创造更大的价值。

值得注意的是，虽然创新风险不能完全消除，但通过有效的管理可以将损失降至最低。创新风险管理的目标是实现风险与收益的平衡，即在保证创新成果的前提下，尽可能降低风险带来的损失。

三、创新风险管理具有显著的系统性

创新风险管理具有显著的系统性，这主要体现在以下四个方面。

第一，创新的风险因素之间具有相互关联性。创新风险的各种因素之间不是孤立的，而是相互影响、相互作用的。在创新过程中，技术风险、市场风险、财务风险等风险因素是相互依赖的。各个风险因素之间的相互依赖性要求创新者具备全局观念和系统思维，从整体上把握创新过程中的各种风险因素，制定综合性的风险应对策略。

第二，创新的风险具有传递性。风险传递性表现为风险因素之间的链式反应。在创新过程中，一个环节的风险可能会引发另一个环节的风险，形成一个风险链。这种扩散效应使创新项目的风险变得更加难以预测和控制。因此，创新主体需要充分了解不同风险因素之间的相互作用和传递机制，构建系统而全面的风险传递模型并采取有效的风险管理措施来降低风险传递的可能性，确保创新项目的顺利进行。

第三，创新风险管理具有整体性。创新风险管理需要从整体角度出发，综合考虑各种风险因素，制定综合性的风险管理策略。这意味着企业需要识别、评估和控制创新过程中的所有潜在风险，而不是仅仅关注某一方面的风险。同时，风险管理策略需要贯穿创新项目的始终，从项目启动到项目结束，需要保持对风险的持续关注和控制。

第四，风险的应对具有协同性。创新风险管理的系统性还体现在风险应对的协同性上。创新活动往往涉及多个部门和团队的合作，在这个过程中产生的风险的应对也同样需要各部门和团队的共同努力。这种协同性要求创新主体在风险管理过程中建立有效的沟通机制和协作机制，确保各部门和团队之间的信息畅通和协同合作。

第七节　创新思维与创新工具

一、创新思维

（一）创新思维的内涵

创新思维是人类思维的一种高级形态，是指人们在一定知识、经验和智力的基础上，为了解决某种问题，运用各种思维，突破旧的思维模式，产生新设想并将其成功开展的思维系统。创新思维有广义和狭义之分。广义的创新思维是指人们在提出问题、解决问题的过程中，对创新成果起作用的一切思维活动；狭义的创新思维是指人们在创新活动中直接形成创新成果的具体性思维活动。本书所介绍的创新思维主要是广义上的，指人们对传统思维习惯进行突破，选用多元化的方式方法解决问题的思维过程。

人类发展历史以及科学技术进步历程的每一次重大跨越和重要发现都和创新思维以及创新工具密切相关。创新思维作为人类特有的一种思维形式，是一切创新活动的思想源泉，对经济社会发展起十分重要的促进作用。在这个"惟创新者进，惟创新者强，惟创新者胜"的大变革时代，深刻把握创新思维的内涵与特质，对提高创新能力、推动经济社会发展具有十分重要的意义。

1. 以实践为基础的创造性思维

创新思维以创造新的理论与知识、探求解决现实世界问题的新方法与新手段等为宗旨，但这样的创造是根源于生活、根源于实践的。实践是创造性思维的现实基础，是人类追求创新的根本来源，也是检验创新思维成果是否符合真理的最终标准。具体到经济社会发展实际，社会历史条件在不断发生变化，与发展相关的理念、路径、制度绝不能一成不变，必须以实践为基础，主动运用创造性思维开拓创新。运用创新思维破解难题，关键要立足当前发展实际求变求异。所谓"求变"，就是要准确识变、科学应变、主动求变，要在危机中育先机、于变局中开新局。所谓"求异"，就是要在了解、尊重客观实际的基础上，敢走前人未走之路，敢行前人未行之事。

2. 以问题为导向的批判性思维

从某种意义上说，创新的过程就是发现问题、研究问题、解决问题的过程。就经济社会发展而言，运用创新思维的一个核心方面就是直面现实问题，擅长发问、善于发现矛盾，并在此基础上提出新的创造性意见。如果说发现问题是创新思维得以激活的起点，那么对现存事物和关系进行辩证、合理的批判，则是创新思维得以展开并发挥作用的关键一步。这一点对推动经济社会发展而言至关重要。要推动经济社会发展，就需要在实事求是、求真务实的前提下解放思想，保持思维的批判性，以更大决心冲破思想观念束缚，破除妨碍改革发展的那些思维定式，这样才能在顺应时代潮流中不断进步。

3. 以开放为特征的交互性思维

开放不只是经济社会发展的重要前提，也是创新思维的一个核心特征。保持开放性，让思维不断与跟自己相异的事物和观点碰撞、交互、融通，才可能产生新火花。在横向上，思维要向外部开放，主动寻求不同领域的交叉融合，在不断交互中集成、综合、创新；在纵向上，既要从历史传统中找思路，也要面向未来前瞻性地开展思考。同时，在思维方法的运用上也需要一种互动交融。既要注重唯物辩证法与现代科学思维方法的辩证融合，又要注重思维中的概念、判断、推理等理性因素与意志、情感、想象等非理性因素的互动交融。正是在这种开放性的交互融通过程中，创新思维才能更加有效地迸发出来。

（二）创新思维的特征

创新思维作为众多思维方式中的一种，除了具有一般性思维的共性特征，还有其自身的独特性。具体而言，包括以下四个特征。

1. 思维主体的能动性

人的发展要靠主体性的发挥来获得，人的主体本质是创新思维的内在条件，是形成创新思维的基本前提，创新思维的发生和发展离不开主体的自觉。主体在实践活动中不会满足于简单地重复自己和他人的做法，而是会不断进行思考探索，找寻全新的思考方式和活动方式，这样的思维过程就形成了创新思维方式，它是创新、创造的基础和核心。创新思维是主体能动的创造性功能的展现，而不是客观世界在人脑内简单、被动的反映。

2. 思维形式的多样性

思维形式的多样性主要是指创新思维需要全方位、宽领域地思考问题，形成非常规、反常规、开放式的思维。思维形式多样性主要包括思考角度多样性、思维方法多样性以及学科知识多样性三个方面。创新思维所具有的多样性特征决定其可以多维化，以应对现阶段多元化社会所产生的复杂性问题。

3. 思维过程的批判性

思维过程的批判性是指创新者在创新过程中敢于并善于用科学理性的怀疑精神对

待自己和他人的已有知识甚至是权威的论断，这种批判性不仅是对外界信息的筛选和评估，更是对自身思考和行为的反思和审视。在这个信息爆炸的时代，如果没有批判性思维，创新者很容易陷入盲从和迷信的陷阱，被错误信息或过时理论所误导。而创新过程的批判性能够帮助我们透过现象看本质，深入剖析问题的根源和内在机制，激发我们的创新潜能，推动创新者们不断寻求新的解决方案和突破。

4. 思维运用的局限性

人要在一定社会关系中才能存在和发展，并且受到社会关系的制约。同样，人的创新思维活动也受他人及整个社会环境、历史传统的制约，这就是创新思维运用的局限性。从社会层面来看，创新思维的运用受到社会结构、文化观念、道德规范等多种因素的制约。社会结构的不同导致了资源分配、权力关系等方面的差异，这些差异会直接影响创新活动的进行。从时代层面来看，创新思维的运用受到科技发展水平、经济发展水平、政策环境等多种因素的影响。因此，创新者需要关注社会的需求和变化，积极调整创新策略和方向，使创新活动更加符合社会的期望和要求。

5. 思维成果的独创性

创新成果的独创性是指创新活动产生的成果在某一领域或某一方向上，相对于现有知识和技术体系，展现出前所未有的新颖性、独特性和价值性。这种独创性不仅体现在技术或产品的物理形态上，更体现在其背后的思维逻辑、设计理念以及解决问题的根本方法上。成果的独创性是创新思维的直接体现或标志，具体表现为产品的新颖性以及成果的唯一性两个方面。

二、系统化创新工具——TRIZ 理论

创新工具是指那些支持、促进或增强创新活动的具体方法、技术、平台或资源。这些工具可以是物理的、技术的、组织的，或者是知识性的，它们被设计用来帮助创新者或创新团队产生新的想法、解决问题、改进流程或产品，以及推动创新文化的建立和发展。

TRIZ 理论（theory of inventive problem solving，发现问题解决理论）是苏联科学家根里奇·阿奇舒勒（Genrich Altshuller）在前人创新成果与创新方法基础上的提升和集成，成功地揭示了发明创新的背后所遵循的内在规律和原理，着力于澄清和强调系统中存在的矛盾而不是逃避矛盾，其最终目标是完全解决矛盾，获得最终的理想解而不是采取折中或者妥协的做法。TRIZ 理论基于技术的发展演化规律研究整个设计与开发过程，而不再是随机的行为。

实践证明，运用 TRIZ 理论可以大大加快人们创造发明的进程，而且能够得到高质量的创新产品。相对于传统的创新方法而言，TRIZ 理论具有鲜明的特点和优势。具体应用过程如图 1-2 所示。

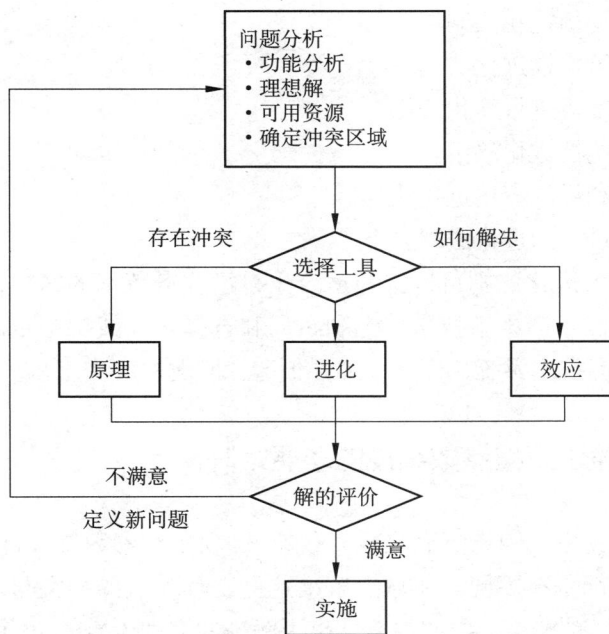

图 1–2 TRIZ 流程图

资料来源：兰芳，覃波，梁艳娟. 产品创新工具：CAI 技术研究 [J]. 装备制造技术，2008（4）：109-111.

TRIZ 理论包含九大部分：技术系统进化法则、39 个通用工程参数组成的矛盾矩阵、40 个发明原理、物理矛盾和四大分离原理、物—场分析模型、76 个发明问题标准解、发明问题解决算法、最终理想解、科学效应和现象知识库。

（一）技术系统进化法则

阿奇舒勒的技术系统进化论可以与自然科学中的达尔文生物进化论[①] 和斯宾塞（Spencer）的社会达尔文主义[②] 齐肩，被称为"三大进化论"。TRIZ 的技术系统八大进化法则分别是：

（1）技术系统的 S 曲线进化法则。

（2）提高理想度法则。

---

① 达尔文生物进化论是针对物种起源提出的一种假说，核心为"物竞天择，适者生存"。

② 社会达尔文主义是由达尔文生物进化理论派生出来的西方社会学流派，主张用达尔文的生存竞争与自然选择的观点来解释社会的发展规律和人类之间的关系。社会达尔文主义认为，优胜劣汰、适者生存的现象存在于人类社会。其代表人物赫伯特·斯宾塞认为，社会与周围环境之间的协调是由能量均衡原则来调节的。它表现为社会与环境之间的相互适应与斗争。人类社会只有在这种适应与斗争中才能进步。因此，生存竞争构成了社会进化的基本动因。

（3）系统的不均衡进化法则。

（4）动态性和可控性进化法则。

（5）增加集成度再进行简化法则。

（6）子系统协调性进化法则。

（7）向微观级和场的应用进化法则。

（8）减少人工进入的进化法则。

技术系统的八大进化法则可以选择适合于自己业务范围的路径，应用于产生市场需求、定性技术预测、产生新技术、专利布局和选择企业战略制定的时机等。它可以用来解决难题，预测技术系统，产生并加强创造性问题的解决工具。

（二）39 个通用工程参数组成的矛盾矩阵

在对专利的研究中，阿奇舒勒发现，仅有 39 项工程参数在彼此相对改善和恶化，而这些专利实际上都是在不同的领域上解决这些工程参数的冲突与矛盾。这些矛盾不断地出现，又不断地被解决，由此他总结出了解决冲突和矛盾的 40 个创新原理。之后，将这些冲突与冲突解决原理组成一个由 39 个改善参数与 39 个恶化参数构成的矩阵。矩阵的横轴表示希望得到改善的参数；纵轴表示某技术特性改善引起恶化的参数；横纵轴各参数交叉处的数字表示用来解决系统矛盾时所使用的创新原理的编号。这就是著名的技术矛盾矩阵。

当面临一个技术问题时，创新者可以通过该问题中系统改善和恶化的参数，在矛盾矩阵中找到对应的交叉点，获取对应的创新原理编号，从矩阵表中直接查找化解该矛盾的发明原理来解决问题。通过掌握 39 个工程参数及矛盾矩阵，可以看到过去被认为很难解决的问题，其实可能存在其他解决问题的新思路和方法。

（三）40 个发明原理

阿奇舒勒对大量的专利进行了研究、分析和总结，提炼出了 TRIZ 中最重要的、具有普遍用途的 40 个发明原理。这些原理提供了一系列系统的、可操作的指导，帮助人们在面临技术问题时，通过创新思维找到解决方案。40 个发明原理包括：

空间结构优化类：分割、抽取、局部质量、增加不对称性、嵌套、空间维数变化、反向作用、曲面化、借助中介物、柔性壳体 / 薄膜、抛弃与再生；时间作用优化类：预先反作用、预先作用、预先应急措施、动态特性、未达到或过度的作用、周期性作用、有效作用的持续性、减少有害作用时间、颜色改变；系统关系优化类：组合、多用性、等势原则、机械振动、变害为利、反馈、自服务、复制、廉价替代品、机械系统替代、气压与液压结构、均质性；参数属性优化类：多孔材料、物理 / 化学参数改变、相变、热膨胀、加速氧化、惰性环境、复合材料、重量补偿。这些原理并不是孤立存在的，它们可以相互结合、相互补充，形成一个完整的创新方法论体系。在实际应用中，可以根据具体问题的情况，选择最适合的发明原理，或者将多个原理组合使用，以找到最佳的解决方案。

40 个发明原理为创新问题的解决提供了有力的工具和方法，同时强调了创新思维的重要性，鼓励人们打破传统思维的束缚，寻找新的可能性。

（四）物理矛盾和四大分离原理

物理矛盾是指在实现某个功能时，对同一对象的同一参数提出了互斥的、合理的要求。这种矛盾通常表现为一个参数需要同时满足两个相反的需求，例如，既希望产品轻便又希望它坚固耐用。相对于技术矛盾，物理矛盾是一种更尖锐的矛盾，创新中需要加以解决。

物理矛盾所存在的子系统就是系统的关键子系统。系统或关键子系统应该具有满足某个需求的参数特性，但另一个需求要求系统或关键子系统又不能具有这样的参数特性。分离原理是阿奇舒勒针对物理矛盾的解决而提出的。分离方法共有 11 种，归纳概括为四大分离原理，分别是空间分离原理、时间分离原理、条件分离原理和整体与部分分离原理。空间分离原理是指将矛盾的双方在不同的空间位置上分离，使它们在空间上彼此独立存在，以此避免它们的相互影响；时间分离原理是指将矛盾的双方在不同的时间段上分离，使它们在不同的时间点上表现出不同的特性或功能；条件分离原理是指通过改变环境条件或设置不同的触发条件来实现在不同的条件下使矛盾的双方表现出不同的特性或功能的目的；整体与部分分离原理是指将整体与部分进行分离，使整体和部分在功能上相互独立。

（五）物—场分析模型

阿奇舒勒认为，每一个技术系统都可由许多功能不同的子系统组成。因此，每一个系统都有它的子系统，每个子系统都可以再进一步地细分，直到分子、原子、质子与电子等微观层次。无论大系统、子系统，还是微观层次，都具有功能。所有的功能都可分解为两种物质和一种场（即二元素组成）。在物—场模型的定义中，"物"是指某种物体或过程，可以是整个系统，也可以是系统内的子系统或单个的物体，甚至可以是环境，取决于实际情况；"场"是指完成某种功能所需的手法或手段，通常是一些能量形式，如磁场、重力场、电能、热能、化学能、机械能、声能、光能等。物—场分析是 TRIZ 理论中描述和分析的一种简捷有效的工具，用于建立与已存在的系统或新技术系统问题相联系的功能模型。

（六）76 个发明问题标准解

TRIZ 理论将发明问题分为两大类：标准问题和非标准问题。标准问题可以通过标准解法进行快速解决，而非标准问题则需要通过 ARIZ（algorithm for inventive problem solving，发明问题解决算法）转化为标准问题后再应用标准解法，因此，标准解法也是解决非标准问题的基础。

76 个发明问题标准解是专门针对标准问题提出的，它们被分为五个级别，每个级别中包含不同数量的解法，共计 76 个。这些解法的先后顺序反映了技术系统的进化过程和进化方向，为技术系统的发展提供了明确的指导。应用这些标准解解决问题：首先需要明确问题的本质和类型，根据问题的类型选择合适的标准解级别；其次，在所选级别中选择最适合的标准解；最后，将所选标准解应用于实际问题中，并进行必要的调整和优化。

标准解法可以将标准问题在一两步中快速进行解决。通过应用 TRIZ 中的 76 个发明问题标准解，工程师和发明家可以更加系统地分析和解决问题，提高解决问题的效率和成功率。

（七）发明问题解决算法

发明问题解决算法是发明问题解决过程中应遵循的理论、方法和步骤。ARIZ 是基于技术系统进化法则的一套完整问题解决的程序，是针对非标准问题而提出的一套解决算法。通过应用 ARIZ 可以将非标准的问题标准化，然后通过 76 个标准解法予以解决。ARIZ 的理论基础由以下三条原则构成。

原则一：确定和解决技术矛盾。ARIZ 的首要任务是识别并定义技术系统中的矛盾，通过系统地分析这些矛盾，ARIZ 能够找到解决问题的方向。

原则二：控制惯性思维。在解决问题的过程中，人们往往会受到惯性思维的影响，难以跳出传统的思维模式。ARIZ 强调在解决问题的过程中要控制惯性思维因素，以开放的思维来探索新的解决方案。

原则三：获取广泛的知识基础。ARIZ 鼓励问题解决者不断地获取和更新广泛的知识基础，包括物理、化学、几何等领域的效应知识库。这些知识库为解决问题提供了丰富的资源和灵感。

ARIZ 最初由阿奇舒勒于 1977 年提出，随后经过多次修改才形成比较完善的理论。该体系包括九大步骤：分析问题；分析问题模型；陈述最终理想解和物理矛盾；动用物—场资源；应用知识库；转化或替代问题；分析解决物理矛盾的方法；利用解法概念；分析问题解决的过程。遵照 ARIZ 来解决问题是一个不断探索的过程，其结果比单单解决一个具体问题更为重要。几乎所有的解决方案都可被补充、提升、应用，来解决其他尚未解决的问题。

（八）最终理想解

最终理想解（ideal final result，IFR）是 TRIZ 理论在解决问题之初，抛开各种客观限制条件，通过理想化来定义问题的最终理想状态或结果。最终理想解的确定有助于明确创新设计的目标和方向，避免传统创新方法中缺乏明确目标的弊端，提升创新设计的效率，还能使创新设计过程更加具有导向性，指导研发人员沿着正确的方向分析和解决问题。通过最终理想解可了解到所有的技术都在沿着此路径进化，进化的速度取决于市场的认可和接受程度。最终理想解有四个特点：

（1）保持了原系统的优点。

（2）除去了原系统的不足。

（3）没有使系统变得更复杂。

（4）没有引入新的缺陷。

（九）科学效应和现象知识库

科学效应和现象知识库是 TRIZ 方法中用于存储和检索各种科学原理、效应和现象的知识库。它包含了物理学、化学、生物学、材料科学等多个领域的科学效应和现象，这些科学效应和现象的应用对发明问题的解决具有超乎想象的、强有力的帮助。解决发明问题时会经常遇到需要实现的 30 种功能，这些功能的实现经常要用到 100 个科学效应和现象。

三、其他常用的创新工具

目前，世界上共有 300 多种创新技法或工具，例如试错法、抽象阶梯工具、控制联想工具、反向探求法、组合创新法、形态矩阵工具、奥斯本检核表、和田十二法、六何分析法、思维可视化工具、TEC 缜密思维框架等。以下对其分别进行简单介绍。

（一）试错法

试错法，也称为试误法，指的是通过不断尝试和修正错误来解决问题或寻找最佳方案，强调从失败中学习和调整，通过反复实践来积累经验和知识。试错法具有简单易行、灵活性高的优点，但是耗时过长、成本较高，且在试错过程中，如果没有正确的引导或调整策略，很容易陷入局部最优解而无法找到全局最优解。

（二）抽象阶梯工具

抽象阶梯工具针对具体事件、物体或问题情境，通过提出"为什么？还为什么？"和"怎么办？还怎么办？"等问题一直往下追问，得到对事件、物体或问题情境的陈述，提出问题，使使用者能够在阶梯上向上和向下移动，以扩大问题的范围或制订具体的解决方案，促进思维发展。

（三）控制联想工具

以解决特定问题为出发点，与头脑风暴相反，要求参与者按照既定的方向和目标进行联想，包括强制关联和焦点联想两种具体工具。控制联想工具提供了一个结构化的方法来引导和管理联想过程，使创新思维更加系统化和可控制，但是与此同时也需要对整个过程施加正确的引导，否则可能会导致联想过程偏离主题或目标。

（四）反向探求法

反向探求法，也称为逆向思维法，是一种创新的思考方式，鼓励人们跳出传统的思维模式，从问题的反面或结果的反面出发，进行逆向推理，从而找到解决问题的新方法或新途径。

（五）组合创新法

组合创新法是一种按照一定的技术原理，通过将两个或多个功能元素合并，从而形成一种具有新功能的新产品、新工艺、新材料的创新方法。这种方法强调通过已有技术和元素的重新组合，创造出新的价值，具有实用性和高效性。

（六）形态矩阵工具

它通过系统地考虑一个项目的各种可能元素或参数，并将它们以矩阵形式组织起来，形成一个全面的可视化结果，以便更清晰地识别和评估所有可能的解决方案。这种工具主要用于概念生成和方案评估阶段，有助于创新者全面考虑各种可能性和组合。需要注意的是，在评估解决方案的过程中，评估标准和方法的主观性可能影响评估结果的客观性和准确性。另外，当项目的关键元素和选项较多时，形态矩阵会变得非常复杂和庞大，导致项目的成本和时间增加。

（七）奥斯本检核表

奥斯本检核表是由美国创造学家奥斯本（Osborn）提出的一种创造技法，它几乎适用于任何类型和场合的创造活动，因此被誉为"创造技法之母"。它从能否他用、能否借用、能否改变、能否扩大、能否缩小、能否替代、能否调整、能否颠倒、能否组合九个方面列出 75 个问题。把要改进的方案或产品确定后，根据奥斯本检核表中的问题，逐条核对并进行针对性的讨论，产生大量的新观点，最后对新观点进行筛查，确定最有价值的新观点，通过这个过程促进学习者创新思维发展。

（八）和田十二法

和田十二法又称为"和田创新法则"或"和田创新十二法"，是我国学者许立言、张福奎在奥斯本检核问题表基础上，借用其基本原理，加以创造而提出的一种思维技法。它包括加一加、减一减、扩一扩、变一变、改一改、缩一缩、联一联、学一学、代一代、搬一搬、反一反、定一定这十二个"一"。创新者在开展创新设计时按照"和田十二法"的每一个"一"进行思考和核对，将多个创意进行整合，以形成完整的创新方案。

（九）六何分析法

六何分析法也称 5W1H 分析法。它对选定的事件、对象或操作，分别从为什么（why）、做什么（what）、何人（who）、何时（when）、何地（where）、怎么办（how）六个方面来考察其合理性，通过对此提问，更加清晰地认识和理解问题，并形成系统的解决方案。

（十）思维可视化工具

思维可视化工具是一种可以将思维过程、想法、观点等信息以图形化、视觉化的方式呈现出来的工具。它通过图像、图表、符号等视觉元素，帮助人们更直观地理解、分析和表达复杂的思想和概念，从而达到创造的目的，实现创新思维发展。常用的思维可视化工具有曼陀罗工具、思维导图、鱼骨图、概念图和流程图等。

（十一）TEC 缜密思维框架

TEC 缜密思维框架，也称五分钟思考法。这种方法通过目标（target/task）、扩展（expand/explore）和收缩（contract/conclude）三个核心阶段，帮助人们有条理、系统地思考和解决问题。为了避免思维的漫无边际，思维时间的限制就非常必要，即在思维的全过程中针对思维对象的确认、思维的发散及收敛都必须分配恰当的时间。五分钟思维法指的就是思维过程的 T、E、C 各阶段应该遵循 1∶2∶2 的时间分配。

　　T 代表目标和任务，是用思维精确的聚焦点提醒思维主体要思考的具体对象，时间分配约为一分钟。E 代表扩展和探究，是思维的开发阶段。E 阶段要求围绕 T 进行思维的发散，数量是这个阶段最重要的考量，不要试图给予评价，或者急于在这个阶段就确定最好的点子，大约用时两分钟。C 是思维逐渐收紧的阶段，是思维的结果，这个阶段的时间分配同样为两分钟。

　　可以看出，TEC 要求在思维活动中，首先应该明确思维目标，然后思维发散，最后思维收敛确定此次思维的结果。TEC 不仅包含了整个思维过程，而且将思维各阶段透明化，具有广泛的适用性。

案例延伸　　　　科技助力敦煌莫高窟再续千年

　　在遥远的西北，有一片沙漠中的绿洲，那里藏着一个千年的秘密——敦煌。这个古老的城市见证了中华文化的辉煌与传承，如今，在科技的助力下，敦煌正焕发出新的生机。腾讯，这个科技界的巨擘，携手敦煌研究院，为这片古老的文化圣地注入了新的活力。它们共同打造的"数字敦煌"项目，让敦煌的文化遗产在数字世界中获得了"生命"。

　　敦煌的壁画、经卷是中华文化的瑰宝，但长久以来，如何保护这些珍贵的文化遗产一直是个难题。现在，"数字敦煌开放素材库"的出现，就像是为这些文化遗产穿上了一件"数字盔甲"。利用先进的数字技术，这些珍贵的文化遗产被精确地复制、保存，并在网络上开放共享，让更多的人能够欣赏到敦煌的魅力，同时为版权保护提供了有力的支持。2016 年，"数字敦煌"资源库平台上线，首次通过互联网向全球发布敦煌石窟 30 个经典洞窟的高清数字化内容及全景漫游；2020 年，"云游敦煌"微信小程序上线；2022 年年底，"数字敦煌·开放素材库"全球开放；2023 年，结合敦煌学研究成果与游戏科技的"数字藏经洞"上线，为公众带来沉浸互动式数字文博体验，利用虚拟现实技术，你可以与这些壁画、经卷亲密接触，感受它们的温度和故事。除了线上的数字体验，腾讯和敦煌研究院还合作推出了"寻境敦煌"数字敦煌沉浸展，为观众带来了前所未有的视觉盛宴，不仅展示了敦煌的文化遗产，更为文博行业的创新发展开辟了新的场景……

　　截至 2023 年 8 月，敦煌石窟已完成 290 个洞窟壁画的高精度数字化采集，162 个洞窟的全景漫游节目制作和七处大遗址的三维重建等。千年来，文物每天都在老化。构建一个多元化与智能化相结合的石窟文物数字化资源库，"数字敦煌"着眼永久保存、永续利用。

　　"数字敦煌"系列利用区块链、游戏科技等技术，创造出多个文博创新案例——全球第一座超时空参与式博物馆、全球第一个基于区块链的数字文化遗产开放共享平台、莫高窟首个沉浸式数字展览，呼应了近年来对中华优秀传统文化的创造性转化、创新性发展的重要议题。同时还就数字文化遗产版权保护与共创、文化遗产及其内容故事的数字化再生两大文博行业难题，提出了可持续解决方案，助力文博行业在未来更好地应对挑战，实现文化遗产的永续传承。

资料来源：科技助力敦煌莫高窟再续千年 [EB/OL].（2023-08-17）.
https://baijiahao.baidu.com/s?id=1774476220313708813&wfr=spider&for=pc.

本章小结

在当今快速变化的社会中，创新已成为推动发展、引领变革的核心动力。它不仅是一个简单的概念或行为，更是一种思维方式、一种解决问题的新途径。

创新具有丰富的内涵与外延。自熊彼特首次从经济学的角度系统地提出了创新理论以来，创新渐渐衍生出更加多元的内涵和范式，甚至呈现出纷繁复杂的丛林化特征。了解创新的多元范式有助于拓宽视野和思维，更加深入地理解创新的本质，提升自身创新能力。

创新的特征在于其首创性、突破性、风险性、时效性、动态性、独特性、价值性等多个方面。首创性和突破性为创新活动提供了方向和动力，风险性要求创新者进行权衡和选择，时效性和动态性要求创新者具备高效的项目管理和灵活应变能力，独特性和价值性则体现了创新活动的最终目的和价值。这些特征的相互作用和交织构成了基本的创新活动，推动着社会的不断进步和发展。

创新的过程是一个不断尝试、探索和实践的过程，包括创新理念的提出和选择、创新定位、创新方案设计、实施创新活动、创新活动的总结与评估五个重要环节。然而，创新也伴随着一定的风险，技术风险、生产风险、财务风险、市场风险等都是创新过程中需要面对的挑战。值得注意的是，这种风险是可管理的，在一定程度上也是可避免的。在开展创新活动时，创新主体需要进行充分的市场调研和风险评估，注意规避常见的创新误区，制订科学的创新计划和策略，并加强团队合作和资源整合。在这个过程中，创新主体需要借助包括创新思维方法、创新设计软件、创新管理平台在内的创新工具帮助自己更好地进行创新思维、设计新产品和管理创新过程。同时，需要不断学习和掌握新的技术和知识，以提高自身的创新能力和水平。

创新是引领发展的第一动力。通过创新，人类文明得以不断向前发展；国家得以不断提升自身的综合国力，从而屹立于世界之林；企业能够不断提高自身的核心竞争力，从而在市场中立于不败之地；对个人而言，学习创新思维，运用创新工具，也能帮助自身更好地完成任务，提升素养，从而更好地实现自己的人生价值。

总而言之，创新是一个复杂而重要的过程。它需要我们具备开放的心态、敏锐的洞察力、创造性的思维和坚定的信念。我们能够通过不断地尝试、探索和实践，实现创新目标并不断推动社会向前发展。

❓ 思考与练习

1. 创新与发明、创造力、创业的区别和联系分别是什么？
2. 创新具有哪些特征？
3. 创新的范式有哪些？请分别进行论述。
4. 创新的一般过程包括哪些阶段？
5. 创新的风险是可管理的吗？具体包括哪些方面？请简要论述。
6. 创新过程中容易陷入哪些误区？
7. TRIZ 理论与其他创新工具相比有哪些优越性？

参考文献

[1] 陈劲,陈红花,尹西明,等. 中国创新范式演进与发展:新中国成立以来创新理论研究回顾与思考[J]. 陕西师范大学学报(哲学社会科学版),2020,49(1):14-28.

[2] 陈劲,王锟,HANG C C. 朴素式创新:正在崛起的创新范式[J]. 技术经济,2014,33(1):1-6,117.

[3] 陈劲,肖轶群,梅亮,等. 原始创新理论溯源和概念构建[J]. 创新科技,2023,23(7):1-12.

[4] 陈劲,杨硕. 创新与人类文明发展:基于创新范式的视角[J]. 科技管理学报,2023,25(5):1-9.

[5] 丁飞,孔燕. 从负责任创新走向负责任停滞?[J]. 自然辩证法通讯,2023,45(5):96-103.

[6] 高腾飞,陶秋燕,孙世强. 企业社会创新:概念特征、内涵要素与理论溯源[J]. 重庆社会科学,2023(5):103-117.

[7] 贺光辉. 技术创新概念剖析[J]. 市场周刊(理论研究),2018(5):8-9.

[8] 黄鑫. 中国自主创新对国家竞争力的影响研究[D]. 郑州:河南财经政法大学,2019.

[9] 普拉胡,吕文晶. 朴素式创新:印度对管理世界的独特贡献[J]. 清华管理评论,2016(Z2):70-81.

[10] 兰芳,覃波,梁艳娟. 产品创新工具:CAI技术研究[J]. 装备制造技术,2008(4):109-111.

[11] 李桦,储小平,郑馨. 双元性创新的研究进展和研究框架[J]. 科学学与科学技术管理,2011,32(4):58-65.

[12] 刘钒,吴晓烨. 社会价值导向的朴素式创新:结构、模式与对策[J]. 自然辩证法研究,2018,34(4):35-41.

[13] 刘红玉,窦鑫宇. 马克思主义视域下创新概念的多维阐释[J]. 创造,2023,31(1):56-58.

[14] 梅亮,陈劲. 责任式创新:源起、归因解析与理论框架[J]. 管理世界,2015(8):39-57.

[15] 苏屹,王文静. 负责任创新:研究述评与展望[J]. 科研管理,2021,42(11):8-15.

[16] 魏巍,陈劲,刘盛炜,等. 居家创新:概念辨析、研究评述与展望[J]. 科学学与科学技术管理,2023,44(6):3-18.

[17] 魏巍,陈劲. 居家创新:关爱驱动的大众创新模式[J]. 清华管理评论,2021(12):16-21.

[18] 谢荷锋，蒋晓莹. 创新范式：概念建构、理论基础与演化评价研究进展述评 [J]. 中国科技论坛，2023（7）：42-52.

[19] 辛欣，王跃新. 论创新思维的人学基础 [J]. 北华大学学报（社会科学版），2022，23（3）：67-72.

[20] 许佳琪，汪雪锋，雷鸣，等. 从突破性创新到颠覆性创新：内涵、特征与演化 [J]. 科研管理，2023，44（2）：1-13.

[21] 尹西明，陈红花，陈劲. 中国特色创新理论发展研究：改革开放以来中国原创性创新范式回顾 [J]. 科技进步与对策，2019，36（19）：1-8.

[22] 赵庆，余梅，李京，等. 负责任创新：实践与理论分析 [J]. 科研管理，2021，42（11）：1-7.

[23] 周姝含，陈喜乐. 基于治理的"负责任创新"柔性模式研究 [J]. 自然辩证法通讯，2022，44（8）：82-89.

第二章
政府创新

>>> **案例导入**

乡村治理新篇章！温岭民主恳谈的创新之旅

温岭的民主恳谈实践是一场典型的政府创新，它起源于1999年，源于对乡村治理挑战的深刻反思，中央领导在某次讲话中明确提出"加速沿海农村现代化进程"的宏观导向。随后，浙江省省委响应号召，部署了全省范围内的农业农村现代化教育活动。这一决策沿着党委宣传系统的阶梯逐步落地，最终促成温岭市委宣传部与松门镇党委携手共创，孕育出民主恳谈的雏形——"农业农村现代化建设论坛"。

1999年6月15日，首场以"社会治安综合治理与现代化建设"为议题的论坛在松门镇拉开帷幕，超过百名民众自发参与，与镇领导展开了坦诚而平等的对话。讨论内容广泛，既包括镇村规划、投资环境优化等宏观议题，也触及邻里矛盾、日常生活细节等微观关切。镇领导不仅现场给予了详尽解答，还针对问题提出了解决时间表和具体措施，部分问题即刻得到了解决。这次论坛的成功实施标志着温岭在推动农业农村现代化建设上迈出了坚实的一步，以其高效节俭的特点赢得了民众的广泛好评。温岭市已累计组织3万余场民主恳谈会，参与群众超过50万人次，先后获第二届中国地方政府创新奖、中国城市管理进步奖、中国社会治理创新范例50佳等荣誉。

温岭市委迅速汲取松门经验，将民主恳谈机制推广至全市，覆盖企业、社区、事业单位及政府机构。2000年下半年，"民情恳谈""农民讲台"等活动被统一命名为"民主恳谈"，标志着这一实践在乡村领域步入全面发展的轨道。民主恳谈的兴起不仅吸引了学术界和实践者的广泛关注，还获得了包括国务院总理、国家副主席、省市委书记在内的高层领导的肯定与指导。各地人员纷至沓来，学习温岭的创新经验。

随着民主恳谈在乡村的生根发芽，其内涵进一步丰富，最显著的例证便是参与式预算试验的引入。自2005年起，温岭通过预算恳谈的多阶段流程——初审、小组研讨、大会审议，鼓励人大代表和普通民众深入交流、理智协商，从而在政府预算方案上形成共识。历经五年实践，参与式预算在泽国模式和新河模式两种路径以及乡镇与市级两个层面上有序发展，逐年取得进步，彰显了民主恳谈在促进公共决策透明化、民主化进程中的积极作用。

资料来源：以民主恳谈基层首创奋力扛起"加强基层民主政治建设有效载体"担当 [J]. 政策瞭望，2024（6）：49-51.

创新改变中国，这是我国发展变迁过程中取得的基本经验，而如今政府面临的挑战日益复杂，传统的治理模式已难以满足社会发展的需求。因此，政府创新成为提升政府治理效能的关键途径。本章首先引入政府创新的概念，明确其内涵和重要性；接着介绍相关理论框架，为理解政府创新提供分析工具；随后详细探讨政府创新的不同类型和模式，在具体案例中展示其实践体现；然后再分析影响政府创新的内外部因素，阐述创新的动力机制和实施过程；最后补充探讨了创新过程中可能遇到的挑战和阻碍。政府创新使政府能更有效应对日益增长的复杂挑战，同时促进政策试验和模式创新，为其他地区乃至国际社会提供可借鉴的示范案例。请跟随本章内容理解政府创新如何塑造更加开放、高效、民主的治理体系，并思考如何在各自的领域内激发和实施创新策略。

第一节　政府创新的基本概念与理论

有人认为，政府机构因其层级分明、规则导向的特性常被视为创新的对立面，这种看法忽略了政府机构在特定情境下展现出的创新潜力和实际成就。实际上，政府不仅能够而且有必要进行创新。

随着社会经济的发展和民众需求的多样化，政府面临解决新问题、满足公众期待的挑战。这种外部压力促使政府寻求新的管理模式和服务方式，以更高效、更贴近民情的方式运作。政府在特定领域推行的政策试验和模式创新，如智慧城市、电子政务等，不仅能够解决本地问题，还可能成为其他地区乃至国际上的示范案例，促进跨区域的学习和传播。政府在制度设计上的创新，如简化行政流程、推进权力下放、打造透明化政府等，旨在打破传统组织结构的束缚，提升决策和执行的灵活性与响应速度。

政府创新虽有其特殊性，如更多关注公共利益而非私利、决策过程可能更为复杂等，但通过借鉴企业创新的经验，并结合自身优势，政府完全有能力在治理和服务上实现突破。专门研究政府创新，理解其内在动因、机制和效果，对促进政府效能提升和社会整体进步具有重要意义。

要做好政府创新管理，必须正确地理解与把握政府创新的定义与范畴，界定政府创新的内涵，并区分其与一般行政改革的区别。

一、政府创新的定义与范畴

政府创新是指在不断积累的基础上，探索适应新环境变化和新现实挑战的政府体制的新模式与政府运行的新方式。它包括理论创新、体制创新、科技创新，其中的体制创新可分为政治体制创新、经济体制创新、社会文化体制创新。政府创新是这些创新的接合部和突破点，具有特别重要的意义。

（一）政府创新的外延范畴

政府创新可分为：绝对性政府创新和相对性政府创新，即具有普遍适用性的政策或改革和个体工作人员的特殊创新；历时性政府创新和共时性政府创新，即不同历史时期的创新和特定时期内的横向整体性创新；狭义政府创新和广义政府创新，即政府的综合创新和立法、司法、行政三者相互作用的创新。

（二）政府创新的内涵范畴

政府创新的内涵包括：理论层面的创新，即政府理论、观念、管理方式的创新；体制层面的创新，即政府结构和职能的创新；人员层面的创新，即公共行政人员能力不断提升的创新；操作层面的创新，即电子化政府中政府工作的信息化的创新。

（三）政府创新与一般行政改革的区别

在探讨政府创新与其他改革创新之间的区别时，可把目光主要放在政府创新与一般行政改革上。这样的集中讨论更有助于清晰地界定并深入理解二者间的核心特征和相互关系，避免因话题的广度而分散了深度。政府创新涵盖了从政策设计到执行过程中的每个环节，行政改革则主要着眼于政府内部结构、流程以及管理模式的革新，是政府创新在行政层面上的具体体现，行政改革对政府日常运作效率和公共服务质量的影响更直接。深入探讨行政改革不仅能够揭示政府内部如何通过创新来优化资源配置和流程管理，还能够展示这些变革如何最终惠及民众，提升民众对政府服务的满意度。政府创新不同于一般行政改革，二者间的区别主要体现在目标、动力、途径与系统性上。

1. 目标

政府创新的目标不仅包括提高行政效率、增进公共利益、推进政治体制改革、提高执政能力，实现经济、社会、政治的协调发展和社会的全面进步，还旨在实现善政。一般行政改革更侧重于提高政府机构的效率、降低成本、简化程序、改善服务交付等，更关注组织结构的调整、流程的优化和管理方式的改进，以提升政府的日常运作效率。

在目标范围上，政府创新覆盖更广泛的领域，包括政治体制、公共服务、行政管理等，而一般行政改革更集中于政府内部运作和管理的改进。在目标深度上，政府创新往往需要更深层次的变革，这涉及权力结构、政治文化和治理模式的转变，而行政改革更多地关注操作层面的效率提升。在长远影响的考虑上，政府创新的目标具有更长远的社会和政治影响，如推动民主化、法治化进程，而一般行政改革的影响可能更局限于政府机构的内部运作。

2. 动力

政府创新与一般行政改革在动力上的一个主要区别在于政府创新往往需要更深层次的社会政治需求和更广泛的外部压力作为推动力，而一般行政改革则可能更多地由政府内部的管理需求和效率提升目标所驱动。

从政治与社会发展需求的视角看，政府创新的动力往往与政治体制改革和社会发展的深层次需求相关联，如民主化、法治化和分权化的趋势，这些需求推动政府进行更广泛的结构和功能上的改革。相比之下，一般行政改革的动力更偏向于解决具体的行政问题，如提升公共服务的质量和响应性，这些问题通常与政府的日常运作紧密相关。从公民参与和政治觉醒的视角看，随着物质生活水平的提高和民主政治的进步，公民的权利意识和参与意识日益觉醒，对政府公共管理的要求也日益提高，这也成为政府创新的重要动力。一般行政改革更多地受政府内部人员和组织结构调整的影响，而不直接与公民政治觉醒相关。从政策导向与领导意志的视角看，政府创新更多地受国家政策导向和领导层意志的影响，特别是在推动政治体制改革和提高执政能力方面，而一般行政改革则更多地受政府部门内部决策和组织文化的影响。

3. 途径

政府创新与一般行政改革在途径上的区别主要体现在实施策略、技术应用、组织文化、风险管理以及公众参与等方面。政府创新更加注重创造性和变革性，而一般行政改革则更侧重于效率和效能的提升。

在实施策略上，政府创新往往需要跨部门和跨领域的合作，鼓励多元化的参与和协作，包括政府机构、私营部门、非政府组织和公民个体。这种策略强调开放性和包容性，以及从不同角度和层面解决问题的能力。而一般行政改革则更倾向于在政府内部进行，通过优化组织结构、改进管理流程和提升公务员能力来实现改革目标，更注重内部管理和行政效能的提升。

在技术创新上，政府创新积极利用新兴技术，如互联网、大数据和人工智能，来开发新的服务模式和提高决策质量。技术创新在政府创新中扮演着核心角色，有助于推动政府服务的现代化和个性化。一般行政改革虽然也使用技术，但更多是将技术作为提高现有工作效率的工具，而不是将其作为推动根本性变革的驱动力。

在文化与价值观上，政府创新要求建立一种新的组织文化。这种文化鼓励创新思维、容忍失败并从失败中学习，强调政府工作人员的主动性和创造性，以及对公民需求的敏感性和响应性。一般行政改革则更多地强调维护现有的组织文化和价值观，通过加强规则和纪律来确保改革的顺利实施。

在风险预评估上，政府创新由于其探索性和实验性，需要对潜在的风险进行评估和管理。这包括对创新项目的社会影响、成本效益和可持续性进行全面考量。一般行政改革的风险评估则更侧重于避免改革过程中的不确定性和可能的负面影响，确保改革措施的稳健性和可行性。

在公众参与上，政府创新强调公众参与和反馈，认为这是确保创新活动符合公众需求和提高政策透明度的重要途径。一般行政改革可能在特定情况下也会寻求公众意见，但这种参与通常是有限和定向的，主要目的是收集对改进现有服务的反馈。

4. 系统性

政府创新与一般行政改革在系统性上的区别主要表现在其广度与深度、影响与反馈机制以及参与者等方面。政府创新作为一种更全面和深刻的变革，需要政府在战略层面上进行思考和规划，而一般行政改革则更侧重于提高现有体系的效率和效能。

政府创新与一般行政改革的广度与深度不同。政府创新是一种全面而系统的变革，它不仅关注政府内部流程的优化，还涉及政府与外部环境的关系重塑。政府创新要求政府在战略层面上重新思考其角色和功能，以及如何更有效地响应社会需求和挑战。它包括政策制定的透明度、公共服务的可及性和政府决策的参与度。相比之下，一般行政改革通常聚焦于政府内部的特定领域，不一定会触及政府运作的根本性问题，大都只是涉及简化行政程序、提高公务员队伍的专业能力或优化预算分配。

政府创新与一般行政改革的影响与反馈机制不同。政府创新的影响是全方位的，它可能会改变政府的决策过程、公共服务的提供方式、政府与公众的互动模式，甚至可能引发法律和政策的根本性修订。这种创新的结果是多维度的，不仅影响政府内部，还可能对整个社会产生深远的影响。为了确保创新的有效性，政府创新强调建立系统性反馈机制，通过收集和分析创新过程中的反馈信息，及时调整创新策略。相比之下，一般行政改革的影响则相对有限，通常局限于政府的某个部门或服务领域，其目的是提高该领域的运作质量，改革实施后的评估和审计更多地关注确保改革措施得到有效执行。

政府创新与一般行政改革的参与者结构不同。政府创新需要广泛的参与者，包括政府机构、私营部门、非政府组织以及公民个体。这种创新要求各方面的参与者共同协作，形成合力，以实现创新目标。这种协作不仅能够汇聚多方的智慧和资源，还能够提高政策的接受度和执行效率。一般行政改革的参与者则主要是政府内部的相关部门和人员，变革过程可能更为封闭，依赖于政府内部的决策和执行，不需要外部的广泛参与。

二、政府创新理论

学习政府创新理论时，要搭建一个综合性的分析框架。我们将制度变迁理论、区块链理论以及多中心治理理论与区块链理论的结合作为探讨政府创新的框架，其覆盖了从宏观制度环境到微观技术应用的多个层面，可推动政府治理的现代化和高效化。

制度变迁理论为政府创新提供了一个理解制度动态性和适应性的理论基础。它强调制度随时间和需求变化演进，这要求政府在创新时要具备前瞻性，预见到未来可能的制度需求，并适时进行政策调整。通过制度创新提升效率和适应性，政府可以更好地服务社会。同时，历史视角下的分析有助于避免重复过去的错误，做出更加理性和有效的制度安排。

区块链理论作为一种新兴的技术，为政府创新带来了革命性的工具。区块链的去中心化、不可篡改和透明特性，有助于构建一个更加高效、透明和信任度高的政府服务体系。通过区块链，政府可以实现数据的整合与共享，提升决策的科学性。智能合约的应用简化了行政流程，提高了服务效率。同时，区块链技术也推动了监管模式的创新，使之更加灵活和精准。

多中心治理 + 区块链理论则提出了一个基于多元主体共同参与的新型治理模式。区块链技术作为支撑，确保了数据的安全性和透明性，使政府、市场和社会公众能够在平等的基础上进行交流与合作，推动政府治理向多元共治转变。这种模式下，法治化和服务化创新得以加强，政府能够更加高效地提供服务，同时增加了公众的参与度和满意度。

这三种理论的结合为政府创新提供了一个全面的视角，既关注制度的内在逻辑和演化路径，又利用前沿技术推动治理模式的革新，有助于建立一个更加开放、透明、高效和响应迅速的政府治理体系。

（一）制度变迁理论

1. 制度变迁理论的概念

制度变迁是一个动态的过程，涉及制度的创建、修改以及随时间推移而发生的结构或功能上的重大转变。在这个过程中，当新的制度安排预期带来的净收益超过实施成本时，创新便会发生。制度变迁不是随机事件，而是遵循着一种从现状（均衡）到变动（不均衡），再通过边际调整达到新平衡的循环模式，即制度变迁是以适应外部环境变化或内部效率需求变化为追求的系统性调整规则、规范和执行机制的过程。

2. 制度变迁与制度创新的关系

制度变迁与制度创新虽然在某些文献中可能被混用，但从本质上看，它们描述的是同一现象的不同侧面。制度创新是制度变迁的一个组成部分，特指在制度框架内的创造性变革，引入新的规则或改进现有制度以提升效率或解决问题。相关领域内各学者对二者关系的观点也不尽相同。戴维斯（Davis）和诺斯（North）等学者的研究倾向于将制度创新视为制度变迁的一部分或等同于制度变迁，强调制度的任何调整和修正都是创新的表现，无论是对既有制度的小幅修整还是全新制度的采纳，都蕴含着创新的成分。后续拉坦（Ratan）等学者的论述进一步强化了这一观点，指出制度变迁可以通过政治家、官僚、企业家等主体的日常活动中的创新努力来实现，而诱致性制度变迁理论更是将制度创新视为一个渐进而持续的过程。林毅夫明确指出了在学术研究中，"制度变迁"与"制度创新"两个概念交替使用的原因，是现有制度的修正属于创新活动，而新制度的采纳也必须随着旧制度的改变。

3. 制度创新与政府创新的关系

制度创新与政府创新之间的关系是复杂且多维的，它们在理论框架和实际操作层面相互交织、互相影响。从理论分类上讲，制度创新关注的是规则、规范以及组织结构的创新，它属于宏观层面的社会经济变革范畴，旨在通过改进或创造新的制度安排来提高社会效率、促进经济发展或解决公共问题。而政府创新则更多地聚焦于公共部门内部的革新行为，既包括制度层面的创新，也涵盖服务提供方式、管理手段及技术应用等方面的创新。尽管在理论上，制度创新与政府创新作为不同的分类维度看似有所区分，但实际上，政府作为制度的主要设计者和执行者，在推动制度变迁中扮演着核心角色。因此，政府创新在很大程度上体现为制度创新的一个重要组成部分。政府通过立法、政策调整、行政程序优化等方式，直接参与并引导制度环境的变化，这种行为本身即制度创新的直接表现。

在实践中，地方政府往往因应经济社会发展的需要，主动探索新的治理模式、服务机制或政策工具，这些尝试本质上是对既有制度框架的突破和优化，即制度创新；同时，这种自下而上的制度创新又反过来促进了整个国家层面的制度变迁，形成了一种动态的互动过程。

因此，制度创新与政府创新之间的关系（见图2-1）并非简单的包含或并列关系，而是彼此渗透、相互促进的共生关系。政府创新不仅限于制度领域，但其在制度层面的作为尤为关键，往往成为观察和评估整体制度变迁进程的重要窗口。在学术探讨和政策实践中，将政府创新等同于制度创新虽可能略显简化，却也反映出政府在制度演进中不可替代的作用。

图 2-1　制度创新与政府创新之间的关系

资料来源：郁建兴，黄亮. 当代中国地方政府创新的动力：基于制度变迁理论的分析框架 [J]. 学术月刊，2017，49（2）：96-105.

4. 制度变迁理论对政府创新的作用

制度变迁理论不仅为政策制定者提供了一套深入理解与应对复杂社会经济变化的工具箱，而且构建了一条路径，引导政府在尊重历史传承的同时，勇于探索、适时调整，以确保制度的活力与效能。

该理论首先强调了历史视角的重要性，使政府能够站在时间的长河中审视制度的源起与发展，理解现有制度安排的合理性与局限性。这一理解为识别创新机遇奠定了坚实的基础，特别是在面对新兴社会需求和技术革新带来的挑战时，政府能够敏锐地捕捉到制度更新的迫切性。通过分析制度的稳定状态与变革动力，制度变迁理论指导政府精准定位改革的靶点，设计出既尊重现实条件又能激发社会主体积极性的创新策略。此外，制度变迁理论促进了政策体系的灵活性与适应性，帮助政府构建能够灵活转身、迅速响应外部变化的制度架构。在制度创新的实践层面，该理论提供了跨领域、跨层级协作的框架，为解决多元利益冲突和促进共识提供了方法论支持。制度变迁理论倡导的持续改进理念促使政府形成一种迭代式的创新文化，即在实施新制度后不断反馈、评估并优化，形成制度进化与政策精进的良性循环。

制度变迁理论不仅是政府创新的理论向导，更是推动治理体系现代化、提升国家治理效能的重要驱动力。它帮助政府在纷繁复杂的环境中科学决策，有效执行，最终实现社会经济的持续健康发展。

（二）区块链理论

1. 区块链概念

自 2008 年由中本聪（Satoshi Nakamoto）在其开创性论文《比特币：一种点对点电子现金系统》中首次提出"区块链"的概念以来，区块链已经逐步发展成为一个涵盖广泛技术和理念的领域。目前，国内外对区块链的研究和应用正趋于完善，我们可以从不同视角勾勒出区块链的基本轮廓和特征。

从数据管理的角度出发，区块链被视为一种去中心化的、不可篡改的分布式数据库。它颠覆了传统的数据存储和访问模式，通过网络中多个节点共同维护一个共享的、连续的数据记录，确保信息的真实性和持久性。着眼于功能和操作流程，区块链被描绘成一系列通过高级加密技术相互链接的数据块。这些数据块包含了经过验证的交易记录，每当有新的交易发生并经过网络共识确认后，就会被打包进一个新的区块，附加到现有链的末端，形成不断延伸的链式结构。从技术构成的角度分析，区块链融合了分布式数据存储、点对点（P2P）网络、共识机制以及加密算法等前沿计算机技术，共同形成了一个创新的应用模式。这些技术的结合确保了数据的安全性、完整性和抗篡改性，同时为实现去信任环境中的价值交换和智能合约等高级应用提供了可能。

尽管对区块链的定义存在多样性，但这些定义均围绕其去中心化、安全性、透明度和不可篡改性等核心属性展开，这些属性共同构成了区块链技术的基础框架和独特价值。因此，如美国学者梅兰妮·斯万（Melanie Swan）一样，本书将区块链定义为一种公开透明的、去中心化的数据库，更贴切且便于将该理论应用于政府创新的研究。

2. 区块链与政府创新的关系

政府创新与区块链技术的深度融合构成了推动治理体系现代化的重要力量。这一结合不仅体现了技术进步对公共管理方式的深刻影响，也彰显了政府在面对复杂社会需求时寻求突破性解决方案的决心。区块链为政府创新开辟了新路径，促进了治理能力的全面提升。

区块链助力政府打破传统信息壁垒，实现数据资源的高效整合与共享。在去中心化的网络中，不同政府部门间的数据流动不再受限于孤立的系统，而是能够在确保隐私和增强了安全的前提下自由流通。这极大地提升了公共服务的响应速度和决策的科学性，为政策制定者提供了更全面、更准确的信息支持。

区块链技术强化了政府行为的透明度和可追溯性，为建立公众信任奠定了坚实基础。每一项行政操作都被记录在不可更改的区块链上，既便于监管，也方便公众监督，有助于有效遏制腐败现象，营造廉洁高效的政务环境。这种透明化还促进了政府与民众之间的互动，增加了政策的接受度和满意度。

区块链技术还为政府监管模式带来了革命性的变化，使之向更加灵活、精准、前瞻性的方向迈进。借助实时监控功能，监管部门能够迅速识别并应对潜在风险，采取预防措施，维护市场秩序和社会稳定，同时为新兴行业的发展提供了更友好的监管环境。

（三）多中心治理 + 区块链理论

多中心治理 + 区块链理论是一种将多中心治理理念与区块链技术相结合的现代治理模式，主张在公共事务管理中，由政府、市场、社会组织和公民等多元主体共同参与，通过合作、协商和共享权力，实现公共利益最大化。区块链技术的加入为这一模式提供了技术支持，确保了数据的真实性和透明度，有助于构建一个高效、透明的治理体系。在具体应用上，这一理论通过利用区块链的不可篡改性整合政府数据，实现跨部门的数据共享；通过智能合约，自动化执行合同条款，提高行政效率；通过增强数据安全性，保护信息不被篡改或泄露；通过促进公众直接参与治理过程，如投票和监督，增强民主参与度。多中心治理 + 区块链理论为政府治理提供了一条技术驱动的创新路径，有助于推动政府治理现代化，实现更高效、更透明和更民主的治理模式。

1. 政府治理结构的多元化创新

习近平总书记在党的十九大报告中明确指出，需要"打造共建共治共享的社会治理格局"。这一战略导向要求政府加快步伐，从传统的一元管理模式转变为多元治理，从单一主导过渡到政府搭台、社会唱戏的新型模式。然而，在实际操作层面，政府部门对多元共治理念理解不足、部门间信息孤岛现象严重以及公众参与度有限等因素，导致多元共治的实际推行面临重重挑战。

多中心治理理论的核心在于强调多元主体的作用，认为公共事务管理和公共服务供给不应仅限于政府，还应包括政府、市场和社会公众等多方面的共同参与。在新时代背景下，政府治理的本质是一种多方协作、互动的过程，超越了政府单向行使权威的传统模式。区块链技术的引入为此提供了有力的技术支撑，其数据不可篡改性和多节点共同维护的特性有效解决了去中心化治理中的核心问题，即如何确保数据的可靠性和安全性，同时促进信息的透明共享。"多中心治理＋区块链"的模式对推动政府摆脱单一管理者的角色定位，逐步向包含政府、市场和社会公众在内的多元共治体系转型，具有深远的意义。

2. 政府治理机制的法治化创新

党的十八大将"基本建成法治政府"确立为全面建成小康社会的关键目标之一。党的十九大则更进一步对全面依法治国提出了更多具体且细致的要求。法治政府的构建是内生动力与技术创新外力双重驱动的结果。尽管多中心治理模式反对垄断和政府专权，但这并不意味着政府放弃其在公共事务管理和公共服务供给领域的责任，而是在一个多中心的治理架构中重新定位，与市场和社会共同发挥作用：政府负责制定宏观政策框架、法律体系及规范其他治理主体行为；市场和社会主体则通过积极参与和监督，共同维护治理秩序。

区块链技术的引入通过其开放式平台特性，极大增强了公众合法参与治理的可能性，同时其多节点维护、数据不可篡改的特性，强化了对公共权力运行和公共服务提供的监督约束，提高了透明度和可信度。区块链不仅促进了政府各部门以及政府与企业、公众之间的信息共享，还保障了数据交换的安全性，加速了信息流通效率。

将"多中心治理＋区块链"模式应用于政府治理实践，不仅能够优化资源配置，提升治理效能，还能深刻体现法治在国家和社会治理中的核心作用，加速依法治国战略的实施进程。

3. 政府治理过程的透明化创新

随着政治、经济、文化及信息技术的飞速发展，人类社会已跨越工业时代，步入信息社会的全新阶段。在这个信息爆炸的时代，公众对政府信息公开与信息资源共享的期待日益高涨，政府行为的透明度直接影响民众满意度和政府机构的公信力。

多中心治理模式的精髓在于多元主体间的相互信任与协同合作，它强调的是一个基于共赢原则的合作网络，其中信任是合作的基石。区块链技术的引入为增强公众对政府的信任提供了新的解决方案。通过技术本身而非传统第三方的背书，区块链建立起了一种更可靠的信任机制。它利用加密、数学和密码学原理解决了中心化信任的问题，确保信息在记录、传输和存储过程中的完整性和真实性。

在区块链技术的支持下，"时间戳"[①]功能为每一笔数据加上了不可篡改且透明的时间标记，链式结构使数据改动成本高昂且易于追溯，非对称加密技术保障了点对点通信的安全，而共识机制确保了信息添加的去中心化验证过程，这些特性共同维护了一个难以篡改且透明的数据环境。

"多中心治理＋区块链"的形成模式在政府信息公开等领域的应用，不仅加强了政府的透明度，还促进了政府、市场与社会之间相互监督的"公信力新生态"，推动政府治理迈向更高层次的透明与高效。

4.政府治理模式的服务化创新

我国行政体制改革的核心目标之一是构建服务型政府，四十多年来的改革开放历程见证了党对服务型政府理念的不断深化与实践推进。服务型政府的建设旨在通过多中心治理模式，促进政府、市场和社会多元主体之间的协商合作，共同应对复杂多变的公共需求。在此背景下，区块链技术的融入，尤其是智能合约的应用，为实现更加高效、透明的服务型社会治理模式提供了强大支撑。

智能合约作为区块链技术的关键组件，其自动执行、自治管理和数字化资产特性，在金融、物流、医疗等多个领域展现出变革力量。将其应用于政府治理，意味着政府服务将迎来一场深刻的智能化升级。政府作为公共资源和服务的主要提供者，可以利用区块链智能合约技术，对精准扶贫、行政审批、公益项目管理、养老服务等复杂程序进行革新。

通过智能合约，原本烦琐的纸质合同和人工审核流程被自动化替代，不仅大大简化了流程，降低了人为错误和延误，而且提高了服务的标准化水平。

区块链智能合约技术在服务型政府建设中的运用，不仅能够显著提升政府内部工作效率和对外服务水平，还能增强政策执行的透明度与公众参与度，为构建一个响应迅速、公平透明、高效运行的服务型政府提供了强有力的技术保障。

结合"多中心治理＋区块链"的模式应用到政府创新领域，对政府而言，其意义远不止于实现办公无纸化和效率提升，或是简单地减少运营成本，更深层次的是，这一模式促使政府从数据管理的基本流程优化到整个治理模式的根本性创新，推动政府运作向更加优化、协同和高效的层面发展，加速服务型政府建设的步伐。

三、创新的类型与模式：分析政府创新的不同类型

对政府创新进行分类是一项复杂任务，需要先广泛回顾组织创新的普遍分类理论，

---

① 时间戳是指格林尼治时间 1970 年 01 月 01 日 00 时 00 分 00 秒（北京时间 1970 年 01 月 01 日 08 时 00 分 00 秒）起至现在的总秒数。时间戳是使用数字签名技术产生的数据，签名的对象包括了原始文件信息、签名参数、签名时间等信息。时间戳系统用来产生和管理时间戳，对签名对象进行数字签名产生时间戳，以证明原始文件在签名时间之前已经存在。

再聚焦政府创新领域的特有研究成果。如果是针对中国的政府创新进行分类，则需进一步考虑中国特有的体制背景、发展阶段和社会需求，确保分类体系既贴合国际通行原则，又符合本土实际，能够全面反映地方政府在政治改革、行政改革和服务创新等方面的多样尝试与实践。

（一）政府创新的类型

政府创新的多维度特性已被广泛认可，诸多研究从不同角度对这一主题进行了分类探讨。

有观点从外部政策调整与内部管理优化的层面，将政府创新划分为两大类别：一类侧重于政策内容与方向的革新，即政策创新；另一类则关注组织内部流程与机制的改进，称为管理创新。这两种创新的采纳与推广受多种因素的综合作用。

另一种分类方法着眼于创新的内容与实施手段，认为政府创新可从实质性的政策或服务变化，以及采用的新技术或方法论来界定。这揭示了创新的不同实现路径和技术特点。

还有学者采取了二分法，将政府创新区分为突破性与持续性两类。突破性创新涉及根本性的体系或服务变革，而持续性创新则是渐进式的优化过程。两者分别对应政府创新的不同推进模式。

有的研究细化了创新的具体领域，比如服务、信息技术、组织结构变革及支持性创新等，强调了信息技术进步在现代政府创新中的核心作用，以及组织适应性和市场化改革的重要性。

从服务和市场角度分析，强调创新应针对新老客户的需求，提供或优化服务。虽然某些维持现状的做法因创新性较低而不被视为典型创新，但这一视角提示了创新应紧密关联市场需求。

综合多个视角，还有学者构建了包含七个维度的政府创新框架：战略创新、产品创新、服务创新、顾客导向创新、技术创新、管理创新和合作创新。这一框架体现了政府创新的全方位性和协同性。

尽管目前国际学术界尚未达成一致的分类共识，但上述各种分类尝试共同凸显了政府创新的复杂性和多样性。未来的研究应当深入实际案例，考虑不同国家和地区背景下的独特性，以深化对政府创新机制和效果的理解。

（二）中国地方政府的创新类型

中国地方政府创新的研究从不同视角构建了地方政府创新的类型框架，有助于加深我们对地方政府创新的模式认知。中国的地方政府是受上级尤其是中央政府统一领导的，故纵向府际关系始终是理解中国地方政府行为的轴心问题，因此，本小节将从纵向府际关系、横向政社互动和内在行政规范三个视角出发，构建理解地方政府创新的分析框架，并识别和比较地方政府创新的三种类型。

1. 简述地方政府创新实践的解构

地方政府创新本质上是地方政府在多重关系网络中寻求治理效能突破的动态调适过程。基于组织系统理论，地方政府的创新实践可解构为三重互动关系的策略性平衡，即地方政府与上级政府的关系、地方政府与地方社会的关系、地方政府与政府自身的关系。首先，地方政府创新发生于纵向的政府组织结构中，所以，要关注上级政府特别是中央政府对下级地方政府的政治影响。其次，地方政府嵌入于特定的社会环境之中，而非存在于时空之外的独立实体，因此，地方政府创新是嵌套在复杂开放的经济社会系统中的，经济社会因素的嵌入对地方政府创新具有重要影响。最后，地方政府创新还受到文化因素的作用。地方政府及其官员的行为选择受所在组织系统及其行政文化的规范和约束。接下来笔者会在纵向府际关系、横向社会系统以及内在行政文化中来解释地方政府创新的逻辑，由此确立起理解地方政府创新的"控制—嵌入—规范"框架。

控制，即政治支持，地方政府行动的纵向控制。在中国体制下，地方政府创新处于"央地互动"的动态平衡中。上级政府的政治支持通过双重路径来塑造创新行为：一是态度支持，表现为政策试点授权、领导视察背书等象征性认可，如浙江省"最多跑一次"改革获国务院通报表扬后，迅速被28个省份借鉴；二是资源支持，通过特殊权限下放（如自贸区立法权）、专项资金倾斜等实质性赋能，深圳市便依托特区立法权累计推出127项原创性改革。获得省级以上政治支持的项目存活率更高，因为得到更高级政治支持的改革项目能够降低政治风险，所以形成"中央定方向—地方探路径—经验再吸纳"的政策迭代循环。这种纵向控制既为创新划定安全边界，又通过"改革锦标赛"释放地方活力，诠释了中国治理创新的独特张力。

嵌入，即社会嵌入，地方政府行动的横向互动。地方政府创新也是政府与社会双向互嵌的过程。一方面，公众诉求通过12345热线、网络问政等渠道倒逼治理变革，例如北京市"接诉即办"机制，使民生问题响应速度从7天压缩至2.4小时；另一方面，社会力量深度参与创新实践，例如成都市引入信托制物业破解社区治理难题，维修基金使用效率有了质的飞跃。这种嵌入性又呈现三重维度：需求嵌入推动政务服务从"政府供给"转向"精准响应"；资源嵌入催生"政企社"协同模式，杭州市"城市大脑"接入430万市民数据点；技术嵌入重构治理逻辑，粤省事平台实现2000项服务"指尖办理"。社会嵌入政府能力的增强，推动了地方政府创新类型的变化。社会经济力量对政府牵制和平衡作用的增大使得"更具社会性与市场性的创新行为的产生"，即行政改革型创新向公共服务型创新的转变。

规范，即行政文化，地方政府行动的内在规范。行政文化作为一种无形制度，深刻塑造着创新的路径选择。行政文化会对地方政府产生重要影响，其变化也会影响地方政府的观念态度和行为模式，进而使地方政府通过更新治理理念和制度来回应社会需求，提高社会支持度。随着生活水平的提高、公民意识的增强，社会对建设一个管理服务更加高效、廉洁、优质、公开与公平的有限型、透明型和法治型政府流露出更多期待，对地方政府及其成员的管理服务提出了更高要求，并要求其在经济发展、城市治理、民生保障、社会稳定和高效廉洁等方面做出回应。全国几乎所有政务事项实行"好差评"制度，且从"封闭控制"迈向"开放协同"，上海"一网通办"吸纳200万市民参与流程优化，这是其行政文化开放度提升的体现，随着行政文化愈加开放，治理创新的占比也会增加。社会诉求是影响地方政府创新的重要动力，但其同时又可以内化为政府自身文化，通过政府的持续学习来予以回应，并逐步改善地方政府的行为方式。

"控制—嵌入—规范"三维模型突破了传统"压力—回应"的单向解释，政治支持、社会嵌入和行政文化都会影响地方政府创新，三者分别关注了纵向的府际关系、横向的社会系统和内在的行政文化在地方政府创新中的作用，分别对应了影响地方政府创新的三个核心机制：控制、嵌入和规范。地方政府创新常常面临较大的风险和不确定性，因此，来自上级政府的政治支持能为地方政府创新提供政治保护。但需要注意的是，政治支持背后的核心运作逻辑仍是纵向控制。这一控制特征在中国有限放权的单一制背景和干部任命制度下体现得更为明显。在一定程度上，地方政府行动对上级政治支持依赖度越高，说明中央政府对地方政府的控制力就越强。当然，处于纵向府际结构中的地方政府，作为区域性的治理主体和地方性公共服务的直接承担者，除了要完成上级政府交办的政治任务外，还需要回应和解决辖区内经济社会发展所带来的需求变化和治理难题。特别是社会力量对政府影响程度的增强，对传统的政府模式产生了一定冲击，需要政府通过改革创新来回应这一趋势。而社会嵌入机制也影响了地方政府创新的发起、延续和扩散。文化因素则是地方政府创新的非正式约束规范机制。这一机制影响地方政府的态度和行为，使地方政府及其官员意识到应该进行哪些创新和如何进行创新来回应社会对政府的期许，并增强其治理合法性。三种影响地方政府创新的核心机制存在明显的特征差异（见表2-1）。也正是由于其作用于地方政府创新的强度不同，我们可依据核心机制差异对地方政府创新进行类型划分。

表 2-1 地方政府创新三种核心机制的比较

	控制	嵌入	规范
变量	政治支持	社会嵌入	行政文化
基础	权力资源	组织关系	共同观念
指标	上级政府的态度和行为、固定化或非正式的支持机制	社会化程度 市场化程度	行政文化 创新文化/意愿
目标	降低不确定性和风险、改革创新与政治风险的平衡	回应社会需求、发挥社会功能	内在约束 文化整合
逻辑类型	工具性/稳定性	协调性/合法性	适当性/规范性

2. 中国地方政府创新分类

通过分析控制、嵌入和规范三种机制对地方政府创新作用的强弱程度，可将中国地方政府创新划分为三种基本类型：中央主导型创新、地方回应型创新和地方自发型创新。中央主导型创新的核心是中央在保持对地方政府控制的基础上，对地方实施有限放权，通过地方的制度创新来为全国改革寻找突破口和方向。地方回应型创新的核心是随着地方经济社会的迅速发展和社会嵌入能力的增强，地方政府在回应辖区发展需要的同时，也通过政府创新来获得竞争性资源。地方自发型创新的核心是地方政府通过自我学习和创新，自觉回应地方治理问题和社会公众诉求，表现出自发性和自我推进的特征。

1）控制与中央主导型创新

中央主导型创新是中国制度创新的核心范式，其本质是通过"政治控制—有限放权"的动态平衡实现改革风险可控与经验有效扩散。中央以自贸试验区、综合改革试验区等为载体，通过"负面清单管理""重大事项报备"等机制划定地方试验边界，例如上海自贸区首创的"证照分离"改革将大量审批改为备案制，而国务院始终保留对制度突破的终审权。这种创新模式呈现三重运行逻辑：一是目标导向性，聚焦全国性改革痛点设计试验任务（2013—2019 年，自贸试验区外资准入负面清单条目经过 5 次修订，从 190 项缩减至 37 项，缩减逾八成）；二是过程渐进性（国务院分 5 批设立 18 个自贸区形成梯度试验网络，确保"试点—评估—推广"链条完整）；三是成果选择性（中央通过制度势能差筛选可复制经验，截至 2023 年已分批推广 106 项改革试点经验）。截至 2018 年年底，除海南外的 11 个自贸试验区以约万分之二的国土面积，创造了新设外资企业数、实际使用外资、进出口总额占全国比重分别为 15.54%、12.12% 和 12.25% 的可喜成绩。[①] 印证了"地方试错—中央吸纳—全国受益"的制度效能。

2）嵌入与地方回应型创新

改革开放以来，随着市场经济的发展与民营经济的壮大、公民社会的成长与社会嵌入能力的增强，地方政府越来越重视以社会经济需求为起点来回应经济社会需求的变化。可以说，地方政府创新越来越具有"回应型"的特征。为了呼应社会不断增加的公共产品和公共服务需求，以及解决日益复杂的社会治理问题，在创新内容上涌现出越来越多面向社会的公共服务与社会治理类创新。地方行政审批制度改革是典型的回应型创新。深圳早在 1997 年就开始了行政审批制度改革，也是全国首创的由地方政府进行的全面性和系统性改革。深圳市分别于 1998 年、2001 年进行了两轮行政审批制度改革，行政审批事项由 1091 项减少为 395 项。近年来，深圳市又不断深化改革，创新政府服务方式，"不见面审批"（2018）、政务服务"秒批"（2020）等模式为全国改革起到了示范作用。这类创新的运行机制包含三重维度：一是市场倒逼，民营经济增

---

① 自贸区 6 周年！来看六年中自贸区的"加减法"[EB/OL].（2019-09-28）.https://www.thepaper.cn/newsDetail_forward_4555406.

加值占我国 GDP 比重已从改革开放之初的不到 1% 上升到目前的超过 60%，[1] 同时催生了浙江"最多跑一次"、广东"数字政府"等服务创新；二是技术赋能，截至 2024 年 5 月底，国家政务服务平台为各地各部门提供身份认证核验服务超 107 亿次、电子证照共享服务超 108 亿次，推动各地区各部门平台数据共享超过 5400 亿次[2]；三是治理重构，针对惠企政策落地过程中企业遇到的难题，2023 年安徽省搭建"免申即享"平台，贯通全省 22 个部门和 16 个地市，实现惠企财政资金直达企业[3]。随着社会嵌入政府能力的增强，地方企业影响地方政府的程度越来越高，地方政府也越来越主动关注和回应经济发展和社会转型给政府管理带来的挑战。

3）规范与地方自发性创新

地方政府创新的第三种模式受文化规范的影响突出，表现为越来越多的自发性取向。经历四十多年的改革历程，通过改革创新推动经济社会发展已成为政府和社会的基本共识。社会文化转型不仅重塑了公民的思想观念，更影响着政府系统的行政文化。文化规范是支配地方政府创新的隐性力量，地方政府行为具有更多的正当性与合适性特征。以浙江温岭"民主恳谈"为例，其初期通过干群对话机制解决各类民生问题，截至 2023 年已扩展至乡村振兴、垃圾分类等 54 个公共领域，累计开展恳谈会 2.4 万场，参与群众超 180 万人次[4]。这种创新模式依托三重规范机制：一是价值内化，二是制度沉淀，三是效能迭代。"民主恳谈"作为一种基层公民参与政治实践的新形式，可以说是基层政府创新精神的巨大体现。在处理基层干部与群众的关系时，温岭在开展农业农村现代化教育活动中就意识到要改变过去干群对立的思维，积极主动与群众对话，在基层群众工作中引入民主、参与、协商等要素，并始终坚持自愿参加和直接对话的原则。温岭"民主恳谈"发端于乡土，是基层地方政府自主探索形成的一项符合基层实际的民主政治实践形式，可以说是典型的地方自发型创新。

3. 地方政府创新类型比较分析

依据关键变量的差异与核心机制的强弱，可梳理出中央主导型创新、地方回应型创新和地方自发型创新三种类型。这三种类型是相互并存的，而作用于地方政府创新的三种机制也是交互作用的，三种类型的主要区别在于主导性机制作用程度的差异。因此，这些创新类型表现出一定的共性、差异及各自的优势和局限（见表 2-2）。

---

① 韩晶. 民营经济的发展历程、重要贡献与机遇挑战 [J]. 人民论坛，2025（7）：68–71.

② 5 年超 8.9 亿用户！全国政务服务"一张网"惠你我 [EB/OL].（2024–05–31）.https://www.gov.cn/yaowen/liebiao/202405/content_6954752.htm.

③ 安徽搭建"免申即享"平台：政策找企业 服务更精准 [EB/OL].（2023–12–08）.https://www.ah.gov.cn/zwyw/mtjj/564286031.html.

④ 以民主恳谈基层首创奋力扛起"加强基层民主政治建设有效载体"担当 [J]. 政策瞭望，2024（6）：49–51.

表 2-2　地方政府创新三种类型的比较

	中央主导型创新	地方回应型创新	地方自发性创新
关键变量	政治支持	社会嵌入	行政文化
核心机制	控制	嵌入	规范
中央政府	推动创新	有限控制	有限控制
地方政府	执行、探索	回应、竞争	创新、制度化
主要形式	创新试点	自主探索	自主探索
特征	中央推动	刺激回应	自主自觉
优势	分散风险	地方经济社会发展	行政效率与服务质量
问题	创新的限度	创新的异化	创新的迷思

1）中央政府与地方政府

在央地治理的动态博弈中，中央政府与地方政府的角色定位呈现显著的类型化差异。中央主导型创新体现"顶层设计—基层试验"的纵向传导机制，中央政府通过政策授权（如自贸试验区制度框架）、资源调配（专项转移支付）与风险评估（负面清单管理）三重杠杆，构建起改革创新的"安全试验场"。地方政府在此过程中承担政策执行者与经验供给者双重角色，既要确保中央改革意志的贯彻，又需结合地域特征进行适应性改造。与之形成对照的是，地方回应型创新根植于"压力—回应"的横向互动逻辑，当市场主体密度过高、社会组织数量过大时，地方政府将被迫启动治理工具创新以缓解制度供需矛盾。而地方自发型创新则更彰显行政文化的内驱力，浙江温岭"民主恳谈"的演进，从初期12类议题扩展至54个治理领域，本质就是民主协商理念深度融入基层治理基因的制度化过程。

2）创新的主要形式和基本特征

从实施路径观察，三类创新构成制度变迁的连续谱系可分为：中央主导型创新的"试点—扩散"机制；地方回应型创新遵循的"问题—解决方案"的实践理性；地方自发型创新则呈现"价值—制度—行为"的演进轨迹。这种差异化不仅体现在工具理性层面，更反映在合法性基础的建构逻辑，即中央主导型创新的正当性源于政治权威背书，地方回应型创新依赖社会效能证明，而自发型创新的生命力则来自行政伦理的价值自觉。

3）不同类型的优势与局限

三类创新在实践中形成了既互补又制衡的治理生态，中央主导型创新通过风险分散机制为地方探索提供容错空间；地方回应型创新凭借其在地化优势反哺顶层设计的精细化；自发型创新则持续输送价值动能。但这种动态平衡面临三重挑战，中央主导型创新存在"悬浮式执行"的风险，部分区县官员反映配套资源不足；地方回应型创新易陷入"碎片化"困境，中西部地区部分改革存在系统衔接障碍；自发型创新则可能异化为"符号政治"，部分协商项目存在议而不决的问题。破解之道在于要构建制度化支持体系：建立跨区域创新联盟强化经验共享，完善"政治豁免—绩效激励"的双轨机制，推动行政文化从"避责逻辑"向"创责逻辑"转型。

第二节　政府创新的影响因素及驱动力分析

在探讨政府创新时，影响因素扮演着判断创新项目能否持续演进、推动基层社会进步发展、增进民生福祉等核心动力的角色。

一、政府创新影响因素

政府创新影响因素包括内部影响因素和外部影响因素两个方面，具体内容如图 2-2 所示。

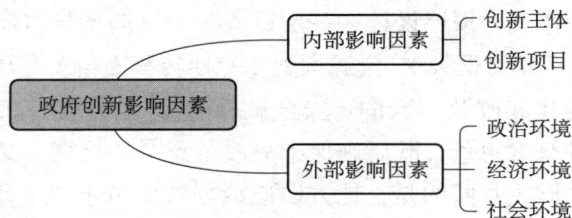

图 2-2　政府创新影响因素

（一）内部影响因素

政府创新的内部影响因素可以从创新主体和创新项目本身两个核心层面进行深入剖析。本节旨在探讨基层政府治理创新的动力、基层政府党政领导干部的观念和能力、创新项目的成本和收益、创新的制度化水平，以及创新项目的效果、内容、规模等几个关键的内部影响因素，这些因素共同塑造了政府创新的发展潜力。

1. 政府创新主体的影响因素

创新是推动政府治理不断进步与发展的关键引擎。其中，创新动力作为维持这一进程的核心要素，对实现可持续性发展至关重要。政府创新行为需要注重其内在动力结构与外部环境变化的相互作用，形成激励与约束的动态平衡，确保创新活动的持久推进。

政府创新的触发点各异，其原始动因从根本上界定了政府创新生命力的强弱。这一动力体系可细分为四大支柱：高层战略引领、内部需求激发、外部环境响应、科技赋能。从创新的主观意愿、实际能力及外部促发因素三个维度审视，政府创新可归纳为内源驱动型、外源适应型、上层主导型和科技激发型四大模式。

内源驱动型与外源适应型创新均起源于解决实际问题的迫切需求，与社会现状紧密相连，创新项目实施具有高度的针对性和实效性。然而，这些基于即时问题的创新一旦成功解决现有矛盾，其动力源泉和项目价值可能随之减弱，创新的持久性面临考验。上层主导型创新作为中央政策自上而下的实践探索，为政府提供了宝贵的政策试水机会和政治合法性依据，有效降低了创新风险，极大提升了政府创新的积极性和稳定性。这种模式下的创新动力强大，持续性显著。科技激发型创新依托于新技术的引入，旨在破解特定难题，但并非普遍适用于所有基层治理场景。技术的局限性，如形式主义、失真效果及不稳定性，可能制约其长期发展潜力。加之，此类创新伴随显著的成本投入，政府作为理性的经济主体，仅在预期收益超过成本时，才可能保持较强的创新持续性。

政府创新的多元动力源泉深刻影响着其持续发展的潜力与方向，理解并优化这些动力机制对促进基层治理现代化具有重要意义。

作为政府创新的策动引擎和实践先锋，基层党政领导干部不仅是创意的播种者，更是确保这些创新举措落地生根、枝繁叶茂的核心执行力量。中国作为单一制国家的特性，基层政府的权限架构及官员任命均源自上级政府，压力传导型体制下，自上而下的政策指令构成其主要行动导向。这一体系内，政绩评估采取"一票否决"机制，直接关联着官员的仕途晋升，促使部分基层领导倾向于通过政府创新满足上级的绩效要求。

此外，基层党政领导干部的创新能力是维系创新活力不可或缺的要素。正如莱特（Wright）所强调，领导层的创新意识是组织实现持续进化的关键驱动力。在中国基层社会转型的大潮中，一群"政治企业家"应运而生，他们勇于担当，敢于面对创新过程中的不确定性与风险，利用新兴技术与创新思维破解难题，引领政府治理模式的变革。研究表明，这些具有企业家精神的"政治企业家"不仅是政府创新的发起者，更凭借其敏锐的洞察力和高超的执行力，成为创新能否持续发展的决定性因子。

2. 政府创新项目本身的影响因素

对政府创新项目自身影响的探讨，主要是围绕创新项目的效果、内容和规模这三个维度展开的。创新的实际成效是评估和推动基层政府创新持续演进的核心要素。它不仅直接关联到问题解决的有效性、民众需求的满足度，还体现在工作效率和服务质量的提升上。基于俞可平对178项地方政府获奖项目的深入研究，"显著的实际效益"被确认为促进创新项目持续发展的首要动因，这与"中国地方政府创新奖"所追求的社会效益最大化目标高度契合，彰显了创新的公共价值。创新内容的特性在很大程度上塑造了其可持续发展的潜力。创新方案若能做到理念明确、操作简易、成本控制得当，并且对专业要求不高，通常更容易跨越实施障碍，实现长期发展。创新项目的规模同样不容忽视。项目的覆盖范围既反映了政府创新的雄心，也对其可持续性构成了考验。大范围的创新项目，由于能够动员更广泛的资源，建立更完善的制度框架和配套措施，通常显示出更强的持续力；而规模较小的项目受限于资源和体系，可能在可持续性方面表现不足。

创新项目所取得的实际效果、内容的可操作性以及项目的规模共同构成了评价和影响政府创新可持续发展的关键矩阵。这些因素相互作用，共同决定了创新是否能够跨越时间的考验，持续有效地服务于社会治理的现代化进程。

（二）外部影响因素

政府创新外部影响因素的核心聚焦于那些塑造其外部生态环境的关键要素，具体涵盖了政治环境、经济环境及社会环境三大维度。一个积极正向的创新生态系统不仅能够激发政府的创新潜能，还能够为政府创新的持续成长与深化实施提供不可或缺的支撑。

1. 政治环境

政治环境作为关键的外在影响力，其深植于政策导向、体制框架和制度根基三大支柱之中。

政策环境凸显了基层政府创新方案与国家宏观政策导向的协同程度。基层治理的创新实践与政策环境紧密相依，尤其在推进政治体制改革的尝试中，政策环境的导向作用更为显著。国家的顶层设计不仅为基层创新活动铺设了合法性的基石，还开辟了广阔的政策探索领域，激励着基层政府的创新动力。

体制环境映射出我国压力型体制下基层政府所承载的政绩考核重压，以及在府际横向竞争中的迫切求胜心态。在这种环境下，基层政府及其领导者往往将创新视作获取上级认可、争取资源与晋升机会的战略途径，有时甚至导致社会真实需求与创新方向的错位。

制度环境构成了政府创新的正当性与可行性土壤，其中政治背书与制度容忍度是两大核心要素。政治支持，即高层领导的肯定与鼓励，是创新行动的坚强后盾；而制度空间为创新实践提供了试错与成长的弹性空间。

2. 经济环境

经济环境因素扮演着政府创新可持续发展的基石角色，核心在于其经济发展的成熟度与稳健性。我国改革的浪潮始自经济体制的根本性转变，这一市场化改革的里程碑不仅催化了经济领域的飞跃，也为后续政治、行政体系的革新铺设了坚实的道路。转型期的地方政府身处市场经济的涌动浪潮中，其创新行为犹如一股不竭的动力，贯穿并引领着整体改革的进程。

经济水平的标尺，不仅量度了基层政府的发展潜力与财政健壮度，更是衡量其创新扩散效能与可持续性的重要指标。市场的蓬勃兴盛，如同双翼为基层政府插上了制度创新与资源整合的强大动力，提升了其在创新道路上的供给与应变能力。研究表明，基层政府的经济实力与其组织创新能力、创新成果的传播范围呈正向关联——经济越是繁荣、组织架构越是高效，创新的辐射力与深度便愈发显著。

"政府资源与能力假说"进一步强调了这一逻辑：政府的能力越强，其推动创新、吸纳新颖治理模式的速度与决心亦更为坚定。鉴于此，政府创新的持久推进，离不开充足的人力、物力与财力的支撑。换言之，经济基础雄厚的基层政府，凭借其强大的财政后盾，能更自如地启动并维系创新项目，为其注入源源不断的活力。因此，强化经济根基，不仅是提升基层政府治理效能的直接途径，也是确保其创新活力永续不断的根本所在。

3. 社会环境

社会环境涵盖了社会关注度的多个维度，诸如公众的认同感、媒介的聚焦力度以及学术研究的深入探讨。这些要素的深度融合不仅为创新的可持续发展之路铺垫了社会合作的基石，还促进了创新策略与社会实际需求的精准对接，确保了治理措施的现实意义与长远价值。

首先，基层群众作为政府创新的直接受益者与重要参与主体，其认可与支持构成了创新举措生命力的源泉。一项深得民心的创新项目既是响应民众诉求、增进民生福祉的直接体现，也是凝聚社会共识、稳固基层和谐的有力保障。民众的广泛拥护是驱动创新项目顺利推广与长期发展的关键驱动力。其次，媒体作为信息时代的强音，通过其无远弗届的传播力，能够有效激发公众的参与热情，吸引社会各界资源的汇聚，并发挥其监督职能，确保创新实践的透明度与公信力。媒体的正面宣传不仅是扩大影响力的有效途径，也是连接政府与民众、促进信息对称的重要桥梁。最后，学术界的深度介入与系统研究映照出政府创新中的潜在挑战与缺陷，提供了科学严谨的改进建议，为创新实践的优化升级提供了理论支撑。

二、政府创新驱动力

在推进政府创新的过程中，政府作为核心行动者承载着探索与实践创新的重任。其创新深深植根于客观需求与潜在利益的导向之中，两者共同构成了驱动创新前行的引擎，不仅决定了创新的规模与蓝图，还塑造了其实现路径、操作方式及核心内容的多样性。

具体而言，顶层驱动力为政府创新指明方向，是变革深化的关键推手；内部驱动力是创新实践的内核与基石，源于组织自身的变革需求与提升意愿，构成了创新源源不断的内生动力；外部驱动力来自社会期待、市场变化与国际趋势的交织影响，构成了激发创新活力的外部要因；而技术驱动力，则是赋能创新、加速转型的现代化工具，以其独特优势助力基层政府跨越治理的传统边界（见图 2-3）。

（一）政府创新的顶层驱动力

顶层驱动力是政府创新的推动力，其显著特征在于国家宏观政策导向与压力传导型体制框架的双重作用。这一推动力量不仅塑造了治理创新的宏观背景，还深刻影响着实践路径与模式的选择。

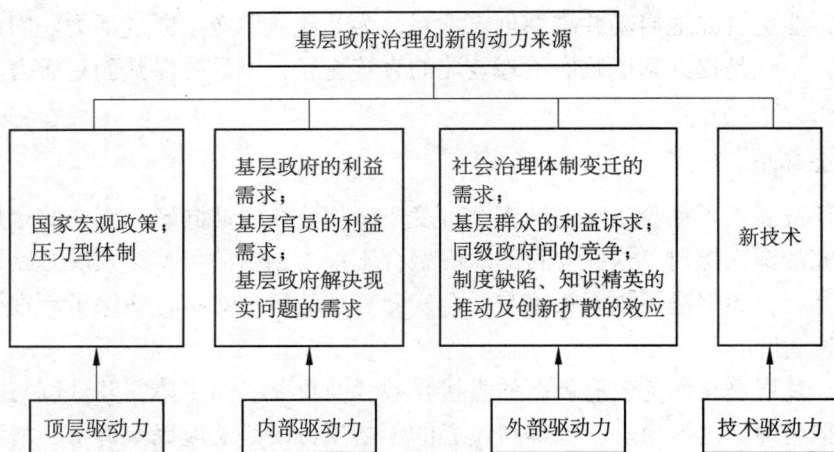
图 2-3 基层政府治理创新的动力来源

资料来源：崔理博.基层政府治理创新机制研究 [D].北京：中共中央党校，2022.

1. 国家宏观政策驱动

国家宏观政策引领政府创新体现在治理体系现代化的战略部署。为弘扬党的十八届三中全会的精神，全面深化改革，聚焦于完善中国特色社会主义制度与提升国家治理能力现代化。政府现代化创新对国家、社会、人民生活水平的提高至关重要。权力下放、民主参与、科学决策与法治遵循是治理现代化的核心，也与国家治理体系现代化的标准相符《中共中央　国务院关于加强基层治理体系和治理能力现代化建设的意见》（2021年）强调制度与能力建设，鼓励创新与改革，以促进公共服务提质和社会治理创新。在顶层设计与基层探索二者关系的平衡上，也为政府创新赋予了改革空间，激发了创新活力。

2. 压力型体制结构驱动

压力型体制是指县级和乡镇等基层政治机构在追求经济增长和完成上级设定的量化指标过程中，采用的一种任务分解管理和物质化评价体系。该体制围绕上级目标和评价标准，结合政治激励与经济刺激，形成基层政府运作模式。面对政绩、经济发展与民众需求的多重压力，基层政府在"上面千条线，下面一根针"的情境下，需兼顾行政指令与民众期待，而政府官员因晋升与政绩考核关联，会在一定程度上积极参与治理创新，以解决基层问题并动员民众参与，推动社会管理与服务升级。

（二）政府创新的内部驱动力

政府创新的内部驱动力是其推进治理创新的根本动力。具体而言，治理创新的内部驱动力是指那些激发基层政府进行治理模式革新背后的内生力量、核心动因及主观要素的集合，它们是创新行动的深层引擎。这些动力主要体现为创新主体内心的渴望与动机，涵盖了以下几个核心方面。

1.基层政府的利益需求驱动

基层政府的多元利益诉求是核心驱动力之一，可分为社会经济与社会政治发展需求，以及政治利益的需求。根据制度变迁理论，预期收益最大化是创新的触发点。创新促进了社会经济繁荣和政治生态成熟，提升了经济水平，加速了政治民主化进程，构建了法治、服务型政府形象，增强了政治合法性，拓宽了制度运作空间。

2.基层政府官员的自我发展需求驱动

基层政府官员的内在成长动力是基层政府创新背后的另一股关键力量。政绩考核与职位晋升紧密相关，形成了"政治锦标赛"，促使官员创新以提升政绩。2010年，《人民论坛》上《经济增长动能抑或政治晋升比拼——当代中国地方政府竞争状况问卷调查分析报告》的调研结果显示，63%的受访者认同现有的绩效考核与晋升机制是激励地方官员追求政绩的主要原因。

3.基层政府解决现实问题的需求驱动

基层政府在应对现实挑战中的创新需求凸显。基层政府治理创新的核心旨在直面并化解实际问题与矛盾，以此促进行政效率的飞跃，优化公共服务供给，预置于善治之境。相关学者基于对中国地方政府官员的深入调研发现，高达73.5%的受访者认同"创新实践的根本动因在于破解现存难题"的观点。此外，危机情境同样激发了基层政府的变革动力。部分地方政府正面临外部环境剧变引致的权威信任危机，以及内部体制僵化、资源配置固化引发的管理困境，这双重危机直接关乎政府的民众信任基础。因此，基层政府的治理创新也是在频发的紧急事态与深层危机的双重倒逼下孕育而生的。

（三）政府创新的外部驱动力

基层政府治理创新的外部驱动力构成了其推进治理革新的主要动力。这种驱动力本质上源自外部客观条件的动态变化与外界施加的影响，具体体现为外部环境的不断演化与外部压力的持续作用。具体涵盖了以下几个核心方面。

1.社会治理体制变迁的需求

改革开放前，我国实行计划经济体制，整体上呈现的是"强国家、弱社会"的格局。改革开放后，市场经济体制的引入推动了社会治理体制的深刻变革，特别是在治理理念、治理主体与治理手段上展现出显著的进步。治理理念从单一管控转向多元服务，从"全权代理者"到"服务型政府"；治理主体从政府独揽向政府与社会协同共治转变，形成"一核多元"的治理主体框架；治理手段从刚性管制转向法治化。这为基层政府创新提供了方向与标准，基层政府创新也是在此需求上的发展。

2.基层群众的利益诉求

随着社会经济的快速发展，公众需求从物质文化层面转向对美好生活的全面追求。

基层民众在多元化社会利益格局中寻求政治权益的实现，要求基层政府在治理理念与实践上进行创新，以应对现实挑战与深层次矛盾。民众的支持认可与利益诉求成为推动政府治理创新的核心动力，要求政府建立更敏锐的需求感知机制，确保创新活动与民众期待精准对接。

3. 同级政府间竞争的需求

同级政府间的竞争在经济、服务环境与资源配置等方面尤为显著。在"压力型"体制下，同级政府为实现多重目标，需积极竞争以获取资源，促进经济发展与创新。创新手段，比如优惠政策、营商环境优化等，不仅推动本地经济的发展，也提升了区域竞争力。在"政治锦标赛"机制中，政府创新也成为提升经济表现、增强社会治理效能与民众福祉的关键，助力地方政府在横向竞争中胜出，赢得上级的政策支持。

4. 制度缺陷、知识精英的推动及创新扩散的效应

基层政府治理创新的外部驱动力还包括制度缺陷、知识精英的推动以及创新扩散的效应三个维度。制度缺陷是推动政府治理创新的重要因素，制度缺陷必然阻碍政府创新，因此，制度缺陷更是政府治理创新的动力之一，其以"问题暴露—压力传导—创新回应"机制推动政府创新；知识精英是政府治理创新的直接因素，政府治理创新课题的成员通过进行理论建构、方案设计和传播扩散助力创新；政策的学习和模仿是政府治理创新的重要动力来源之一，其他政府取得良好绩效的治理创新经验必定能够扩散出去，受到其他政府的学习和模仿，因此能凭借效能认同、适应性学习和本土化改造促进创新扩散。

（四）政府创新的技术驱动力

新兴技术作为政府创新的关键工具，正深刻变革着治理方式与治理理念，对我国治理体系现代化具有重大实践价值。党的十九届四中全会指出，构建社会治理新体系需依托党的领导核心作用，强化政府责任，倡导民主协商，促进社会协同，鼓励公众参与，并通过法治保障与科技支撑双轮驱动。《中共中央　国务院关于加强基层治理体系和治理能力现代化建设的意见》（2021年）也强调了智慧治理标准体系的建立与前沿技术的应用，部署"互联网＋基层治理"行动计划，推动数字化治理基础设施建设，开发智慧社区信息系统与应用，以提升治理的数字化与智能化水平。

大数据、人工智能、云计算等新兴技术凭借其智能化与信息化优势，成为提升基层政府治理能力的核心支撑。它们推动治理模式变革，降低治理成本，提高公共服务质量，助力政府透明化，如电子政务与一站式服务。新兴技术还拓宽了治理边界，优化治理体系，增强公众参与，如网络民主参与和在线监督平台，促进政民协作，共创高效透明的治理环境。新兴技术的融合应用为基层政府治理创新开辟了广阔道路。然而，在此进程中，亦需审慎考虑技术应用的潜在局限。其一，技术革新存在表面化风险，平衡技术创新与经济实力尤为关键。其二，技术的可控性与稳定性挑战不容忽视，

亟须强化安全防护。其三，技术应用可能导致信息失真，需加强对真实民意和民众需求的准确把握。基层政府在拥抱新兴技术的同时，应秉持科学的态度，兼顾技术创新与治理实质，确保技术进步真正服务于人民福祉和社会发展的大局。

第三节　政府创新机制与过程

在推动政府创新的过程中，不仅要深切关注并总结实践经验中的成效与智慧结晶，还需深入剖析创新实践背后的操作流程及其内在结构与关键因素。鉴于地域间创新生态与能力的多样性，我国基层政府的治理创新展现出各异其趣的特点，但这些创新均起始于特定的出发点，并由此踏上治理革新的征程。

基于对政府创新机制概念的深刻洞察，以下总结出该政府创新机制与过程的四大核心议题：为何创新、如何催生创新、如何推广创新成果，以及如何保持创新活力。借鉴创新理论与创新系统理论的精髓，基层政府的治理创新机制被细分为四大核心组件——动力机制、生成机制、扩散机制和维持机制，体现了体系的完整性与结构的层次性，如图2-4所示。这四大阶段，即激发、孕育、传播与巩固，构成了一个循环往复、不断迭代的创新生态系统，驱动着政府从创新的萌芽到普及，再到持久维系的全过程。简而言之，通过全面解析上述机制内部各要素间的互动轨迹，本节致力于构建一套逻辑严密、操作性强的基层政府治理创新机制模型。这一模型旨在明确动力机制的触发途径、生成机制的实施策略、扩散机制的推广模式以及维持机制的持续保障，从而为基层政府的创新实践提供一套系统化、科学化的行动框架，促进治理体系的高效运转与持续优化。

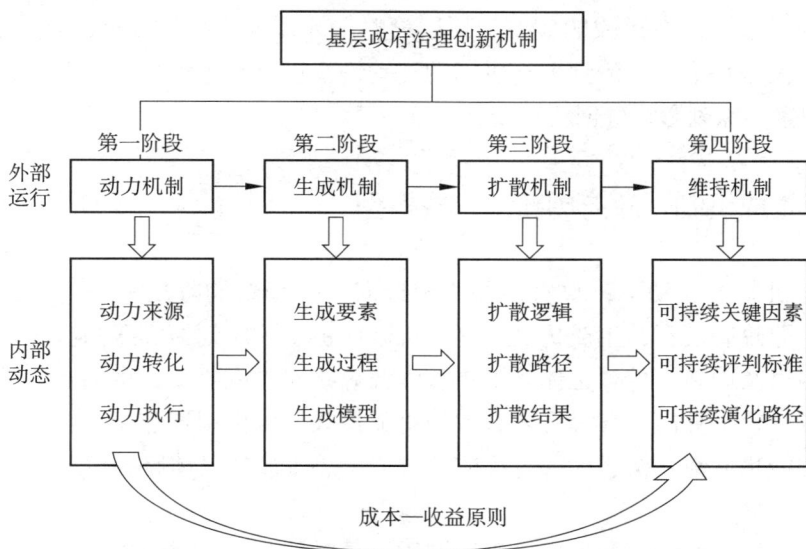

图 2-4　基层政府治理创新机制

资料来源：崔理博. 基层政府治理创新机制研究 [D]. 北京：中共中央党校，2022.

一、政府创新机制

（一）动力机制：政府创新的动力来源

在探索治理创新的过程中，动力机制充当着政府创新体系的引擎，是触发改革进程的首要环节。此机制深入探讨了基层政府治理创新背后的驱动力量、压力源及其转化路径，核心围绕三大关键问题：基层政府治理创新的动因何在？动力源泉在何方？又是什么因素催化这些动力向实际行动转化？因此，基层政府治理创新的动力机制涵盖了动力的源泉、动力的转变过程及动力的实际应用，它们共同构成了这一机制的核心框架。

政府创新的动力来源广泛，既包括国家宏观政策的引导、压力型体制的促进，也涉及基层政府与官员的自身利益追求、解决实际问题的迫切需求、民众利益的响应、同级竞争的激励以及新兴技术的推动。这些动力可归纳为四大类别：顶层政策的驱动、内部需求的激发、外部环境的压力及技术创新的推动。基层政府在这些多元动力的牵引下，被激发启动创新进程。

基层政府作为理性行为的实体，其行为导向深受利益最大化原则的影响。治理创新在很大程度上是其实现自身利益目标的战略选择。诺斯的制度创新成本—收益理论对此提供了理论支撑，强调只有当预期的净收益超过创新成本时，政府才会有动力采取创新行动。因此，成本与收益的权衡成为基层政府治理创新动力能否有效转化的关键变量，促使政府将潜在动力转化为具体的创新实践。

鉴于动力源头的多样性，基层政府的创新方式与内容亦随之呈现出差异性。依据创新主体的积极性、能力水平以及外部动力的强度，可将基层政府的创新类型细分为内生需求驱动型、外在挑战响应型、顶层策略主导型及科技引领型四类。综上所述，动力机制不仅是基层政府治理创新机制的启动键，也是整个创新体系运行方向与效能的决定性因素，深刻影响着创新实践的启航与续航。

（二）生成机制：政府创新的生成模型

在动力机制的驱动下，政府创新机制迈向了一个新的阶段——创新方案与模型的孕育期，即政府创新的生成机制。这一机制深植于政府创新实践的沃土之中，依托于动力机制以及创新条件、主体、工具和资源等核心构成要素，将创新的原始动能与前瞻思维融合，孕育出一套套行之有效的生成模式。该机制聚焦于几个核心议题：政府如何成功孵化创新、构成这一过程的关键元素、生成的具体路径以及代表性的生成模型。

因此，解析政府创新的生成机制，实质上是对其背后支撑要素、动态演化过程及典型模型的全面剖析。创新支持条件、活跃的创新主体与丰富的创新资源构成了生成机制的坚固基石，为机制的顺畅运转提供了必要的前提与保障。在成本效益原则的指引下，创新主体借力于良好的支持条件与充足的资源，将创新的愿景与动力转化为实实在在的行动，从而激活了从动机萌发到方案实施的完整生成链条，该链条细化为四个紧密相连的环节：动机激发与动力转换—需求响应—方案设计—执行落地。

（三）扩散机制：政府创新的扩散路径

扩散机制在政府创新体系中扮演着承前启后的关键角色。它负责将局部萌芽的创新模式与成果扩散开来，实现从点到面的跨越。此过程本质上是新旧范式的交替，是创新先驱与接纳者之间的碰撞与选择。基层政府治理创新扩散的核心，实则是基于多重考量下的决策传导过程，具体围绕以下核心议题展开：何以扩散、如何扩散及扩散的成效如何。

政府创新的扩散机制，由三大支柱构建而成：创新扩散的动因与外界影响因子、扩散的实施路径以及扩散的后续影响。基层政府作为创新的策源地与扩散的前沿阵地，挑起推进创新速度与扩大采纳范围的重担。在内生激励、外在压力以及扩散利益的共同牵引下，基层政府及其官员成为创新成果传播的主推手。创新成果的内涵、扩散策略的选择、所处的扩散环境共同构成了影响扩散可行度、扩展潜力与接受程度的关键变量。其中，扩散路径作为连接扩散动因与结果的桥梁，涵盖了纵向与横向两大扩散模式，前者细分为自上而下的指令性扩散与自下而上的诱导性扩散，两者在实际操作中往往交织并行，形成了复杂多维的扩散网络。基层政府治理创新的扩散并非单一维度的推进，而是多路径、多层面交织的动态进程，每一步都可能遭遇挑战与变数。鉴于创新内容、扩散方式、环境等差异，创新成果的扩散效果呈现出多样性，既有可能实现全面普及（全局扩散），也可能局限于特定区域（局部扩散），或因种种原因未能成功（扩散失灵），甚至在传播中发生变异（扩散变异）。

扩散机制是基层政府治理创新全链条中不可或缺的一环。它不仅关乎创新成果的广泛传播，更深刻影响着创新生态的构建与治理效能的提升。

（四）维持机制：政府创新的持续发展

维持机制作为政府创新扩散进程的延伸与深化，标志着创新实践进入了一个确保长期效应的成熟阶段。维持机制聚焦于如何使政府创新举措在时间和空间的双重考验下，不仅保持其生命力，而且不断促进公共福祉的增进和政府效能的提升。核心议题包括识别影响创新持续性的关键要素、确立评估创新能否持续演进的标准、剖析创新成果的持久性特征、探索创新延续与中断背后的动因，以及制定策略来保障创新项目的长期繁荣。

因此，政府创新的维持机制构成了一个包含创新可持续性决定因素、评估框架、持续形态及其演变路径的综合体系。深入探究这些因素有助于把握创新生态的多元复杂性和动态变化性。这一体系涵盖了从内在驱动力量如地方政府的创新意愿与领导层的理念能力，到创新项目自身的成本效益分析、制度化程度、成效、内容和规模，再到外在的政策环境、经济条件和社会氛围等多维度的影响因子。

政府创新的终极目标在于持续不断地促进公共利益，而实现这一目标的基石在于关键要素的连续性与强化。这些要素不仅是衡量政府创新能否持续前行的核心标尺，也构成了推动创新项目迈向更高层次发展的根基。创新的持续时长、扩散范围、成本效益比、核心内容的适应性及实际效果，构成了评判其可持续性的关键指标。基于这些评判标准，政府的治理创新活动可被分类为持续运营型、深化拓展型和全面终止型三大模式，每种类型映射出不同的可持续性路径。

维持机制的构建与优化是确保基层政府治理创新生命力的关键所在，通过系统分析与策略部署，可以有效应对创新实践中面临的种种挑战，为构建更加高效、反应性强的社会治理体系奠定坚实基础。

二、政府创新的过程

创新思维孕育、选择、实施与传播构成了政府革新模式的四大核心支柱（见图 2-5）。创新思维的孕育，是指公共管理者提出的关于行政革新的独特见解。创新思维的选择过程，是指公共管理者在多样化的创新思路与提案中筛选并做出决策。创新思维的实施阶段，是将那些创新理念、策划蓝图变为现实操作的转化实践。至于传播环节，则涉及将政府创新的前瞻理念与先进手段在不同地域与层级的机构间推广交流，形成广泛的影响网络。

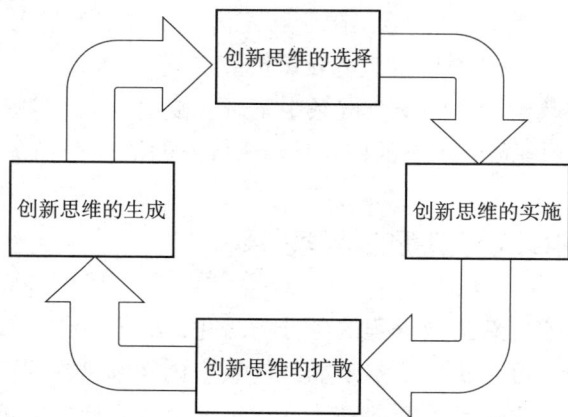

图 2-5　政府创新思维的过程

资料来源：赵强，李作红．政府创新路线图：基于创新过程的分析 [J]. 中共四川省委省级机关党校学报，2014（2）：78-81.

　　然而，孕育出新颖的政府创新思维仅仅揭开了改革序幕的一角。真正的挑战在于，政府如何接纳这些新颖且富含价值的创意，将其转化为实际行动，并最终收获预期的成效，以此成就政府创新的宏图。因此，推进政府创新的关键在于绘制清晰的创新路径图，确保创新思潮能够精准对接，转化为有力的行动策略，从而驱动整个行政生态系统迈向更高的效能。

第四节　政府创新面临的阻滞

一、地方政府创新阻滞界定

　　在中国经济改革的过程中，地方政府表现出很强的政策和制度创新能力以及适应复杂多变的经济环境的能力，中国经济近几十年高速发展的一个重要原因便是各地方政府开展的卓有成效的创新行为。根据数据统计，"中国地方政府创新奖"从 2000 年开始到 2015 年中止，其间先后有 2004 个各级政府申报此奖项，有效申报项目高达1334 个。而近年来，地方政府创新也面临阻滞现象：一是地方政府出现创新乏力状态，经历过一段时间的活跃期后，近年来地方政府创新项目逐渐减少，基层干部存在"思维定式、路径依赖"问题，面对新旧动能转换时"发展之招匮乏"，导致创新活跃度下降[1]；二是存在诸多"为了创新而创新"的伪创新，超过六成的受访基层干部认为基层治理中"伪创新"现象频生，有的基层单位出现"造词式"创新、"复制式"创新、"亮点式"创新等苗头，片面追求标新立异，忽视实际工作效果和群众需求，增加基层负担，破坏基层政治生态[2]，即地方政府自身看似积极推行创新项目，但这些项目并不能产生实质性的治理效果，反而为地方政府的支出徒增负担；三是部分创新项目易出现"夭折"或者难以为继的情况，导致其带来的治理效果大打折扣，一边是地方政府层出不穷地推动创新，另一边却是一些创新探索难以为继，缺乏可持续性，有的项目甚至在很短的时间内就偃旗息鼓、昙花一现[3]。从创新阻滞的角度展开研究，可以洞悉地方治理实践中大部分创新行为失败以及创新没有发生背后的机理问题，更有利于把握地方政府创新的深层机理，从而促进创新的发展。

　　根据已有研究结合地方实践，可将地方政府创新划分为发起、扩散、制度化三个阶段，其中：发起是指由地方政府在政治制度、行政改革、公共服务等领域采取原创

　　① 多项数据"揪心"，谋发展岂能"没想法、没办法、没担当"？——聚焦新常态下少数干部的"迷茫症"[EB/OL].（2025-06-11）.https://www.gov.cn/xinwen/2015-12/13/content_5023259.htm.
　　② 基层"伪创新"：只顾上墙却不入心 [EB/OL].（2022-04-22）.http://www.sx-dj.gov.cn/dylt/jwsp/16199709313025966610.html.
　　③ 陈朋.地方政府创新的三个基本命题 [EB/OL].（2015-03-04）.http://theory.people.com.cn/n/2015/0304/c207270-26635499.html.

性的新做法和新政策；扩散指同级政府间的平行扩散，即借鉴、学习其他地方的经验以实现本地的治理增效；制度化则是指创新的核心技术或思想能在相对长的时间内持续发挥作用，并同时逐步稳定，最终实现制度化。那么，依据创新的三个阶段，可界定创新阻滞是指地方政府的创新行为陷入停滞或者失败，具体的判断标准如下。

（1）形式化：即没有涉及核心内容的变动和改进。创造性和创新程度是评估地方政府创新的重要指标，若没有核心内容的创新和开拓，只是单纯地照搬照抄则属于创新失败。

（2）低效化：即没有有效且快速地采纳其他地区的政府创新方法。大量的地方政府创新并非原创，而是通过学习和扩散其他政府的方式进行创新，对于这类创新，若不能快速有效地吸取其他地区的经验，则可以认定为创新阻滞。

（3）短期化：即没有在时间上坚持创新的持续实施并获得长期增益。创新不仅意味着短暂或瞬时性的发生，还需要持续一定时间以确保治理效果的实现，因此难以在时间上持续的创新也属于创新阻滞。

上述判断标准与创新三阶段之间的对应关系为：形式化是创新的发起阶段和扩散阶段陷入阻滞的主要表现形式，尤其是在创新的发起阶段发生频率更高；低效化是创新扩散阶段陷入阻滞的主要表现形式，主要表现是地方政府的创新扩散较为消极，扩散速度较慢；短期化则是创新制度化阶段陷入阻滞的主要表现形式，即地方政府创新难以持续。图 2-6 标示了创新阻滞判断标准及其与创新各个阶段的对应关系。

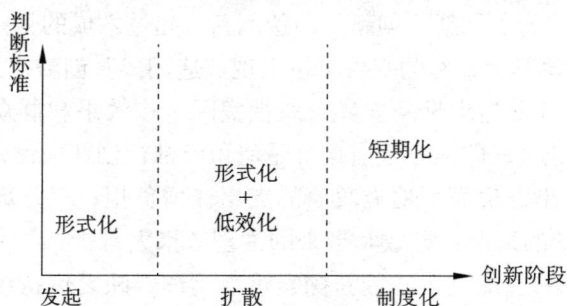

图 2-6　地方政府创新阻滞概念图

资料来源：王刚，唐曼．"被动的自主"：地方政府创新的阻滞现象及其机制解释 [J]. 中国行政管理，2024，40(3)：51-62.

二、地方政府创新阻滞样态

基于创新的发起、扩散和制度化阶段划分以及地方政府创新阻滞的判断标准，可以相应地将创新阻滞的类型划分为三种，分别是原生型阻滞、扩散型阻滞和持续型阻滞。本节在介绍创新阻滞样态的基础上，也列举了其在实践中对应的示例以帮助理解。表 2-3 展示了地方政府创新阻滞的概念特征、表现形式、不良影响及示例，为理解地方政府在创新过程中面临的挑战提供了直观框架。

表 2-3　地方政府创新阻滞的多重样态

	原生型阻滞	扩散型阻滞	持续型阻滞
概念特征	创新未实现本地化改造	创新的政策项目没有扩散到自身条件和需求均相似的其他地方	创新政策和项目难以为继，并没有实际运行
表现形式	"照搬式"执行 "形式化"改造	"观望"行为 "表面"扩散	"昙花一现"项目 "名存实亡"项目
不良影响	未能完成创新在地化，治理效能减弱	降低治理效率	不能持续发挥治理效用
示例	城市生活垃圾分类政策难以"本地化"改造	接诉即办改革扩散滞缓	家庭医生签约服务"签而不用"

资料来源：王刚，唐曼."被动的自主"：地方政府创新的阻滞现象及其机制解释 [J]. 中国行政管理，2024，40（3）：51-62.

（一）原生型阻滞[①]：刻板执行与表面变革下的创新困境

本土化障碍描述了创新在传播过程中未能与当地情境有效融合，而是一味僵硬地模仿原初模式，未能实现创新的本土适应性。当前中国正处在一个复杂多变的转型期，面对层出不穷的新挑战、新问题和新环境，政府创新被寄予厚望，特别是需要针对性地解决地方实际难题的创新策略。然而，实践中本土化创新却遭遇了瓶颈，主要表现为两种现象："刻板执行"与"表面变革"。"刻板执行"指的是地方政策的出台往往是对上级政策的直接贯彻，尽管贴上了创新的标签，但实际上缺乏实质性的本地化考量；"表面变革"则揭示了地方政府在借鉴外地创新经验时，仅局限于对外表或细节的微小调整，未能深入结合本地实情进行根本性改造。这种本土化障碍意味着创新并未与本地治理生态有机融合，仅停留在机械模仿和肤浅改变的层面，从而严重制约了治理效能的有效释放。

案例分析：城市生活垃圾分类政策的"本土化"困境[②]

我国的生活垃圾分类举措始于 20 世纪 90 年代。2000 年，国家正式选定包括北京在内的 8 个城市作为首批垃圾分类收集试点。但因后续政策推行力度不足，至 2003 年，多数试点城市的工作近乎停滞。直到 2016 年，中央重新启动垃圾分类项目，并于 2017

---

① 王刚，唐曼."被动的自主"：地方政府创新的阻滞现象及其机制解释 [J]. 中国行政管理，2024，40（3）：51-62.
② 全国 237 个城市启动，垃圾强制分类政策落地效果如何？[EB/OL].（2020-01-02）.https://www.workercn.cn/32843/202001/02/200102165903742.shtml.

年通过《生活垃圾分类制度实施方案》，要求包括直辖市、省会在内的 46 个城市率先实施垃圾分类强制措施，旨在形成可复制推广的成功模式。2019 年，住建部进一步指示所有地级以上城市全面开展垃圾分类工作，上海更是在同年率先实行了垃圾分类的强制规定。

尽管垃圾分类政策承载着重要的社会价值，并历经二十余年的广泛宣传，但其实效性仍不尽如人意。究其原因：一方面，多数地区的执行仅限于对中央政策的简单复制，缺乏主动适应；另一方面，在向 46 个示范城市学习的过程中，地方政府未能深刻洞察自身独特性，所采取的措施仅浮于表面，未能实现垃圾分类的真正本土化转变，从而影响了政策的实际成效。

（二）扩散型阻滞[①]：迟疑观望与浅层扩展的挑战

扩散型阻滞特指在同级政府创新传播过程中，地方政府显现出的犹豫与迟滞行为。这种现象不仅阻碍了传播进程，还严重影响了治理目标的达成。具体而言，传播性创新阻碍体现在两方面：第一，接受方在传播过程中采取的"观察等待"姿态，即部分地方政府在面对新制度和政策时表现得犹豫，仔细权衡创新可能带来的利弊，导致有益的治理经验难以顺畅推广。第二，仅仅停留于形式上的传播，忽略了创新应聚焦于解决实际问题的核心，追求实效而非流程和表象。许多地方的创新实践仅止步于行为上的模仿，陷入了"模拟动作"的误区，催生出"概念化""标签化""象征性"等虚假创新表现。

案例分析：接诉即办改革的传播缓慢[②]

2017 年 9 月，北京市将平谷区"乡镇吹哨、部门报到"的成功经验升级为"街乡吹哨、部门报到"。此模式显著提升了问题处理速度，取得了良好的治理成效。基于此，2018 年 2 月，北京市委、市政府发布了《关于党建引领街乡管理体制机制创新实现"街乡吹哨、部门报到"的实施方案》，在全市 16 个区 169 个街乡推广"吹哨报到"试点。同年 11 月，该创新举措得到了中央全面深化改革委员会的高度评价。2019 年，北京市进一步推动"吹哨报到"向"接诉即办"深化拓展，构建了以 12345 市民服务热线为轴心，覆盖市区、街乡、社区直至各部门单位的高效响应体系。2021 年，《北京市接诉即办工作条例》的出台，更是通过法律手段确立了"接诉即办"机制，强化了其制度化地位。

北京市接诉即办改革通过内化议程责任，将回应民众需求从基层任务提升为高层

---

① 王刚，唐曼．"被动的自主"：地方政府创新的阻滞现象及其机制解释 [J]．中国行政管理，2024，40（3）：51-62．

② 青岛通报 4 起"12345"热线投诉办理中形式主义官僚主义典型问题 [EB/OL]．（2025-05-29）．https://k.sina.com.cn/article_6824573189_196c6b905020029chk.html．

战略，重塑了治理资源的配置格局，极大地激活了地方治理的潜力。中央对此项地方创新给予高度认可，国务院第七次大督查亦将其列为典型经验在全国范围内表彰。作为社会治理的范例，接诉即办改革本应迅速在全国范围内普及，但现实是，除了少数城市之外，该改革的传播步伐迟缓，即便是在山东、河北、内蒙古、甘肃等地已引入接诉即办模式的地区，也普遍存在直接套用北京模式而未充分考虑本地实际的情况，仅在名义上挂上了"接诉即办"的标签。

（三）持续型阻滞①："短暂辉煌"与"空有名头"的创新困境

持续型阻滞描述的是地方政府创新政策与项目在初步推行后，逐渐陷入无法持续进展的境地，难以转化为制度常态，从而无法持续贡献于治理效能。此现象包含两种典型情景：其一，创新项目刚一实施便因多种因素戛然而止，犹如"短暂绽放的花朵"般迅速凋零；其二，创新项目虽名义上尚存，却无实质运作，未能发挥预期作用，成为"仅有其名"的摆设。持续型阻滞的后果在于，创新的潜能被极大抑制，其收益难以弥补投入成本，对地方治理的连贯性和稳定性构成威胁。

案例分析：家庭医生签约服务的"签约虚置"②

家庭医生签约服务旨在构建家庭医生与家庭、社区间的契约关系，通过社区卫生服务团队为签约居民提供全面、协同且持续的初级医疗服务。自 2009 年新一轮医疗改革启动以来，上海、深圳、北京、杭州等地率先探索这一新型健康服务模式。2016年 6 月，国家发布《关于推进家庭医生签约服务的指导意见》，标志着该服务模式在全国范围内的推广序幕拉开，旨在促进基层首诊、分级诊疗体系的构建。2017 年，家庭医生制度更被提升至国家战略层面。2022 年 3 月，国家卫生健康委等六部门联合发布《关于推进家庭医生签约服务高质量发展的指导意见》，强调在确保服务质量及居民满意度基础上，稳步扩大服务覆盖范围，以期建立健全家庭医生作为居民健康"守护者"的制度。

然而，被视为"健康守护者"的家庭医生签约服务，在实践中是否达成了预期效果？根据国家卫生健康委的数据，至 2021 年年底，全国已有 143.5 万名家庭医生，组成 43.1 万个团队提供预约服务。但在推广实践中，"签约而不履约""签约而不利用"的现象频发，大量民众，特别是年轻群体，对家庭医生签约服务的认知与参与度低，显示了该服务在落地执行层面遭遇的挑战。

---

① 王刚，唐曼．"被动的自主"：地方政府创新的阻滞现象及其机制解释 [J]. 中国行政管理，2024，40（3）：51—62.

② 安徽省卫生健康委.《关于推进家庭医生签约服务高质量发展的指导意见》有关问题解答 [EB/OL].（2022-03-17）. https://wjw.ah.gov.cn/public/7001/56168661.html.

谁在引领变革？温岭民主恳谈实践：政府创新的多维动力与实践价值分析

说回本章最初提到的温岭民主恳谈实践，现在可以分析其政府创新动力、创新表现以及实践价值。

一、温岭民主恳谈政府创新动力

温岭民主恳谈实践中，政府创新的动力机制可以从以下四个方面进行深入剖析。

一是对现实挑战的正面应对。温岭地区的民营经济虽蓬勃发展，却伴随着民众参与度不足引发的社会稳定性难题。过去十数年间，传统动员模式下的单一宣讲已难以为继，不仅民众参与意愿低，连政府内部也认识到其局限性。在此背景下，部分官员基于对社会分层加剧及利益多元化现状的深刻洞察，萌生了革新思维，力求通过增强公众参与来维护社会稳定。例如，在处理复杂的劳资矛盾时，温岭市与乡镇政府主动出击，不仅推动建立行业工会与行业协会的对应体系，还积极促进双方的协商对话，体现了问题导向的创新实践。

二是出于政府利益最大化的考量。温岭市政府同样追求经济增长与收益增加，但深知经济发展的背后，需要和谐稳定的外部环境作为支撑。政府高层认识到，构建开放的协商沟通机制是维持社会成员与经济主体良性互动的关键，从而保障经济持续健康发展。在泽国镇的城镇建设项目恳谈和预算试验中，政府主动公开财政透明度，赋予民众决策权与审查权，不仅增强了民众的支持度，也确保了经济社会发展的平稳有序，实现了政府与民众的双赢目标。

三是源自官员个人的政治抱负。政治舞台上的竞争激烈，地方官员在追求政绩的同时，也面临着来自同僚的比拼，政绩直接影响其职业晋升。温岭市的许多官员在改革浪潮中逐渐醒悟，单一依赖 GDP 增长的传统路径不足以脱颖而出。因此，部分官员开始探索制度创新，以此作为政治晋升的新路径。实践表明，成功的制度创新不仅赢得了上级政府的认可，也为官员本人带来了荣誉与职位提升，成为激励其他官员投身创新实践的重要因素。

四是对中央政策的积极响应。中央与地方的互动蕴含着微妙的博弈，中央的政策导向对地方政府行为具有规范与引导作用。温岭市政府紧随中央步伐，对中央提出的新型政治文明理念积极响应，如在中央发布《工资集体协商试行办法》后，温岭市立即行动，借助民主恳谈这一平台，有效应对劳资矛盾，展现了地方政府对中央决策的高效执行与创新应用。

温岭民主恳谈实践中的政府创新动力是多维度、多层次因素交织的结果，既有对现实问题的直接应对，也有对长远利益的深谋远虑，更有官员个人追求与中央政策导向的双重驱动。

二、温岭民主恳谈政府创新实践的价值

综观全局，温岭的创新实践堪称中国地方政府改革进程的一剂强效催化剂，其正面影响体现在多个维度：为基层民主开辟新境界、构建公众参与的秩序框架、强化基层民主的社会根基、促进政府与民众的良性互动循环。

在构建公众参与的秩序框架上，温岭民主恳谈实践作为源自乡土的公共参与范例具有独特价值。

1. 法性构建

该实践的成长轨迹实质上是对参与结果合法性的持续探寻之旅，确保了公众参与的正当性基础。

2. 理性精神的彰显

参与者在民主恳谈中展现出高度的理性追求，强调基于事实和逻辑的讨论，促进了决策的合理化。

3. 公平性原则的坚守

实践跨越社会差异，为所有个体提供了平等参与公共事务的平台，不论背景与归属，均能在其中发声。

资料来源：以民主恳谈基层首创奋力扛起"加强基层民主政治建设有效载体"担当 [J]. 政策瞭望，2024（6）：49-51.

📖 本章小结

本章通过温岭民主恳谈的生动案例，揭示了政府创新的多维动力和深远影响。政府创新不仅是对传统治理模式的挑战，更是响应社会需求、学习先进经验、内部激励和政策实验的必然产物。它跨越了理论、体制、科技等多个层面，旨在构建一个更加高效、透明、民主的政府体系。

本章对政府创新的基本概念和理论进行了阐释，明确了政府创新与一般行政改革的区别，并探讨了其在政治、经济和社会文化体制中的重要作用。通过对比分析，我们认识到政府创新在目标、动力、途径和系统性上的独特性，以及它在推动社会整体进步中的关键作用。此外，深入分析了政府创新的不同类型和模式，包括组织创新、政府创新和中国地方政府创新的特有类型。通过数据分析，我们看到了中国地方政府创新的实际情况，包括其启动时间分布、地区分布、城乡分布和行政层级及类型分布，

这些分析提供了一个全面、深入理解中国地方政府创新现状与趋势的窗口。在探讨政府创新的影响因素时，从内部和外部两个维度进行了细致的分析。内部因素涉及政府官员的观念与能力、创新项目的成本效益等，而外部因素则包括政治、经济和社会环境。这些因素共同塑造了政府创新的发展潜力和方向。最后，指出了政府创新过程中可能遇到的阻滞现象，如表面化、低效吸收和短视化，提出了创新阻滞的类型和案例分析。

通过对本章的学习，读者能够理解政府创新的核心概念、驱动因素、实施过程、成效与挑战，并思考如何设计和实施创新策略以提升公共服务效率、增强政府透明度和实现可持续发展。同时，比较不同地方政府的创新策略，探讨在资源有限的条件下如何有效激发和管理创新项目，并从温岭民主恳谈实践中汲取启示，以促进政府与社会的良性互动和协同合作。

❓ 思考与练习

1. 政府创新与一般行政改革在目标、动力、途径和系统性上有哪些主要的不同？

2. 如何将政府创新的成果进行有效推广，并确保其在不同地区的本土化适配？

3. 政府创新的主要动因是什么？这些动因如何影响政府创新的实施和效果？

4. 温岭民主恳谈实践是如何促进政府与民众之间形成共识的？这一实践对公共决策透明化和民主化有何积极作用？

5. 制度创新与政府创新之间的联系是什么？政府如何通过制度创新推动治理体系的现代化？

6. 区块链技术如何助力政府打破信息壁垒，实现数据资源的高效整合与共享？它在政府治理中扮演了哪些角色？

7. 地方政府在创新过程中可能遇到哪些阻滞现象？这些阻滞现象的成因是什么？该如何克服？

8. 分析近年来政府的一项创新举措，评估其对提高公共服务效率的作用。

📖 参考文献

[1] 陈国权，黄振威. 地方政府创新研究的热点主题与理论前瞻 [J]. 浙江大学学报（人文社会科学版），2010，40(4)：14-26.

[2] 陈家刚. 地方政府创新与治理变迁：中国地方政府创新案例的比较研究 [J]. 公共管理学报，2004(4)：22-28.

[3] 陈家喜，汪永成. 政绩驱动：地方政府创新的动力分析 [J]. 政治学研究，2013(4)：50-56.

[4] 陈朋. 地方政府创新实践：政府与社会的共同作用：浙江温岭民主恳谈实践的案例启示 [J]. 北京联合大学学报（人文社会科学版），2010，8（4）：66-74.

[5] 崔理博. 基层政府治理创新机制研究 [D]. 北京：中共中央党校，2022.

[6] 丁宇. 走向善治的中国政府管理创新研究 [D]. 武汉：武汉大学，2011.

[7] 韩福国，瞿帅伟，吕晓健. 中国地方政府创新持续力研究 [J]. 公共行政评论，2009，2（2）：152-171.

[8] 何增科. 地方政府创新的微观机理分析：浙江省"最多跑一次"改革案例研究 [J]. 理论与改革，2018（5）：134-141.

[9] 何增科. 中国政府创新的趋势分析：基于五届"中国地方政府创新奖"获奖项目的量化研究 [J]. 北京行政学院学报，2011（1）：1-8.

[10] 李景鹏. 地方政府创新与政府体制改革 [J]. 北京行政学院学报，2007（3）：1-4.

[11] 李政，杨思莹. 财政分权、政府创新偏好与区域创新效率 [J]. 管理世界，2018，34（12）：29-42.

[12] 刘媛媛. 大数据背景下我国政府治理创新机遇、挑战与对策研究 [D]. 徐州：中国矿业大学，2016.

[13] 龙双喜. 网络时代背景下的政府治理创新 [D]. 长春：吉林大学，2013.

[14] 马亮. 政府创新扩散视角下的电子政务发展：基于中国省级政府的实证研究 [J]. 图书情报工作，2012，56（7）：117-124.

[15] 孟天广，张小劲. 大数据驱动与政府治理能力提升：理论框架与模式创新 [J]. 北京航空航天大学学报（社会科学版），2018，31（1）：18-25.

[16] 宋刚，孟庆国. 政府2.0：创新2.0视野下的政府创新 [J]. 电子政务，2012（Z1）：53-61.

[17] 唐滢. 基于区块链的政府治理创新研究：以多中心治理为理论工具 [D]. 武汉：华中师范大学，2019.

[18] 王刚，唐曼. "被动的自主"：地方政府创新的阻滞现象及其机制解释 [J]. 中国行政理，

2024，40（3）：51-62.

[19] 王猛. 中国地方政府创新研究：理论、议题与方法 [J]. 公共管理评论，2020，2（1）：116-154.

[20] 吴建南，马亮，苏婷，等. 政府创新的类型与特征：基于"中国地方政府创新奖"获奖项目的多案例研究 [J]. 公共管理学报，2011，8（1）：94-103.

[21] 吴建南，马亮，杨宇谦. 比较视角下的效能建设：绩效改进、创新与服务型政府 [J]. 中国行政管理，2011（3）：35-40.

[22] 吴建南，马亮，杨宇谦. 中国地方政府创新的动因、特征与绩效：基于"中国地方政府创新奖"的多案例文本分析 [J]. 管理世界，2007（8）：43-51.

[23] 谢庆奎. 服务型政府建设的基本途径：政府创新 [J]. 北京大学学报（哲学社会科学版），2005（1）：126-132.

[24] 谢庆奎. 服务型政府建设的理论研究 [J]. 学习与探索，2005（5）：81-82.

[25] 谢庆奎. 论政府创新 [J]. 吉林大学社会科学学报，2005（1）：136-143.

[26] 徐晓日. 政府创新的信息化模式：电子政务研究 [D]. 长春：吉林大学，2004.

[27] 杨雪冬. 过去 10 年的中国地方政府改革：基于中国地方政府创新奖的评价 [J]. 公共管理学报，2011，8（1）：81-93.

[28] 杨雪冬. 简论中国地方政府创新研究的十个问题 [J]. 公共管理学报，2008（1）：16-26.

[29] 俞可平. 论政府创新的若干基本问题 [J]. 文史哲，2005（4）：138-146.

[30] 俞可平. 中国地方政府创新的可持续性（2000—2015）：以"中国地方政府创新奖"获奖项目为例 [J]. 公共管理学报，2019，16（1）：1-15.

[31] 郁建兴，黄飚. 当代中国地方政府创新的新进展：兼论纵向政府间关系的重构 [J]. 政治学研究，2017（5）：88-103.

[32] 郁建兴，黄亮. 当代中国地方政府创新的动力：基于制度变迁理论的分析框架 [J]. 学术月刊，2017，49（2）：96-105.

[33] 赵光勇. 治理转型、政府创新与参与式治理：基于杭州个案的研究 [D]. 杭州：浙江大学，2010.

[34] 赵强，李作红. 政府创新路线图：基于创新过程的分析 [J]. 中共四川省委省级机关党校学报，2014（2）：78-81.

[35] 朱旭峰，张友浪. 地方政府创新经验推广的难点何在：公共政策创新扩散理论的研究评述 [J]. 人民论坛·学术前沿，2014（17）：63-77.

[36] 卓越，黄六招. 政府创新生成的评价标准构建与验证：以厦门市集美区行政服务中心创新实践为例 [J]. 行政论坛，2016，23（6）：71-75.

第三章

政府创新管理

>>> **案例导入**

华为象山数字经济促进中心正式揭牌，携手共绘县域数字经济发展宏伟蓝图

为加速象山数字化转型从"量变"迈向"质变"，2024年7月3日，由象山县经济和信息化局、华为云计算技术有限公司主办，华为象山数字经济促进中心承办的"华为云县域数字经济发展峰会宁波象山站暨华为象山数字经济促进中心揭牌仪式"成功召开。此次峰会以"万象山海·云上甬为"为主题，汇聚了政府、企业、学术等各界代表，包括县委人才办、县科技局、县财政局、县人社局、县商务局、县投资促进中心、象山经济开发区、县工业投资集团以及十八个乡镇街道工业分管领导，共同探讨了县域数字经济的趋势、机遇和挑战，共谋县域数字化转型新路径，致力于推动全域经济高质量发展。

近年来，象山县推动企业数字化转型，赋能高质量发展，围绕数字产业化、产业数字化等方面进行布局。注重以数字化优化营商环境，激发市场主体创新创造活力，率先突破难点堵点。围绕象山县特色产业，象山县人民政府与华为公司共同成立华为象山数字经济促进中心。自2023年年底投入运营以来，双方围绕数字化车间、5G未来工厂建设、人工智能创新、数字化人才培养等领域进行深度合作，助力象山数字经济做大做强，立足象山、服务象山。

作为本次峰会的重磅环节，华为象山数字经济促进中心揭牌仪式隆重举行，象山县人民政府副县长史建立、华为云中国区副总裁陈珝、象山县经济和信息化局局长徐大栋、华为云宁绍嘉大区总经理吕想、象山县大目湾开发建设管理中心主任胡路、华为云浙江生态发展与运营总经理陈亮等领导嘉宾共同见证双方合作迈向新高度。

华为象山数字经济促进中心的成立极大地帮助了本地产业集群完成数字"蝶变"。在华为象山数字经济促进中心意向合作企业签约仪式上，华为象山数字经济促进中心总经理周志伟、宁波立强机械有限公司总经理薄乐之、宁波诗兰姆汽车零部件有限公司 CIO 俞玲莉、浙江云朵网科技股份有限公司副总经理倪光耀、宁波运生工贸有限公司总经理赖星含、宁波百易东和有限公司董事长伊清等嘉宾代表签署了合作共建协议，各方将整合各自资源优势，推动象山数字经济高质量发展。

在数智新时代，全面提升全域数字化转型的整体性、系统性、协同性，已成为构建数字化转型可持续发展生态的基础。华为云也将基于自身综合优势为县域经济的数字化转型和未来发展注入新活力，助力"象山模式"成为"中国数字经济县域标杆"和"中国工业互联网县域标杆"。

资料来源：华为象山数字经济促进中心正式揭牌，携手共绘县域数字经济发展宏伟蓝图 [EB/OL].（2024-07-04）.https://tech.china.com/article/20240704/072024_1543719.html.

政府创新管理不仅关乎政府自身的发展与变革，更关系到民众的福祉和社会的长远利益。本章将从创新管理的角度出发，通过系统梳理政府创新管理的理论框架，剖析其实践路径，为政府创新提供有效的理论指导和实践支持，以推动政府治理体系和治理能力现代化，促进国家治理体系和治理能力现代化。

第一节　创新管理

创新管理是当今社会发展中备受关注的重要议题之一。随着科技进步和经济全球化的加速推进，创新已经成为推动社会进步和经济增长的重要引擎。在这一背景下，各行各业都在不断探索创新的路径和方法，以应对日益激烈的竞争和变化。只有持续推进创新管理，才能在动态的市场环境中保持竞争力，实现持续繁荣与成功。本节将深入探讨创新管理的内涵、特征及其理论应用，引导读者进入创新管理的世界。通过本节的学习，读者将能够全面了解创新管理的基本原理，为后续章节对政府创新管理的深入探讨奠定坚实的理论基础。

一、创新管理的概念

在现代社会中，管理是一种有效实现目标的手段，几乎无处不在。不论从事何种职业，每个人都参与管理：无论是管理国家、家庭、业务，还是具体的某项工作。国家的兴衰、企业的成败、家庭的贫富、事业的成功等都与管理紧密相关。

（一）什么是创新管理

要对创新进行有效管理，首先需要对管理有清晰的认识和理解。什么是管理？根据管理理论，管理是对某项活动进行计划、组织、指挥、协调和控制的过程。法约尔（Fayol）之后，许多学者深入探讨了管理职能，形成了许多不同的学派，其中计划、组织、控制是公认的职能。随着管理理论的发展，到 20 世纪 70 年代以后，管理学家们通常认为主要的管理职能包括计划、组织、领导、控制四大职能。简言之，管理是由计划、组织、领导、控制等职能组成的循环过程。

什么是创新管理？创新是一个复杂的群体行为过程，涉及多人参与和服务于创新活动，因此创新要素和各创新环节之间的协调非常重要。总体来说，由于企业创新活动的高度不确定性、知识性和复杂性，组织必须加强对创新工作的管理以保证其顺利进行。与其他管理一样，创新管理需要计划、组织、领导和控制。进行创新管理就是要有效组织创新所需的资源，并确保创新各方面和整个过程有序进行。有效的创新管理可以大大减少创新过程中的不确定性，并提高成功率。

创新管理是企业管理中的一个重要概念，指对创新过程进行的管理。在这一领域，已经积累了许多重要的研究成果，值得我们借鉴。

例如，法斯（Vahs）和伯梅斯特（Burmester）认为，创新管理是系统计划、实施、指导、控制一个组织的创新活动，以有效实现创新想法的一系列活动；布雷姆（Brem）和沃伊特（Voigt）认为，创新管理是一项系统的计划和控制过程，包括所有开发和引进新产品和流程的活动；伯肯肖（Birkenshaw）、哈默尔（Hamel）和莫尔（Mol）则将创新管理定义为"为了组织更长远的目标，发明和实施一项管理惯例、流程、结构、技术"；汉森（Hansen）和伯金肖（Birkinshaw）将创新管理定义为"主动、有意识地组织、控制和执行实现创新的活动"。

综上所述，所谓创新管理，就是指组织通过有效地规划、组织、领导和控制，推动创新活动的开展和创新成果的转化，以实现组织持续发展和竞争优势的管理过程。创新管理旨在促进组织内部的创新能力和创新氛围，并引导和支持创新活动的开展，从而推动组织的发展和壮大。创新管理涉及创新战略的制定、创新资源的配置、创新团队的建设、创新成果的评价和转化等多个方面，是现代企业管理中的重要内容之一。

（二）创新管理的内涵

具体而言，创新管理有以下四种内涵表现。

1. 组织领导者和成员都是创新管理的主体

领导者通常具备创新意识和能力，能够识别市场机会、整合资源、做出创新决策，并推动组织的创新活动。在创新管理中，领导者的角色至关重要。他们需要积极引导组织的创新方向，激发成员的创造力和积极性，推动创新成果的转化和应用。此外，组织成员也是创新管理的关键主体。他们通常在企业基层工作，对市场、产品、技术等方面有丰富的实践经验和深刻的洞察力。组织成员可以通过提出创新点子、改进工作流程、分享经验等方式，为创新管理提供宝贵的支持，同时可以提高成员的归属感和积极性，推动组织持续创新和发展。

2. 创新管理的对象包括创新活动、创新过程和创新环境

首先，创新活动是指企业内部的创新行为，包括产品创新、技术创新等。在创新活动的管理中，组织需要制定创新战略和目标，除了明确人力、资金、技术等内部资源的配置和利用方式，还要充分利用外部资源，与政府、高校、科研机构、供应商等建立合作关系，组建创新团队和机制，推动创新成果的转化和应用。其次，创新管理的对象还涵盖创新过程，包括创新的发现、设计、开发、实施和评估等阶段。创新管理应当通过优化创新过程，提高创新效率和效果，确保创新活动顺利进行并取得预期的成果。最后，创新管理的对象还包括创新环境，包括产业环境、市场需求、人才培养、文化塑造等因素对创新活动的影响。良好的创新生态系统能为创新活动提供土壤和养分。

3. 创新管理的目标是通过提升创新能力、优化创新过程、鼓励创新思维、提高创新效果和建立创新生态系统，实现组织持续创新和竞争优势

创新管理需要全员参与、科学的管理方法和工具的支持，以及持续的投入和改进。组织只有不断追求创新，才能在激烈的市场竞争中立于不败之地。通过精细化管理和创新管理手段，组织可以最大限度地发挥资源的作用，用较少的创新投入取得显著的创新成果，实现创新成果的最大化。

4. 创新管理是一个持续的、动态的过程

从阶段上来看，创新管理大致可以分为四个阶段，如图 3-1 所示。

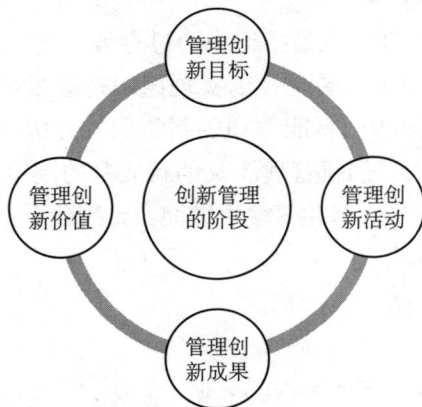

图 3-1　创新管理的阶段

第一阶段是对创新目标的管理。组织根据战略意图提出创新的目标，并与战略高度对齐，针对创新目标规划一系列的技术目标、质量目标、专利保护等。第二阶段是对创新活动的管理。在创新目标的指导下，围绕目标展开创新活动，包括计划制订、职责与权力分配、投入与产出等。第三阶段是对创新成果的管理。对已经实现的创新产物进行效果评估和成果转化。第四阶段是对创新价值的管理。对大量的创新产物进行价值梳理，优胜劣汰，保证创新产物价值的最大化。四个阶段在组织的长期规划过

程中、在不同的业务单元中持续循环，不断提升。在创新管理的过程中，组织需要制定创新战略、规划创新路线，不断调整和优化创新管理的策略和实践。因此，创新管理是战略管理的一部分，与企业长期发展战略密切相关，对组织的竞争优势和持续发展具有重要意义。

（三）创新管理的特征

根据创新管理的概念与内容，创新管理具有以下几个特征。

1. 先导性

这一特征是指企业应具备前瞻性的战略视野和领先的技术、产品或服务。在创新管理中，企业需要积极主动地探索新的发展机遇，利用先进的技术、产品和服务满足市场的需求。先导性的企业能够抢占市场先机，掌握竞争优势，从而实现持续的创新和增长。

2. 协同性

协同性强调企业内外各方之间的合作与协调，以达成共同的目标和利益。在创新管理中，企业必须与员工、供应商、合作伙伴以及其他相关利益者进行紧密合作，共同推动创新活动的开展。通过协同合作，企业能够充分发挥各方的资源和专业知识，实现资源共享和互补，从而最大化创新效果，达到"1+1 > 2"的效果。

3. 适应性

适应性是指企业在创新过程中需要及时调整自身的战略、产品或服务，以应对不断变化的内外部环境。在创新活动中，企业必须灵活应对市场需求的变化、技术发展的进步以及竞争态势的变动，不断优化自身的战略和运营模式。只有具备高度适应性，企业才能在激烈的市场竞争中立于不败之地，持续进行创新和发展。

4. 收益性

收益性要求企业确保创新活动能够带来经济、社会和环境上的可持续收益。由于创新活动需要大量的资源和投入，企业必须确保创新能够带来可观的收益和回报。通过对收益性的评估，企业可以更好地衡量创新投资的价值和风险，从而确保创新的成功和持续发展。

二、创新管理理论概述

"创新管理"起源于发达经济体，尤其在 20 世纪 50 年代后，企业逐渐重视这一概念，因为传统的管理方式无法应对激烈的市场竞争。创新活动不仅改变了人们的生产和生活方式，还推动了社会文明的进步。熊彼特是创新理论的奠基者，他首次提出了这一理论。随后，学者们不断探索，使创新管理成为一个研究领域。国外学者主要从五个视角研究创新管理，如表 3-1 所示。

表 3-1　创新管理的五大视角

研究视角	时期	代表学者	主要观点
技术创新视角	20 世纪初	熊彼特	技术创新通过引入新产品、新生产方法、新市场和新资源配置方式，推动了经济发展和市场竞争
制度创新视角	20 世纪后半叶	诺斯	经济和社会制度是支撑经济增长和创新的关键因素，良好的制度能够促进创新的产生和传播，反之会阻碍创新
系统创新视角	20 世纪后半叶	弗里曼	创新是一种复杂的系统性过程，需要考虑技术、经济、社会和政策等多个方面的相互作用
全面创新视角	20 世纪后半叶—21 世纪初	希普尔	创新不仅由企业主导，还涉及用户和社区的参与和贡献
开放创新视角	21 世纪初	切萨布鲁夫	企业应该开放其创新过程，与外部合作伙伴共享知识和资源，以加速创新的产生和市场化

（一）技术创新视角

受熊彼特的启发，从 20 世纪 60 年代起，研究者开始从技术创新的角度研究企业通过技术研发引导创新。在这一视角下，早期的西方学者认为，创新是从新概念和新思想到实现经济和社会价值的复杂过程，这一过程中克服障碍和解决问题的关键在于技术。因此，他们将"技术创新管理"等同于"创新管理"。随着知识经济时代的到来，一些学者提出过分依赖技术创新可能导致忽视内部要素及其相互关系的影响，进而影响组织战略与创新的契合的问题。

（二）制度创新视角

西方学者认为，制度创新也是创新理论的重要组成部分，研究对象是企业制度变革和组织演变。戴维斯和诺斯在 1970 年建立了制度创新理论框架，通过研究企业管理水平和效率的变化，凸显了制度创新的重要性。这一视角受到了广泛认可，许多研究者从这一角度研究企业的制度创新，传统企业通过制度创新焕发出新的生机。

（三）系统创新视角

20 世纪 80 年代，随着全球经济和金融环境的变化，以技术和制度为核心的创新管理暴露出诸多问题。学者们意识到，只考虑技术、组织、制度等单一要素的研究存在局限性，转而研究企业创新的系统综合要素。在这一视角下，"创新"被视为一个包含技术、组织、市场和制度等多个要素的动态系统。持有这一观点的学者认为，有效的创新管理是系统创新的集成，通过资源的优化配置、创新流程的控制与监督，实现企业技术与环境的匹配。这一视角体现了系统全面的创新思维与对企业动态环境的把握，摆脱了以线性与机械为基础的技术创新管理，突出了创新管理系统内各个子系统之间的互动对创新绩效的影响，但依然存在仅考虑企业内部研究创新要素的局限。

（四）全面创新视角

基于系统创新研究，许庆瑞等人提出了"全面创新管理"的概念，强调通过全员全方位的创新提升企业核心能力，实现价值创造。全面创新管理涉及技术、组织、市场、战略、管理、文化和制度等要素的协同创新，旨在实现全要素、全时空、全员的创新。全面创新管理有三层内涵：一是企业的所有创新因素都是全方位围绕着技术创新的；二是企业各部门的人员都参与创新活动，创新活动是任何时间、任何空间都在进行的；三是强调创新要素的协同效应。全面创新管理强调通过有效的创新管理机制、方法和工具，力求做到全要素创新、全时空创新、全员创新和全面协同。它突破了以往研发部门孤立的创新，扩大了创新管理的时间、空间范围，致力于可持续的竞争优势，强调核心能力的积累与发展。

（五）开放创新视角

麻省理工学院的亨利·切萨布鲁夫（Henry Chesbrough）提出了"开放式创新"。他认为，由于企业的时机选择受外部环境的影响，因此企业应积极利用外部资源，与外部创新和市场渠道相结合，这样才能创造出产品价值，避免创新带来的风险。企业通过内部和外部资源的优化整合，促进创新和发展。开放式创新突破了内部创新管理模式，强调更全面、更系统的创新生态观。

综上所述，目前我国的创新管理研究主要基于西方学者的研究成果，并在此基础上进行了深入拓展。国内学者多从企业层面进行研究，显示出管理要素和全面系统的研究视角。尽管研究侧重点有所不同，但一致认可创新管理对组织发展的重要性，这些研究也为政府创新管理奠定了理论基础。从"创新概念"的发展历程来看，政府创新与企业创新的核心观点是一致的，都强调产品和服务创新、流程创新、组织结构创新和理念创新等。因此，创新管理的理论和模型可以为完善政府创新管理提供借鉴。然而，地方政府创新既有组织创新的共性，也有其独特性，公共产品供给和公共利益维护是地方政府创新的首要考虑因素。因此，科学区分公私部门的创新管理对完善政府创新管理理论具有重要意义。随着地方政府创新的不断涌现，学者们对政府创新管理的研究越来越重视，但尚未形成基本的研究范式。可以说，政府创新管理的研究仍处于初期阶段，理论和方法还不够成熟，缺乏系统的理论和实证研究。因此，梳理政府创新管理的知识脉络，建立与实践和理论相结合的理论体系显得尤为重要。

第二节　政府创新管理的基本内涵

创新已经成为新时期党和政府的一项重要任务，中国正从"改革开放时代"走向"改革创新时代"。但是，现实却告诉我们，政府创新并不是一帆风顺的，在过去，政府部门的创新常常是零散的、无序的，缺乏系统性和组织性。这给政府治理带来了诸多问题。因此，管理这种创新活动变得至关重要。然而，尽管国内外有关创新管理的研究已取得丰硕的研究成果和阶段性进展，为政府创新管理提供了丰富的理论基础和大量的经验借鉴，但目前对政府创新的管理不论在理论上还是实践中都没有得到足够的重视。事实上，缺乏有效的引导和规范严重制约着我国地方政府创新的发展和深化，政府管理需要创新，政府创新也同样需要管理。政府创新本身作为一种组织行为也需要"自觉"地进行管理。因此，笔者认为有必要借鉴企业创新管理的相关理论，拓展对政府创新管理的研究，构建政府创新管理的理论体系。有别于已有的大量政府创新的研究，本书的研究对象从针对政府管理进行的创新活动转到针对政府创新实施的管理行为，关注的问题也从政府管理如何进行创新转为如何对政府创新加以管理。

政府创新管理的基本内涵是深入探讨政府创新管理的起点，它承载着政府创新的核心理念和基本原则。本节将围绕政府创新管理的基本内涵展开探讨，从多个维度深入剖析政府创新管理的概念、特征和目标。读者通过本节的学习，将能够全面理解政府创新管理的基本内涵，深入掌握政府创新管理的核心理念和要素，为后续章节对政府创新管理的深入探讨奠定坚实的理论基础。

一、政府创新管理的概念

政府创新管理的需求源于创新驱动时代背景下政府创新中存在的一系列问题。在实际操作中，尽管政府创新旨在解决具体问题，但其过程往往表现出自发性、零散性和无序性的特征。缺乏科学的指导计划、管理制度和衡量标准使政府创新缺少系统的管理。事实上，创新的成功需要多个重要因素，包括良好的内外沟通机制、精心计划、严格的项目控制程序和高质量的管理。因此，建立一套政府创新管理的制度，强化对政府创新的管理，对提高政府创新的成功率具有重要意义。然而，国内外学者尚未对"政府创新管理"的概念做出明确定义。

从字面上理解，政府创新管理是对政府创新的各个环节进行管理，包括创新的发起、实施、应用、考核。政府创新管理则是规划、组织、领导和控制这些创新活动的全过程。正如曹伟所言，政府创新管理是对政府创新活动进行系统管理，以营造创新氛围、激发创新动力、引领创新方向、保障创新实施和提高创新绩效为目的。这一观点强调了政府创新管理的系统性，为后续研究提供了理论参考。然而，这一概念并未明确政府创新管理的主体：是政府内部还是外部？是本级政府还是上级政府？或者是另设一个管理机构？不同主体决定了可使用的管理工具，只有明确了管理主体和手段，才能实现有效管理。这一观点为后续学者提供了丰富的理论空间。

自然状态下，政府各部门自发地进行创新，表现为零散无序的组织行为。对政府创新进行管理意味着将这些行为系统化和有序化。实现政府创新管理必须依赖一系列制度建设，将各部门的创新行为置于制度约束下，使其更加符合预期。构建一个完整的政府创新管理制度框架，明确管理主体、设定科学的管理目标和有效的管理手段，是取得显著创新管理绩效的关键。

政府创新管理的逻辑在于主动地对政府创新进行制度化和组织化的全过程管理，解决创新中存在的问题和影响因素。借鉴创新管理理论，可以将政府创新分为"创新发起—创新实施—创新应用—创新考核"四个主要环节（见图3-2），每个环节需要不同的管理行为和机制，以应对创新中存在的问题，提升创新效能。因此，在创新管理研究成果和政府创新管理逻辑的基础上，可以将政府创新管理界定为"通过构建激励机制、能力培养机制、成果应用机制和创新考核机制，由特定组织围绕政府创新过程中的问题进行管理，激发创新动力、提升创新能力，实现创新持续和扩散的一种管理模式"。

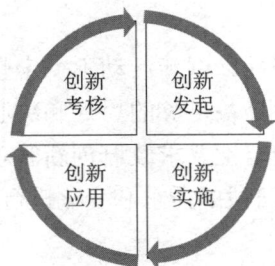

图 3-2　政府创新管理的四大环节

需要指出的是，本书讨论的政府创新管理主要针对政府内部的创新问题，如创新风险、创新能力和组织结构，而较少涉及外部环境，如社会压力、潜在采用者的认知能力和政治环境。此外，现实中的创新活动不一定呈现出清晰的线性发展逻辑，其管理机制可能相互交叉、重叠，如激励机制和考核机制的重叠，以及考核机制对创新应用机制的影响等。

总之，政府创新管理是一项复杂而重要的任务，需要系统性思维和有效的管理手段。只有通过科学的管理方法，政府才能更好地推动创新，提升治理能力，实现社会发展的目标。

二、政府创新管理的特征

政府创新管理作为创新管理的一种形式，不仅具备一般创新管理的特点，还具有其独特的属性特征。深刻理解政府创新管理的特性有助于更好地掌握其运作机制和价值。以下是政府创新管理的主要特征。

（一）政府创新管理将创新置于核心位置

这不仅是对政府创新活动的管理，更是为了培育一个支持创新的系统。通过协调政府内部各要素的发展，为政府创新提供有利的环境和条件，使创新成为政府运作的核心动力。

（二）政府创新管理是一种全过程管理

它贯穿于政府创新的各个阶段，包括创新的发起、实施、应用和考核等环节。政府创新管理强调在整个过程中进行有效的管理和规范，以确保创新活动符合政府的政策方向和发展目标。这意味着创新管理是一个常态化过程，使创新成为政府持续发展的重要驱动力，而不仅仅是一次性的活动。

（三）政府创新管理具有不确定性和灵活性

创新本身充满挑战和不确定性，创新活动不一定呈现线性发展逻辑，可能面临多样化和复杂化的挑战。政府需要具备足够的勇气和决心来面对和克服这些挑战。各种政府创新活动和问题带来的不确定性要求政府创新管理具备灵活性和适应性，无法套用固定的管理模式，需根据不同阶段的需求和变化进行调整。

（四）政府创新管理具有公共性

与一般创新管理不同，政府创新管理的主体是政府部门，具备公共属性。其目的也具有公共性，旨在提高政府创新过程的有效性，但最终目标是提升公共利益和社会福祉。它以解决社会治理中的公共问题为导向，注重提升公共服务水平和治理效能，通过对政府创新的管理，实现社会效益的提高。

综上所述，政府创新管理强调创新的核心地位、全过程管理、不确定性和灵活性，以及公共性。这些特征共同构成了政府创新管理的独特属性，使其在推动政府创新和提升治理效能方面发挥重要作用。

三、政府创新管理的目标

政府创新管理的目标是通过系统管理政府创新过程，包括发起、实施、考核、扩散等环节，解决可能出现的问题，推动政府部门进行真正意义上的创新和可持续发展。简言之，政府创新管理的直接目标可以概括为三点：激发政府创新的动力、提升政府创新的能力、实现政府创新的持续性和扩散。无论是政府创新还是对其管理，其根本目标都是改善治理，服务于经济社会的发展。因此，这三个直接目标实际上都指向一个核心目标，即提高执政能力和领导水平。

（一）政府创新管理需要提供有效的激励和正确的导向

一般而言，政府部门通常缺乏创新意识和动力，很多创新活动常常是在危机压力或迫切需求的驱动下产生的。政府创新管理虽然重视压力型激励，但更需引导政府由被动调整向积极创新转变，以更主动的姿态迎接经济社会变化和挑战。然而，在不合理的激励机制和官员功利心的双重作用下，很容易出现大量"伪创新"和"盆景式"创新，这种情况严重浪费了组织资源。因此，政府创新管理的首要目标是通过建立规则体系，引导政府官员正确认识并解决创新动力不足的问题，并避免过度追求创新的风险，确保政府创新具有真正的实质性。

（二）政府在创新管理中需提供组织保障，以培养和提升政府创新能力

研究显示，常态化且开放的信息交流对创新至关重要，这要求组织形式相对灵活。政府创新通常需要在一定程度上打破官僚制度的封闭性和层级结构。然而，政府在创新实施的过程中，往往需要协调多方面的关系和资源，因此需要有序的组织结构作为支持。政府创新管理一方面要实现组织结构的动态匹配，促进内外部信息交流，深入挖掘创新目标的知识，形成创新共识；另一方面，需要通过给予创新主体政治支持和组织保障，不断培养和提升创新能力，以确保政府创新的持续性。

（三）政府创新管理需为政府创新成果提供应用环境，实现创新的持续和扩散

在社会转型时期，政府创新日益成为提升公共服务水平、强化责任担当的重要策略。然而，政府社会治理创新项目的持续性问题也日益显现。特别是在加速推进国家治理现代化和社会治理创新的新战略下，地方政府创新的持续性成为研究的焦点。一些地方政府的社会治理创新项目仅仅是昙花一现，得了奖，热闹一阵后便无下文，就此隐没。有些创新项目局限于当地影响，无法复制和扩散，缺乏持续的推广效应，再

难激起水花。因此，政府创新管理需要帮助政府在社会治理创新的热潮中保持冷静思考，审慎观察地方政府社会治理创新的要素结构及其演变，建立合理的解释框架，延续成功的创新经验和做法，实现有效的反思和应用。

（四）提高执政能力和治理效能是政府创新管理的核心目标

从某种程度上说，这是中国政府创新管理最具特色之处。在中国，各级政府的创新活动都在执政党的领导下进行，创新不仅需符合社会发展需求，也要提升党的执政能力。然而，在实际操作中，大多数政府创新管理侧重解决工作问题、推动试点等实用主义目标，较少关注政策有效性、民众满意度等推动治理变革的目标。因此，中国政府创新管理主要遵循公共组织的生存逻辑，属于自上而下的行政治理机制，未能涉及治理的深层改革和完善。改善治理，甚至变革既有的公共治理体系，仍有一段路程要走。

四、政府创新管理的手段

政府在实现上述创新管理目标时，必须运用有效的管理手段，并通过一系列制度安排来促进创新目标设定、创新激励设计、创新绩效评估以及创新成果应用等方面的实践。

（一）政府创新制度化的"嵌入"

政府创新虽然能带来效益，但也存在经济和政治风险，特别是政治风险更受创新发起者的关注。因此，推进政府创新，首先需要降低其风险，并建立健全的激励和保障机制。一种方法是设立"政府创新试验区"，允许政府在特定范围内充分发挥创造性，给予一定的特权和宽容，并对创新过程中不可避免的失败免责，以激发创新热情。另一种方法是通过制度化的手段激励和保障地方政府的创新发展。

在制度化方面，政府创新过程和成果的制度化都十分重要。在创新过程制度化方面，地方政府作为创新的主导者，常常面临操作不规范、不合理或不合法的问题，这些问题可能导致创新夭折或昙花一现。解决这些问题的根本办法是通过制定和实施法律法规和相关政策，将创新活动限定在合理的范围内，使创新活动具有合法依据和规范操作。例如，创新项目的制定与申请、创新主体的职能权限、创新资金的使用、上级对创新的干预程度、创新项目的考核和监督等，都需要有政策和法规的明确规定。此外，监督过程的法律规定也至关重要，以确保创新活动的规范性和持续性。

在创新成果的制度化方面，过去的经验表明，如果地方政府的创新成果不能上升到更高层次并被制度化，终将会失去推广的机会。将优秀的地方政府创新经验和模式纳入国家的政策和法律体系中，可以确保这些创新成果得到广泛的推广和应用。制度化不仅能强制推广这些优秀创新实践，还能鼓励其他地方政府借鉴和学习，从而在更大范围内实现其价值和效益。然而，在推广过程中，也应避免生搬硬套，而是要针对具体情况进行调整。地方政府创新过程的制度化与成果的制度化应同时进行，二者相辅相成，缺一不可，才能确保创新的持续推进和落实。

（二）创新目标的发现、引导与审核

有了创新激励之后，关键在于如何设定创新目标，以确保其能够回应真实需求、解决实际问题并取得成效。在政府创新管理实践中，需要四方面的力量共同作用以指引创新目标的设定：第一，综合考评应注重公民导向，从而促使政府创新优先回应公众需求。在综合考评的过程中，应收集整理关注度高、反映集中的评价意见，并向社会发布。相关单位应根据这些评价意见确立整改目标，进行重点整改，并公开承诺整改措施，接受社会监督。这样的机制能有效帮助各部门发现和确立创新目标。第二，编制创新选题目录可以为各部门设定创新目标提供指南。创新选题目录应基于大量调查研究，涵盖经济、政治、文化、社会、生态文明、执政能力建设及社会评价意见整改等多个方面，提出方向性的创新项目，鼓励各部门结合实际情况进行有针对性的选择。第三，倡导原创性创新的同时应重视继承性创新，鼓励各部门对已有的创新项目进行深化和完善，取得新的突破，为创新的持续性提供制度保障。第四，邀请专家对创新目标进行事前评审，可以有效降低无效创新的风险。各单位在申报创新目标时需填写详细的申报表，说明项目创新点、预期投入和效益等，并附实施方案。考评办会组织专家进行评审，在综合评审得分和专家不同意进入综合评估得票数的基础上，淘汰一定数量的申报项目，这在很大程度上确保了创新项目的正确方向和较高起点，避免了无效创新的出现。

（三）创新绩效的综合评估

各政府部门在实施创新项目后，需要进行绩效评估。创新项目的绩效评估主要包括三个方面：第一，考评机构的核验。各市直单位在年末提交绩效考核申请，由考评机构对申报项目的完成程度、材料的真实性、准确性和完整性进行审核。第二，专家评估。资深专家对每个创新项目的创新程度、实施难度、成本收益比、发展效益、社会影响力及推广情况进行综合评估和打分。第三，满意度测评。在特色创新目标考核中，创新项目不仅要通过考评机构核验和专家评估，还要进行受益对象满意度测评，以调查项目的实际效果和公众感知。从创新目标的设定到创新绩效的综合评估，形成了政府创新管理的"闭环"，在很大程度上保障了创新项目的真实性和有效性。

第三节　政府创新管理的主体

政府创新管理是一个复杂且动态的过程，需要多方面力量的共同参与和协调。在这个过程中，如何有效地利用政府内部资源，同时吸引外部创新力量，已成为当今公共行政管理者面临的重大课题。本节将探讨如何通过打破组织壁垒，营造开放的创新氛围，促使政府内部在创新管理方面与社会各界展开多元化、开放性的沟通与合作。通过与科研机构、高校、企业及社会组织的紧密合作，政府创新管理不仅能获得多样性的创新理念和先进的管理知识，更能为国家的发展和社会进步做出更大的贡献。

一、作为一个系统的政府创新管理

政府创新管理是一个复杂的过程。随着现代社会、政治、经济和文化发展的日益异质化、复杂化和碎片化，社会公众对政府创新的质量和效益期望越来越高，对创新所带来的公共利益的需求也更加多元和复杂。多元化的创新参与者在创新管理目标、价值偏好和利益需求等方面会产生复杂的关联和互动。

系统论为研究政府创新管理主体的多元性提供了一种全新视角。著名系统论学者贝塔朗菲（Bertalanffy）指出，"当代社会与科技发展已经变得如此复杂，以至于传统的方法不再足够有效，引入整体的或系统的方法、跨学科的方法以及多质性的方法非常必要。"系统论将还原论和建构主义思想结合起来，认为"系统是一个由交互作用的众多元素组成的复杂体"。系统既可以被还原为构成要素，又可以从整体关系的角度进行重构。系统是由具有自主行为的构成要素组成的，这些要素在具体情境中产生互动，从而为系统带来变化和演进的潜力。

从系统论的角度来看，创新管理是一个系统，由创新发起、应用和扩散等过程及其相互关系组成。同样，政府创新管理作为创新管理的一部分，也是一个系统，是一项涉及众多参与者的集体行动。政府创新管理系统由政府、社会、政治和市场界面的创新主体组成。这些多元主体围绕政府创新管理的整体目标、共同利益和未来愿景进行集聚和整合，产生协作和博弈等关联与互动，形成一个复杂的互为因果的系统，并在此过程中不断进行新陈代谢和优胜劣汰，推动政府创新管理系统的形成、运行和演进。

政府创新管理的主体要素是推动和规范政府创新活动的主要力量。他们在政府创新管理中扮演着积极主动的角色，发挥着主体性功能。政府创新管理的过程本质上是政治精英、政府公共行政人员及其背后的政府组织环境、社会公众和相关利益集团共同作用的结果。在这一过程中，政治精英、政府公共行政人员、社会公众和利益团体作为创新的主要载体，推动着政府创新管理过程的发展和变革。因此，政府创新管理不应仅限于政府一元的管理模式，还需要引入市场主体和社会主体的参与，建立起组织内外的有效沟通与反馈机制，实现政府、市场和社会三者之间的良性互动（见图3-3）。

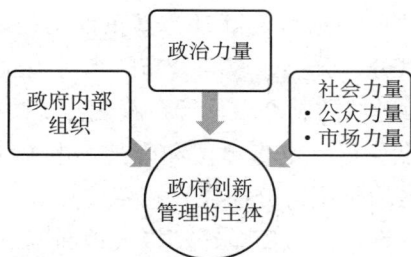

图 3-3 政府创新管理的主体

二、政府创新管理的主要力量：政府内部组织

政府创新主要由各层次的公共行政人员在内部发起，出于以下几方面的原因，笔者认为政府内部组织应成为创新管理活动的主要探索者和推动者，承担关键的管理职责。首先，政府内部组织能够协调各方资源，促进创新的交流与合作。政府创新涉及多个部门和层级，只有通过内部协调，才能更加顺畅和高效地推动创新的深入开展。其次，内部组织可以通过制度化手段，规范和引导创新活动，为其提供保障和支持。通过建立创新管理制度和标准，制定审批和监督机制，评估和考核创新成果，可以有效地管理和评估创新活动，使其更加稳健和可持续。最后，将创新管理职能赋予某一组织，可以释放出强调创新价值导向的信号，确保创新始终服务于公共利益和社会长远发展，通过引导和监督，避免功利化和短视化，提升创新质量和效益，为国家发展和人民福祉做出贡献。

然而，创新的功利化和属地化特征可能导致创新偏离其价值导向，阻碍传播、扩散和持续，降低创新质量和有效性。面对这一挑战，需要一个公共组织来承担创新管理职能。在政府机构"瘦身"与精减编制的背景下，将创新管理职能赋予考评组织似乎更为现实。在实践中，杭州市的综合考评办为我们理解创新管理的主要力量提供了可供参考的样本。[①]

（一）杭州考评办的政府创新管理做法

2006 年 8 月，杭州市委成立了考评办，作为综合考评委员会的常设机构，其级别为正局级。作为杭州市创新管理的制度建设者与主要落实者，杭州市考评办整合了原市级机关目标管理办公室、"满意单位不满意单位"评选办公室和机关效能建设工作办公室的相关职能，并于 2012 年增设了"杭州市绩效管理委员会办公室"的牌子，成为专门对市直单位及其下属县（市、区）进行绩效考核、评价和管理的组织平台。如果没有这种机构设置，各类考评就无法有效地"综合"起来，也难以系统地对创新进行考核和管理。考评办不仅是创新管理的制度建设者和实施者，还持续从中获得制度化

① 陈国权，曹伟. 地方政府改革创新论 [M]. 杭州：浙江大学出版社，2018：60-67.

收益，使制度建设与实施之间形成良性互动，真正推动创新管理的运行和不断完善。杭州的综合考评通过量化打分、分类比较和公布排名等方式，为各部门提供了强有力的激励。嵌入创新目标绩效考核的制度设计旨在改变传统政府组织的"惰性"，为推动创新提供了一个重要支持点。尽管市直单位和区县（市）的考核中，加分分别只有3分和5分，但由于相近排名的单位得分往往只相差零点几，创新目标绩效考核的得分对整体排名影响显著。这一设计看似简单，却极大地激励了各部门进行创新。正如当地干部所说："即便只有之一，也愿尽百分之百的努力。"

（二）杭州考评办的政府创新管理效果

在考评办的主导下，通过设定科学的管理目标和采取有效的管理手段，杭州在创新管理方面取得了显著的成绩。首先，各部门创新积极性大幅提升。2006—2012年，综合考评显示共涌现出640个创新项目，市直单位创新项目年申报量从最初的40个增至2012年的103个。其次，各部门创新内容和方式多样丰富。在理念、体制、机制、方法和政策等方面开展了大量创新，覆盖政治文明、行政改革、经济发展、公共服务、社会治理、文化建设、生态环境等领域。创新手段包括扩大公民参与以实现民主化决策、执行和监督，以及利用现代信息技术重塑管理流程以确保政府权力规范、透明和高效运行。既有基于本地区和部门实际情况的原创创新，也有借鉴其他地区和部门先进实践后进行改造应用的学习型创新。最后，政府创新的效益和持续性显著。随着创新项目数量和质量的提升，项目平均考核得分率从约50%上升至70%以上。"开放式决策""政府管理与公共服务标准化"等创新项目陆续获得"中国地方政府创新奖"等荣誉，广受社会各界好评，且大多数项目保持常态运行，并不断完善和深化。例如，杭州市纪委监察局围绕权力运行规范化和阳光化持续推进创新，每年都有新的进展。

（三）政府创新管理组织的主要职责

基于杭州市综合考评的经验，可以将政府创新管理机构的职责划分为五个方面：第一，制定和规划创新战略。政府部门负责制定与创新活动相关的政策、规划和指导意见，明确创新发展的方向和目标。这包括确定创新政策的内容、范围和优先领域，规划创新资源的配置和利用，促进创新活动与国家发展战略的对接。第二，提供与协调资源支持。政府部门根据创新政策和规划，为创新活动提供必要的财政、人才、技术、信息等资源支持，并合理配置资源，防止重复劳动，最大限度地降低全社会创新成本，取得最大创新效益。第三，建立创新激励机制。政府部门应建立有效的激励机制，激发干部群众的创新动力和积极性，如奖励制度和晋升机制，鼓励参与创新活动。通过规范的组织机构和科学的管理制度，为创新营造良好的制度环境，提升创新积极性。此外，还需矫正激励导向的偏差，避免"伪创新"和"夸大创新效果"等现象。

第四，建立创新评价和考核机制。政府部门需要规范创新目标导向和行为边界，确保创新活动的合规性和有效性，使其有序和持续发展。这涉及制定创新管理制度和标准，建立审批和监督机制，进行成果评估和效果考核，保障创新活动的质量和效益。政府创新管理组织应总结创新成果，实现经验的制度化和知识显化，通过媒体、研讨会、交流会等方式推广创新成果。第五，推动创新成果应用和扩散。创新本身并不足够，广泛地传播和推广才能产生更大的影响力和推动力。因此，创新扩散需要有效管理。在首创部门与仿效部门之间，需要合理沟通与协调，减少创新扩散的交易成本。仿效部门应根据本地区的实际情况，消化、吸收、再创新已有成果。为实现这一点，需组建相应机构提供专门指导。传统的行政方式已无法适应日益分化的利益诉求和快速的社会变迁，必须有效吸收外部创新知识，同时快速采集本地区的社会需求信息，创新行政手段，变革组织形式，更有效地实现公共治理。

三、政府创新管理的辅助力量：政治力量与社会力量

前文已经提到，政府内部依然是政府创新管理的主要主体。现在需要思考，在政府创新管理的过程中是否还有其他辅助力量，能为其增添助力。理论上，满足社会的需求是政府创新成功的关键，因为政府治理的根本目的是服务社会，这也是进行政府创新管理的最根本原因。然而在中国，相对于强大的国家和政府，社会仍处于发展阶段，其主动提出要求的能力有限，而且缺乏足够的渠道将这些要求和意见传达给政府系统。但这并不表示社会对政府创新没有要求，而是这些需求需要被发现和引导。因此，多元创新管理者在政府创新管理中的重要性就凸显出来了。他们是社会潜在需求的发现者、汇集者和响应者。

（一）政府创新管理的政治力量

这些发现、汇集和回应社会潜在需求的多元创新管理者不仅包括政府官员，还包括社会中的积极分子。这些人出于各种原因，站到了政府创新管理的前列。政治精英会为政府创新提供权威性支持与保护。他们可能通过立法、财政支持和授权等方式推动创新项目，同时会直接参与政府创新管理。观察历届政府创新奖的获得者和创新项目的原创者就可以发现，政治精英在其中乃中流砥柱。

拉斯韦尔（Lasswell）指出："政治实体中的当权者组成政治精英的核心。这些当权者主要包括领导者及其依托的社会组织，在特定时期负责该社会组织的领导。"简言之，政治精英是掌握权力的社会群体，在政治发展中具有重要地位。一个国家只有少数社会成员能够掌握政治权力，这些人占据国家政权体系的核心地带，承担正式社会职务并享有较高社会地位。有时政治精英可与"领导""干部"等术语等同。凭借其职位，政治精英掌握制定或执行公共政策的权力，因此他们的政治立场和行动对政治发

展方向具有重大影响。

政府创新是一个高风险、高成本的过程。作为政治统治阶级的代表，政治精英对创新风险和成本的态度决定了权威性政治权力在政府创新过程中的角色，决定了创新资源（如资金、法规和政策）的支持程度，并在政府创新的生成、实施和扩散阶段发挥关键作用。政治精英在政府创新过程中的重要作用不仅体现在他们对政府创新过程中政治价值和政策方向的设定，还表现在通过资源配置、立法、财政、规制、监管、机构设置和人员任免等手段影响公共行政人员的决策，从而引导公共行政人员的具体创新行为，对政府创新过程的走向施加影响。

在政府创新生成阶段，尤其是在政治危机或政治争议出现时，政治精英希望政府能够最小限度地承担风险。明智的政治精英会鼓励提出政府创新理念，给予创新者试验的空间，理解政府创新的风险，奖励富有创新精神的公共行政人员，并通过立法和资源支持等方式包容创新可能带来的失败。然而，政治精英对创新风险和创新者能力的怀疑、对高昂成本的顾虑，以及基于各自利益的分歧和矛盾，可能会使公共行政人员因担心创新理念可能面临的政治风险而犹豫不决。

在政府创新实施阶段，政治精英是主要的倡导者之一，他们会为创新实施者提供政策和资源支持，通过法律和监管手段调整以赋予实施者权力，减少来自权力、资源和规制方面的限制。他们运用权威政治力量解决利益冲突，降低协调难度。此外，那些能够节省成本、无争议、快速回收成本并提供政治宣传机会的创新项目，比缺乏这些特质的项目更容易获得政治支持。政治精英与创新者在项目价值观、权力和利益等方面的分歧与争议可能导致实施过程的扭曲，因为"政治精英更倾向于支持与他们个人相关的创新项目"。

在政府创新扩散阶段，赢得政治领导者的支持是推广创新理念的关键。政治精英中支持创新的人会通过法律手段确立政府创新扩散的合法地位，提供法律支持和保护，通过资源支持和减少监管来消除障碍，激励和引导创新者的传播和采纳行为，为创新扩散创造良好的政治环境。由于扩散行为的风险和不确定性可能导致社会反对和内部质疑，政治精英可能会采取保守态度，因为他们不希望被视为支持失败的事业或被认为是失败者。

因此，政府创新过程的顺利进行需要富有创新精神的政治精英的支持。他们应当包容创新过程中的风险，赋予创新者权力空间，通过法律和政策等手段为创新活动提供法律保护，减少监管，为创新活动提供资源，奖励创新者，运用政治力量解决多元利益冲突，积极支持和引导创新过程。

（二）政府创新管理的社会力量

在政府创新的过程中，政府创新的积极性与可持续性受到许多关注。[①] 一方

---

① 郑长旭. 地方政府如何保持其创新的可持续性？——基于多案例比较的探索性研究 [J]. 公共管理学报，2023，20（2）：12-24+165.

面，地方政府创新层出不穷，地方政府官员对创新趋之若鹜。以"2024 数字政府管理创新奖"为例，在中国国际大数据产业博览会的"数字政府对话"专题活动上，全国共有 287 个参选项目争夺该奖项，反响热烈的背后也反映了各地政府的高度重视。另一方面，这些地方政府的创新往往难以为继，缺乏可持续性。包国宪、孙斐对"中国创新网"上的 112 个地方政府创新案例（包括优胜与入围项目）的前期分析和研究发现，具有可持续性的仅有 34 个，需进一步确定的有 4 个，两者合计仅占案例总数的 33.9%。有学者研究前四届"中国地方政府创新奖"的持续情况，发现即使是那些曾经获奖的项目，也有约三分之一名存实亡。

为何有些地方政府创新举措得到了持续发展，而有些却偃旗息鼓？有限政府的理论视角给予了我们一些启示。越来越多的执政者与学者注意到，"全能政府"显然已不能很好地适应社会经济发展的需要。政府对发展既不可或缺，又可能阻碍发展。为了使政府积极促进发展，需要建立一个有效且有限的政府。从有限政府的视角看，政府权力需有效限制，即在满足公众利益和市场发展的同时，政府在规模、职能、权力及行为方面需受法律与社会的监督制约。政府内部事务也需要接受社会与公众的监督。在全能政府向有限政府转型过程中，不论政府创新的具体表现形式如何，其行为都是在有限政府理论下对新治理模式的探索。换言之，在中国当前的转型中，政府创新实质上也是建构有限政府的过程。

既然政府是"有限"的，社会功能的发挥就显得尤为重要。因此，在政府创新管理中，需要各个社会主体全方位地参与。社会与公众的协同参与对以有限政府为核心理念的政府创新管理具有重要作用。在有限政府理念下，成功的政府创新管理必须深刻意识到社会现状、明确社会诉求，将社会力量纳入创新设计与实施中。当一项创新由政府部门酝酿设计后，不应单方面期望其延续，而应将社会与公众纳入，使其进入创新设计与实施环节，赋予创新持续力。这种社会和公众力量的纳入被称为"社会嵌入"，指的是将新的异质成分嵌入现有社会政治结构中，通过这些成分的介入激活或改造原有社会政治结构的某些功能。例如，在政府创新管理中，科研机构和高校是与之合作的常见社会力量之一。它们是政府创新管理的重要合作伙伴，为政府创新管理提供技术和人才支持，积极参与地方政府改革，通过提供咨询、参与决策和进行评估等方式发挥"第三方"力量。政府与科研机构和高校合作开展创新项目，共享科研成果和人才资源，提升创新管理能力，将是未来政府创新管理的趋势。

前文谈到政治精英在政府创新管理中的独特作用，他们显然并非普通的草根阶层，他们能够实现自己的利益表达与权利诉求，从而具有精英色彩。一些学者将政府对精英的吸纳称为"政治吸纳"，即政府主动吸收代表社会精英或精英集团的政治力量，并制定有利于他们的公共政策。然而，随着国家与社会互动的增强和社会矛盾的显现，单纯将民间精英纳入决策层的"政治吸纳"因不能解决层出不穷的问题而逐步被更广泛和更深入的"社会嵌入"所取代。国家与社会的嵌入实际上是一种发展性的"互嵌"，社会公众力量的参与能够激活旧有的社会政治结构，使其逐步完善，最终实现平稳的互相嵌入，以达到融合的目标。

可持续的创新正是以嵌入性理论为基础，将社会和公众纳入创新设计与实施过程。随着"嵌入"的深化，新的政策创新能够与现有的社会关系和社会环境良好对接，并逐步融合，最终实现对原有社会体系的改善与提升。换句话说，"社会嵌入"将"新"与"旧"结合在一起。在这个过程中，"新"的元素会产生持续性，逐步转变为"不新"，而这种"不新"恰恰体现了一种相对稳定的"常态"，从而使"政策"得以转变为"制度"。因此，"社会嵌入"使政府创新具备了持续性，并最终转化为制度创新。借助哈耶克（Hayek）的二元观可以更深入地理解"社会嵌入"的作用过程。现有的社会结构和社会期待构成了内部规则，而政府创新则是外部规则。社会嵌入实际上是外部规则与内部规则的融合，实现了协调统一的过程。社会嵌入将哈耶克的哲学思辨理论可操作化处理，从而解决了创新难以持续的实际问题。

当前在我国，"社会嵌入"可以具体分为两种力量：一是公众力量，二是市场力量。

1. 公众力量在政府创新管理中的作用

论及公众力量在政府创新管理中的作用，需要回到政府创新管理的根本目的的问题上来。政府创新管理是实现政府"善治"的重要环节，善治的本质在于"政府与公民对公共生活的合作管理"，要求国家权力向社会回归，是政治国家与公民社会良性互动的最佳结合。这种合作与互动离不开有效的公众参与。公众的参与有利于提升政府创新管理决策在民主基础上的科学化水平，也有利于防止政府创新管理的独断专行。公民的需求和意见是政府创新的重要参考，政府应积极回应社会诉求，吸纳社会意见，体现主权在民原则、为民服务的宗旨。只有与公民形成良好互动，政府创新管理才能更好地服务社会，赢得理解与支持。如此，政府创新管理就能与公民社会建设形成良性互动关系。

具体而言，政府创新在实施过程中必须深入了解本地区和本阶段的现实情况，洞察社会现状、理解社会需求，确保创新解决的是"真正的问题"和"真正的需求"。只有深入了解社会现状，进行有针对性的创新，才能真正满足实际需要，才能获得持续性。此外，仅仰赖政府进行"自上而下"的创新设计是不可持续的。当前，我国地方政府的创新多由政府部门主导，但作为有限政府，其能力、职权和活动范围有限。要使创新具备持续性并得到制度化，需要社会力量的补充，以促进创新行动的持续良性发展，促进社会繁荣。只有将社会力量和公众纳入创新设计与实施中，才能促进政府与社会的和谐互动，为政府创新提供持续性支持。不仅要"激活"公众和社会参与，还要"培育"社会力量，使其具备能力和意愿承担监督政府创新管理的职责。

政府创新由公共组织完成，传统的目标考核主要是内部控制的管理方式，按照自上而下的基本轴线运行。然而，大量研究文献显示，许多创新旨在增强政府的合法性和回应公民诉求，增强公众对政府的信任。因此，许多政策创新会增加公众参与，以响应新公共管理运动的顾客导向，而不仅仅是追求效率提升。政府绩效考核中纳入公众意见的做法由来已久，许多地方政府在考核主体方面引入了外部评估，设置了群众评估、公众评估的维度，赋予相应的权重和分值。通过行风评议、效能监察、万人评议政府等形式，打破了单一的目标责任制。例如，吉林省安图县于2013年创新建立"群众诉求服务平台"，通过线上线下联动机制，允许公众直接参与对政府服务的评分与监督，并据此调整绩效考核权重。深圳市自2023年起推行"智慧考评"系统，整合市民线上评价、企业满意度调查和第三方机构评估，赋予公众意见30%的考核权重，并将结果实时公开以强化问责。浙江省于2022年启动"民声大数据"项目，通过政务平台收集市民对公共服务、政策执行的意见，将其量化后纳入市县政府的年度绩效评估，权重占比达25%。此外，贵州省在"春晖行动"中引入受益群体代表作为评估主体，通过定期座谈会和线上问卷动态调整项目方向，确保政策与民生需求精准对接。江苏邳州创新推出了"民评三官"活动，评议员包括常任评议员和非常任评议员，后者从基层各级人大代表、政协委员、社会团体代表、各从业群体代表、外商管理人员代表和群众代表中抽选，定期轮换。这些案例为政府创新考核指标提供了参考。

2. 市场力量在政府创新管理中的作用

市场力量在政府创新管理中究竟有多大影响？现实中呈现出矛盾的景象：一方面，市场力量难以通过制度化和组织化的方式直接影响政府创新；另一方面，市场力量却能使政府难以实现其原定的政策目标。市场是创新的温床，市场主体的参与为政府创新管理注入更多活力和创造力，市场经济的发展为政府创新管理提供了充足的资金、技术和人才资源。因此，政府可以通过市场化手段吸引更多投资和资源，促进创新项目的开展和实施。

此外，学者们发现，在政府创新的初始阶段，尤其是在政策创新领域，一些企业家以政策企业家身份从事政策游说。1980年，刘易斯（Lewis）提出了"政策企业家"的概念，认为政策企业家是通过组织和动员集体力量来改变公共资源分配方式的人。他们具备冒险精神，愿意投入时间、精力、声誉和金钱来推广他们认同的政策理念，推动政策变革。成功的政策企业家通常具备社会敏锐度、问题界定能力、团队建设以及身体力行等核心要素。在政策"软化"过程中，政策企业家扮演关键角色，他们等待"政策之窗"的出现，抓住机会将政策流、问题流和政治流结合起来，推动政策创新。随着中国政策科学研究的深入发展，政策企业家在政策创新中的地位和作用日益受到重视，他们包括政府内部的行政官员和政府外部的专家。

在中国，人们的职业选择在某种程度上被分为体制内和体制外两部分。这些概念源于改革开放。随着传统计划经济体制的解体和社会主义市场经济体制的建立，"体制内"主要指由国家财政支付工资和福利的工作人员，包括公务员、参照公务员管理的人员，以及科研、教育、卫生、文化等行政性事业单位的工作人员及部分国企高管，与党和政府有密切联系。"体制外"则是更市场化或社会化的职业选择。在市场经济体制不断完善和社会各部门发展不断融合的背景下，"体制"的壁垒不再牢固，越来越多的人选择在体制内外穿梭，以更好地实现自身的目标。政策企业家是其中积极活跃的群体。[1]

在中国政治体制下，体制内的党政领导和行政人员是政策企业家的主要成员，他们在政府创新中发挥着重要作用。[2] 而跨体制的政策企业家则凭借其对社会问题的敏感性、创新精神和广泛的社会网络，对创新产生了重要影响。特别是在政策创新领域，政策企业家作为政策过程中的关键变量，充当了政策创新的催化剂和政策变迁的推动者。例如，黄冬娅从"政策监控度"和"权力碎片化"的角度指出，企业家主要通过迎合政绩、借力施压、正式沟通等多种方式影响地方政策，其影响力大小取决于其在政治体系中的"政治嵌入度"。[3] 一项关于腾讯在各地推动医疗费用移动支付的研究表明，当商业策略与公共动机一致时，企业家巧妙地运用跨界策略推动政府创新，而那些曾在政府部门任职的跨体制政策企业家更有助于促成政策创新。然而，政策企业家是一种稀缺资源。因此，要实现地方政府创新的可持续发展，需积极发掘体制外和跨体制的政策企业家，利用他们对公众需求和政策问题的敏感性、对新知识和技能的包容态度、对政治规则的熟悉程度以及敢于冒险的企业家精神，为创新提供持续的动力。

总而言之，政府创新管理如同一场大交响乐，需要不同音符的和谐共鸣。公共行政人员作为政府创新管理的主体，他们的任务不仅仅是独自行动，更是要吸引更多具有创新需求的人参与进来。这就需要打破政府封闭的组织壁垒，营造开放、友好的创新氛围，让政府内部的创新管理主体与公众、市场、政治层面的创新主体之间展开多元化、开放性的沟通、学习与合作。政府创新管理需要与社会各界形成良好的互动与合作。科研机构、高校、企业、社会组织等都是政府创新的重要合作伙伴。与这些力量进行合作，在为政府创新管理带来多样性创新理念、观点与愿景的同时，也为政府带来先进的创新管理知识、技术、经验和充足的人力、财力、物力支持。

总的来说，政府创新管理应当坚持以政府内部管理为主，辅以政治与社会力量。政府内部的创新管理主体是政府创新的核心，他们应当承担起主要责任，推动创新活动的深入开展。同时，政府也应当积极引导其他市场、社会公众等力量的参与，社会多元主体的参与使政府组织内外的信息沟通更加顺畅，政府创新的指向更加明确。只有吸引更多的创新主体加入政府创新管理中来，政府创新管理才能更加有效地发挥作用，为国家的发展和社会的进步做出更大的贡献。

① 任敏，徐琳航. 多重身份政策企业家如何推动政策创新？——以 G 市环境社会治理创新为例 [J]. 公共行政评论，2023，16（6）91–110+198.
② 黄扬，陈天祥. 代理型政策企业家与数字政府创新的可持续性：基于"政务中台"建设的多案例比较 [J]. 公共管理学报，2024，21（3）：63–78+171.
③ 黄冬娅. 企业家如何影响地方政策过程：基于国家中心的案例分析和类型建构 [J]. 社会学研究，2013，28（5）：172–196+245.

第四节　政府创新管理的一般性构成

依据政府创新的逻辑，参考过程管理的理论，本书将政府创新分为创新发起、创新实施、创新应用和创新考核四个阶段，并分别设计政府创新的激励机制、能力培养机制、应用机制和考核机制，如图 3-4 所示。政府创新管理的实质即围绕这四个方面展开。需要强调的是，这种简单分期仅是为了便于分析，实际上政府创新各阶段的边界并不一定如此清晰，各管理机制也不一定只在某一个阶段发挥作用。关于政府创新管理的内容在后续几章将有更加细致具体的展现，在此着重展示政府创新管理的内容框架。本节将围绕政府创新的一般性构成展开深入探讨，从不同的阶段剖析政府创新管理的主要内容，呈现政府创新管理的全貌。

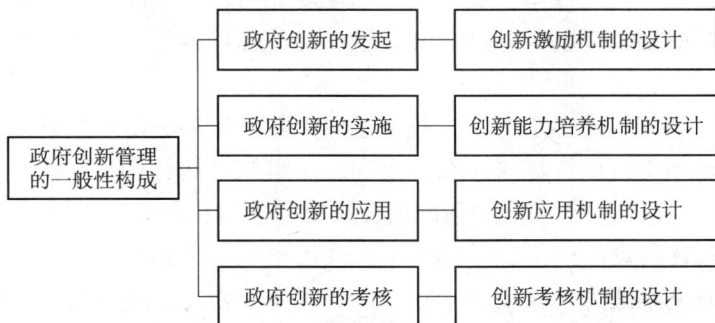

图 3-4　政府创新管理的一般性构成

一、政府创新的发起：创新激励机制的设计

在推动政府创新管理时，激励机制的设计至关重要。尽管学术界和实践界都认识到这一点，但在实际操作中，激励措施常常面临困境，导致预期目标与实际结果不符。因此，必须建立科学合理的激励机制，以增强政府人员的积极性和能动性。

激励机制的设计在推动政府创新中至关重要。国外学者如弗罗姆（Fromm）和赫兹伯格（Herzberg）对此有不同定义，前者认为激励是有机体基于自愿选择的过程，后者则强调与工作相关的要素是激励因素。中国学者在此基础上进行了更详细的界定，将激励分为广义和狭义两种。狭义激励是指激发和鼓励；广义激励是指以组织目标为导向，通过各种手段调动人的行为积极性。本书将政府创新中的激励界定为：通过设定外部环境或强化公务员的利益诉求，促使其行为符合政府创新组织者及公众的需求。

为了充分调动政府人员进行创新的积极性，首先，需要强化利益关联，增强政治支持和资源供给。通过将创新纳入考核体系，并与政治晋升、年终奖励等利益相关联，可以激发政府人员的积极性。改善制度环境和提供充足的资源支持，确保创新主体"敢于创新、放心创新、高效创新"。其次，政府创新管理应正确引导价值目标，回应社会需求。避免"形式创新"和"伪创新",通过科学有效的创新评估体系,确保创新活动的成效和影响,真正实现创新的价值和意义。最后,促进创新主体多元化,提高社会参与程度。地方政府是政府创新的重要发起者,但各级政府应在创新方式、内容和类型上各有侧重。社会组织和公众的积极参与也是推动创新的重要力量。通过开放、融洽的氛围和配套制度,整合社会资源,共同推动政府创新。

二、政府创新的实施:创新能力培养机制的设计

政府创新能力的培养是实现现代化国家创新体系的关键。政府在建设国家创新体系时,应注重完善创新制度、健全国家创新体系、促进创新文化,发挥主导作用。加快政府职能和行政方式的改革,提升政府的创新能力,不仅能为企业和科研机构等创新主体提供良好的制度环境和基础条件,还能营造良好的创新文化,避免被动创新的困境。

本书将政府创新能力界定为:政府在适应不断变化的经济政治环境、响应公民和社会需求、实现基本价值目标时,在行政理念、组织结构、行政制度等多方面进行自我革新的能力。创新能力与政府创新的内在决定因素密切相关,深植于政府机制内部,体现为政府的具体行动。内部和外部因素以及历史现实不断塑造和影响着政府创新能力的形成。政府创新能力不仅依赖于知识储备和专业素养,还受组织结构和资源等外部条件的制约。

培养创新能力的机制:首先,需要建立灵活开放的政府创新组织结构。政府创新的成功依赖于灵活开放的组织结构。传统政府机构常常是封闭且等级森严的,这种结构阻碍了信息和创新想法的交流与碰撞,不利于政府创新。因此,需优化现有的行政机构,构建灵活开放的组织形式,打造网络化、互通式的组织形态,保障信息和思想的交流,促进创新灵感的产生。其次,加强组织合法性资源、信息资源和物质资源的供给。研究表明,组织资源的充足与否直接影响创新的成功率。除了物质资源支持,合法性资源也至关重要,包括上级领导的政治支持、社会的响应和认同、法律制度的保障。只有在这些方面得到充分支持,政府创新活动才能顺利进行。为了获取合法性资源,政府需积极回应社会诉求,增强与社会的互动和沟通。这种互动不仅提高政府形象和声誉,还能获得社会理解和支持,为创新活动提供必要的背书。最后,提高创新主体的知识储备和创新素养。政府的创新活动旨在解决治理问题或提高治理绩效,而创新主体的水平决定了其能否深入分析问题、找到症结和原因,关系到政府创新的质量和成果制度化。因此,提高创新主体的知识储备和创新素养非常重要。为此,需要建立健全的培训机制和有效的反馈机制,提升政府工作人员的专业素养和创新能力,使其更熟悉创新的方法和工具,更具备深入分析问题的能力,为政府的创新活动提供更有力的支持。

三、政府创新的应用：创新应用机制的设计

设计政府创新应用机制的目的在于解决政府创新难以持续和扩散的问题。

一方面，单次的政府创新并不难，难的是实现持续创新。改革开放以来，我国地方政府的自主创新活力被释放，尤其是 2000 年设立的"中国地方政府创新奖"，通过这一平台大量地方创新项目得以传播和推广。然而，与市场主体不同，政府创新不仅需要具备新颖性和实践性，还必须强调其可持续性和可复制性。作为公共权威，政府的行动一致性和连贯性受到社会的广泛期待。因此，除了挖掘地方政府的创新潜力和拓展有利的制度空间外，进一步研究地方政府创新的可持续性和可复制性，对提升地方治理能力和实现国家治理现代化至关重要。狭义上讲，地方政府创新的可持续性表现为其不断积累、突破和创新，或将创新制度化；广义上讲，创新的核心要素包括稳定性和深度，能够持续发挥积极作用即为创新的可持续性。本书认为，政府持续创新需要在两个层次上进行：一是地方政府创新政策的持续运行，二是地方政府创新在各层级的推进呈螺旋式上升。

另一方面，政策扩散是管理政府创新应用的重要内容。自改革开放以来，地方政府在这方面进行了大量探索。这些创新项目为提升社会治理水平和治理能力做出了重要贡献，并得到了中央政府的认可。在有中国特色的央地互动实践中，中央对地方创新能够产生长远效益表示认同，并通过决策将地方创新经验推广至全国范围。这种推广不仅是地方政府创新成果可持续性的直接体现，也是中央对地方政府创新的一种激励形式，具有重要的示范效应。地方政府创新及其"以点带面"的扩散被认为是中国经济腾飞和适应复杂改革环境变化的关键因素。然而，由于各地情况不同，成功的地方政府创新在扩散过程中需要进行有针对性和特殊性的分析，避免政策学习和移植过程中的盲目性和简单化问题。这种针对性和特殊性分析在创新扩散过程中体现为适应性。

随着我国改革不断深化，各地方政府将继续在经济、政治、社会等多个领域探索，推动各项制度创新的扩散与实施。总结中国创新扩散的路径和经验，探索和分析其中的规律，将成为相关领域重要的研究课题之一。其中不乏优秀的政府创新扩散案例，如浙江省"最多跑一次"、无锡市"河长制"、中山市"全民公益园"等。政府创新的意义在于解决本地具体问题和向其他地区扩散。政府创新扩散有利于改革成功经验的广泛传播，提升国家整体创新能力与治理水平，但在扩散过程中也存在问题。当创新成为地方政府的重要任务和政绩内容后，各地政府之间会围绕创新展开竞争，并产生一种"观望"的态度，即一些地方政府在创新扩散中持迟疑态度，会权衡创新制度与自身利益的得失。地方政府对创新扩散的"观望"行为是一种利己主义的表现，将地方政府领导者和部门利益置于公共利益之上，不利于创新制度的推广落地和地区的良性发展。

政府创新的应用不仅促进了政府自身的变革，还显著提升了社会治理水平。因此，

未来的研究需要回答如何推动政府持续高质量创新以及优秀创新成果如何扩散的问题，发掘其中的运行机制。本书认为政治影响、同级竞争和创新成果的制度化水平是影响政府创新持续和扩散的关键因素，政府创新的应用机制应围绕这些关键因素设计和完善，后续的章节中将深入探讨推动政府创新应用的机制设计。

四、政府创新的考核：创新考核机制的设计

政府创新考核机制的设计对现代公共管理至关重要。它不仅是评估政府创新活动成效的工具，更是推动政府效能和服务质量提升的重要手段。一个科学有效的政府创新考核机制不仅对内能够提升政府创新活动的质量和效率，优化创新资源的配置和利用，形成政府内部鼓励创新的氛围，对外还能够增强政府行政决策和服务提供的透明度，使公众更加了解和信任政府的行为。透明的考核结果能够有效消除公众对政府行政行为的疑虑，建立起政府与公民之间的互信关系。

要建立科学的政府创新考核机制，需要坚持"结果导向"的思维。在中国公共管理领域，流行的善治模式和新公共管理运动都强调建立以结果为导向的政府，而政府创新的有效性正是对其活动结果的深入探讨。测量政府创新的有效性要与当前全球范围内的政府改革理念相适应，特别是与结果导向的政府理念相协调。结果导向的政府理念是流行的善治理念和新公共管理运动的核心理念，它要求政府活动必须产生明显的、可量化的成果，这也意味着必须对政府活动的有效性进行详细评估。政府创新作为重要的政府活动，同样需要承担"结果负责"的责任，需要及时测量和评估其有效性，以便及时总结经验教训，更好地推动政府创新活动。尽管科学地测量政府创新的有效性具有重要的理论和实践意义，但其复杂性和高成本也带来了不少挑战。

第一，政府创新活动涵盖的领域广泛，涉及的问题复杂多样，因此设计科学的考核机制需要能够适应不同领域、不同性质的创新项目。考核指标和评估方法必须能够灵活应对多样化的创新需求和挑战。第二，政府创新的评估需要依赖大量的数据和信息，包括创新活动的成本、效益、影响等方面的数据。然而，政府内部往往存在信息不对称的问题，数据收集和分析的难度增加了设计科学考核机制的复杂性。第三，确定科学合理的评估标准是政府创新考核的关键。评估标准的制定需要综合考虑政策目标、社会需求、公众期望等多方面因素，同时还要兼顾可量化性和可操作性，这是一个相当复杂和敏感的过程。第四，政府创新考核机制的设计必须保证评估的专业性和独立性。评估过程中可能涉及专业领域知识和技术，需要有专业的评估团队和机构进行评估，避免出现利益冲突或评估结果不公正的情况。第五，科学的政府创新考核机制设计需要投入大量的人力、物力和财力资源，包括建立评估体系、开展调研、进行数据收集和分析等。这些资源投入可能对政府部门的财政预算构成一定压力，需要在成本效益和效果评估中进行权衡。第六，政府创新考核机制设计需要能够适应政策和环境的变化。随着社会经济发展和政策调整，评估标准和方法可能需要动态调整，以

保持考核机制的实效性和灵活性。

在后续的章节中，笔者将深入探讨如何在实际操作中解决这些挑战，从而确保政府创新管理工作的科学性、公正性和有效性。

案例延伸 "河长"现身全国：无锡创新引领治水新风潮

"河长制"相信大家都有所耳闻，如今在全国各地，哪里有河流，似乎就伴随着"河长"的身影。实际上，"河长制"最初是由无锡市政府创新发起，而后推广应用至全国各地的。那么，无锡市的"河长制"是如何在全国范围内扩散的呢？

自改革开放以来，各地方政府通过大量"摸着石头过河"的探索，推动了大批地方创新项目，有效提升了社会治理水平和治理能力，得到了中央政府的认可和推广。"河长制"就是为了应对太湖流域水污染环境治理而设计的重要制度创新。2007年9月，无锡市政府发布了《无锡市河（湖、库、荡、氿）断面水质控制目标及考核办法（试行）》，由地方党政负责人担任"河长"，负责该流域水环境、水生态和水资源的保护和治理工作。这一创新推动了水资源保护、水域岸线管理、水污染防治和水环境治理等方面的工作，为解决长期困扰中国的水污染问题提供了有效方案。2008年，江苏省在太湖主要入湖河流实施双河长制，推广了"河长制"的应用。2010年12月，《江苏省水利厅关于建立"河长制"的实施办法》出台，成为国内首个省级"河长制"政策，推动了该制度在江苏省各地的推广应用，形成了省内多部门联动的治水新模式。江苏省在"河长制"方面的探索，积累了许多成功经验，可供其他地区借鉴和推广。随后，该地方创新开始在周边地区扩散。2013年11月，浙江省发布《关于全面实施"河长制"进一步加强水环境治理工作的意见》，开始全面推行"河长制"，以实现"五水共治"的目标。接下来的两年里，福建、江西、安徽等省份相继跟进，"河长制"政策扩散的趋势逐渐显现。2016年10月11日，中央全面深化改革领导小组第二十八次会议部署全面推行"河长制"，并将其纳入国家治水体系，从而促进了"河长制"的自上而下扩散。2016年12月，中共中央办公厅、国务院办公厅联合印发了《关于全面推行河长制的意见》，要求全国31个省、自治区、直辖市全面建立纵横协同的四级河长制治理体系，"河长制"的组织体系、制度体系和责任体系初步形成。至此，源于地方创新的"河长制"扩散到全国各地。

这种推广不仅是地方创新成果持续性的体现，也是中央政府对地方创新的一种激励形式，具有重要的示范效应。然而，由于各地情况各异，成功的地方创新在扩散时需进行针对性和特殊性分析，避免政策学习和移植过程中的盲目简化。这种分析在创新扩散落地过程中表现为适应性。不论出于何种动机，具备适应性的地方创新通常能够获得政治、财政等方面的激励，即创新扩散的激励效应。

"河长制"能够从地方创新扩散至全国，一方面因为其与"绿水青山就是金山银山"的环保理念及地方水环境治理需求相契合，改变了多头治理的弊端；另一方面，中央政府的政治激励也大力推动了这一过程，与前期研究中关于政治激励对创新扩散的影响的结论一致。不论是正向的干部综合考评还是负向的政治问责，在"河长制"的扩散过程中均发挥了重要作用。适应性和激励性反映了地方治理创新扩散中的"需要性"和"意愿性"问题。为了使地方既"需要"又"愿意"，首先，要充分激励地方政府的创新活力，完善创新激励和容错机制；其次，要加强中央与地方政府的创新互动，明确中央对治理创新的导向，提高政策创新的科学性和适应性；最后，要增强地方之间的交流，积极传播创新经验，形成共创氛围，共同推动创新活动和创新扩散的有序进行。

资料来源：马静，徐晓林 . 地方政府创新何以扩散全国：基于多案例的比较研究 [J]. 理论与现代化，2023（3）：95-104.

本章小结

政府创新管理势在必行，对推动政府创新高质量、可持续发展具有重要意义。本章在第一节回顾了创新管理相关的理论基础，为政府创新管理的分析提供了框架借鉴。在第二节中，首先，界定了政府创新管理的概念，即围绕政府创新中存在的问题，通过建立激励机制、能力培养机制等，对政府创新过程进行全面管理的一种模式。接着，进一步阐述了政府创新管理的特征，包括以创新为中心、全过程管理、不确定性与灵活性以及公共性等。最后，明确了政府创新管理的目标，即提供有效激励和正确导向，以及为政府创新提供组织保障和提升创新能力。通过本节的内容，读者可以深入了解政府创新管理的内涵、特征和目标，为进一步研究和实践提供了理论基础和方法指导。第三节主要探讨了政府创新管理的主体，包括主要力量和辅助力量。政府创新管理的主要力量是政府创新管理机构，其职责包括制定创新战略、提供资源支持、建立激励机制、评价考核和推动创新成果应用与扩散。政府创新管理的辅助力量包括政治力量与社会力量，其中政治精英、市场主体、科研机构、高校以及社会公众都是重要的合作伙伴。他们的参与使政府创新管理更加开放、多元化，能够更好地服务于社会进步和发展。在第四节中，根据政府创新管理的过程，分别介绍了政府创新管理的四大一般性构成，针对政府创新的发起、实施、应用和考核四大环节，简要地探讨了与政府创新环节相对应的创新激励机制、创新能力培养机制、创新应用机制以及创新考核机制的设计。在下面的章节，本书将针对这些环节及其机制展开更加深入的分析。

？思考与练习

1. 企业创新管理与政府创新管理有何异同?
2. 政府创新管理的特征有哪些?
3. 政府创新管理的主体有哪些?
4. 政府创新管理为什么需要多元主体合作?
5. 政府创新管理的一般性构成包括哪些方面?

📖 参考文献

[1] 包国宪，孙斐. 演化范式下中国地方政府创新可持续性研究 [J]. 公共管理学报，2011，8（1）：104-113.

[2] 曹伟. 政府创新管理的制度建构：基于杭州实践的研究 [J]. 中国行政管理，2014（10）：29-32.

[3] 陈永杰，曹伟. 从政府创新到政府创新管理：一个分析框架 [J]. 中国行政管理，2016（2）：40-44.

[4] 邓宁华. "寄居蟹的艺术"：体制内社会组织的环境适应策略：对天津市两个省级组织的个案研究 [J]. 公共管理学报，2011，8（3）：91-101.

[5] 董健，李兆友. 系统论视野中的政府创新 [J]. 系统科学学报，2019，27（2）：110-115.

[6] 高新军. 地方政府创新缘何难持续：以重庆市开县麻柳乡为例 [J]. 中国改革，2008（5）：29-32.

[7] 管兵. 发明还是扩散：地方政府创新动力机制 [J]. 河北学刊，2018，38（1）：168-174.

[8] 拉斯韦尔. 政治学：谁得到了什么？何时和如何得到？ [M]. 杨昌裕，译. 北京：商务印书馆，1993.

[9] 胡宁生，杨志. 中国地方政府社会治理创新的持续性：影响因素与政策优化 [J]. 江苏社会科学，2015（3）：114-120.

[10] 黄冬娅. 企业家如何影响地方政策过程：基于国家中心的案例分析和类型建构 [J]. 社会学研究，2013，28（5）：172-196.

[11] 金太军. 政府创新能力影响因素分析 [J]. 政治学研究，2008（2）：97-107.

[12] 郎友兴. 民主政治的塑造：政治精英与中国乡村民主 [J]. 浙江学刊，2002（2）：99-106.

[13] 李兆友，董健. 国外政府创新过程中的影响因素研究 [J]. 深圳大学学报（人文社会科学版），2014，31（6）：77-84.

[14] 林文豉，龙太江. 地方政府创新可持续动力研究 [J]. 求索，2011（9）：102-103.

[15] 刘伟. 社会嵌入与地方政府创新之可持续性：公共服务创新的比较案例分析 [J]. 南京社会科学，2014（1）：87-93.

[16] 刘晓亮，侯凯悦，张洺硕. 从地方探索到中央推广：政府创新扩散的影响机制：基于36个案例的清晰集定性比较分析 [J]. 公共管理学报，2019，16（3）：157-167.

[17] 马静，徐晓林. 地方政府创新何以扩散全国：基于多案例的比较研究 [J]. 理论与现代

化，2023（3）：95-104.

[18]　毛寿龙，李梅. 有限政府的经济分析 [M]. 上海：上海三联书店，2000.

[19]　吴晓林，谢伊云. 政治赋能与双向激励：地方政府持续创新的驱动机制：对成都市基层治理创新的案例考察 [J]. 中国行政管理，2022（7）：85-94.

[20]　吴茵. 赛马机制如何有效激励地方政府创新 [J]. 行政管理改革，2022（8）：38-46.

[21]　吴月. 政治精英与地方政府的制度创新行为：一个分析框架 [J]. 中国行政管理，2014（4）：62-67.

[22]　谢菲，岳经纶. 我国地方政府创新的动力何在：地方竞争、制度变迁与政策企业家的视角及启示 [J]. 公共治理研究，2022，34（3）：5-13.

[23]　谢秋山. 政府创新有效性测度的意义、困难与可行方法 [J]. 中国科技论坛，2019（4）：50-57.

[24]　杨雪冬. 简论中国地方政府创新研究的十个问题 [J]. 公共管理学报，2008（1）：16-26.

[25]　于海燕. 公务员综合利益视阈下地方政府创新激励机制研究 [J]. 开发研究，2014（5）：81-84.

[26]　俞可平. 中国地方政府创新的可持续性（2000—2015）：以"中国地方政府创新奖"获奖项目为例 [J]. 公共管理学报，2019，16（1）：1-15.

[27]　张可飞，刘晓. 地方政府创新制度扩散中的"观望"行为与治理策略：以租赁房制度为例 [J]. 领导科学，2021（20）：30-33.

[28]　郑长旭. 地方政府如何保持其创新的可持续性：基于多案例比较的探索性研究 [J]. 公共管理学报，2023，20（2）：12-24.

[29]　周凌一，李朔严. 跨体制流动与政策创新：制度环境约束下政策企业家的身份选择：以西南省公益金融创新为例 [J]. 公共行政评论，2016，9（5）：45-63.

[30]　卓萍，卓越. 政府创新的前沿路向：从目标考核走向绩效评估 [J]. 中国行政管理，2013（1）：44-49.

[31]　BERTALANFFY L V. The quest for systems philosophy[J].Metaphilosophy, 1972, 3 (2): 142–145.

[32]　DEAREY P. Systems thinking: A philosophy of management[J].Philosophy of Management, 2002, 2 (3): 73–82.

[33]　HE A J, MA L. Corporate policy entrepreneurship and cross-boundary strategies: How a private corporation champions mobile healthcare payment innovation in China?[J].Public Administration and Development, 2020, 40 (1): 76–86.

[34]　KINGDON J W. Agendas, alternatives, and public policies[M].New York: Harper Collins College Publishers, 1995.

[35]　LEWIS E. Public entrepreneurship: Toward a theory of bureaucratic political power[M]. Bloomington: Indiana University Press, 1980.

[36] MINTROM M, NORMAN P. Policy entrepreneurship and policy change[J].Policy Studies Journal, 2009, 37: 649 - 667.

[37] MINTROM M. Policy entrepreneurs and the diffusion of innovation[J].American Journal of Political Science, 1997, 41 (3): 738 - 770.

[38] PHILLIPS D C. Systems theory: A discredited philosophy[J].Abacus, 1969, 5 (1): 3 - 15.

第四章
政府创新的发起

上线 8 年集成 1500 余个便民惠企应用 一个超级 App 是怎样炼成的？

点击"浙里办"，简洁的蓝色界面上，便民服务、热门服务、数字化改革等主题分屏排列，每个主题中又包含着公积金、社保、医保、纳税缴费等各类场景化的应用。打开"浙里办"，就像打开了数字浙江建设的一扇窗。这里记录了一个超级 App 的炼成，更见证了一年多来浙江数字化改革的探索历程。

"浙里办"，因变革而生。

2014 年是全面深化改革的元年，年初中央全面深化改革领导小组召开了第一次会议。

当年 6 月 25 日，浙江政务服务网正式上线。翌日，《浙江日报》在头版发表了题为《深化改革的新起点——写在浙江政务服务网上线运行之际》的评论员文章，并用整版为浙江政务服务网做了一份"使用说明"。

评论员文章说，这张网的上线"是我省深化政府自身改革的阶段性成果，更是我省全面深化改革的新起点"。

一张网，何以承载了如此重要的意义？数字世界里有着清晰的记忆。重新回望"浙里办"诞生的新起点，就更能理解社会各界对它的热情与期待。

"一脉相承，一以贯之。'浙里办'并非凭空产生。"省大数据局副局长蒋汝忠说，浙江有很好的数字化基础，早在 2003 年，时任浙江省委书记的习近平同志以极具前瞻性的战略眼光提出"数字浙江"建设，其后历届省委接续奋斗。

2014 年，移动互联网成为一片待竞争开拓的新蓝海。那年，伴随着约车软件的大战，一些互联网平台企业为争夺支付端的入口展开了激烈的争夺。也是那一年，用户思维、用户体验等词，高频出现在媒体上。

浙江历来就引领风气之先，对新生事物秉持包容开放的态度。"浙里办"就诞生在各方力量纷纷进军抢占移动互联网入口的沸腾时刻。

喧闹背后，亦有着冷静的思考。当时已能预见，数字技术将用强大的影响力和渗透力，不可阻挡地改变包括政务服务在内的社会生活各个方面。如何依托新技术打造一个用户政务服务的线上入口？

省大数据局办公室主任陈立三曾参与并见证了"浙里办"的诞生，他回忆在建设之初，为了让用户在线上办事能尽量简便快捷，减少来回跑的次数，工作组多次向国内知名的互联网企业和专家取经。走访了线下各级行政服务中心，听取意见、建议，"有一个核心的理念：尽量做到让更多用户觉得实用、好用"。

从政府视角到用户思维，理念转变的背后是改革的推动。

"浙里办"自诞生就带着改革的基因。在推动政府数字化转型的过程中，"浙里办"创造了两个全国第一。这为其成长为超级 App 奠定了基础。

这是全国第一张省、市、县一体化的政务服务网。一段时间里，全国有一些市、县在探索过程中，分别自建政务服务应用。这导致用户的分散，以及数据的分割。实践证明，这种"散装"建设的方式，既不经济也不利于用户办事。

"浙里办"首次把省政府部门权力清单、企业投资项目负面清单、财政专项资金管理清单上网公布"晒权"，进一步推动政府简政放权，彰显了自我革命的勇气和推动政务服务数字化的决心。

"在数字政府建设中，要把构建超级 App 作为重要抓手。"中共中央党校（国家行政学院）教授汪玉凯撰文认为，要明确总体定位，把超级 App 作为移动政务服务的总门户、应用场景的集结地、便民利民的大通道，以及政府、市场、社会协作的大平台。

若从总门户、大通道、大平台三个维度看，"浙里办"的一体化政务服务、最大限度简政放权的模式，符合超级 App 的建设理念。

资料来源：上线 8 年集成 1500 余个便民惠企应用 一个超级 App 是怎样炼成的？ [EB/OL].（2022-07-25）. https://baijiahao.baidu.com/s?id=1739277850173630669&wfr=spider&for=pc.

作为政府创新生命周期的初始阶段，政府创新的发起是孕育变革、激发潜能的关键一步。它不仅是创新思维的火花初现，更是对未来治理蓝图的前瞻性构想。在这一阶段，政府创新如同破土而出的幼苗，蕴含着对既有模式的超越与对新路径的探索。本章将引领读者回溯政府创新发起的动力，剖析那些触动创新神经的内外因素，揭示政府创新动机的多元性与复杂性。我们将深入讨论政府创新发起的驱动模式与内在环节，并思考如何在复杂多变的环境中克服制约因素，有效地激发政府创新活力，为后续的规划与实施奠定坚实的基础，确保政府创新能够精准对接国家发展战略，有效回应公众期待，开启政府治理新篇章。

第一节 政府创新发起的动力

一、政府创新动力的概念

政府创新，作为一种行政机关的核心实践活动，它并非孤立存在，而是行政机关系统内部与外部社会环境因素相互交织、相互影响和相互作用的结果。这种创新并非一蹴而就，它需要源源不断的动力作为支撑。这种动力，为政府创新提供了现实的可能性，是推动行政机关向前迈进的不竭源泉。

深究政府创新的动力，可以发现它实际上源于一种客观的需要或潜在的利益。无论是行政机关内部对提升治理效率、优化服务流程的需求，还是外部社会对公平正义、经济发展的期待，都构成了政府创新的重要动力。这些动力，如同引擎一般，驱动着行政机关不断探索新的治理工具，设定新的治理目标，以实现更高效、更公平、更可持续的治理模式。

从系统观角度来看，政府创新动力可以被视为一个复杂的系统。这个系统内部包含了行政机关的决策机制、执行机制、监督机制等各个环节，而外部则与社会经济、政治、科技、文化等诸种环境因素紧密相连。在这个系统中，行政机关的创新行为并非单一因素作用的结果，而是多种因素相互作用、相互影响的产物。

简单来说，政府创新动力主要指的是那些直接或间接推动政府使用创新的治理工具或实现新的治理目标的力量。这些力量可能来自公众对更好服务的期待，也可能来自科技进步带来的新机遇，还可能来自全球经济格局变化带来的挑战。无论是哪一种力量，它们都共同推动着政府不断创新，以适应日益复杂多变的社会环境。

总之，"政府创新动力"是一个复杂而多元的概念。它既是行政机关内部与外部社会环境相互作用的产物，也是推动政府不断向前迈进的重要力量。

二、政府创新动力的特征

政府创新动力也具有其特征，通常体现在多个方面，有助于推动政府适应新时代的变革，提高政府服务的水平，提升社会治理效能，满足社会公众的期望和需求，建设和完善服务型政府。政府创新动力具有以下五大特征。

一是主动性。政府创新的动力来源于其内在的积极性和主动性。这种主动性体现在政府愿意主动探索新的治理理念、方法和手段，积极应对社会变革带来的挑战，不断提升自身的治理能力和水平。

二是适应性。政府创新的动力具有适应性，能够根据外部环境的变化和内部需求的调整，灵活调整创新的方向和策略。这种适应性有助于政府更好地应对复杂多变的社会环境，保持创新的活力和动力。

三是多样性。政府创新的动力来源具有多样性，包括政治因素、经济因素、社会因素等多个方面。不同地区的政府创新动力可能因地域、文化、历史等因素而有所不同，呈现出多样化的特点。这种多样性为政府创新提供了更多的选择和可能性。

四是持续性。政府创新的动力需要具有持续性。这种持续性体现在政府能够不断完善创新机制，加强创新成果的转化和应用，推动创新成果的持续扩散和溢出。

五是互动性。政府创新的动力需要与社会公众进行互动和沟通，了解他们的需求和期望，吸收他们的智慧和力量。这种互动性有助于增强政府创新的针对性和实效性，提高创新的成功率和社会认可度。

总之，政府创新的动力特征体现在多个方面，这些特征共同推动政府不断创新和进步，为社会公众提供更好的公共服务和治理环境。

三、政府创新动力的类型

当前，针对地方政府创新的研究普遍聚焦于其背后的创新动力，关于动力类型的讨论可大致归纳为以下三类。

第一类是分层次的动力类型研究。比如，匡自明和韦锋按政府的边界提出，政府创新的动力因素既存在于客观的制度环境内，也存在于主观的内在需求，并将政府创新的动力分为内部动力和外部动力（或者叫主体动因）。郁建兴和黄亮根据政府创新的动力是否直接影响政府的创新行为，将动力分为直接动力和间接动力。其中，间接动力是指那些触发地方政府创新意愿，进而影响地方政府行动者理性选择过程的外部力量。唐晓英按照政府创新的特点将政府创新的动力类型分为压力型动力、政绩型动力和危机型动力。此外，也可根据动力影响力的强弱，将政府创新的动力类型分为强制性动力和诱致性动力。强制性动力是指上级政府采取适当行动的激励，改变地方政府行为的力量；诱致性动力是指诱发地方政府自发改变现有行为的力量，促使地方政府主动寻求制度创新或行为调整以适应新的发展需求。

第二类是列举式的动力类型研究，即直接罗列政府创新的动力要素。这类研究往往通过案例或者大样本的问卷分析，确定主要的创新动力。比如，冯杏琼列举了政府创新的动力有先进理论动力、改革实践动力、反腐倡廉动力等；王颖和姜琼在分析政府创新的动力系统时，也提出动力包括人们的内在需要、社会生态的变化，并按照这两种分类进一步细化。

第三类是单一动力要素的研究。比如，张翔单独从"政绩安全观"入手，有针对性地分析以"政绩生产为中心"的创新动力。

综合来看，基于上文在概念中提到的政府创新动力，是指政府创新系统在与社会经济、政治、科技、文化等诸种外部环境因素相互影响和相互作用下，管理创新行为产生的机理。本书将政府创新动力分为以下四种类型。

一是经济发展型动力。随着全球经济的快速发展，政府在创新方面的动力主要源于经济发展的需要。这包括提高国民生产力、促进就业、吸引外资等方面的考量。政府通过创新政策、投资和支持研发机构等手段，推动科技创新和创业创新，以提升国家竞争力和经济发展水平。

二是社会变革型动力。在社会变革和民生需求不断变化的背景下，政府创新的动力也受社会因素的影响。政府需要通过创新来解决民众关切的社会问题，如教育、医疗、环保等领域。这类动力推动政府加大科技和政策创新的力度，以满足社会发展需求，提高民众的生活质量。

三是国际竞争型动力。在全球化背景下，政府创新的动力也来自国际竞争的压力。国家之间的竞争不仅限于经济领域，还扩展到科技、军事、文化等多个领域。政府需要加强创新能力，提高国家在全球市场中的竞争力，以保障国家的独立性和发展权益。

四是政策导向型动力。政府创新的动力还包括政策导向因素，即政府为了实现自身目标而推动创新。政府制定和调整相应政策，如创新基金、税收优惠等，以鼓励企业及个人进行创新活动。政策导向型动力可以激发社会创新的热情，推动科技和制度创新，促进国家整体发展。

不同类型的动力之间可能相互关联、相互影响。政府可以通过借鉴国内外的创新经验、加大政策扶持力度、改善科技创新创业的环境等方式，不断推动创新，以创造更好的社会经济效益和国家发展前景。

四、政府创新动力的来源

研究动力来源对理解和推动政府创新至关重要。而社会实践，作为政府与民众、市场、环境等多维度互动的舞台，正是政府创新的根本动力来源。社会实践不仅通过其现实问题与民众需求直接驱动政府创新，还作为试验田让政府在实践中探索和验证创新思路。同时，社会实践中的多元主体互动为政府创新注入了活力，使创新更贴近实际、更具可行性。面对社会实践的不断发展变化，政府需要保持持续创新的能力，以更好地适应和引领时代进步。

（一）主体来源

在讨论政府内部的创新动力时，"主体来源"是一个关键的分析维度，指的是推动政府创新活动的核心力量或发起者。主体来源主要分为两大类：政府主体和政府工作人员。

1. 政府主体

从政府主体本身而言，政府创新是政府发展的要求。从政府治理体系的内在逻辑和动力机制来看，政府创新是政府持续进步和优化的核心动力。首先，随着科学技术的飞速发展和生产力的日益提高，社会的各个方面都呈现出了前所未有的变革。在这样的时代背景下，政府作为公共管理的核心机构，其发展也必须紧跟时代的步伐，紧密贴合生产力的发展要求。其次，生产力的提高不仅带来了经济上的繁荣，也对社会结构、民众需求以及治理环境等方面产生了深刻的影响。政府需要敏锐地捕捉到这些变化，及时调整自身的治理策略，以满足日益多样化的社会需求和应对日益复杂的社会挑战。这种基于生产力发展的政府自我调整和优化，正是政府发展的必然要求。最后，政府发展也是政治发展的直观体现。政治发展是一个复杂而多元的过程，它涵盖了政治体制、政治文化、政治参与等多个方面。政府作为政治体系的重要组成部分，其发展水平直接反映了政治发展的整体状况。因此，政府发展不仅是政治发展的主要表现，更是政治发展的基本依据。在政治发展的框架内，政府发展扮演着至关重要的角色。它是政治发展的主体，是推动政治进步和优化的主要力量。政府的每一项创新、每一次改革，都是对政治发展的贡献和推动。

在这样的背景下，政府创新显得尤为重要。政府创新不仅是政府行政改革的唯一出路，更是政府发展的必然要求。只有通过创新，政府才能不断适应新的社会环境和挑战，提升自身的治理能力和效率。这种创新动力来源于政府内部的自我驱动和追求卓越的愿望，是政府对更高治理水平和更好服务质量的不断追求。

2. 政府工作人员

从政府工作人员或官员的角度来说，政府创新的直接动力就是政府官员的个人因素。官员作为政府的基石，不仅是政府的组成者，更是政府的运行者和驾驭者。

当谈到政府创新时，这一变革的推动和实现，更是离不开官员们的积极改革行为。值得注意的是，政府创新往往是在主要领导干部的主导和推动下展开的。这些领导干部肩负着推动改革、引领发展的重任，凭借丰富的经验和前瞻性的视野，在自己的职责范围内，积极寻求创新的机会和途径，推动政府工作的不断创新和发展。在这种背景下，政府创新的直接动力便来源于政府官员的责任心和进取心。他们深知自己的职责所在，也明白只有通过创新，才能够更好地履行自己的职责，为人民群众提供更好的服务。进一步来说，政府官员的职业追求、创新精神和事业规划，是推动他们寻求新的治理方法和手段的重要因素。他们希望在自己的职业生涯中能够有所作为、有所贡献，实现自己的职业价值和社会价值。因此，他们会不断地追求新的知识和技能，积极学习先进的治理理念和方法，并将其应用到实际工作中，推动政府工作的不断创新和发展。此外，政府官员的道德操守、职业规划、社会责任感、个人价值理念、个人声誉以及自身的理想追求等，也都是推动政府创新的重要因素。

政府官员都希望有政绩。在这种背景下，政府官员的提拔与任命往往直接与其政绩挂钩。政府官员在思考如何取得政绩时，往往会希望以最小的成本获得最大的效益。正因为存在这样的机制，当某个地区或领域存在政府创新的潜在利益时，部分具有前瞻性和进取心的政府官员就会积极寻求创新机会，努力进行政府创新实践。他们希望通过创新推动当地经济社会的快速发展，提高人民群众的生活水平，从而提升自己的政绩，为未来的职业发展打下坚实的基础。这些政府官员深知，只有通过真正的创新和实干，才能够实现政府的宗旨和满足人民的期望，也才能够赢得上级的认可和群众的拥护。因此，他们会不断探索新的工作思路和方法，勇于担当责任，积极推动改革和创新，以实际行动践行承诺。

（二）制度来源

政府创新动力的制度来源是驱动政府体系不断革新、优化与进步的深层引擎。在快速变化的社会经济环境中，一套科学、灵活且激励相容的制度体系如同为政府创新插上了翅膀，使其能够敏锐捕捉时代脉搏，主动适应发展要求。这些制度不仅确立了政府创新的基本框架和原则，还通过激励机制、容错机制、评估反馈机制等具体设计，激发了政府内部各层级、各部门及广大工作人员的创造力和活力。它们鼓励探索未知，勇于尝试新事物，同时也为创新过程中可能出现的风险与挑战提供了必要的保障和支持。因此，深入探讨政府创新动力的制度来源，对促进政府治理现代化、提升公共服务效能具有重要意义，是引领政府迈向更加高效、透明、服务型的关键所在。

1. 政府的政策导向和战略规划

作为政府决策体系中的核心要素，政府的政策导向和战略规划对政府创新活动具有深远的影响。这些政策导向和战略规划不仅是政府治理的蓝图，更为政府创新提供了明确的方向和有力的支持。

首先，政策导向为政府创新设定了目标。政策导向通常反映了政府对某一领域或某一问题的看法和态度，以及希望达到的目标。这些目标为政府创新提供了明确的方向，使政府能够针对具体问题，制订具有针对性的创新方案。例如，当政府将促进科技创新作为政策导向时，就会加大对科研机构的投入，优化科研环境，鼓励科研人员创新，推动科技成果的转化和应用。其次，战略规划为政府创新提供了路径。战略规划是政府对未来一段时间内发展目标和路径的总体规划。它详细说明了政府希望实现什么目标，以及通过什么途径和步骤来实现这些目标。这种规划为政府创新提供了具体的路径和方法，使政府能够有计划、有步骤地推进创新活动。例如，在推动数字经济发展方面，政府可以通过制定数字经济发展战略规划，明确数字经济发展的目标、重点任务和保障措施，引导社会资本投入，推动数字技术与实体经济深度融合。最后，政策导向和战略规划还能为政府创新提供资源支持。政府可以通过制定相关政策，为创新活动提供资金、人才、技术等方面的支持。例如，政府可以设立科技创新基金，为科研项目提供资金支持；可以建立人才引进和培养机制，为创新活动提供人才保障；可以加强与国际科技组织的合作与交流，引进国外先进的科技资源和技术成果。

2.政府内部的激励机制

政府内部的激励机制可以激发政府创新的动力。这种激励机制不仅涵盖了制度层面的设计，也包括了文化、环境和个人层面的多种因素。

首先，从制度层面来看，政府内部的激励机制往往通过设立明确的奖励和惩罚机制引导公务员的行为。例如，对在创新领域取得显著成果的公务员或团队，政府可以给予相应的物质奖励、晋升机会或荣誉称号，以此来鼓励他们继续发扬创新精神。同时，对在创新过程中表现不佳或存在失误的公务员，政府也可以采取适当的惩罚措施，如批评教育、调整岗位等，以督促他们改进工作方法和态度。其次，文化层面的激励机制同样重要。一个鼓励创新、包容失败的文化氛围能够激发公务员的创造力和积极性。政府可以通过宣传创新理念、举办创新竞赛、设立创新基金等方式来营造这种文化氛围。在这种环境下，公务员会更加愿意尝试新的方法、挑战传统的做法，从而推动政府创新活动的不断开展。再次，环境层面的激励机制不容忽视。良好的工作环境和条件能够为公务员提供创新的土壤。政府可以通过改善办公设施、提供学习资源、加强团队协作等方式来优化工作环境，让公务员能够更加专注于创新工作。同时，政府还可以加强与外部机构的合作与交流，引入外部的创新资源和经验，为公务员提供更多的创新机会和平台。最后，个人层面的激励机制也很关键。政府可以通过关注公务员的个人成长和发展需求，为他们提供个性化的激励措施，例如，通过为公务员提供职业发展规划指导、设立个人创新基金、鼓励参加培训等方式，让公务员能够在个人成长的同时也为政府创新做出贡献。

（三）社会来源

在当今这个日新月异的时代，政府创新的驱动力正以前所未有的多元姿态展现，它们交织在一起，共同绘制出一幅推动社会进步与变革的壮丽画卷。公民需求的多样化与个性化，如潮水般推动政府服务模式与治理方式创新，满足人们日益提升的对美好生活的向往。技术的迅猛发展为政府创新提供坚实支撑，智慧政府、数字政府等新型治理模式应运而生。然而，政府创新之路布满挑战，内部压力、社会矛盾及危机事件时有发生，成为变革催化剂，促使政府反思传统、探索新径。同时，国际视野的拓宽带来宝贵经验与启示，国外的先进做法为我国政府创新提供借鉴，助力政府精准定位，实现跨越式发展。

1.公民需求驱动政府创新的发起

随着社会经济的发展，对政府治理的理念、能力、技术等提出了更高的要求，相应地倒逼政府进行自我革新。在一些东部发达省份，市场发育与组织发展成为地方政府创新的主动力。同时，公民的民主意识随着社会的发展不断提升，公众对政府服务的需求也在不断变化。为了满足这些需求，政府需要不断创新，提供更加高效、便捷、公正的公共服务。

2. 技术进步推动政府创新的发起

在技术层面，信息技术的快速发展为政府创新提供了强大的技术支撑。政府可以利用新技术手段，如大数据、人工智能等，提升治理效能，推动社会进步。同时，信息化也要求政府机构改变以往的工作程序，改进工作方法，进一步提高政府工作效率。信息技术的发展与日渐成熟提高了政府管理水平的技术含量，如"电子政务"的出现。

3. 竞争压力的不断增强催生政府创新的发起

在全球化和市场化的背景下，政府不仅面临国际上其他政府的竞争压力，还需要应对来自国内其他地区政府的竞争压力。从国际角度而言，经济、环境、公共事务等的全球化，是政府创新的动力之一。全球化的进程是不会停止的，这不仅要求政府履行传统意义上的职能，还要求政府提供促进技术创新、知识应用和信息系统扩展所需的基础设施、制度环境等。政府需要通过创新帮助公民和企业更加有效地参与全球化。从国内角度而言，其他地区政府创新的治理经验具有一定的示范效应，能够催生政府创新的发起。公共政策的学习和移植是政府创新的重要来源之一。绩效良好的政府创新往往可以形成示范效应，受到其他地方政府的学习和借鉴，促进其他地方政府的改革创新行为。而且，在创新本身受到鼓励的情况下，一部分地区的政府创新也会刺激另一部分地区政府更快、更多地展开创新行为。为了保持竞争优势，政府需要不断地进行创新，提高服务水平和治理能力。

4. 社会矛盾与冲突推动政府改革与创新

随着改革进程的深入，社会矛盾与冲突形成地方治理的危机和地方政府创新的压力。首先，社会矛盾与冲突会引起广泛的关注和讨论。当问题越发严重时，公众的声音会越来越强烈，使政府不得不面对公众的压力和需求。政府要回应这些声音，必须进行改革和创新，以解决人民的真实问题并维护社会稳定。其次，社会矛盾与冲突可以激发政府的改革意识。当社会问题暴露和加剧时，政府意识到需要做出积极回应。不仅要解决当前的矛盾和冲突，还要深入分析问题的本质，寻找系统性的解决办法。这会促使政府加强自身的改革与创新意识，以应对日益复杂和多样化的社会问题。最后，社会矛盾与冲突可以成为政府推动制度改革的契机。当社会出现矛盾和冲突时，政府不得不从制度层面寻找解决问题的路径。这会促使政府思考并调整相应的制度和政策，以适应社会的需求和变化，从而推动整个社会体制的改革和创新。可以说，社会矛盾与冲突可以成为政府改革与创新的强大动力。只有面对这些矛盾和冲突，政府才能更好地了解社会问题，并通过改革与创新解决这些问题，推动社会的进步与发展。

5. 危机应对是政府创新动力的重要来源之一

国家或政府危机作为一股不可忽视的推动力，其影响远超单纯的政府创新范畴，往往扮演改革的催化剂角色。这种动力并非单一而孤立的，而是交织在复杂的社会政治环境之中。在这种情况下，政府创新的行动通常具有一种巧妙的策略性。它们往往在保留核心诉求的同时，对其形式和内容进行必要的调整和转换，以适应政府的政策和操作框架，从而将其转化为政府的创新实践。这种转化不仅是对改革要求的回应，更是政府在面对危机时主动寻求解决之道的表现。

另外，面对突发的公共事件或危机，政府的反应速度和应对策略更是直接考验其创新能力的关键时刻。这些突发事件往往带有极大的不确定性和紧迫性，要求政府在极短的时间内做出决策并采取有效措施。在这种压力之下，政府往往会突破常规，寻求新的治理方式和手段，以期更好地应对挑战和解决问题。同时，突发公共事件不仅是政府创新的事件性动力，更是打开政策窗口、改变政策议程的重要因素。许多历史上重要的制度变迁，都与突发公共事件紧密相连。突发公共事件作为政府创新的动力，不仅具有事件本身的特殊性，更在于它们能够引起社会的广泛关注，激发公众对某一问题的深入思考和讨论，从而为政府创新提供重要的社会基础和舆论支持。

6. 政府创新可以从国际成功经验中获取动力

市场经济的发展和科技的进步带来了全球化的浪潮。全球化通过三种力量影响政府管理：一是趋同力，即榜样的力量，使各国政府相互借鉴管理经验；二是融蚀力，即全球化对各国固有的意识形态的消解和融化，意识形态不再成为政府间交往的障碍；三是碰撞力，即全球化对原有国际利益格局的调整必然会影响到国内利益格局的变化。各国在频繁的联系和交往中，在上述三种力量的作用下，各国公众以国际上绩效显著的政府为标杆，对本地的政府管理提出更高的标准和要求，促使本地政府吸收和借鉴其他地方政府的先进经验进行创新，以回应民众的期盼。中国不断融入全球化浪潮中，客观上要求政府加快借鉴国际经验、遵循国际规则的步伐。政府需要了解和适应国际通行的规则要求，对国家治理的各方面进行改革调整，包括行政体制结构、行政行为、行政观念、行政内容、行政目标和行政方式等进行革新，结合中国政府实际，着力推进政府管理创新。总之，政府可以借鉴其他国家的成功经验或先进做法，结合本国实际情况进行创新。通过国际交流与合作，政府可以获取新的治理理念和手段，推动自身创新发展。

（四）文化来源

1. 创新文化

创新文化的培育对政府创新动力的形成具有深远的影响，它是推动政府创新的重要精神动力。

政府创新文化即政府在长期创新活动中由思想、观念和行为等多种因素组成的文化形态，它是培育和形成创新行为、创新成果的心理环境。创新文化是创新活动生长的土壤，不同的创新文化孕育出不同程度的创新能力。创新文化浓厚的政府组织普遍具有强烈的创新冲动和自觉性，敢于批判旧事物、善于学习新事物、勇于创造新事物，创新活动得以顺利开展，创新能力亦得以提升。

2.治理理念的更新

治理理念的更新不仅是政府创新活动不可或缺的一部分，更是其持续创新动力的来源之一。随着时代的快速发展和社会环境的不断变化，传统的治理理念已经难以满足现代社会的需求。因此，政府需要积极拥抱新的治理理念，以推动政府创新并适应时代变化。

治理理念的更新意味着政府对传统治理模式的反思和超越。传统的治理模式可能因循守旧、缺乏灵活性，难以应对日益复杂多变的社会问题。新的治理理念能够促使政府创新，如服务型政府、数字政府、参与式治理等，以激发创新活力，推动政府工作的改进和升级。同时，治理理念的更新能够激发公务员的创新意识和能力。公务员作为政府工作的主要执行者，其创新意识和能力直接影响政府创新的成效。当政府更新治理理念时，公务员会受到新的思想和方法的启发，从而更加积极地思考和创新，为政府创新贡献智慧和力量。

第二节　政府创新发起的驱动模式

一、政府创新发起的主体

政府创新行为归根结底是创新主体的行政行为。政府创新发起的主体是一个多元化的概念，它涵盖了多个方面和层级。

在一些政府创新实践中呈现出参与政府创新发起的主体，既有党委政府，也有其他公共机构，更有大量的民间组织和公民个体；并且，既有基层政府和村级组织，又有省市高层级的地方政府。就发生机制而言，政府创新既有民间组织、市场主体以及利益群体推动的自发性和诱发性的制度创新发起，也有党委政府精心设计实施的强制性制度创新发起。社会多元主体共同构成的互动性网络成为推动政府创新发起的首要一步。

基于此具体分析政府创新发起的主体。政府创新发起的主体主要有以下组织。

（一）行政部门

行政部门作为政府创新的主要发起者之一，其角色和作用至关重要。行政部门作为政府的核心组成部分，直接参与国家和社会事务的管理与服务，因此具备推动创新、引领改革的重要条件和动力。

首先，行政部门具有明确的职责和使命，需要不断提升管理效率和服务质量，以满足人民群众日益增长的需求。在这个过程中，行政部门需要不断探索新的管理理念、方法和手段，通过引入先进的信息技术、优化管理流程、创新服务模式等方式，实现政府管理的现代化和智能化。这些创新举措不仅能够提高行政效率，降低行政成本，还能够增强政府的公信力和群众的满意度。其次，行政部门具备丰富的资源和优势，为政府创新提供了有力保障。行政部门拥有大量的政策资源、财政资源、人才资源和技术资源等，这些资源可以为政府创新提供必要的支持和保障。同时，行政部门还具备强大的组织动员能力和执行能力，能够将创新理念和举措迅速转化为实际行动，推动政府创新的深入实施。最后，行政部门在政府创新中具有引导和示范作用。作为政府的核心部门，行政部门的创新实践能够为其他部门提供借鉴和参考，推动整个政府系统的创新；此外，行政部门还能够向社会展示政府的创新能力和成果，增强公众对政府的信任。

具体来说，参与政府创新发起的行政部门主要包括以下几类：

一是中央行政机关，如国务院及其下属的各部、委、局、署等。它们是国家行政机关的组成部分，负责全国范围内的行政管理事务。

二是地方政府机关，包括省、市、县、乡（镇）各级人民政府及其所属的工作部门。它们负责各自辖区内的行政管理和社会事务。

三是专门行政机关，如国家税务总局、海关总署、国家市场监督管理总局等。这些机关根据特定领域的管理需要设立，专门负责该领域的行政管理工作。

四是综合行政机关，如各级人民政府的办公厅（室）。它们作为政府的综合办事机构，负责协调政府各部门的工作，辅助政府领导处理日常事务。

在政府创新过程中，这些行政部门作为主要的发起主体，通过内部改革、流程优化、技术创新等方式，推动政府治理模式和服务方式的转变。它们可能单独或联合其他部门、社会组织、企业等多元主体，共同参与政府创新的实践，以满足人民群众日益增长的需求，提升政府治理效能和服务水平。

（二）各级党委

党的领导在政府创新中发挥着举足轻重的引领作用。作为中国特色社会主义事业的领导核心，中国共产党始终站在时代的前沿，引领着国家前进的方向。党的领导是做好党和国家各项工作的根本保证，是战胜一切困难和风险的"定海神针"。

在推动政府创新的过程中，各级党委发挥着不可替代的作用：首先，通过加强党的建设，确保党员干部始终保持先进性和纯洁性，具备创新意识和创新能力。这种建设包括提高党员的理论水平、增强党性修养、加强党风廉政建设等方面，使党员干部成为政府创新的积极倡导者和坚定实践者。其次，通过完善党的制度，为政府创新提供坚实的制度保障。党的制度建设涵盖了党的领导体制、工作机制、决策程序等多个方面，通过制度创新来推动政府管理的现代化和科学化。再次，通过提高党的执政能力，推动政府治理体系和治理能力现代化。党的执政能力包括政策制定能力、组织协调能力、危机应对能力等，这些能力的提升有助于政府更好地应对复杂多变的形势，推动社会持续健康发展。最后，通过加强学习、培训和实践锻炼，不断提高党员干部的综合素质和执政能力，为政府创新提供有力的人才支持。除此之外，通过制定和实施政策，推动经济、社会和文化等领域的创新。政策是政府创新的重要工具，党的机构在制定政策时注重调查研究、科学决策和民主监督，确保政策符合国情民意、顺应时代潮流。这些政策涵盖了经济发展、社会进步、文化传承等多个方面，为政府创新提供了强大的动力和广阔的舞台。

（三）司法机关

司法机关在政府创新发起过程中扮演着不可或缺的角色。它们是确保法治政府建设稳步前行的关键力量，通过一系列措施推动司法体制方面的创新，为政府创新发起乃至后续的实施等各环节都能够提供坚实的法律基础和保障。

首先，完善司法制度是司法机关推动政府创新发起的重要一环。一个健全的司法制度是保障司法公正和效率的基础，也是政府创新能够顺利推进的必要条件。司法机关通过不断改革和完善司法制度，可以确保司法活动更加规范、透明和高效，为政府创新提供坚实的制度支撑。其次，加强司法公正是司法机关在推动政府创新发起中的核心职责。司法公正是司法活动的灵魂，也是政府创新能够赢得民众信任和支持的关键。司法机关通过加强司法公正，能够确保政府创新在法治轨道上稳步前行，防止权力滥用和腐败现象的发生。此外，通过严格依法办案、保障当事人的合法权益、加强司法公开等措施，司法机关能够增强人民群众对司法的信任感，为政府创新提供坚实的民意基础。最后，司法机关通过司法实践，不断探索新的法律适用方式和审判模式。司法实践是司法创新的重要源泉，也是推动政府创新发起的重要途径。司法机关在司法实践中可以针对新情况、新问题，积极探索新的法律适用方式和审判模式，为政府创新提供法律支持和保障。这些新的法律适用方式和审判模式不仅可以提高司法效率，还可以推动法律制度的完善和发展，为政府创新提供更加坚实的法律基础。

（四）立法机关

立法机关在推动政府创新发起过程中扮演着至关重要的角色。它通过制定和修改法律，为政府创新的实施提供坚实的法律依据和制度保障。在我国，这一立法机关的核心是全国人民代表大会及其常务委员会。它们代表着人民的意志，负责审议和通过各项法律草案，以确保政府创新的合法性和有效性。

政府创新往往涉及多个领域和多个利益群体，如何在保障公共利益的同时，充分考虑和平衡各方利益，是立法机关需要认真考虑的问题。通过广泛征求社会意见、进行充分的调研和论证，立法机关能够确保所制定的法律既符合公共利益，又能够最大限度地满足各方利益群体的合理需求。同时，立法机关还通过制定具有前瞻性的法律，为政府创新的生成与发起提供指导和支持。随着社会的不断发展和进步，政府创新也需要与时俱进，不断探索新的思路和方法。立法机关在制定法律时，会充分考虑未来的发展趋势和社会需求，确保所制定的法律具有前瞻性和适应性，能够为政府创新提供有力的指导和支持。此外，立法机关还通过监督政府行为，确保政府创新符合法律规定和社会需求。立法机关会定期听取政府的工作报告，对政府的工作进行监督和评估，确保政府创新在法律的框架内进行，并符合社会的需求和期望。在监督过程中，立法机关会密切关注政府创新的实施情况，对出现的问题和困难进行及时的指导和帮助。同时，立法机关还会对政府的违法行为进行纠正和惩处，确保政府创新在法律的轨道上稳步前行。

（五）群团组织

工会、共青团、妇联等群团组织在政府创新发起中同样扮演着举足轻重的角色。这些群团组织不仅是社会力量的重要组成部分，更是连接政府与广大群众的桥梁和纽带。在推动政府创新的过程中，它们通过积极参与社会管理和服务、推动社会公益事业的发展，为政府创新发起提供强大的社会支持和动力。

首先，群团组织通过参与社会管理和服务，为政府创新提供丰富的实践经验和智力支持。这些群团组织深入基层、贴近群众，能够及时了解社会需求和民生问题，为政府决策提供有力的参考。同时，它们还通过组织各种社会活动和服务项目，提高社会的组织化程度和治理水平，为政府创新营造良好的社会环境。其次，群团组织在推动社会公益事业的发展方面发挥着重要作用。它们通过组织志愿者活动、开展社会救助、倡导环保和公益理念等方式，积极参与社会公益事业，为政府创新提供丰富的社会资源。这些公益事业的发展不仅增强了社会的凝聚力和向心力，还提升了政府的公信力和形象，为政府创新营造了良好的社会氛围。最后，群团组织还通过自身改革和创新，为政府创新提供借鉴和参考。在适应新时代发展的过程中，这些群团组织不断探索新的工作思路和方法，加强组织建设和管理创新，提高工作效率和服务质量。这些改革和创新的经验对政府创新具有重要的借鉴意义，有助于推动政府创新向更高水平发展。

除了以上几个主要的发起主体，政府创新还可以由其他主体发起，如企业、研究机构、社会组织等。这些主体通过与政府合作或自主开展创新活动，为政府创新提供技术、人才和资金等方面的支持。

政府创新发起的主体是多元化的，需要各方共同努力和协作。只有形成合力，才能推动政府创新不断向前发展，为社会进步和人民福祉做出更大贡献。

二、政府创新发起的路径

一项政府创新从动议到采纳的整个过程形成了政府创新的生成机制，其中最重要的环节就是政府选择以何种路径开启其创新活动。关于政府创新发起的路径选择问题，首要考虑的是政府创新动力与路径选择之间是否存在关系。

诺斯提出了一个问题——历史上的创新、发明活动的速度和方向是由什么决定的？在这一设问中速度与动力相关，方向牵涉到路径选择。但是，速度与方向、动力与路径选择不具备必然相关性。由此，某种程度上，诺斯的这一设问可以是这样的：历史上的创新、发明活动的动力和路径选择是由什么决定的？对此，诺斯提出了需要注意的三点，即：与收益相关的创新程度计量；决定创新活动方向的创新思想、新技术的发展；基础知识存量与发明（创新）收益的增减。诺斯用经济学术语描述的这三点换成通俗说法则是：创新收益与创新水平评估；创新思想、新技术对创新方向的影响；知识积累与可持续创新及其成果的关系。其中，创新的收益、创新思想的诉求、知识积累的张力都可以成为创新动力，而这几点同时能成为路径选择的要素。进一步说，创新收益是创新行为的利益权衡，它在支配创新行为的同时也成为路径选择的利益尺度；创新思想的诉求既是路径选择的价值尺度，又规定着路径选择的方向；知识积累除了产生驱动变革的力量外，更重要的是保证路径选择的资源供给。这样，创新动力与路径选择的关系便凸显出来。

一是政府在推动创新时，会进行利益的权衡，力求在创新路径选择上实现成本的最小化，以最大化政府利益。二是政府的创新思想具有双重性，既包含了对传统价值理念的延续，也吸纳了对社会新价值的评判，这种双重性使得政府的创新行为既稳定又具有前瞻性。三是针对人类社会新技术、新科学的发明、创立而言，创新取决于基础知识存量的增长。

从更深层次解析，由于政府创新的固有特性，政府倾向于选择"渐进式变革"路径来推动创新。这种方式通过持续的点滴进步逐步引发深层的变革，避免了颠覆性改革可能带来的不确定性和风险。在创新的推进过程中，政府注重每一项创新的稳定性与巩固性，意在巩固既有体系，而非追求通过颠覆性的改革来取而代之。此外，政府在创新过程中并不刻意预设每一步行动之间的严格逻辑关联，而是依赖于行动自身内在的演变逻辑来顺其自然地推动变革的深入。

基于政府创新发起的动力与路径选择的关系，可以得出政府创新会选择什么样的路径实现其生成。政府创新的动力有很多类型，各有其来源。不同的创新动力在被激发后可能会走向不同的路径或结合不同的路径，从而实现创新目标。

从动力的作用逻辑来看，受政府及政府官员的政绩影响，政府在创新发起的过程中选择的主要路径有上下路径、前后路径和左右路径。同时，我国作为民主集中制国家，政府创新也会采用民主与集中相结合的路径来实现发起。

（一）从方向来看

1. 上下路径

政府创新的动力深受"上下逻辑"这一关键因素的影响。所谓"上下逻辑"，指的是政府官员在推动政府改革与创新时，首要考虑的是如何有效落实中央及上级政府的政策精神、战略部署和工作要求。政绩的政治属性要求政府官员必须深刻理解和把握中央及上级政府的最新政策动向、发展战略和改革部署，并在实践中创造性地加以贯彻落实，从而形成多样化的地方政府创新实践。在这种自上而下的干部任用体制、政绩考核机制以及干部晋升机制下，下级官员必须向上级官员负责，并努力满足上级设定的考核指标体系。因此，近年来，中央文件的指导精神和上级的战略部署，如加强基层民主、党内民主、推行竞争性选拔以及推进社会管理创新等，往往成为政府创新的起点和动力源泉。

基于"上下逻辑"的影响，政府创新的路径选择主要体现为三种形态：迎合型创新、改造型创新和自主发挥型创新。这些创新形态不仅体现了下级政府对上级政策的积极响应和贯彻落实，也展示了地方政府在创新过程中的灵活性和自主性。

迎合型创新通常指的是地方政府在接收到上级政府的政策指示或改革精神后，直接、全面地将其付诸实践，并称之为创新行为。例如，当上级政府提出实施大部制改革时，众多地方政府紧随其后，亦步亦趋地推行相应的改革，并冠以"创新"的标签。这种创新方式强调对上级决策的忠实执行，较少融入地方特色和自主创新元素。改造型创新则展现了地方政府在执行中央政策时的灵活性和创造性。在贯彻中央精神的同时，地方政府会结合本地实际情况，对政策进行适度的改造和调整，以适应地方发展的特殊需求。比如，在上级提出党内公推直选试点的要求下，下级政府在实施时，会采用如"两推一选""公推公选""直推直选"等不同的方法来适应和满足本地的政治生态和民意需求。自主发挥型创新更加体现了地方政府在贯彻中央精神时的自主性和创新性。地方政府在落实中央宏观政策的过程中，会结合本地实际，自主开展具有地方特色的创新实践。这些创新实践往往以落实中央精神为名义，但在具体操作和表现形式上则展现出地方政府的独特性和创造性。例如，中央强调推进"放管服"改革，浙江省政府在贯彻中央宏观政策时，结合自身特色，打造了"浙里办""浙政钉"等数字化平台，"浙里办"集成海量政务服务，借数据共享与流程再造，为群众、企业办事提效；"浙政钉"助力政府部门协同办公、信息互通，提升行政效率与决策科学性。这一举措也体现了地方政府在数字化政务服务领域的自主性和创新性。

总的来说，"上下逻辑"是影响政府创新发起的重要动力来源。它通过上级政府对创新的引导和影响，决定政府创新的方向和路径。在这种"上下路径"的推动下，政府创新得以发起和生成，为社会发展注入新的活力和动力。

2. 前后路径

政府创新的发起还会受前一政府创新项目的影响，即"前后逻辑"的影响。所谓"前后逻辑"，是指由于政绩具有个体性和不可继承性，新任官员无法通过延续前任官员的创新项目获得政绩，而必须创造带有自己"标签"的政绩，因此往往中止原有的创新项目，另起炉灶开展另一套创新举措。对官员来说，个人升迁取决于政绩，而政绩无法从继承前任得来，要靠个体创造。因此，无论前任官员的创新项目好坏、效益多大、制度化程度如何，往往都会被继任者推翻。"前后逻辑"的生成往往与推动改革的官员个性有关。由于很多大胆的政府创新需要突破一些制度框架或者利益格局而面临政治风险，不仅不会带来政绩上的收益，还可能使推行者因受到处分而被降职。因此，一些政府创新有赖于个性官员的启动和推进。但是，并非所有的官员都有个性、抱负或者价值偏好，这些创新项目的风险和争议让继任者望而却步，所以这些改革最终只是"昙花一现"，随着改革者的离任而落下帷幕。"前后逻辑"形成的另一个因素是由于地方政府创新中的"量身定做"现象，即创新项目的发起者和推动者往往基于个人的资源禀赋、履职经验、任职期限以及对项目推广难易程度的判断等因素而实施创新行为。不同的官员所面临的上述情形会有所不同，进而造成创新项目发起上的差异。

3. 左右路径

政府创新的发起也会受"左右逻辑"的影响，从而选择"左右路径"以实现创新的生成。所谓"左右逻辑"，是指在权力金字塔的晋升体系中，政府官员围绕职务晋升而形成激烈的政绩竞争，他们既要差异化发展来提升自身的核心政绩，又要弥补政绩的短板而进行相互学习与模仿，因此作为政绩突破点的政府创新得以在各地政府间复制和推广。政府创新会在"左右路径"里选择学习型创新。所谓"学习型创新"，是指在对其他地方创新经验的学习基础上进行的再创新。"左右逻辑"形成的制度基础是政绩考核机制和干部晋升机制。上级政府对下级政府的考核依赖于政绩，而政绩又被指标化和数量化，使评估和比较变得容易。同时，政绩考核的结果往往又同官员的激励和晋升挂钩，从而形成地方政府间高度竞争的"锦标赛"格局：在权力晋升的金字塔中，每一轮的晋升都是一次激烈和残酷的淘汰过程，"进入下一轮的选手必须是上一轮的优胜者，每一轮被淘汰出局的选手就自动失去下一赛程的资格"。在现行的政绩考核与干部晋升机制下，地市级和县级政府间的竞争尤为激烈。这两级政府直接对接具体发展任务，在经济增长、民生改善等指标的压力下，地方官员为获得更好的政绩表现，积极开展各类发展举措，竞争呈现白热化。这种在政绩驱动下的竞争差异，在各地政府创新实践中有着直观体现。同时，"左右路径"在现实中的运行，还体现为政府创新对政绩的贡献情况。尽管现行的政绩考核体系并未将政府改革与创新纳入其中，并且政府创新本身存在风险大而收益不确定的特点，推动改革的官员可能受到拖累，但这并不妨碍政府创新成为政绩的可能。因此，"左右路径"成为政府创新发起的路径选择之一。

（二）从政治决策和权力分配来看

1. 民主路径

民主路径在政府创新中扮演着至关重要的角色。随着社会的进步和教育水平的提高，公民的意识和参与社会事务的意愿日益增强。这一变化使民众对政策制定和实施的关注度、参与度达到了前所未有的高度。民众不再满足于仅仅作为政策的接受者，而是渴望成为政策制定的参与者，通过自身的声音影响政策的走向。为了回应这一变化，政府需要积极采取措施，广泛听取民众的意见和建议。这不仅是为了满足民众的参与需求，更是为了确保政策的制定能够真正反映社会的多元利益和需求。通过民主协商、公众参与等方式，政府可以收集到来自社会各界的意见和建议，使政策在制定过程中就能够充分考虑到各种因素，确保政策的公正性和有效性。

这种民主路径的参与性和公正性对政府而言具有重大意义。第一，民主路径有助于增强政府的公信力和合法性。当民众能够参与政策制定过程，并对政策产生认同感和归属感时，他们自然会更加信任和支持政府。这种信任和支持是政府得以有效治理的基础。第二，民主路径能够激发公民的积极性和创造力。当民众看到自己的声音被政府所重视和采纳时，他们会更加积极地参与社会事务，为社会的发展贡献自己的力量。这种积极性和创造力是推动社会进步的重要动力。

2. 集中路径

集中路径在政府治理和决策过程中同样具有举足轻重的地位。在特定情境下，尤其是面对突发事件或复杂问题时，政府必须迅速做出决策以应对各种挑战。此时，集中资源和力量就显得尤为重要，因为这能确保政府快速、准确地做出反应，有效地解决问题。集中路径的核心在于效率和权威性。在面临紧急情况时，政府需要迅速集结各种资源，包括人力、物力、财力等，以确保政策制定的顺利进行。这种集中式的资源配置方式能够大大提高政策制定的效率，使政府在短时间内做出科学合理的决策。同时，集中路径还强调政府的权威性，即政府作为政策的制定者和执行者，需要具备一定的权威和影响力，以确保政策的顺利执行。

在政府创新过程中，集中路径同样发挥着重要作用。创新往往需要突破传统的思维模式和治理方式，这就需要政府具备足够的决心和勇气，敢于冒险尝试新的方法。而集中式路径正是政府实现创新的一种重要方式。通过内部集中资源与力量，政府可以迅速集结各种资源，形成强大的创新动力。这种动力不仅能够推动政府在政策制定上的创新，还能够促进政府治理体系和治理能力的现代化。具体来说，政府在创新过程中选择以内部集中资源与力量的方式实现创新的生成，主要体现在以下几个方面：一是加强内部协调与沟通，确保各部门之间能够形成合力，共同推动创新；二是加大对创新的投入和支持力度，为创新提供充足的资源和保障；三是鼓励和支持创新型人才的培养和引进，为创新提供人才支持；四是加强与国际社会的交流与合作，借鉴他国的成功经验和做法，推动政府在创新领域的不断发展。

3. 民主与集中结合路径

任何事物都有其两面性，纯粹的民主路径或集中路径在政府创新过程中同样面临各自的局限性。对民主路径而言，它强调民众的广泛参与和意见的充分表达，这对确保政策制定的公正性和代表性具有重要意义。然而，民主路径也存在一些潜在的挑战：第一，由于民众的观点和需求多种多样，可能会导致决策过程变得异常复杂。在民主协商和公众参与的过程中，不同利益群体之间的意见冲突和博弈可能会使决策过程变得漫长而艰难。第二，民主路径还可能受信息不对称和公众认知偏差的影响，使政策制定无法完全基于科学、客观的依据进行。对集中路径而言，它强调效率和权威性，能够快速集结资源和力量进行决策和执行。然而，这种路径也可能带来一些负面影响：第一，集中路径可能导致政府忽视民众的意见和需求。在快速决策和执行的过程中，政府可能会忽视民众的声音，使政策制定与民众的利益和期望产生偏差。第二，集中路径还可能增加政策制定的风险性。由于决策过程缺乏充分的民主协商和公众参与，可能导致政策存在漏洞或不足，甚至可能引发社会的不满和抵触。

为了克服这两种路径的局限性，政府创新往往采用民主与集中相结合的路径来实现。这种结合路径旨在平衡民主与集中的优势，既确保政策制定的公正性和代表性，又提高决策的效率和权威性。在创新过程中，政府可以通过民主协商和公众参与等方式广泛收集民众的意见和建议，同时结合自身的资源和力量进行快速决策和有力执行。这种结合路径能够更好地反映民众的利益和需求，提高政策的针对性和实效性，从而推动政府创新的顺利开展。

这种结合的方式允许政府在保持决策效率和权威性的同时，充分吸收民众的意见和建议，使政策更加符合公众利益和需求。通过民主协商、公众参与等方式，政府可以广泛收集社会各界的意见和建议，形成多元化的决策信息来源。同时，政府也可以利用自身的资源和力量，对重大问题进行快速决策和有力执行。在当前的环境下，政府创新更多地采用民主与集中相结合的路径。这种结合方式有助于确保政策的公正性、有效性和及时性，同时也能够促进社会的和谐稳定和持续发展。

三、政府创新发起的具体环节

政府创新的发起阶段是整个创新过程的起点，这一阶段的核心是将多样化的需求、期望和潜在可能性凝聚起来，进而孕育出具体的创新计划与行动蓝图。该阶段涵盖了两个关键的子环节——"搜寻"与"选择"。

在"搜寻"环节，政府创新者需要敏锐地捕捉环境中潜在的变革信号。这些信号来自政府内部、社会舆论、政治动态或市场变化等多个方面。创新者会积极搜索、识别并吸收这些与创新需求和创新机会相关的想法。他们会综合分析这些信号和信息，对变革的需要和新的机遇进行深入剖析，从而初步形成政府创新的计划与构想。

紧接着是"选择"环节，这一环节侧重于通过高效的分类和筛选过程来挑选出最具潜力的创新想法。政府创新者会基于政府的战略目标、相关利益者的现实利益、创新的成本与风险、创新者的自身能力、组织的创新潜力，以及组织内外部的创新环境与变化等因素，对各种政府创新计划与意向的现实可行性进行深入的实验与论证。在这一过程中，他们会以实验和论证的结果为依据，对各种创新计划与意向进行客观评价、精心筛选和最终决策，从而制订出最终的政府创新实施方案。

通过这样的"搜寻"与"选择"过程，政府创新者能够在复杂的环境中精准地识别出创新的契机，并制订出切实可行的创新方案，为后续的创新实践奠定坚实的基础。

具体而言，政府创新发起的具体环节可以划分为需求识别与问题分析、创新想法的搜寻与收集、创新想法的评估与筛选、创新计划的制订、利益相关方的沟通与协调、决策与批准和实施前的准备与动员。

（一）需求识别与问题分析

需求识别与问题分析是政府创新发起阶段的首要任务，也是决定创新方向和内容的关键步骤。在正式发起创新之前，政府必须清晰地理解并把握创新的需求和背景，以确保创新的针对性和有效性。

这一步骤的核心是对当前政策、服务或治理体系进行全面而深入的分析。政府需要审视各个领域的运作状况，识别出存在的问题。这些问题涉及政策执行的困难、服务质量的低下、治理效能的低下等方面。通过对这些问题的深入挖掘和分析，政府能够清晰地认识到哪些领域急需改进或创新，从而确定创新的方向和目标。

在问题识别的基础上，政府需要进一步分析问题产生的原因，涵盖政策设计、资源配置、制度执行等。此过程旨在定位问题核心，明确创新改进方向。为确保创新需求真实、问题深刻明确，政府需广泛收集信息，包括内部员工、外部利益相关方及公民的意见。政府内部员工是创新的重要参与者和推动者，他们对政策、服务和治理体系有着深入的了解和认识。通过听取他们的意见和建议，政府能够获得第一手的问题信息和改进建议。同时，政府还需要积极与外部利益相关方和公民进行沟通和交流。通过与他们进行深入交流，了解他们对问题的看法和感受，从而更全面地把握问题的真实性和紧迫性。此外，政府还可以通过问卷调查、座谈会、听证会等方式收集公民的意见和建议。公民是政策、服务和治理体系的直接受益者和受影响者，他们对问题的感知和反馈具有重要的参考价值。通过广泛收集公民的声音，政府能够更准确地把握问题的实际情况和社会影响，为创新提供更坚实的社会基础。

（二）创新想法的搜寻与收集

创新想法的搜寻与收集是政府创新过程中的重要环节，它直接关系到后续创新方案的质量和可行性。在明确了创新需求后，政府需要积极展开搜寻和收集工作，以汇聚各种可能的创新想法。

政府内部员工是创新想法的重要来源。他们身处政策执行、服务提供和治理实践的第一线，对工作中遇到的问题和挑战有着深刻的认识。政府应鼓励员工积极参与创新想法的分享，为他们提供畅通的沟通渠道和平台。通过定期的员工会议、内部论坛或线上交流平台，员工可以自由地表达自己对创新的见解和建议，共同探讨解决方案。同时，政府可以积极寻求外部专家的帮助。这些专家来自学术界、研究机构或咨询公司等，他们对政府创新具有丰富的经验和独到的见解。政府可以组织专家研讨会或邀请专家进行专题讲座，让专家与政府内部人员交流和探讨创新想法。通过与专家的合作，政府可以获取更专业的建议和指导，为创新提供更有力的支持。此外，政府还可以通过开展广泛的公众参与活动来收集创新想法。通过听取公民的声音，政府可以更全面地了解社会的需求和期望，为创新提供更贴近实际和符合民意的方案。

在收集和搜寻创新想法的过程中，政府还可以利用现代科技手段来提高效率。例如，可以利用大数据和人工智能技术对政策、服务和治理体系的数据进行深度挖掘和分析，发现潜在的创新点和改进空间。同时，政府还可以建立创新想法的数据库或平台，将收集到的创新想法进行分类、整理和共享，以便后续的创新方案设计和实施。

（三）创新想法的评估与筛选

创新想法的评估与筛选是政府创新过程中至关重要的环节，它确保了创新方案的质量、可行性和实用性。一旦创新想法被广泛收集，接下来就需要对这些想法进行细致而全面的评估，以确定哪些想法具有实施的潜力和价值。

评估过程首先需要明确评估的维度和标准。成本效益是评估创新想法时必须考虑的重要因素。政府需要权衡实施创新想法所需的成本与可能带来的效益，确保创新方案在经济上是可持续的。技术可行性是另一个关键维度，它涉及创新想法在技术上是否可以实现，以及实施所需的资源和技术是否具备。社会接受度也是评估创新想法时不可忽视的因素。政府需要了解公众对创新方案的看法和接受程度，以确保创新方案能够得到社会的广泛支持。法律合规性是确保创新方案符合法律法规要求的必要条件，政府需要确保创新想法在法律框架内是可行的。在评估过程中，政府可以组织专门的评估团队或委员会，由具备相关知识和经验的人员组成。评估团队可以运用多种方法和技术，如问卷调查、专家评审、模拟实验等，综合考虑各个维度的因素，客观公正地对创新想法进行客观、公正的评价。

通过评估，政府可以筛选出最有潜力、最符合创新需求的想法。这些想法在多个维度上表现出色，具有较高的可行性和有效性。筛选出的创新想法将进入下一步的详细规划和设计阶段，为创新方案的实施提供具体的指导和支持。此外，在筛选过程中，政府需要保持开放和包容的态度。即使某些想法在某些维度上表现不够出色，但也可能具有独特的价值和潜力。政府可以保留这些想法，并在后续的创新过程中继续探索和完善。

（四）创新计划的制订

政府基于筛选出的创新想法，需要精心制订一套详尽且周密的创新计划。这一步骤对确保创新活动的顺利进行、实现创新目标至关重要。

首先，政府需要明确创新的目标。这些目标应当具体、可衡量，并与筛选出的创新想法紧密相关。目标的设定应当考虑到政策的长期效果、社会的整体福祉以及公民的实际需求。通过明确目标，政府可以确保创新活动始终朝着正确的方向前进。

其次，政府需要制订具体的实施方案。实施方案应当详细阐述创新想法的具体操作步骤、所需的技术手段、预期的成果等。政府需要充分考虑各种可能的情况和挑战，制订灵活且富有弹性的实施方案，以应对可能出现的风险和问题。在制订创新计划时，资源需求是另一个不可忽视的因素。政府需要评估创新活动所需的资金、人力、物资等，并制定相应的资源分配方案，这包括确定资金来源、人员配备、设备采购等方面的计划。通过合理配置资源，政府可以确保创新活动能够顺利进行，并达到预期的效果。

最后，政府需要制订详细的时间表。时间表应当明确列出创新活动的各个阶段、关键节点和完成时间。通过制定时间表，政府可以确保创新活动按照计划有序推进，避免延误和浪费。同时，时间表也有助于政府监控创新活动的进展情况，及时发现问题并采取相应的措施。

在创新计划的制订过程中，责任分工和协作机制也是至关重要的。政府需要明确各部门和人员在创新活动中的职责和任务，并建立有效的协作机制。这包括建立跨部门的工作小组、建立信息共享和沟通渠道、建立激励机制等。通过明确责任分工和协作机制，政府可以确保各部门和人员能够协同工作、形成合力，共同推动创新活动的顺利开展。

政府基于筛选出的创新想法制订详细的创新计划是确保创新活动发起及后续活动成功的重要步骤。通过明确目标、制订实施方案、评估资源需求、制定时间表以及建立责任分工和协作机制，政府可以确保创新活动能够按照计划有序推进，并取得预期的效果。

（五）利益相关方的沟通与协调

在创新计划制订过程中，与涉及的利益相关方的沟通与协调是至关重要的一环。这些利益相关方包括政府内部的不同部门、外部合作伙伴、公民以及其他相关团体。为了确保创新计划的顺利推进并取得成功，政府必须积极与这些利益相关方进行沟通，确保他们的利益得到充分考虑和平衡。

政府内部的不同部门之间需要进行紧密的沟通与协调。由于创新活动涉及多个部门的职责和业务范围，因此各部门需要明确各自的角色和责任，并在创新计划制订过程中保持密切的合作。通过定期的部门会议、信息共享和协同工作，政府可以确保各部门之间的信息畅通、协作顺畅，从而共同推动创新计划的实施。

政府还需要与外部合作伙伴进行积极的沟通与协调。外部合作伙伴包括企业、研究机构、社会组织等，他们提供资金、技术、人才等资源支持，对创新计划的成功至关重要。政府需要主动与这些合作伙伴建立联系，了解他们的需求和期望，并寻求合作机会。政府通过签订合作协议、建立合作机制、共同开展研发等方式，与外部合作伙伴建立紧密的合作关系，共同推动创新计划的实施。

公民作为创新活动的最终受益者，也是政府需要重点沟通与协调的利益相关方。政府需要倾听公民的声音，了解他们的需求和期望，并将这些需求融入创新计划。通过公民调查、座谈会、听证会等方式，政府可以收集公民的意见和建议，为创新计划提供有益的参考。同时，政府需要及时向公民宣传创新计划的进展和成果，增强公民对创新活动的信任和赢得他们的支持。

在沟通与协调过程中，政府需要遵循以下原则：一是透明和公开。政府应确保与利益相关方的沟通是透明和公开的，及时向他们提供有关创新计划的信息和数据。二是平等和尊重。政府在与利益相关方沟通时，应平等对待每个群体，尊重他们的意见和建议，确保他们的利益得到充分考虑。三是协商和妥协。在涉及多个利益相关方的复杂情况下，政府需要采取协商和妥协的方式，寻求各方都能接受的解决方案。四是持续和定期。政府应确保与利益相关方的沟通是持续和定期的，以便及时了解他们的需求和反馈，并根据情况调整创新计划。

总之，与涉及的利益相关方进行充分的沟通与协调是确保创新计划成功的关键。政府需要积极与内部部门、外部合作伙伴和公民等利益相关方建立联系，了解他们的需求和期望，并寻求合作机会。通过遵循透明、平等、协商和持续等原则，政府可以确保创新计划的顺利推进并取得成功，从而进一步实现政府创新的发起。

（六）决策与批准

在创新计划制订完成后，一个至关重要的环节是将计划提交给中央政府或地方政府的相关部门、委员会或领导小组进行审查和批准。这个步骤是确保创新计划能够正式实施的关键，也是保障资源投入得到有效利用、实现预期目标的重要保障。

中央政府或地方政府的相关部门、委员会或领导小组作为决策的主体，具备丰富的经验和专业知识，能够对创新计划进行全面的评估。在审查过程中，创新领导层会重点关注创新计划的可行性、潜在影响以及资源投入等因素。

首先，评估创新计划的可行性。创新领导层会仔细分析计划中的目标、实施步骤和所需资源，评估这些目标是否实际可行，实施步骤是否合理，以及所需资源是否充足。他们会考虑技术可行性、经济可行性、社会可行性等多个方面，确保创新计划能够在现实条件下得到有效实施。其次，评估创新计划的潜在影响。创新领导层会考虑创新计划可能带来的正面和负面效应，包括经济效益、社会效益、环境影响等。通过全面评估，他们能够了解创新计划对社会、经济和环境的影响程度，并据此做出决策。最后，评估创新计划的资源投入。创新领导层会评估创新计划所需的资金、人力、物资等资源，并考虑这些资源是否得到合理分配和有效利用。通过评估资源投入，能够确保创新计划得到足够的支持，同时也能够避免资源的浪费和滥用。

在综合评估的基础上，创新领导层会做出最终决策。如果创新计划被认为具有可行性、潜在影响积极且资源投入合理，创新领导小组将批准该计划，并授权相关部门或团队负责实施。如果计划存在不足或问题，创新领导层可能会要求创新项目的发起部门修改或完善计划，并再次提交审查。

因此，决策与批准是创新计划制订过程中的重要环节。通过提交给创新领导层进行审查和批准，能够确保创新计划得到全面、客观的评估，为计划的实施提供有力的保障。同时，创新领导层的决策也将为创新计划的成功实施奠定坚实的基础。

（七）实施前的准备与动员

在创新计划获得决策层的批准后，接下来便是实施前的准备与动员。这一阶段的工作至关重要，它不仅关乎创新计划能否顺利推进，还影响创新成果能否得到广泛的认可和支持。

在该阶段，政府还需要完成资源调配、人员培训、技术准备、宣传推广等工作，以实现创新活动的顺利发起。

1. 资源调配

资源是政府创新计划实施的基础，包括资金、物资、设备等各种形式的资源。在准备阶段，需要对所需的资源进行全面评估，并制订相应的调配计划。第一，需要确保资金到位。根据创新计划的需求，合理分配预算，确保各个环节的资金需求得到满足。第二，对物资和设备的需求，需要提前进行采购和调配，确保在实施阶段能够顺利使用。

2. 人员培训

政府创新计划的实施需要有一支专业、高效的团队来执行。因此，在准备阶段，需要对参与创新计划的人员进行培训。培训内容包括创新理念、实施方法、技术操作等，以提高团队成员的专业素养和执行力。同时，需要明确各个岗位的职责和任务，确保团队成员能够明确自己的工作重点和方向。

3. 技术准备

政府创新计划的实施需要借助先进的技术手段。在准备阶段，政府要对所需的技术进行全面梳理和准备：首先，了解并掌握创新计划所需的关键技术，确保在实施阶段能够熟练运用。其次，提前进行研究和攻关可能遇到的技术难题，制订相应的解决方案。最后，建立技术支持和保障机制，确保在实施过程中能够得到及时的技术支持和帮助。

4. 宣传推广

政府创新计划的成功实施离不开公众的支持。在准备阶段，需要积极开展宣传推广活动，提高公众对创新计划的认识。可以通过媒体宣传、社会调查、公开讲座等方式，向公众介绍创新计划的目标、意义和实施步骤，激发公众的参与热情和支持力度。同时，需要建立与公众的沟通渠道，及时收集公众的反馈和建议，为创新计划的实施提供参考和依据。

第三节　政府创新发起的制约因素

一、政府创新发起的困境与挑战

近年来，中国政府创新活动较为活跃，但置于具体环境中的创新活动也面临不容忽视的阻力或困境。具体来说，在政府创新的发起阶段，最主要的阻力或困境是政府创新动力不足、资源分配和投入不足、高度集权的政府管理体制存在限制、风险承担和容错机制存在一定缺陷和利益冲突之间协调困难。

（一）政府创新动力不足 ①

第一，在当今的时代背景下，我们国家的改革已经迈入了关键的深水区。

这一阶段的改革，不再是浅尝辄止的试水，而是触及根本的深刻变革。越是在这样的时刻，前行的每一步越显得尤为重要，因为每一步都涉及国家发展的重大事项。随着改革的深入，所面临的困难和挑战也越发严峻。每一项改革措施的实施都可能会触及既有的利益格局。这种利益的牵绊，使政府创新的道路变得更曲折。同时，需要面对更加复杂的社会问题，如经济发展不平衡、资源分配不均、社会公平问题等。这些都为政府创新的发起和后续的发展增添了难度。

第二，政府对创新工作的重视越发显著，并特别强调了"顶层设计"的重要性。

所谓"顶层设计"，意味着在推进任何重大创新项目之前，必须有一个全面、系统、科学的规划和布局，以确保创新的方向明确、路径清晰、资源配置合理。然而，这一过程并非一蹴而就，它需要时间进行细致谋划。在这一过程中，由于改革和创新

---

① 俞可平. 当前基层政府创新动力不足 [J]. 廉政瞭望，2015（5）：12.

的深度和广度前所未有，一些地方政府和相关部门在面对新的政策导向时，难免会产生观望等待的心理。他们担心自己先行先试会面临风险，或者担心自己的创新方案与上级的顶层设计存在偏差。因此，他们选择观望，等待上级的明确指示或者成功案例的出现，再决定自己的行动方向。这种观望等待的心理在一定程度上会阻碍改革的进程。

第三，当前鼓励政府创新的环境存在一些问题，这些问题在一定程度上制约了政府创新的发起。[①]

在政策法律环境方面，虽然政府对创新给予了高度重视，但在具体政策和法律的制定和执行过程中，仍然存在一些阻碍创新的因素。首先，现行法律可能对自由调查和社会实践起根本性的压制作用。其次，现行法律可能直接影响政府创新发起以及实践的成本。政府创新推行的有效条件之一必须是政府创新的成本小于政府创新的预期收益，而现有的宪法秩序可能会增加政府创新的成本，从而阻碍政府创新的发起。最后，现行法律通过对基本政治、经济、文化制度的规定框定了地方政府制度创新的总方向，限定了地方政府制度创新的范围，从而限制了地方政府制度创新的可行性空间。在政策制定过程中，可能缺乏充分的调研和论证，导致政策与实际需求脱节，无法有效推动政府创新的发起。在政策执行过程中，可能存在执行不力、监督不到位等问题，使创新政策无法真正落地生效。

在制度环境方面，制度是一种约束机制，它所提供的一系列规则由社会认可的非正式约束和国家、政府制定的正式约束以及实施机制共同构成，制度无时无刻不在起作用，强烈地影响着人们的行为。政府的一切行为，也无时无刻不在制度的约束之中，制度对政府管理的成败得失影响重大。政府在推动创新的发起与生成时，常常受到政治约束和制度惯性的限制。一些传统的管理体制和机制尚未完全适应创新的需求，限制了政府的创新空间。政治约束可能来自上级政策、地方官员的政绩考量、公众舆论等方面，这些约束可能导致政府在创新上犹豫不决或采取保守策略。制度惯性也是一个重要的阻碍因素。传统的行政体制和官僚制度往往缺乏灵活性和适应性，难以快速响应和适应新的创新需求。

从社会环境来看，鼓励政府创新的社会氛围还不够浓厚。在社会环境中，意识形态和文化背景深刻影响政府创新的动力，进一步反映到政府创新的发起。意识形态本身就是一种非正式的制度安排，是一种根植于文化因素的制度类型，它通过价值观、态度、习惯等影响人们对制度行为以及正式制度安排的理解、认同和支持。社会文化基础上形成的风俗习惯、观念意识与政府创新的反差越大，创新的阻力就越大。如果一项制度创新与当地的意识形态、风俗习惯相差很大，当地居民就很难接受这种制度创新，其制度创新的阻力也会很大。反之，则制度创新比较容易推进。同时，一些民

---

①　李兆友，董健.政府创新的内部障碍及其超越[J].东北大学学报（社会科学版），2015，17（2）：162–168.

众对政府创新持保守态度，对新的改革措施和政策持观望或怀疑的态度。这种社会氛围可能使政府在推进创新的生成过程中面临更大的舆论压力和社会阻力。一些媒体在报道政府创新时也可能存在过度解读或片面报道的情况，进一步加剧了社会对政府创新的疑虑和担忧。

在政府内部，政府创新行为选择的自由与责任之间也存在矛盾。各级政府为管理好本地区公共事务应拥有行政行为选择的自由，但这种选择必然受本地区政治、经济、法律、伦理道德、文化等状况的影响，还要受公务员在现实社会关系体系特别是行政关系中的地位、个体认知水平、选择能力等因素的影响。另外，地方政府应该对自己的行政行为选择承担责任，必须在当时的客观条件与主观能力所能够选择并应当选择以及有可能进行选择的范围内，对自己行政行为的善恶、优劣承担行政伦理责任、政治责任、法律责任和社会责任。而行政责任的多样性和复杂性又必然使地方政府在进行行政行为选择时面临选择困境，即责任冲突，具体表现为角色冲突、权力冲突和利益冲突。处于不同行政体系之中，具有个体利益、组织利益与公众利益之间冲突并且还处于权力结构相互牵制之中的地方政府，一方面具有行政行为选择相当大的自由空间，另一方面又必然在责任履行过程中始终处于左右为难、不作为不行、做了却导致偏离公开性的行政结果的两难困境。政府创新各个过程中的行为选择与责任承担的内在冲突正是各级政府行为选择自由与责任后果担当之间矛盾的必然表现，也正是这一矛盾的客观存在，极大地制约着政府创新动力的激发与持久。

除了政府整体的行为选择和责任后果之间的矛盾外，政府工作人员的个人素质也是政府创新动力不足的原因之一。行政的最主要体现是人的活动，而每个行政人员身上都具有各种文化因素，如信仰、价值观念、态度等。当一定的行政人员形成一个完整的行政体系时，行政体系中的行政人员就会自然而然地创造出一种内容更为广泛、普遍并得到公认的文化，这就是行政文化。任何一个行政体系的结构、运转程序、决策过程以及行政人员的行为、态度、价值观等，都直接或间接地受行政文化的影响和制约。同时，政府官员整体素质也会影响政府创新的动力。当公务员创新意识淡薄、创新能力低时，在一定程度上会阻碍政府创新的发起。此外，由于政府公务员认识水平和理解能力有限，对政府创新的精神实质不能完全领会，导致一项创新项目即使被列入政府活动清单，也可能在执行过程中走样或变形。

（二）资源分配和投入不足 ①

政府创新是推动社会进步和经济发展的关键动力，在政府创新的发起过程中，需要构建起一个坚实而稳固的资源体系。这个体系不仅包括人力资源——那些具备创新

---

① 何显明. 地方政府创新实践的生成机制与运行机理：基于浙江现象的考察 [J]. 中国行政管理，2009（8）：124–128.

思维和专业技能的精英人才，他们能够为创新项目提供源源不断的智力支持，还涵盖了物力资源，诸如先进的科研设备、实验室和办公场地等，这些设施为创新活动提供了必要的物质基础；此外，财力资源更是不可或缺，它们是政府创新活动的血液，为项目的研究、开发和推广提供必要的经济支撑。

然而，面对复杂多变的现实环境，政府财政压力逐渐增大，可调配的资源也显得捉襟见肘。在这种情况下，尽管政府深知创新的重要性，但在实际操作中，往往难以保证创新项目能够获得足够的资源投入。这种资源短缺的现状，无疑给政府创新的发起工作带来极大的挑战。更为棘手的是，政府内部可能存在资源分配不均的问题。在一些情况下，某些部门或项目可能因为种种原因而获得了过多的资源，而另一些同样重要甚至更为迫切的创新项目却可能因为资源不足而进展缓慢甚至无法开展。此外，政府在确定创新项目的优先级时，也可能因为缺乏明确的评估标准和决策机制，导致一些真正具有潜力的项目被忽视或延误。

（三）当前政府管理体制存在限制

目前的政府管理体制具有系统性、层级性与协同性的特点，强调全国一盘棋，各层级政府分工协作，共同推动国家发展。在这种体制下，政府职能覆盖范围较广，在一定程度上存在中央与地方关系、地方各级政府间关系有待进一步厘清的情况。这导致在管理过程中出现权力分配的循环调整现象，即"上收—下放—再上收—再下放"[①]。这种关系的不明确，为地方政府和下级政府的创新实践增添了诸多不确定性因素。

中央与地方政府之间、地方各级政府之间的关系没有厘清，增加了地方政府或下级政府创新的不确定性。中央与地方的关系是政府间关系的中轴，它决定着地方政府在整个国家机构体系中的地位、权力范围和活动方式，从而决定了地方政府体系内部各级政府之间的纵向关系，也决定了地方政府之间的横向关系。中国实行单一制的国家结构形式决定了在中央与地方的关系上，中央集权是基本特征，在行政隶属关系上，下级服从上级、地方服从中央是基本原则。政府管理需要在体现这一特征和遵循这一原则的基础上，充分发挥地方的积极性和主动性。然而在政府关系中，中央政府与地方政府、地方各级政府间职责权限划分不科学、不合理且缺乏法制规范的现象仍然比较突出。各级政府职责权限变动不居，权力没有科学合理的划分，始终缺乏法律和制度的规定；政府系统内部纵向权力的划分中没有使行政性分权与经济性分权有机结合，实现的往往是单纯的行政性分权；权力关系的变化也只是在原有体制内部的微调，而不是制度性的调整和创新。因此，政府体系内的权力调整在"集权—分权"之间游走。地方政府或下级政府的权力随时有可能被中央政府或上级政府收回，造成地方政府或下级政府政策缺乏连续性，管理创新活动面临"政治风险"，管理活动缺乏持续的动力。

① 张光雄.政府创新的动力分析[J].行政与法（吉林省行政学院学报），2024（8）：13–16.

（四）风险承担和容错机制存在一定缺陷 [①]

政府创新伴随着一定的风险和不确定性。在制度创新和风险的关系中，一方面风险是制度创新的动力因素，另一方面制度创新本身也存在风险。这里所提到的风险是指地方政府在制度创新中所具有的风险，包括政治风险和失败风险。政治风险是指人们在政治发展和日常政治生活中遭遇到的能导致利益冲突、政治权威丧失、政治不稳定和政治文化价值偏离等的可能性。失败风险指的是地方政府可能面临制度创新的失败。考虑到这些风险，地方政府官员可能就会不进行制度创新或消极地推进地方政府制度创新。

由于政府决策的特殊性，一旦创新失败，可能会面临严重的政治和舆论压力。同时，政府在推动创新时缺乏足够的容错机制。容错机制是一种允许失败、鼓励尝试的制度安排。在私营部门中，这样的机制相对成熟，企业可以通过不断试错找到最适合自己的发展道路。但在政府层面，由于上述的政治和舆论压力，往往很难建立起这样的机制。这在一定程度上限制了政府的创新能力和速度，使一些有潜力的创新项目无法得到充分的支持。

（五）利益冲突之间协调困难 [②]

政府创新的全过程涉及多个部门和利益群体的协调和合作。然而，由于各部门和利益群体之间的利益冲突和沟通不畅，导致创新项目难以发起、推进或陷入僵局。

首先，利益矛盾表现为行政机构内部的角色冲突。作为一个行政单位，在社会主义市场经济的特殊历史条件下，它除了代表党和国家的利益之外，也在不同程度上生长出了团体的利益。当这两种利益发生冲突时，有可能以损害党和国家利益的手段来维护和增加小团体的利益。其次，利益矛盾表现为行政行为相对成本的差异。也就是说，在完成一项行政任务时，不同的人员若付出的成本不同，面对同一任务便会产生利益矛盾。最后，利益矛盾表现为各个利益主体对待改革的态度。改革在本质上是对利益的再调整和再分配。社会总是要分为各个利益集团的，这些利益包括权力、地位、身份、经济利益及其相关的社会权力。有些利益集团当然希望传统体制改得多一点、快一点，而在传统体制内获益比较多的人，则希望改革的动力小一点、阻力大一点。

二、政府创新发起的激励方式

在诸多政府创新实践中，有的得以实现并不断巩固和"刷新"，而有的则在不经意

---

① 史丹，乔艳洁. 地方政府制度创新动力及阻力因素分析 [J]. 黑河学刊，2018（2）：76-77.

② 匡自明，韦锋. 中国地方政府管理创新的悖论分析：动力与困境 [J]. 云南行政学院学报，2016（2）：11-15.

之间还未出现便销声匿迹。为什么会出现这种情况呢？一个非常重要的原因是在政府创新发起时，没能够处理好政府创新发起的各类条件及解决困境问题，政府创新动力持续性不够强。如何解决政府创新发起可能面临的挑战、激励政府创新的生成，成为迈出政府创新第一步的关键。

（一）营造政府创新文化氛围

在政府内部树立创新文化，是营造政府创新氛围的首要任务。一个鼓励创新、容忍失败的文化氛围，能够激发公务员的创新热情，推动政府工作的不断进步。为了构建这样的文化，可以采取以下具体措施。

首先，定期举办创新研讨会和分享会。这些活动不仅为公务员提供了一个交流创新想法的平台，还能让他们了解国内外最新的创新动态和实践案例。通过参与研讨会和分享会，公务员能够深刻认识到创新在政府工作中的重要性和紧迫性，从而激发他们的创新意识和动力。其次，强调创新在政府工作中的作用和价值。政府作为公共服务的提供者，其治理能力和服务水平直接关系到公众的生活质量和幸福感，而创新是提升政府治理能力和服务水平的重要途径。通过宣传和推广创新成果，让公务员看到创新带来的实际效果和积极影响，从而进一步坚定他们的创新信念和决心。最后，建立一种容忍失败的文化氛围。创新往往伴随着风险和不确定性，失败是创新过程中不可避免的一部分。因此，需要鼓励公务员敢于尝试、敢于创新，即使面临失败也要保持积极的心态和勇气。政府可以设立创新失败容错机制，对在创新过程中出现的失误和失败给予宽容和理解，减轻公务员的压力和顾虑，让他们能够更加积极地投入创新工作。

（二）发挥环境中多元主体的创新动力

建立开放、包容的创新环境是推动政府创新不可或缺的一环。这样的环境能够鼓励公务员摒弃传统的思维定式，勇于提出新的想法和建议，从而为政府创新的发起提供源源不断的动力。为了构建一个真正意义上的开放创新环境，需要采取一系列具体措施。

要深入挖掘和充分利用政府内外部多元主体的创造性智慧。政府创新的发起不仅来源于公共管理者自身的思考，更需要广泛吸纳公民以及政府外部合作伙伴的宝贵意见。政治家和机构负责人的创新动机可能源于解决公共危机的需要，而政府外部合作伙伴的创新动机可能在于追求更高的效率。这些来自不同主体的创新想法都具有潜在的公共价值，值得充分挖掘和有效利用。

特别需要指出的是，政府作为多元主体中的关键，更需要在最大限度上发挥其创新动力。

1. 需要加强对公务员的培训和教育，进一步提高其创新能力与意识

这包括组织专门的培训班、邀请业内专家授课等，确保公务员能够接触并理解最新的创新理念、方法和工具。这些措施旨在培养公务员的创新思维，让他们在工作中能够灵活运用创新的手段和方法。同时，鼓励公务员参与创新实践活动至关重要。通过参与创新项目、加入创新竞赛等活动，公务员不仅可以将所学知识应用于实际，还能在实践中不断锻炼和提升自身的创新能力。这种实践经验的积累将极大地促进公务员创新能力的提升。在政府创新中，也需要通过培训来转变政府官员的观念。为了增强政府创新的意识，政府官员需要摒弃传统的"官本位"思想和自满心态，将"应对型"创新转变为"主动型"创新。

2. 需要强化政府领导的创新能力

在快速变化的现代社会中，公共管理者，特别是行政部门的领导者，扮演着至关重要的角色。他们不仅需要具备扎实的专业知识和管理技能，更需要发展一系列创造性的思考能力，以应对日益复杂的公共问题。这些创造性的思考能力包括前瞻性思考能力、反复思考能力和跨界思考能力。

前瞻性思考能力要求行政部门的领导者具备对未来的敏锐洞察力和预见性。他们应该能够准确判断社会、经济、科技等领域的发展趋势，提前预见可能出现的问题和挑战，并制定相应的应对策略。这种能力对推动政府创新至关重要，只有具备了前瞻性的思维，才能在政策制定和执行中保持领先，引领社会进步。

反复思考能力强调领导者在决策过程中的审慎性和反思性。他们应该不断对决策进行反复推敲、反复论证，确保决策的科学性和合理性。这种能力有助于领导者在面临复杂问题时保持冷静和理性，避免盲目决策和冲动行为。同时，反复思考也有助于领导者在创新过程中不断试错、不断改进，最终找到最适合的解决方案。

跨界思考能力要求领导者具备跨越不同领域、不同学科的思维能力和知识储备。在现代社会中，公共问题往往涉及多个领域和学科，需要领导者具备跨学科的知识背景和综合能力。这种能力有助于领导者在创新过程中打破传统思维框架，从多个角度和层面思考问题，提出更具创新性和可行性的解决方案。

只有当行政部门的领导者同样具备创新的能力与思维时，才能直接有效地激发政府创新的发起。政府的领导层需要高度重视创新工作，将创新作为政府工作的重要任务来抓。他们应该带头参与创新活动，为公务员树立榜样，形成上下联动、共同创新的良好局面。通过领导层的示范和引领，激发整个公务员队伍的创新热情和创新活力，推动政府工作不断取得新的进展和突破。

为了鼓励和支持政府创新的发起，政府需要建立一个开放、透明的沟通渠道，让公务员、公民和外部合作伙伴能够便捷地表达自己的观点和建议。同时，政府还需要建立一套科学的评估和筛选机制，确保那些具有公共价值的新颖想法能够得到充分的关注和支持。此外，加强与企业、高校等创新主体的合作与交流也是至关重要的。这些主体在各自的领域内拥有丰富的创新资源和经验，可以为政府创新提供有力的支持。

政府可以通过设立合作项目、共享创新资源等方式，加强与这些主体的合作与交流，共同推动政府创新的发展。

（三）建立健全政府创新制度

制度是规范与激励主体行为的基石，它既可源自政府的强制性政策，也可在市场主体间的利益博弈中自然形成。这种双重属性让制度既能反映市场主体的利益诉求，又能汇聚社会的广泛要求。当制度设计巧妙融合市场与政府的优势时，它能有效发挥调节功能，促进两者和谐共生。制度的核心价值之一在于其激励作用，它是政府持续创新不可或缺的保障。无论是内部外部的压力，还是官方民间的激励，虽能激发短期活力，但唯有制度能赋予创新持久的动力。政府的创新成果无论多么受群众欢迎，若未以制度形式固化并推广，终将难以持续。现实中，不少优秀创新因缺乏制度保障，随领导变动而夭折，即"人走政息"。

因此，政府需要建立健全创新制度，如创新发起的激励制度、创新项目的管理制度、创新成果的评估制度等，对一些深受群众拥护的地方政府创新举措，应当及时通过法律法规和政策的形式，使之转变成党和国家的制度，并逐渐在全国范围内推广。

在这个过程中，创新激励机制对于政府创新显得至关重要，它能促进思想孕育、孵化及发展，成为激发政府创新活力的源泉，为公共治理体系注入活力。通过设立专项基金、提供税收优惠、表彰奖励等措施，鼓励各级政府及其工作人员勇于尝试、敢于突破。其中，创新奖励制度尤为关键，通过表彰和奖励创新成果，增强公务员的创新动力与参与度。将创新纳入考核，作为晋升依据，更激励公务员重视创新。此外，机制还需培训教育、资金支持、成果展示等多方保障，以全面提升公务员的创新能力与意识。这不仅促进个人职业发展，更助力政府创新文化形成，为政府长远发展奠定基础。因此，构建全面的创新激励机制，突破传统层级控制，发展网络治理新模式，并加强知识产权保护，是推动政府创新的核心策略。

创新项目的管理制度是确保创新活动顺利进行的关键所在。这一制度应涵盖从项目立项审批到成果验收评估的全过程，确保每个环节都有明确的规范与流程。立项需科学透明，资源配置灵活调度，进度监控与风险管理并重，强化沟通协作，形成合力。成果验收评估后，总结经验，表彰优秀，为后续创新提供参考。

此外，创新成果的评估制度也是不可或缺的一环。通过建立科学合理的评估指标体系，对创新项目的实施效果进行客观、公正的评价，不仅能够为后续的创新决策提供重要参考，还能激励更多优质创新项目的涌现。对于那些经过实践检验、深受群众拥护的地方政府创新举措，更应及时总结经验，通过法律法规和政策的形式加以固化，将其上升到党和国家的制度层面，从而在更广泛的范围内推广实施，惠及更多民众，推动国家治理体系和治理能力现代化的进程。

（四）利用信息技术为政府创新的发起提供便利

在数字化、信息化的时代背景下，信息技术已经成为推动社会进步和发展的重要力量。对政府而言，充分利用大数据、人工智能等现代信息技术手段，不仅可以为政府创新提供强大的技术支持，还能为其发展创造更多的便利条件。

大数据技术的应用，让政府能够收集、整理和分析海量的数据信息，从而更准确地把握社会动态、预测发展趋势。这种基于大数据的决策方式，不仅提高了政府决策的科学性和精准性，还为政府创新提供了有力的数据支撑。同时，大数据还可以帮助政府发现潜在的问题和挑战，为创新提供方向和思路。人工智能技术的引入，则进一步提升了政府工作的智能化水平。通过建设电子政务平台、推广智能化服务等方式，政府可以实现线上线下的无缝对接，提高服务效率和用户体验。例如，智能化的政务服务系统可以自动处理大量的行政事务，减轻工作人员的负担；智能化的数据分析工具可以帮助政府快速识别问题、制定解决方案。这些智能化的应用不仅提高了政府工作的效率，还增强了政府创新的能力。此外，信息技术还可以促进政府内部的信息共享和协作。通过建立统一的信息平台和数据标准，政府各部门可以更加便捷地共享信息和资源，提高协同工作的效率。这种信息共享和协作机制有助于打破部门壁垒、促进跨部门合作，为政府创新提供更多的可能性。

利用信息技术为政府创新发起提供便利是一个必然趋势。政府应该积极拥抱信息技术、探索创新模式，不断提高自身的创新能力和服务水平。同时，政府需要注重人才培养和制度建设，为信息技术的应用提供有力保障和支持。

案例延伸　　　　　　　　　**网格化管理的产生与再推广**

21 世纪初，北京市东城区因城市基建增多、人口激增，面临管理粗放、机制混乱、效率低下等难题。在 2002—2004 年政府信访中，城市管理问题占比达 48%~52%。为解决体制机制弊端与群众关切，2004 年 4 月，东城区成立以时任区委书记陈平为组长的"创新城市管理模式"课题组，旨在提升管理水平、回应公众需求。经半年调研与设计，2004 年 10 月，东城区初步建成"网格化城市管理新模式"并试运行。

该模式原型为"万米单元网格城市管理模式"，核心创新是"万米单元网格管理法"和"城市部件管理法"。本质上，它通过下沉治理力量、提升管理效率，来破解基层治理难题，回应公众期待、缓解城市治理压力。东城区实施网格化管理成效显著，任务派遣准确率达 98%，问题主动发现率从 30% 提升至 90% 以上，处置时间由 1 周缩至 12.1 小时，结案率接近 90%。网格化管理先在北京市内扩散，后推广至全国。东城区的创新举措经上级考察与媒体报道，引发各地关注。2004 年 7 月至 2005 年 6 月，得到中央及北京市领导的肯定。2005 年 6 月，北京市委、市政府发文并召开会议，在北京市八区全面推行。同时，其在市外也产生示范效应，一年多后，全国 26 个省份的百余个城市前往考察学习，多地领导批示推广。

2005 年 7 月，原建设部发文在全国试点推广"万米单元网格城市管理模式"，并公布三批试点名单，共 51 个城市（城区）纳入。这既确立了网格化管理的政策导向，也促使非试点地区纷纷效仿，使其成为城市管理与社会治理的常用工具。

试点地区迅速采用网格化管理并上线数字化系统。如 2005 年 9 月，南京市鼓楼区在东城区协助下率先建成并通过验收；同年 10 月，上海市长宁区、卢湾区建成并试运行，12 月通过验收；深圳市成立领导小组，实行单元网格管理法；2006—2007 年，杭州市、扬州市也积极推动相关建设。网格化管理在试点地区快速落地，实现"由点到面"的扩散。

非试点地区也积极学习改造，形成多种典型模式。如重庆市巫溪县 2007 年探索建设"乐和家园"网格化体系；浙江省舟山市 2008 年推出"网格化管理、组团式服务"模式；南京市仙林街道 2010 年创建"仙林模式"。在创新原发地，网格化管理持续升级。2010 年，北京市原东城区与崇文区合并后，被确定为全国社会管理创新综合试点区，东城区从力量配置和服务管理平台两方面对网格化管理全面升级，构建"网格化社会服务管理体系"，实现从创新探索到融合拓展的转变，为全国提供示范。

在全国社会管理创新综合试点的其他地区，网格化管理同样得到广泛应用。如湖北省宜昌市 2010 年构建"一本三化"体系；深圳市用于流动人口管理；贵阳市对社区服务中心进行网格化管理。此阶段，网格化管理不断深化扩展，主要体现在：创新持续扩散，截至 2013 年 8 月，160 个地级市采用该模式；地方政府在扩散中进行调整与再创新，形成众多典型模式；在原发地持续改进并向其他领域拓展，形成成熟的城市网格化管理模式，从地方探索转变为全国性创新现象。

资料来源：王猛. 从地方回应、中央推广到自发学习：政府治理创新的过程演变与结构约束：基于网格化管理的纵向案例研究 [J]. 求实，2023（4）:44-61.

本章小结

本章从政府创新的动力、驱动模式和制约因素三个方面阐述了政府创新的发起。政府创新的发起是政府创新全过程的首要阶段，具有主动性、适应性、多样性、持续性和互动性。政府创新需要由各种类型的动力激励其生成，这些动力可能来自政府内外部、国家制度等。同时，不同的动力也会促使政府创新选择不同的路径实现其发起的过程。虽然路径不同，但政府创新发起的具体环节是共同的，都要通过需求识别与问题分析、创新想法的搜寻与收集等七大环节来实现，这些环节相互联系构成了政府创新发起的全过程。在这个过程中，政府也会面临各种各样的难题，主要有政府创新动力不足、资源分配和投入不足、当前政府管理体制存在限制、风险承担和容错机制存在一定缺陷、利益冲突之间协调困难等。可以通过营造政府创新文化氛围、发挥环境中多元主体的创新动力、建立健全政府创新制度等方式来破解难题、激励政府创新的发起。

? 思考与练习

1. 政府创新发起的动力是什么？有何特征？
2. 政府创新动力的类型与来源是什么？
3. 政府创新通过何种路径实现其发起与生成？
4. 政府创新的发起经历了哪些环节？每个环节具体需要做些什么？
5. 政府创新的发起可能会面临哪些问题与挑战？如何解决？

📖 参考文献

[1] 陈家喜，汪永成. 政绩驱动：地方政府创新的动力分析 [J]. 政治学研究，2013（4）：50-56.

[2] 陈朋. 地方政府创新实践的成长机理：浙江例证 [J]. 重庆社会科学，2010（11）：101-106.

[3] 陈雪莲，杨雪冬. 地方政府创新的驱动模式：地方政府干部视角的考察 [J]. 公共管理学报，2009，6（3）：1-11.

[4] 冯猛. 目标权衡与过程控制：地方政府创新的行为逻辑 [J]. 社会学研究，2020，35（2）：124-145.

[5] 付倩倩. 空间与动力：地方政府创新的来路与去路 [J]. 决策，2015（1）：34-35.

[6] 傅大友，宋典. 地方政府制度创新的动力机制研究 [J]. 苏州大学学报，2004（1）：26-29.

[7] 傅金鹏. 我国地方政府创新动力研究：生态、利益和组织的视角 [J]. 理论月刊，2012（3）：106-109.

[8] 葛莉. 政府创新的动因、过程与效果：基于OPSI案例库的多案例文本分析 [J]. 科技促进发展，2023，19（12）：785-792.

[9] 管兵. 发明还是扩散：地方政府创新动力机制 [J]. 河北学刊，2018，38（1）：168-174.

[10] 韩福国. 中国地方政府创新的逻辑：从技术操作、结构生成到制度演化：基于中轴性概念的分析 [J]. 探索，2021（4）：70-81.

[11] 何显明. 地方政府创新实践的生成机制与运行机理：基于浙江现象的考察 [J]. 中国行政管理，2009（8）：124-128.

[12] 黄六招，顾丽梅，尚虎平. 地方公共服务创新是如何生成的：以"惠企一码通"项目为例 [J]. 公共行政评论，2019，12（2）：143-162.

[13] 林文弢，龙太江. 地方政府创新可持续动力研究 [J]. 求索，2011（9）：102-103.

[14] 郜爱红. 试论我国地方政府创新的动力、特征及趋势 [J]. 行政与法，2007（4）：14-16.

[15] 孙晓莉. 政府公共服务创新：类型、动力机制及创新失败 [J]. 中国行政管理，2011（7）：47-50.

[16] 陶建武. 地方政府创新的动力与过程 [J]. 重庆社会科学，2015（9）：38-46.

[17] 王国红. 地方政府创新的动力与条件 [J]. 学术论坛，2010，33（5）：59-62.

[18] 王猛. 从地方回应、中央推广到自发学习：政府治理创新的过程演变与结构约束：基

于网格化管理的纵向案例研究 [J]. 求实，2023（4）：44-61.

[19] 王猛. 中国地方政府创新研究：理论、议题与方法 [J]. 公共管理评论，2020，2（1）：116-154.

[20] 翁列恩. 地方政府创新的动因考察与测度研究 [J]. 探索，2017（1）：85-93.

[21] 谢菲，岳经纶. 我国地方政府创新的动力何在：地方竞争、制度变迁与政策企业家的视角及启示 [J]. 公共治理研究，2022，34（3）：5-13.

[22] 谢治菊. 西部地区政府创新的动力、困境与出路 [J]. 改革与战略，2008（6）：122-125.

[23] 叶静妍，张廷君. 环境、主体与资源：政府创新的动因及优化对策研究：基于福建省"八闽办税码"的案例分析 [J]. 秘书，2024（1）：46-55.

[24] 俞可平：当前基层政府创新动力不足 [J]. 廉政瞭望，2015（5）：12.

[25] 俞可平. 建设一个创新型政府 [J]. 人民论坛，2006（17）：4-6.

[26] 俞可平. 论政府创新的若干基本问题 [J]. 文史哲，2005（4）：138-146.

[27] 俞可平. 论政府创新的主要趋势 [J]. 学习与探索，2005（4）：2-6.

[28] 俞可平. 应当鼓励和推动什么样的政府创新：对中国地方政府创新奖入围项目的评析 [J]. 河北学刊，2010，30（2）：123-128.

[29] 郁建兴，黄亮. 当代中国地方政府创新的动力：基于制度变迁理论的分析框架 [J]. 学术月刊，2017，49（2）：96-105.

[30] 张攀，吴建南，王颖迪. 政府创新扩散的动力机制：基于新制度主义理论的阐释：以机关效能建设为例 [J]. 学术论坛，2015，38（7）：20-24.

[31] 卓越，黄六招. 政府创新生成的评价标准构建与验证：以厦门市集美区行政服务中心创新实践为例 [J]. 行政论坛，2016，23（6）：71-75.

第五章
政府创新的实施

》》》 案例导入

深圳"基于区块链技术的公积金贷款服务"

深圳市住房公积金管理中心报送的"基于区块链技术的公积金贷款服务"凭借新技术赋能贷款业务的创新示范作用，在全国众多参选案例中脱颖而出，荣获"2022数字政府创新成果与实践案例"，成为公积金行业内首次入选案例。

深圳市住房公积金管理中心推出的基于区块链技术的公积金贷款"不见面审批"服务，是深入推进数字政府"一件事一次办"政务服务改革的积极举措。此项服务以解决缴存职工切实关注的问题为导向，依托区块链、大数据、数字签名等技术重塑公积金贷款（包括纯公积金贷款、公积金与商业组合贷款）审批模式。在全新智能审批模式下，职工只需通过手机端填报7项基本信息用时5分钟即可实现贷款申报、审批的全流程网办及贷款进度查询。职工公积金贷款所需的房屋交易、婚姻、户籍等必要信息通过政务数据共享一键获取、实时校验、自动审批，进一步精减材料，压缩办理时限。其中，材料精简率达90%，业务办理压缩时限达95%。同时，通过区块链技术的运用，保障了政治、政银数据交互的全流程可视和使用防篡改，更好地做到贷款风险管控。

这项业务创新是深圳市住房公积金管理中心承接房屋交易管理业务后的首个双业务融合项目。自承接新职能以来，深圳市住房公积金管理中心加快推进房屋交易＋公积金业务"双轮驱动"，从业务及数据层面深度融合。同时，与市政数局、人社、民政、人行、银行等多部门建立深度合作关系，从职工需求端出发，重新设计公积金贷款业务流程，聚焦全流程用户体验，通过信息互联互通，加强数据整合，激活数据价值，以数据"多跑路"实现群众"少跑腿"。自2022年4月上线以来，深圳市住房公积金管理中心已经与招商银行、建设银行、中信银行等多家银行实现公积金贷款"不见面审批"事项合作，并顺利发放贷款。

从"纸间"向"指间"，技术赋能助力公积金服务增速提效。接下来，深圳市住房公积金管理中心将继续深化"放管服"改革，加快推进"数字化转型"工作，以新技术为支撑打造泛在、智联的公积金服务，为深圳打造"住有宜居"民生幸福标杆城市做出积极贡献。

资料来源：深圳公积金贷款服务荣获"2022数字政府创新成果与实践案例"[J].住宅与房地产,2022(24):4-5.

政府创新的实施是政府创新旅程中的关键环节，它承载着将创新理念转化为实际成果的重任，直接关乎政府创新成效的显现与价值的实现。在这一阶段，政府创新从蓝图走向实践，通过精心设计与周密执行，确保创新举措能够精准落地，有效运行。本章将带领读者深入政府创新实施的现场，探讨实施过程中的策略选择、资源配置、组织协调与风险管理，解析如何在实践中平衡创新与稳定，确保改革措施既符合时代要求，又贴近民众需求。同时，我们还将审视实施过程中可能遇到的挑战与阻力，思考如何建立反馈机制，及时调整优化，以确保政府创新能够持续迭代，不断适应社会发展的新态势，最终推动政府治理能力的现代化，实现公共服务的优质化与高效化。

第一节　政府创新实施综述

一、政府创新实施的概念

政府创新实施是推动国家和社会进步的重要动力。随着全球化、信息化和社会多元化的发展，政府需要不断探索并采取创新策略，以应对新的挑战和机遇，提升公共治理能力和服务水平，促进社会经济的全面发展。

政府创新实施主要是指政府在管理、服务、政策制定及执行等方面采用新的思路、方法或技术，以提高公共服务质量、增强政府治理能力、促进社会经济发展的过程。

政府创新实施的重点在于适应和引领社会变革。这要求政府机构具备开放的创新意识，构建包容、协作的创新生态系统，鼓励各方参与，通过不断探索和实践新的管理模式和服务手段，提升政府治理的智能化、专业化水平。

政府创新的核心在于适应和引领变化。公民对政府的服务质量、透明度和参与度有了更高要求，传统的管理模式和服务方式已经难以满足这些新的需求。因此，政府必须通过创新来提升其公共政策的制定和执行能力，以及公共服务的质量和效率。这种创新可以是技术上的，比如利用大数据、人工智能等现代信息技术来提升政府服务的智能化和个性化水平；也可以是管理上的，比如采用更加开放和协作的管理模式，增强政府的透明度和公众参与度；还可以是政策上的，通过制定和实施更加前瞻性、包容性的政策来应对社会经济发展的新挑战。

具体而言，政府创新实施可以从管理创新、技术创新、服务创新和政策创新等多个维度进行考察。在管理创新方面，政府通过优化内部管理结构、改进决策流程、提高行政效率等手段，增强其响应社会需求和处理公共事务的能力。例如，通过推行电子政务系统，实现信息共享，简化办事程序，使政府服务更加透明、便捷。在技术创新方面，政府积极探索和应用新兴技术（如人工智能、区块链、大数据等）于公共管理和服务中，以提升治理现代化水平，包括利用大数据分析优化城市交通管理、应用人工智能技术提高医疗健康服务质量等。服务创新着眼于丰富和改善政府对公众的服务方式。例如，推动公共服务数字化转型，提供更为个性化、便捷的在线服务平台，满足民众多样化的服务需求。政策创新是通过制定和实施前瞻性、灵活性的政策，应对新出现的社会经济挑战。

在政府创新实施的过程中，要始终坚持以人民为中心的发展思想，确保创新成果惠及社会各界，并兼顾考虑多个方面的因素。首先，需要明确创新的目标和方向。这包括识别社会发展的新趋势和公众需求的新变化，以及确定政府创新的重点领域和具体目标。其次，需要选择合适的创新工具和方法。这包括技术创新、政策创新、管理创新等多种形式。再次，需要建立有效的机制和体制，以支持创新的实施和推广，包括创新的组织架构、资金支持、人才培养等。最后，需要不断监测和评估创新的实施效果。根据反馈调整创新策略，确保创新活动能够真正提升政府的治理能力和服务水平，确保创新实践能够持续健康发展。

二、政府创新实施的工具

政府创新实施工具是指政府在推动创新和改革的过程中所使用的各种方法、手段和工具。这些工具旨在提高政府的创新能力和效果，促进政府在公共服务、治理和决策等方面的改进和创新。政府创新实施工具涵盖技术、政策、管理等多个领域，具有不同的特点和功能。常见的政府创新实施工具包括数字化技术、政策类工具、制度类工具等。这些工具可以相互结合和协同使用，以实现政府创新实施的综合效果。政府需要根据实际情况和需求，选择适合的工具来推动创新和改革。

（一）数字化技术

数字化技术是当今政府创新实施中最重要的工具之一，二者之间存在密切的关系。数字化技术为政府提供了更多的工具和手段来推动创新，而政府的创新活动也可以促进数字化技术的发展和应用。政府需要不断探索和应用新的数字化技术，从而提升其管理和服务水平，推动政府治理模式的创新和升级，从而提升公共服务的质量和效率。

数字化技术包括大数据、人工智能、物联网等多种技术，可以帮助政府更好地了解公众需求、优化政策制定和执行、提升服务的智能化和个性化水平。在政府创新实施中，数字化技术发挥着重要作用。它可以帮助政府更好地收集和分析数据，从而更准确地了解社会经济的发展趋势和公众需求，为政府决策提供科学依据。数字化技术可以提升政府服务的效率和质量，比如通过建立智能化的公共服务平台，提供便捷的在线服务，满足公众个性化的需求。此外，数字化技术还可以增强政府的治理能力，比如通过大数据分析来预测社会问题的发展趋势，采取及时有效的措施来应对挑战。

（二）政策类工具

1. 政策创新

政策创新是指在现有政策的基础上，通过引入新的理念、方法和手段，对政策内容、制度和实施过程进行改革和创新的过程。政策创新是为了解决社会、经济、环境等领域面临的新问题和挑战，提供更加有效、可行和可持续的解决方案。

在政府创新实施的过程中，政策创新具有提高政策的科学性和时效性、促进政策的整合和协同、促进公众参与和民主决策、推动社会创新和经济增长等显著优点。随着科技的发展和社会的进步，政策需要及时跟进和调整。政策创新可以通过引入前沿科技和新的思维方式，提高政策的科学性和时效性，使政策更加符合实际需求。在政策创新中，政府可以通过整合相关政策和资源，实现政策的协同效应，避免政策之间的冲突和重复，提高政策的针对性、可操作性和可持续性，从而提高其综合效益。同时，政府可以通过广泛征求公众意见，提高政策的民主性和公正性，增加政策创新的可接受性和执行力。同时，政策创新可以激发社会创新和创业活力。政策创新可以为创新者提供更好的机会和环境，鼓励他们提出新的理念和方案，推动社会创新和创业的发展。政府通过积极推动政策创新，彰显其为民众谋福祉、改善生活的决心和能力，促进政府创新的实施，进而提升政府的形象和公信力。

2. 政策评估

政策评估是政府创新实施工具中的一种方法。政策评估通过收集、整理和分析相关数据和信息，评估政策的实施情况和效果，为政府决策提供科学依据和政策调整的建议。

政策评估在政府创新实施中占据举足轻重的地位。首先，政策评估是了解创新实际效果与实现情况的关键途径，帮助政府判断创新是否达成既定目标，并总结实施过程中的经验教训。其次，政策评估能够精准地发现问题并提供调整依据。通过深入分析创新实施过程中的各个环节，评估能够揭示潜在的缺陷、障碍或执行偏差，使政府能够迅速响应并采取措施加以改进。再次，政策评估促进了政策的科学化与民主化进程。它要求政府公开透明地展示政策效果，并鼓励公众参与评估过程，发表意见和建议。这种开放式的互动模式不仅增强了公众对政府的信任和支持，也提高了政策制定的民主性和科学性。此外，政策评估还是推动政府创新与发展的重要动力。它激励政府不断探索新的政策思路和治理方式，以应对日益复杂的社会挑战。同时，评估结果也为政府提供了宝贵的参考，帮助其在创新过程中少走弯路，提高治理效能。最后，政策评估有助于实现政策资源的优化配置。政策评估确保按需分配资源，提升利用效率。这不仅提高了资源利用效率，也为政府创新提供了坚实的物质基础。

（三）制度类工具

1. 产学研融合机制

政府创新的产学研融合机制，作为加速创新驱动发展战略的核心策略，其深度与广度不断扩展，特别是通过紧密融合创新团队与合作伙伴关系，构建了一个更加高效、协同的创新生态系统。

在这一机制中，创新团队作为核心驱动力，汇集了来自政府部门、企业、高校及研究机构的跨学科、跨行业专业人才。他们不仅具备丰富的专业知识和实践经验，更拥有敏锐的洞察力与前瞻性的思维，能够精准把握创新方向，为产学研合作提供强有力的智力支持。

合作伙伴关系作为产学研融合机制的纽带，进一步强化了政府与外部组织、机构及个人之间的紧密联系。这种关系超越了传统的合作界限，形成了更加灵活、多样的合作模式。政府通过积极寻求与企业、高校、研究机构等多元主体的合作，共同构建创新网络，实现资源共享、优势互补与风险共担。合作伙伴关系的建立，不仅拓宽了创新资源的获取渠道，还促进了知识、技术、市场等信息的快速流通与高效整合。

政府还通过政策引导、资金支持、平台搭建等方式，为产学研融合机制提供坚实的制度保障与资源支撑。这些措施不仅激发了创新团队与合作伙伴的积极性与创造力，还促进了创新成果的快速转化与广泛应用，为经济社会发展注入了新的动力与活力。

这一机制不仅提升了政府的创新治理能力与服务水平，还促进了经济结构的优化升级与可持续发展，为实现国家创新驱动发展战略目标奠定了坚实的基础。

2. 设立政府实验室制度

政府实验室是政府创新实施工具中的一种机制，旨在推动政府部门的创新和改革，加强实验室与政府部门之间的合作和沟通，推动创新项目的成功实施，为政府创新管理提供更好的支持和保障。政府实验室是一个类似于研究机构的组织，由政府设立和管理，专门负责研究政策问题、探索创新解决方案，通过试点和实验来验证新理念、新技术、新政策的可行性，为政府决策提供实践性的经验和建议。政府实验室通常由专业团队组成，包括政策研究人员、数据分析师、项目管理人员等，通过跨学科的合作和实验性的方法，为政府提供创新思路和可行性方案。

作为政府创新实施工具，政府实验室在政府创新实施中发挥着重要的作用。政府实验室可以促进政策创新和改革。政府实验室通过研究和实践，能够发现政策领域的问题和挑战，提出创新解决方案，帮助政府部门开展政策创新和改革，推动政府治理的现代化与转型。除此之外，政府实验室可以提升政府决策的科学性和有效性，促进政府与社会各界的合作和共建，从而提升创新能力和服务水平，为政府创新管理提供更好的支持和保障。

3. 举办创新竞赛

创新竞赛是政府创新实施工具中的一种方法，通过开展竞赛的形式来鼓励社会各界参与创新活动，构建创新生态系统，为创新主体提供更好的创新环境。创新竞赛通常由政府发起和组织。参与创新竞赛的个人、团队和机构通过展示他们的创新能力和成果，希望获得政府的支持和认可。

创新竞赛在政府创新实施中发挥着重要的作用。创新竞赛可以激发创新活力和创新潜能。政府通过发起创新竞赛，鼓励社会各界参与创新活动，提高社会对创新的关注度和积极性，激发创新主体的创新活力和创新潜能，推动创新成果的产生和应用。政府可以从中发现和挖掘出优秀的创新项目和人才，为他们提供支持和奖励，推动他们的创新成果得以落地和应用。同时，创新竞赛鼓励参赛者提交具有实用性和创新性的创新方案、产品或服务，可以为社会经济发展带来新的技术和模式，推动产业升级和转型发展。此外，创新竞赛还可以增加政府与社会各界的互动和合作，实现资源共享和优势互补，推动创新工作的开展和创新成果的应用。

第二节　政府创新实施的运行

一、政府创新实施的环境资源

政府在推行创新政策时，环境资源至关重要，这包括法治环境、经济环境、社会环境和科技环境四大要素。法治环境是基石。完善的法律法规和政策框架为创新提供了制度保障，确保创新活动在合法合规的轨道上进行。经济环境是动力。政府应通过财政政策、税收优惠、金融支持等手段，激励企业和个人投入创新，为其提供充足的资金支持。社会环境是基础。公众的创新意识和社会文化对创新活动的接受度和支持度至关重要。政府应通过宣传教育、公众参与等方式，营造鼓励创新的社会氛围。科技环境是核心。完善的科研基础设施、高水平的科研机构和人才，以及良好的知识产权保护机制，是推动创新的重要支撑。另外，还需要良好的社会与文化氛围作为支撑。通过这些多层次、多维度的环境支持，政府能够为创新活动营造一个健康、可持续发展的生态系统，从而有效促进国家或地区的科技进步和社会经济发展。综上所述，环境支持是政府实施创新的关键环节，全面优化各方面环境，有助于创新政策的顺利推行和目标的实现。

（一）法律法规及政策支持

1. 法律框架

建立完善的法律框架，确保创新实施具有合法性和合规性。法律框架应明确政府创新的权责、程序和监督机制。例如，制定专门法规，提供法律保障，或是对现有法规进行修订，以适应新的创新需求。

2. 政策导向

政府创新实施离不开政策导向的引导与支持，需要制定和发布各类政策文件，指引和规范政府创新实践。例如，精准有效地发布政策，依托指导性文件，明确创新实施的重点、目标和措施。政策激励机制则是通过政策激励，如税收优惠、补贴等，鼓励各级政府和社会各界参与创新。

（二）机制支持

1. 激励机制

建立激励机制，设立创新奖项，对在创新实施中表现突出的单位和个人进行奖励，将创新成果纳入政府绩效考核体系，进一步激励各级政府积极推进创新。通过设立表彰和奖励机制，如国家科技奖、创新创业奖等，对在创新领域做出突出贡献的个人和团队进行表彰。这些激励措施不仅提升了创新者的社会认可度，还增强了全社会对创新的重视和支持。

2. 容错纠错机制

建立容错纠错机制，为政府创新实施提供全方位的支持。它作为制度保障，不仅鼓励公职人员勇于探索、大胆创新，通过明确容错免责条件，减轻他们在改革创新过程中的心理负担，使他们能更加专注于工作本身；同时，该机制有助于政府集中资源于关键领域的创新实践，并吸引社会资本参与，提升资源配置效率；此外，容错纠错机制还增强了政府决策的科学性，通过风险评估和及时纠错，提高了执行效率；最重要的是，它营造了一种宽容失败、鼓励创新的文化氛围，激发了公职人员的创造力和工作热情，为政府创新实施注入了源源不断的动力。

（三）财政支持

在政府创新政策的实施过程中，会通过设立创新基金、专项补贴和科研经费等多种形式的财政支持措施，直接为企业和科研机构提供资金支持，有效促进创新活动的开展，为社会经济的可持续发展提供强有力的保障。这不仅能够激发企业和科研人员的创新热情，还能有效缓解其在创新初期可能面临的资金短缺问题。政府通过税收优惠政策，如研发费用加计扣除、税收减免等，降低企业的创新成本，让企业能够在创新研发上投入更多资源。这些政策措施不仅有助于提高企业的竞争力，还可以吸引更多企业参与创新活动，形成良性循环。

政府还通过建立和完善风险投资市场，鼓励社会资本和私人投资进入创新领域。通过设立政府引导基金，吸引更多风险投资机构参与，政府可以发挥"杠杆效应"，带动更多社会资本投入创新项目，推动高风险、高回报的创新活动顺利进行。

政府在财政支持方面应注重透明度和绩效评估，确保资金使用的有效性和公平性。通过定期审计和绩效评估，政府可以及时调整财政支持政策，优化资金配置，提高资金使用效率。

（四）技术支持

技术支持是政府推进创新政策的关键保障。政府构建国家级与地方级研发平台，如重点实验室、创新中心等，形成多层级创新体系，为企业与科研机构提供先进设备与资源，促进跨领域合作，增强整体创新能力。同时，政府积极资助智能制造、大数据、AI等新兴技术的研发，助力传统产业转型升级，通过专项资金与示范项目，加速新技术研发应用，提升产业附加值。运用大数据与AI优化决策系统，增强创新实施的科学性与精准度，完善政府信息系统，共享技术资源。此外，政府还通过制定与推广技术标准，引导行业技术发展，增强国际竞争力。在智能制造、绿色能源等领域制定国家标准，促进技术普及与产业化。同时，政府重视技术人才培养与引进，通过高层次人才计划、培训项目提升创新能力，吸引国际顶尖人才，优化创新生态。

通过建立研发平台、推动新兴技术应用、制定技术标准及培养技术人才，政府在技术支持方面为创新活动提供了强有力的保障。这种综合性的技术支持措施，不仅提升了国家的整体创新能力，还为经济的高质量发展提供了坚实的技术基础。

（五）组织结构支持

1. 机构设立

第一，政府通过设置专门的创新管理机构，如科技部、地方科技局和创新发展委员会等，从顶层设计和战略规划层面统筹创新政策的制定和实施。这些机构负责协调各部门之间的资源配置和政策执行，确保创新政策的系统性和连续性。

第二，政府建立多层次、多领域的创新联盟和合作网络，如产学研合作平台、行业协会和技术联盟等。这些组织结构不仅促进了企业、高校和科研院所之间的协同创新，还推动了技术成果的转化和应用。

2. 机构协调

第一，政府通过设立区域创新集群和高新技术产业开发区，构建创新发展的区域组织结构。创新集群和开发区集聚了大量创新资源，形成了创新企业、科研机构和服务机构的生态系统，提供了一个高度集中的创新环境，促进了创新要素的自由流动和高效配置。同时，这些区域还能享受政策优惠和专项资金支持，进一步激发了地区的创新活力。

第二，政府通过建立公共服务平台和中介机构，如科技服务中心、知识产权服务机构等，为创新主体提供全方位的支持服务。这些服务机构在信息咨询、技术交易、融资服务等方面发挥了重要作用，降低了创新主体的运营成本和风险。

（六）文化氛围支持

政府通过宣传教育、媒体引导、政策包容、文化建设和激励机制等多方面措施，在文化氛围支持方面为创新活动创造了一个积极、开放和支持的环境，鼓励大胆尝试和探索，允许在创新过程中出现一定的失误。这种文化氛围支持不仅提高了全民的创新意识和参与度，还推动了社会整体创新能力的提升，激发全民的创新热情和创造力。

政府需要鼓励和支持媒体对创新创业的正面报道和宣传。通过新闻报道、专题节目和创新人物访谈等方式，树立典型的创新榜样，弘扬敢于冒险、勇于创新的精神。这种舆论导向不仅提高了创新者的社会地位和荣誉感，还吸引了更多人才投身于创新事业。

此外，政府在政策制定和执行中体现对创新的尊重和包容。通过制定宽松的监管政策和提供法律保护，鼓励企业和个人进行技术研发和商业模式创新。特别是在初创企业和新兴产业领域，政府通过提供资金支持、税收优惠和市场准入便利等措施，降低创新者的创业风险，增强他们的信心和动力。

（七）社会参与支持

1. 公共参与

政府通过平台的建立与宣传，为广大创新者提供资源和条件之后，更加注重发挥各类社会组织的作用，支持行业协会、科技社团、高校和研究机构在创新活动中的积极参与。这些组织通过开展研讨会、论坛和培训，推动创新知识的普及和技术的转化应用。此外，支持企业与高校、科研院所的产学研合作，促进科技成果的快速转化和应用，形成紧密的创新链条。

广泛动员社会各界参与政府创新实施，可以有效提高政策的科学性和可行性。通过问卷调查、公开征求意见、举行听证会和设立意见箱等形式，广泛听取公众意见，建立社会监督机制，鼓励社会各界对创新政策和项目提出建议和意见。这种开放、透明的政策制定过程增强了政策的科学性和可行性，确保政府创新实施的透明性和公正性，也提高了公众的参与感和认同感。

2. 多方合作

促进政府与企业、高校、科研机构、非政府组织等多方合作，共同推进创新。促进政府、企业和科研机构的合作，加速科研成果的转化和应用。加强政府各部门之间的合作与协调，形成合力，共同推进创新。

政府通过设立创新基金和风险投资引导基金，吸引社会资本参与创新创业项目，鼓励企业和个人通过众筹、众包等方式，为创新项目筹集资金，降低创新成本和风险。通过社会宣传和教育活动，提升全民的创新意识和技能。例如，开展创新教育进校园活动、组织创新大赛和设立创新奖项，激发广大青少年的创新兴趣和创造力。

二、政府创新实施的过程控制

在深入探讨了政府创新实施所需的环境支持之后，不难发现，一个积极向上、开放包容且技术先进的环境，是确保创新理念得以生根发芽、茁壮成长的关键。这些环境支持不仅为政府创新提供了肥沃的土壤，还为其铺设了坚实的基石。接下来，我们将目光转向政府创新实施的过程，探讨在如此优越的环境下，政府创新是如何从萌芽到成熟，逐步展现其巨大潜力和深远影响的。这一过程不仅是对创新理念的实践检验，更是对环境支持成效的生动展现，两者相辅相成，共同推动政府创新事业不断向前发展。

政府创新实施的过程控制是一个复杂而系统的过程，它涉及多个阶段和多个方面的控制。

（一）准备阶段

1. 明确需求和目标

政府于创新项目启动初期，扮演核心角色，首要工作是深入需求分析。此非单纯信息收集，而是深入基层、贴近民生，融合广泛调研、数据挖掘和与利益相关方沟通，洞悉社会经济现状与趋势，精准识别问题与机遇。政府深挖社会需求与民众期望，确保项目回应时代需求。同时，政府应当科学分析信息，以数据为支撑，以事实为依据，为创新项目的决策提供坚实可靠的基础。

在明确了政府创新项目的必要性和可行性后，政府随即进入目标设定的环节。在这一阶段，政府会结合实际情况，确定项目期望与成效标准，界定实施范围与边界条件，排除非核心因素，确保资源集中与创新效果最大化。

通过这样的环节，政府不仅为创新项目奠定了坚实的基础，也为其后续的实施与评估铺设了明确的道路。

2. 制定创新实施方案

政府制定创新实施方案时面临多种选择，这需要综合考虑创新目标、资源配置、技术可行性、社会影响等因素。

前期准备需结合上一阶段的需求和目标，明确问题，进行利益相关者分析，通过调研、数据分析等方法全面了解政府创新方面当前面临的具体问题，同时还要注意识别和评估政策可能影响的各方，并设定量化指标。随后，收集国内外政策、最佳实践，并咨询专家，为创新方案设计做准备。

在前期准备工作圆满完成后，政府需要进入方案构思阶段。方案构思阶段包括头脑风暴、初步设计及利益相关者沟通，旨在激发创新思维、确保方案可行并满足各方需求。其中，公共咨询是关键，政府必须通过多元化渠道收集意见，组织听证会、问卷调查等，确保方案科学性和可行性。

在完成了详尽的评估和广泛的公共咨询之后，政府需要进行最终的决策，以确定政府创新实施的具体方案。最终决策需透明公正，综合各方意见，编制详细文件记录决策过程，并向公众公布结果及理由。

政府创新实施方案的制定过程是一项复杂的系统工程，涉及多个阶段和步骤。从前期准备、方案设计、评估和选择，每一个环节都至关重要。通过科学的方法和严谨的流程，政府可以选择出最优的实施方案，确保政策目标的顺利实现。

3. 风险评估与规避

在准备阶段，政府对创新方案的实施尤为审慎，首要任务是对其进行全面的风险评估。这一过程旨在识别可能威胁项目成功的风险因素，包括技术可行性、市场需求变化、资金流动性、法律法规遵从性及潜在的社会影响等。政府通过收集广泛的数据、参考专家意见及借鉴类似项目经验，系统地分析这些风险因素的潜在影响及发生概率。随后，政府针对识别出的风险，量身定制风险规避措施。这些措施可能涉及技术升级与研发合作以应对技术不确定性、优化资金配置与引入多元融资渠道以缓解资金压力、加强合规性审查与建立风险预警机制以应对法律与政策变动，以及强化公众参与与沟通以管理社会期望与影响。通过这些精心设计的风险规避策略与具体措施，政府为创新方案的顺利实施筑起了一道坚实的防线，确保了项目能够在可控的风险范围内稳步推进。

（二）操作阶段

1. 设立跨部门实施团队

在政府创新的实施过程中，跨部门团队的组建是至关重要的第一步。由于政府创新往往涉及多个部门、不同领域的知识和技能，单一部门很难独自完成整个创新过程。因此，需要打破部门壁垒，组建一个跨部门的实施团队。这个团队应该由来自不同部门、具有不同专业背景的人员组成，以确保能够全面考虑创新的各个方面，并充分利用各自的专业知识和经验。

跨部门团队的组建有助于加强各部门之间的沟通和协作，促进信息共享和资源整合。团队成员之间可以通过定期会议、工作坊、在线协作平台等方式进行交流和讨论，共同制定创新方案、解决实施过程中的问题。这种跨部门合作的方式不仅可以提高创新效率，还可以增强政府机构的整体凝聚力和创新能力。

在组建跨部门团队之后，为每个团队成员明确职责和分工是确保创新顺利实施的关键。责任分工应该根据团队成员的专业背景、技能特长和创新任务的具体要求来制定。每个团队成员都应该清楚自己在创新过程中的角色和任务，了解自己的工作目标和责任范围。这有助于确保团队成员能够充分发挥自己的专业优势，高效完成各自的任务。同时，也可以避免工作重复和冲突，提高创新效率。此外，还有助于建立有效的监督机制，确保每个团队成员都能够按时按质完成自己的任务，为创新的成功实施做出贡献。

特别地，在这个过程中需要注意：要确保团队成员之间的任务分配合理、均衡，避免出现工作负担过重或过轻的情况；要鼓励团队成员之间的合作与协作，共同解决问题和应对挑战；要建立有效的沟通机制，确保团队成员之间的信息畅通、及时传递。

2. 多种资源配置

资源配置作为政府创新实施过程中的核心环节，其精细化管理对确保项目获得充足且高效利用的资源支持至关重要。这一过程始于深入的资源需求分析。政府在项目规划阶段便细致剖析所需的人力资源、财务资源、技术资源和物质资源，确保每项资源的分配都基于明确的需求和用途。随后，基于这些分析，政府精心编制项目预算，力求预算的合理性与高效性并存，有效避免资源浪费或短缺的情况发生。

在资源获取阶段，政府通过多元化的途径，如政府拨款、专项基金申请、内部资源调配、外部招聘及合作采购等，确保项目所需资源能够及时到位。紧接着，在资源分配环节，政府秉持科学公正的原则，根据项目需求与进度，确保资源得到最优配置，特别是关键任务和环节能够得到优先保障。对外部供应商提供的资源，政府实施严格的供应链管理机制，确保合作伙伴的可靠性，从而保证资源的质量、时间与数量均符合项目要求。此外，政府还建立了资源使用的监控与评估体系。通过绩效指标、进度报告等手段，定期对资源配置和使用情况进行评估，确保资源得到有效利用。

基于监控与评估结果，政府会及时对资源配置进行必要的调整与优化，确保资源始终保持在最佳配置状态，为项目的成功实施提供坚实保障。此外，政府还注重文档记录与归档工作，详细记录资源配置的全过程，建立完备的资源管理档案，为后续创新项目总结及未来项目提供宝贵的参考与借鉴。

3. 创新方案的具体执行

创新方案的具体执行是政府创新实施过程中至关重要的阶段。它将前期规划、资源配置等准备工作付诸实践，使政府创新项目能够在有序、可控的环境下进行，确保项目目标按时保质完成，并实现预期的创新效果，确保项目目标得以实现。

在该阶段，需要真正启动创新的实施。通过召开项目启动会议，明确创新目标、范围、时间表和责任分工，确保创新执行团队和相关利益方对项目有清晰的理解和一致的认知，并将详细的项目实施计划，包括关键任务、里程碑、时间节点和资源分配布置到政府创新的执行主体上，确保计划具有可操作性和可监控性。

在创新的具体实施过程中，由于创新内容的复杂繁多，还需要政府进行创新任务分解与分配。

在政府创新的实施过程中，可以运用工作分解结构（WBS）技术，将宏大的创新项目目标细化成一系列具体、可执行的工作任务。通过 WBS，能够清晰地界定每项任务的责任人、预期的完成时间以及所需资源，从而确保创新实施的顺利进行。同时，利用责任分配矩阵（如 RACI 矩阵）明确分工，确保每个任务都有明确的执行者、责任人、协助者和知情者。这种明确的责任分配有助于团队成员更好地理解自己的角色和职责，从而提高项目执行效率。

此外，为了确保创新项目信息的及时流通与任务的顺利对接，政府制定了详尽的项目沟通计划。该计划明确了沟通渠道、频率、内容以及参与人员，确保项目相关方能够及时了解项目进展、潜在问题以及重要决策。定期召开的项目会议，如团队例会、进度汇报会等，为团队成员提供了交流的平台，有助于及时发现问题并共同解决。

在项目实施过程中，政府系统地识别可能遇到的风险，包括技术风险、资源风险、进度风险等。通过评估各类风险的发生概率和影响程度，政府为这些风险设定了优先级，并制定了相应的风险应对计划。这些计划包括风险规避、减轻、转移和接受等策略，旨在确保风险发生时能够迅速采取措施，减少对项目的影响。

基于 WBS 和时间表，政府制定了详细的进度计划，明确了各项任务的起止时间和关键路径。通过里程碑检查、进度汇报以及项目管理软件等工具，政府实时监控项目进展情况，确保项目按计划进行。一旦发现进度偏差，政府会及时采取纠正措施，确保项目能够按时完成。

同时，政府制定了项目的质量标准和验收标准，确保各项任务的完成都符合预期的质量要求。通过定期的质量检查和评估，政府能够及时发现并解决质量问题，保证项目的整体质量。

政府建立了完善的项目变更管理流程，明确了变更申请、审批、执行和记录的步骤。这一流程确保了项目变更得到有效控制，避免了无序变更对项目造成的不良影响。对变更请求，政府会进行评估，分析其对项目范围、时间、成本和质量的影响，并据此做出合理的决策。

在资源管理方面，政府根据项目需求和进度计划，合理调度和分配资源，确保各项资源得到充分利用。通过资源优化措施，政府提升了资源利用效率，减少了资源浪费。

在项目实施过程中，政府注重文档的管理。及时编制和更新各类项目文档，如计划、报告、记录、合同等，确保项目信息的完整性和可追溯性。政府建立了完善的项目文档管理制度，对各类文档进行分类、整理和归档，以便团队成员随时查阅和使用。

4. 监督与审计

在政府创新实施过程中，监督和审计是确保项目按计划、有序推进的重要环节。有效的监督和审计能够及时发现问题，纠正偏差，提高项目的透明度和问责性。通过监督和审计，政府创新项目能够在严格的控制和管理下顺利实施，确保项目成果符合预期，资源使用合理，管理过程透明，最终实现项目的创新目标。

在政府创新实施的过程中，政府建立了一套全面而精细的监督体系，以确保项目的顺利进行。政府在监督中明确了监督的目标、范围、方法和频次，确保监督工作有条不紊地进行，同时避免对项目正常进度造成干扰。政府将监督任务细化到具体的责任人和时间节点，确保每个监督环节都有专人把关，不留死角。这一体系结合了创新项目团队自身的监管以及政府部门内部的监督机构，涵盖了政府创新项目经理、专业监理以及项目管理办公室（PMO）等多方力量。项目团队定期提交包括进度报告、财务报告和质量报告在内的各项报告，以供监督机构全面审阅。此外，监督机构还会定期或不定期地进行现场检查，直观了解项目的实际进展情况。同时，为了进一步提升监督的公正性和客观性，政府特别邀请了第三方独立监督机构，并鼓励公众参与监督。这一举措旨在确保监督过程不受任何利益干扰，真正反映项目的实际情况。

审计机制也是政府创新实施的守护者。审计类型包括内部审计和外部审计。内部审计由政府部门或项目团队内部机构执行，着重审查资金、合同和绩效。外部审计则委托独立第三方，涵盖财务、绩效和合规审计。审计计划需明确对象、范围、时间和方法，确保有序进行。风险评估用于确定审计重点和高风险环节。审计实施包括数据收集、实地考察和审计分析，确保数据真实完整，并发现潜在问题。审计机构将编制详细报告，提出问题和改进建议，提交给项目管理层和相关政府部门审阅，以充分利用审计结果，及时发现问题并采取改进措施。整个审计过程旨在确保政府创新全过程的财务健康、绩效达标和合规性。

针对审计和监督发现的问题，政府制定详尽的整改计划，明确整改措施、责任人和完成时间。项目团队和相关部门将严格按照计划执行，确保问题得到根本解决。在整改过程中，政府实施严格的跟踪和监控机制，确保整改措施落地有效。政府定期对整改效果进行评估，以确保问题不再复发，项目风险得到有效控制。同时，政府建立反馈机制，将问题处理和整改的经验教训及时反馈到项目管理和实施阶段，推动项目管理的持续改进。政府将审计和监督发现的问题及解决方案整理成知识库，为后续项目提供宝贵的参考和学习资源。

5. 沟通与宣传

政府应秉持开放透明的原则，积极主动地与公众及媒体建立起紧密而有效的沟通桥梁，通过多元化的渠道和方式，全面而深入地宣传政府创新实施的目标、具体措施以及预期达成的积极效果。这一沟通过程不仅有助于增强公众对政府创新工作的理解与认知，还能够激发社会各界对政府创新项目的关注与支持，为项目的顺利推进营造良好的社会氛围。

在宣传政府创新目标时，政府应清晰阐述创新项目的核心价值与长远愿景，让公众明白这些创新举措对促进社会经济发展、提升公共服务水平、改善民生福祉等方面的重要意义。同时，政府还应通过具体案例和数据，生动展现创新实施可能带来的积极变化，增强公众对未来的信心与期待。

关于具体措施的宣传，政府应详细介绍项目实施的步骤、方法、时间表以及责任分工等关键信息，让公众了解政府是如何规划并推动这些创新举措落地的。同时，政府应积极回应公众关切，对创新实施过程中可能遇到的风险与挑战进行客观分析，并展示政府已采取的防范措施和应急预案。通过透明化的操作过程，政府能够赢得公众的信任与认可，减少误解与疑虑。

在媒体沟通方面，政府应充分利用传统媒体与新媒体的各自优势，制定科学的传播策略，确保信息能够广泛覆盖并精准传达给目标受众。通过与媒体的深入合作，政府可以及时发布创新项目的最新进展、成果亮点以及社会反响等信息，进一步扩大影响力，凝聚社会共识。

总之，政府应积极与公众和媒体沟通，通过全面而深入的宣传工作，促进公众对政府创新实施的理解与支持，为项目的成功实施奠定坚实的民意基础。

（三）反馈与调整阶段

1. 定期评估

政府作为创新方案的策划者与执行者，其工作的核心在于确保创新活动能够高效推进并达成预期目标。因此，定期对创新方案的实施效果进行评估显得尤为重要。这不仅是对政府工作绩效的客观检验，更是对创新策略科学性、合理性的重要验证。通过评估，政府可以及时发现并纠正实施过程中存在的问题，确保创新方案能够按照既定轨道顺利推进。

在成效评估方面，政府应全面考虑创新方案带来的多方面影响。首先，需要评估目标达成度，即创新方案是否成功实现了预定的经济、社会等目标。其次，经济效益评估也是不可或缺的一环，政府需关注创新活动对经济增长、税收增加、就业促进等方面的贡献。再次，社会效益评估同样重要，包括改善民生、促进公平、提升公共服务水平等方面的成效。最后，还应考虑创新方案的可持续性，确保其能够长期为社会经济发展贡献力量。

在创新方案实施过程中，潜在的问题和挑战往往难以避免。因此，政府还需要定期对潜在问题进行评估。这包括识别可能遇到的技术风险、市场风险、政策风险等，以便及时采取应对措施。对已经出现的问题或偏差，政府需要进行深入的诊断分析，找出问题的根源和影响因素，并据此提出具体的改进建议和优化方案。通过建立有效的反馈机制，政府可以鼓励各方积极参与评估过程，共同为创新方案的完善和优化贡献力量。

2. 反馈与沟通

评估结果作为创新方案实施效果的重要反馈，其及时、准确的传达对促进创新持续发展具有至关重要的作用。

政府需要清晰地界定创新方案实施过程中的相关利益者，这包括直接受益的公众群体、参与项目实施的企业与机构、提供资金支持的投资者、负责监管的政府部门以及学术界和研究机构等。明确相关利益者有助于确保评估结果能够精准地传达给所有关键方。

评估结果一旦形成，政府应立即着手准备反馈工作，确保信息的时效性。通过召开新闻发布会、发布官方公告、发送电子邮件或信函等多种方式，将评估结果迅速传达给相关利益者。及时反馈有助于各利益方及时了解创新方案的实施效果，为后续的决策和行动提供依据。

反馈评估结果不仅仅是传递信息，更重要的是与相关利益者进行积极的沟通和解释。政府应组织专门的会议或研讨会，邀请各利益方代表参与，就评估结果进行深入的交流和讨论。通过沟通，政府可以详细解释评估过程、方法和结果，回应利益方的关切和疑问，增进彼此的理解和信任。

在沟通过程中，政府应鼓励相关利益者积极发表意见和建议。这些反馈意见对评估结果的完善和创新方案的优化具有重要意义。政府应认真听取并记录各利益方的反馈，对合理的建议进行采纳，并在后续工作中加以改进。

通过及时的反馈和积极的沟通，政府可以努力促进各相关利益者之间形成共识和合作。共同的目标和利益有助于凝聚各方力量，推动创新活动的持续发展。政府应发挥协调作用，搭建合作平台，促进各利益方在信息共享、资源共享、经验交流等方面的合作，形成推动创新发展的强大合力。

评估结果的反馈和沟通是创新持续发展的动力源泉。政府应根据评估结果和各方反馈，不断调整和优化创新策略，解决存在的问题和不足。同时，政府还应积极探索新的创新路径和模式，不断引入新技术、新方法和新思维，推动创新活动的不断深入和拓展。

3. 调整与优化

根据评估结果和反馈意见，政府对创新后续的实施进行必要的调整和优化，是确保创新活动持续有效、达成预期目标的关键环节。

在创新活动的持续推进中，政府需根据评估结果与反馈意见，精准识别问题所在，并据此制订针对性的调整优化方案。这包括资源的重新配置以支持关键领域、政策的适时调整以激励创新主体、流程的简化以提升效率，以及技术的不断升级以推动产业升级。同时，实施过程需明确责任分工，建立监控机制，确保各项措施有效落实，并根据实际情况灵活调整，确保创新活动始终沿着正确的方向前进。

为保持创新活动的持续活力与成效，政府应建立健全的反馈机制，多渠道收集利益相关方的意见与建议，建立反馈数据库以支持决策。在此基础上，政府需定期评估创新活动的效果，总结经验教训，不断创新优化策略与实施模式。同时，加强合作与交流，搭建多方参与的合作平台，推动信息共享与协同创新，并积极参与国际合作，引进先进技术与管理经验。此外，弘扬创新精神，提升全民创新能力，培养浓厚的创新文化，也是推动创新活动持续优化与改进的重要方面。

在政府创新实施的过程中，明确的目标和指标、有效的组织和管理、科学的评估体系以及灵活的调整机制是确保创新活动成功与持续优化的核心要素。这些要素相互关联、相互促进，共同构建了一个高效、动态的创新管理体系。

明确目标与指标是创新航向标，政府应设定清晰量化标准，引导创新方向并确保执行不偏离。高效组织与管理为创新基石，需构建合理架构，明确职责，优化资源配置，强化内外沟通。科学评估体系衡量创新成效，全面考量目标与综合效益，指导后续优化。灵活调整机制确保创新适应变化，政府需敏锐反应，适时调整策略与资源，保持创新活力。

展望未来，政府应继续深化对这些关键要素的理解与应用，不断优化创新实施过程，以更加开放的心态和创新的思维应对挑战与机遇。同时，加强与社会各界的沟通与合作，共同推动创新成果的转化与应用，为社会经济的全面发展注入不竭动力。

第三节　政府创新实施的体制机制

一、政府创新实施的制度构建

政府创新实施的制度构建是一个复杂且全面的过程，需要从政策制定、组织架构、资源配置、监督评估、法治保障、风险管理等多个方面进行综合考量和系统安排。只有建立一个系统、规范、高效的管理体系，才能有效推动政府创新，提高公共服务质量和社会治理能力，最终实现社会经济的可持续发展。

（一）政策制定

政策制定是政府创新实施的起点和基础，其内容包括创新战略和政策框架、跨部门合作机制以及公众参与。创新战略和政策框架强调要制定明确的创新战略，确定长期和短期目标。跨部门合作与公众参与涵盖科技、教育、经济等多个领域，推动各部门之间的协作，形成合力，以综合性政策应对复杂问题，并通过听证会、公共咨询等形式，吸纳公众意见，增强政策的民主性和透明度。

（二）组织架构

科学合理的组织架构是创新实施的核心保障，其内容包括设立专门的创新委员会或创新办公室，负责统筹规划、协调和监督创新活动；组建多学科、多领域的专家团队，提供技术支持和智力服务；在各级政府部门设置创新专员或团队，确保政策执行和项目管理。

（三）资源配置

资源配置是创新实施的重要支持，涵盖财政、人力和信息资源等。要做到：合理配置财政预算，加大对创新项目的投入，建立专项基金，多元化筹资，鼓励社会资本和国际资源的参与，形成政府、企业、社会多方共赢的局面。通过培训、引进和激励机制，培养和吸引专业人才，提升创新能力。建立信息共享平台，促进数据和信息的互联互通，为创新提供数据支持。

（四）监督评估

监督评估机制是确保创新项目顺利实施的重要手段，其内容主要包括：
第一，评估体系。建立科学、透明的评估体系，制定明确的评估指标和标准。
第二，定期审查。对创新项目的进展和效果进行定期审查和评估。
第三，公开透明。评估结果应及时公开，接受社会监督。
第四，反馈机制。设立投诉和反馈渠道，听取各方意见和建议，及时调整和优化项目。

（五）法治保障

法治保障是创新实施的根本，涵盖立法、执法和司法三个方面。
第一，立法保障。通过制定和修订法律法规，为创新活动提供法律基础和保障。
第二，执法支持。加大执法力度，确保创新政策和法规的有效执行。
第三，司法保护。通过司法手段保护创新成果和知识产权，维护创新主体的合法权益。

（六）风险管理

风险管理是创新实施中不可忽视的环节。首先，要能够识别风险，提前识别可能出现的各种风险，如技术、市场、政策等方面的风险。其次，要建立风险预警机制，及时发现和预警潜在问题。最后，要做好应急预案，确保在风险发生时能够迅速反应和有效应对。

二、政府创新实施的容错纠错机制

政府创新实施的容错纠错机制是为了在推动创新的过程中减少错误带来的负面影响，同时鼓励大胆尝试和探索。这个机制的重点在于如何识别、容忍和纠正错误，从而为创新提供一个相对宽松和安全的环境。容错纠错机制不仅有助于减少创新过程中的风险和损失，还能激发创造力和积极性，推动政府创新工作的持续发展。

（一）容错机制

容错机制是一个深思熟虑的治理策略，特指在政府创新活动的实施过程中，对那些因探索未知领域、尝试新方法而产生的非主观性错误导致的失败，采取一种宽容和理解的态度。这种宽容并非对错误的姑息纵容，而是在一个合理的框架内，允许失败的发生，从而鼓励创新者从失败中吸取教训，积累宝贵的经验，进而推动改革的不断深化和完善。

容错机制的实施有一个明确的前提条件，那就是这些错误必须是在严格遵守法律法规的基础上产生的，不能违反国家的法律。同时，这些错误必须是符合中央和地方政府的决策部署，有利于整个社会的改革和发展大局，而不是出于个人的私利。

此外，政府创新的实施主体在主观上应该秉持一种审慎而负责任的态度。错误的产生应该是由于过失、不可抗力或者经验不足等，而非主观故意为之。这样的设定是为了确保容错机制不会被滥用，真正用于鼓励那些出于公心、勇于探索的政府工作人员。

在容错机制的具体实践中，这些错误表现为多种形式。比如，由于缺乏相关的经验，在尝试新的政策或项目时出现了失误；在先行先试的过程中，由于尚无明确的限制和规范，而出现了某种程度上的偏差；在进行探索性试验时，由种种原因导致的失败。无论是哪种情况，只要符合容错机制的前提条件和要求，都应该得到相应的宽容和理解。

（二）纠错机制

纠错机制是在容错机制的基础上，对政府创新实施过程中已经发生的错误进行及时、准确地纠正和妥善处理的一套系统化流程。这一机制的核心在于确保政府创新工作能够在发现错误后迅速反应，通过科学的方法和手段，有效纠正并防止类似错误的再次发生，从而保障政府创新实施工作的正确性和有效性。

纠错机制的实施依赖于一个健全的监督体系。通过日常监督、定期评估、群众反馈等多种方式，及时发现政府创新实施过程中存在的问题和错误。这些发现的问题和错误可能是政策执行中的偏差、工作流程中的漏洞、资源配置的不合理等。

一旦发现问题，纠错机制会立即启动分析程序，对发现的问题进行深入剖析，明确问题的性质、产生的根本原因以及可能带来的后果和影响。这一步骤至关重要，因为它为后续制定纠正措施提供了科学、合理的依据。

在问题分析的基础上，纠错机制会制订针对性的纠正措施。这些措施包括改进政策设计、优化工作流程、加强监管力度等。制定纠正措施时，需要综合考虑问题的性质、影响的范围以及可能涉及的利益方，确保纠正措施既能够解决问题，又能够避免对正常工作造成不必要的干扰。

纠错机制会将纠正措施付诸实施，并对实施过程进行实时监控和评估。通过实时跟踪和评估，能够确保纠正措施得到有效执行，并及时发现和解决实施过程中可能出现的新问题。同时，通过对实施效果的评估，可以不断改进和完善纠错机制，提高其针对性和有效性。

总之，纠错机制是政府创新实施过程中的重要保障措施。它能够在发现问题后及时纠正错误，确保政府创新工作的正确性和有效性。通过不断完善和优化纠错机制，可以进一步提高政府创新工作的质量和效率，为社会的发展和进步做出更大的贡献。

（三）容错纠错机制建设

1. 法制保障

在推动政府创新的过程中，确保政府官员能够在一个安全、有保障的环境中大胆尝试和积极创新是至关重要的。为此，需要通过立法和政策措施为容错纠错机制提供坚实的法律保障，以确保政府官员在政府创新实施过程中享有一定的法律保护。

立法是确保容错纠错机制法律保障的基础。政府应制定或修订相关法律法规，明确容错纠错机制的基本原则、适用范围、操作程序等，为政府官员在创新过程中的尝试和纠错行为提供明确的法律指引。这些法律法规应确保政府官员在遵循合理程序、尽到必要注意义务的前提下，即使出现失误或错误，也能得到适当的法律保护，避免过度追责和惩罚。

政策措施是实现容错纠错机制法律保障的重要手段。政府可以通过制定相关政策，鼓励和支持官员在创新过程中敢于尝试、勇于担当。这些政策包括：设立创新容错基金，为因创新而遭受损失的官员提供一定的经济补偿；建立创新容错评估机制，对官员的创新行为和纠错能力进行客观评价，作为晋升和奖惩的重要依据；加强培训和指导，提高官员的创新意识和纠错能力，降低创新风险。此外，为了确保容错纠错机制的有效实施，政府还应加强监督和评估工作，通过建立独立的监督机构或委托第三方机构，对容错纠错机制的实施情况进行定期检查和评估，确保各项措施得到有效执行。同时，还应建立公开透明的信息披露机制，及时向社会公众公布容错纠错机制的实施情况和典型案例，接受社会监督。

2. 文化建设

要在政府内部贯彻执行容错纠错机制，培育一种包容错误的文化是至关重要的。这种文化的建立，不仅能够帮助政府工作人员在面对创新过程中的困难和挑战时更加从容不迫，还能促进整个组织的学习氛围和创新能力的提升。

领导层在这一过程中扮演着至关重要的角色。他们应当通过明确的言行，向整个组织传达出对错误的正确理解和包容态度。领导层需要明确传达这样的信息：在创新过程中，错误是不可避免的，它们并不是失败，而是学习和成长的机会。只有勇于尝试，才能不断突破，实现真正的创新。为了培育这种文化，领导层可以采取多种形式的培训和公开讲话。在培训中，可以邀请专家或行业内的成功人士分享他们的失败经验和教训，让员工明白错误是创新过程中的一部分，并且从中学习和成长。同时，领导层可以在公开场合强调包容错误的重要性，并鼓励员工在创新过程中大胆尝试新思路和新方法。

通过这种文化的培育，政府内部将形成一种积极、开放的工作氛围。在这样的环境中，员工将不再害怕犯错，而是敢于挑战自我，勇于尝试。这将极大地激发员工的创新热情，推动政府创新工作的深入开展。

3. 错误识别

有效的错误识别是容错纠错机制得以顺利运行的首要步骤。它确保了问题在初期阶段就能被及时发现和纠正，从而降低了后期处理错误的成本和风险。为了有效地识别错误，可以采取以下几种方式。

第一，实施项目评审是关键的一环。在创新项目的各个阶段，都应设立专门的评审环节。这些评审环节应由经验丰富的专家或团队成员组成，他们对项目的进展进行定期或不定期的审查，从而能够及时发现并指出潜在的问题。在评审过程中，评审人员应重点关注项目的目标、计划、执行和结果等，确保项目按照预定的轨道进行，并及时发现偏离轨道的迹象。

第二，员工反馈是识别错误的重要途径。员工是创新项目的直接参与者，他们往往能够发现一些评审人员难以察觉的问题。因此，应设立匿名反馈渠道，鼓励员工自由表达对项目的担忧和意见。这不仅能够让项目团队及时了解员工的想法和感受，还能够激发员工的参与感和归属感，提高整个团队的凝聚力。

第三，外部审查是识别错误的有效补充。第三方专家或咨询公司通常具备更丰富的经验和更专业的知识，他们能够从不同的角度对项目进行独立评估，提供客观的意见和建议。因此，在创新项目的关键阶段，可以邀请这些专家或咨询公司进行外部审查。他们可以通过实地考察、问卷调查、数据分析等方式，深入了解项目的实际情况，为项目团队提供宝贵的建议和改进方向。

综上所述，有效的错误识别需要项目评审、员工反馈和外部审查等多种方式的结合。通过这些方式，可以及时发现并纠正创新项目中的潜在问题，确保项目的顺利进行，降低错误带来的风险和成本。同时，这也需要项目团队具备高度的责任感和敬业精神，不断学习和改进，提高项目的质量和效率。

4. 错误分类

对在政府创新实施过程中发现的错误进行分类和评估，是确保容错纠错机制能够精准、高效地发挥作用的关键步骤。通过对错误的细致分类和深入评估，明确错误的严重性和影响范围，从而制定出更加有针对性的纠正措施。

在分类方面，可以将发现的错误分为以下三个主要类别。

第一，轻微错误。轻微错误是指那些对项目进展影响较小，且可以在内部及时纠正的错误。这类错误通常不会对整个项目的目标、计划或执行造成重大影响，但如果不及时处理，也可能会逐渐积累成为更严重的问题。因此，对轻微错误，政府需要建立快速响应机制，确保问题能够在第一时间被发现并得到妥善解决。

第二，中度错误。中度错误是指那些对项目有一定的负面影响，需要进行调整和改进的错误。这类错误可能涉及项目的某个重要环节或关键步骤，如果处理不当，会对项目的整体进展造成较大影响。因此，在发现中度错误时，政府需要组织专业的团队进行深入分析和评估，找出问题的根源，并制定相应的纠正措施。同时，需要加强项目的监控和管理，确保类似问题不再发生。

第三，严重错误。严重错误是指那些对项目造成重大损失或风险，需要采取紧急措施进行全面整改的错误。这类错误可能涉及项目的核心目标、关键资源或重要合作伙伴，一旦处理不当，可能会导致项目失败或产生严重的社会影响。因此，在发现严重错误时，政府需要立即启动应急预案，组织专家团队进行全面评估和整改。同时，需要向相关领导和部门报告情况，争取更多的支持和资源来解决问题。

在评估方面，政府需要对每类错误的严重性和影响范围进行量化分析。对轻微错误，政府可以根据问题的性质和影响程度，制定相应的纠正措施和时间表；对中度错误，政府需要综合考虑问题的复杂性和解决难度，制定详细的整改计划和时间表；对严重错误，政府需要进行全面的风险评估和应急预案制定，确保问题得到及时、有效解决。

通过对错误的分类和评估，可以更加精准地把握问题的严重性和影响范围，从而制订更加有效的纠正措施。这将有助于政府在创新实施过程中更好地应对各种挑战和风险，确保项目的顺利进行和成功实施。

5. 责任分担

确保政府创新实施错误发生后责任能够得到公正合理的分担，是保障团队积极性、鼓励创新尝试的关键。为了避免"一人犯错，人人受罚"的不合理现象，政府创新需要建立明确且合理的责任分担机制。

第一，建立责任追究机制。这一机制的核心在于对错误进行深入的追踪和分析，明确责任归属。在错误发生后，应迅速启动调查程序，由专业的团队或委员会负责查明错误发生的原因、过程及涉及的各方责任。在责任追究过程中，需要保持公正、公开、透明的原则，确保调查结果的真实性和可信度。

第二，对创新过程中的失误应适度宽容。创新本身就伴随着一定的风险和不确定性，因此，在责任追究时，应对创新过程中的失误给予一定的宽容和理解。这并不意味着对错误视而不见，而是要在明确责任归属的基础上，对责任人进行适当的指导和帮助，促进其从错误中学习和成长。

第三，加强团队协作是实现责任合理分担的重要措施。在创新过程中，团队成员之间应建立紧密的合作关系，相互支持和帮助。当错误发生时，团队成员应共同承担责任，共同分析问题，共同寻找解决方案。这种团队协作的精神不仅能够减轻个人的压力，还能够促进团队整体能力的提升。

总之，通过建立责任追究机制、适度宽容创新失误、加强团队协作等具体措施，可以实现责任的合理分担，促进政府创新工作的顺利开展。

6. 错误纠正

当政府创新实施过程中遇到不同类型的错误时，为确保问题能够得到及时有效的解决，必须制定具有针对性的纠错方案。这些方案不仅要考虑错误的性质和影响程度，还要确保在实际操作中能够迅速、有效地执行。

第一，即时纠错，对轻微错误进行快速处理。虽然轻微错误对项目整体进展的影响较小，但如果不及时处理，也可能逐渐积累成大问题。因此，一旦发现轻微错误，应立即启动即时纠错机制。具体措施包括：首先，快速响应。一旦发现轻微错误，相关责任人应立即采取行动，进行初步分析和处理。其次，及时反馈。将处理结果及时报告给上级领导和团队成员，确保信息畅通。最后，总结教训。在纠错过程中总结经验教训，为未来的创新工作提供借鉴。

第二，改进计划，针对中度错误制定详细的改进计划。中度错误对项目有一定负面影响，需要进行调整和改进。针对这类错误，应制定详细的改进计划，确保问题得到有效解决。具体措施包括：首先，深入分析。对中度错误进行深入分析，找出问题的根源和症结所在。其次，制订计划。根据分析结果，制定详细的改进计划，明确改进措施、责任人和时间节点。再次，落实措施。确保改进措施得到有效执行，对执行情况进行监督和检查。最后，跟踪评估。对改进效果进行跟踪评估，确保问题得到根本解决。

第三，紧急措施，对严重错误采取紧急措施。严重错误对项目造成重大损失或风险，需要立即采取紧急措施。针对这类错误，应迅速启动应急预案，确保问题不再扩大。具体措施包括：首先，立即暂停。在发现严重错误时，应立即暂停项目或相关活动，防止问题进一步恶化。其次，全面整改。组织专家团队进行全面整改，找出问题的根源并彻底消除隐患。最后，预防措施。在问题解决后，要总结经验教训，制定预防措施，避免类似问题再次发生。

通过以上措施，可以确保政府创新实施过程中出现的错误能够得到及时有效的解决。同时，这些措施能够提高团队成员的责任意识和协作能力，促进政府创新工作的顺利开展。

7. 评估和总结

在政府创新实施的过程中，定期对错误和纠错过程进行评估和总结是一项至关重要的工作。这一流程不仅有助于政府在创新实施过程中深入理解错误的本质，还能从中提炼出宝贵的经验教训，以指导未来的工作。以下是具体的几个环节，它们共同构成了这一评估和总结的框架。

案例分析是评估和总结过程的第一步。在这一阶段，需要选择具有代表性的典型错误进行深入分析。这种分析应涵盖错误的发现、原因、影响以及最终的解决方案等多个方面。案例分析的过程需要遵循客观、全面和深入的原则。政府应避免主观臆断，确保分析结果的客观性和准确性。同时，要关注错误的各个方面，从多个角度进行分析，以得到更加全面的认识。另外，要深入挖掘问题的本质，寻找根本的解决方案，而不仅仅是做表面的修补。通过详细的案例分析，能够更加清晰地看到问题的根源，理解错误产生的深层次原因，以及为什么某些解决方案能够成功地应对这些问题。

公开分享是评估和总结过程的重要环节。在这一阶段，将案例分析的结果和总结的经验教训在内部会议或培训中进行分享。公开分享的过程需要注重互动和交流。不仅要展示案例分析的结果和经验教训，还要鼓励团队成员提出问题和建议。通过交流和讨论，可以进一步深化对错误的认识，发现可能存在的盲点或不足，并进一步完善解决方案。通过分享，可以让更多的人了解错误的性质和解决方法，提升整个团队的应对能力。

持续改进是评估和总结过程的最终目标。在这一阶段，政府将根据总结的经验教训，对现有的工作流程和管理机制进行持续改进。这种改进包括优化工作流程、加强团队管理、提高技术水平等多个方面。持续改进的过程需要注重实效和可持续性。政府要确保改进措施能够真正解决问题，并在长期内保持有效。同时，政府也要关注改进措施对团队和组织的整体影响，确保能够与其他工作相互协调、相互促进。

8. 激励和奖励

在推动政府创新的过程中，员工的积极性和敢于尝试的精神是无比宝贵的。为了激发更多人参与创新的热情，并对那些在创新及纠错过程中表现出色的员工给予应有的认可，政府必须建立一套明确的奖励机制。

第一，对在政府创新过程中表现积极、敢于尝试并成功纠错的员工，应当给予公开的表彰和奖励。这种表彰不仅是对员工个人能力的肯定，更是对他们创新精神和纠错勇气的认可。通过在内部会议、年度表彰大会等场合公开表彰这些优秀员工，可以树立榜样，激励更多的员工积极参与创新和改进工作。

第二，将纠错表现作为员工晋升的重要参考依据，是激励员工积极参与创新的有效手段。这意味着，员工在创新及纠错过程中的表现将直接影响他们的职业发展。这种将个人表现与职业发展紧密联系的机制，将促使员工更加注重自己在工作中的表现，尤其是在面对困难和挑战时，更能够积极应对，勇于尝试新的方法和思路。

第三，为了进一步提高员工参与创新的积极性，可以设立专项奖励基金，用于奖励在创新及纠错过程中有突出贡献的个人或团队。这些奖励可以是物质上的，如奖金、奖品等；也可以是精神上的，如荣誉称号、证书等。通过设立这些奖励，可以让员工感受到自己的付出得到了应有的回报，从而更加坚定他们参与创新的决心和信心。

第四节　政府创新实施的可持续性

一、政府创新实施的困境与挑战

在政府创新的实施过程中，其复杂性和多样性决定了会遇到多种多样的问题与挑战。这些问题与挑战不仅来自内部环境，还源于外部环境，以及创新本身所带来的不确定性。

（一）内部环境

在组织文化方面，政府创新实施可能存在障碍。传统的政府组织文化强调稳定和遵循既定程序，这可能导致对创新的抵触。内部的保守态度和惯性思维使改变现状变得困难，即使这种改变是为了适应新环境或满足公众的新需求。缺乏鼓励创新和试错的氛围，导致员工不敢提出新想法或尝试新方法。

在资源分配上，政府创新实施可能会受到限制。政府部门通常面临紧张的预算和有限的资源，需要在日常运营和创新项目之间找到平衡。资源分配决策受政治、利益集团和官僚主义的影响，导致创新项目得不到足够的支持。跨部门合作和资源整合困难，导致创新项目难以获得所需的专业知识和技术。

在创新人才方面，政府创新实施可能会出现短缺的情况。政府部门可能缺乏具备创新思维和技能的员工，尤其是在科技、数据分析等领域。人才招聘和留任机制不够灵活，难以吸引和留住具备创新能力的员工。缺乏培训和发展机会，导致现有员工难以适应新技术和新理念的发展。

（二）外部环境

在政策法规上，政府创新实施可能会受到限制。政府的创新项目可能受到严格的法律法规和政策的限制，这些限制阻碍创新的推进。需要与多个部门协调，确保创新项目符合所有相关的法规和政策要求。法规的滞后性使新技术和新理念难以在政府部门中得到应用。

在社会接受度方面，政府创新实施可能会被抵制。新的政策或项目在推出时可能受到公众的质疑和抵触，需要进行充分的沟通和宣传以获得支持。不同利益群体之间的意见分歧可能阻碍创新项目的实施。

在技术更新速度方面，政府创新实施可能无法跟进其发展。科技的快速发展使新技术和新理念层出不穷，政府部门需要不断学习和适应这些变化。技术更新可能带来安全风险和数据保护问题，需要采取相应的措施加以防范。缺乏与私营部门合作的机会和渠道，可能导致政府部门无法充分利用最新的科技成果。

（三）创新本身的不确定性

首先，政府创新实施具有风险性。创新项目本身具有风险性，可能面临失败或不如预期的结果。需要建立完善的风险评估和管理机制，以应对可能出现的风险和挑战。需要建立容错和纠错的机制，以便在出现问题时及时调整和修正。

其次，政府创新实施具有复杂性。创新项目通常涉及多个领域和部门，需要协调各方利益和资源，以确保项目的顺利推进。需要建立跨部门的合作机制，加强沟通和协作，以确保项目的顺利实施。需要应对复杂的政策环境和法规要求，以确保项目符合所有相关的规定和要求。

最后，政府创新实施具有不可预测性。创新项目的结果往往难以预测，可能受多种因素的影响。需要建立灵活和适应性强的项目管理机制，以便在出现问题时及时调整策略和方向。需要建立持续学习和改进的机制，不断总结经验教训并应用到未来的创新项目中。

二、政府创新实施的出路

为了有效应对政府创新实施过程中可能遇到的问题，可以从以下几个方面采取策略。

（一）内部环境方面

1. 营造内部创新氛围

塑造一个繁荣的创新文化，是推动政府创新工作持续进步、适应时代发展的重要举措。在这一过程中，不仅需要激发政府官员的创新精神，还需要构建一个充满活力、开放包容的创新环境。

要鼓励政府官员勇于提出新想法和解决方案。这要求在政府内部营造出一种"敢为人先、勇于尝试"的文化氛围，让每一个官员都敢于打破传统思维的束缚，勇于挑战既有模式。政府可以通过定期的创意研讨会、头脑风暴会议等形式，为官员提供一个畅所欲言、自由交流的平台，让他们能够尽情展现自己的创新才能。

要倡导一种"包容失败、鼓励创新"的价值观。创新过程中难免会遇到失败，但重要的是如何面对这些失败。要让政府工作人员明白，失败并不可怕，只要能够从中吸取教训、不断总结经验，就能够在失败中找到成功的契机。同时，要尊重每一个官员的创新尝试，无论他们的想法是否成熟、方案是否可行，都应该给予他们充分的支持和鼓励。

可以设立创新奖励机制。这一机制旨在表彰和奖励那些在创新过程中有突出贡献的政府官员，让他们感受到自己的努力和付出得到了应有的回报。通过设立创新奖项、颁发荣誉证书、提供晋升机会等方式，可以让官员更加积极地参与创新工作，为政府工作的持续进步贡献自己的力量。

2. 学习与改进机制

在推动政府创新的实施过程中，持续学习与改进是确保项目质量、提高政府工作效能的关键环节。为了构建一个不断进步、持续优化的创新环境，需要建立一种贯穿始终的持续学习和改进机制。这意味着在项目规划、执行、评估等各个环节，政府都应不断总结经验教训，深入分析问题产生的原因，并思考如何将这些经验教训转化为未来项目的宝贵财富。这种机制需要明确责任主体、设定学习目标、制定学习计划，并通过定期回顾和评估来确保学习效果。

鼓励政府官员参与学习和培训活动，对提升他们的创新能力和专业素养至关重要。政府官员作为政府创新项目的决策者和执行者，他们的素质和能力直接影响项目的成败。因此，政府应当积极为他们提供各类学习资源和培训机会，如专业课程、研讨会、在线学习平台等，帮助他们不断更新知识体系、提升专业技能和创新能力。

定期组织内部交流和分享活动是促进知识和经验传播与共享的有效方式。通过搭建内部交流平台，不同部门、不同项目的团队成员有机会相互了解、相互学习。在分享会上，可以就自己的项目经验、创新想法、解决方案等进行深入交流和讨论，从而激发更多的创新思维和灵感。这种交流和分享不仅有助于提升团队的整体水平，还能为政府创新项目的持续发展提供源源不断的动力。

为了确保持续学习与改进机制的有效运行，政府还需要建立相应的激励机制和考核体系。例如，可以对参与学习和培训活动的政府官员进行表彰和奖励，以激发他们的学习热情；可以将学习和改进的成果作为项目评估和绩效考核的重要指标之一，以确保团队成员能够真正将所学所悟应用到实际工作中去。

3. 优化资源分配

优化资源分配是推动政府创新实施与发展的重要策略之一，特别是在当今这个资源有限但需求日益增长的时代。为了确保创新活动能够持续、高效地进行，需要采取一系列措施来优化资源的配置和使用。

首先，设立专门的政府创新基金是优化资源分配的关键一步。这样的基金旨在支持那些高风险但具有巨大潜力的创新项目。这些项目可能因为技术难度大、市场前景不明朗等因素而难以获得传统融资支持，但它们的成功实施对推动整个社会的进步和发展具有重要意义。通过设立专门的政府创新基金，可以为这些项目提供必要的资金支持，降低创新风险，激发创新活力。

其次，建立跨部门协作机制是实现资源共享和优势互补的重要途径。在创新过程中，政府内部不同部门之间存在资源互补性。通过跨部门协作，可以实现资源的共享和高效利用。例如，科技部门可以提供技术支持和研发能力，经济部门可以提供市场分析和政策指导，教育部门可以培养创新人才等。通过建立跨部门协作机制，可以打破部门壁垒，促进资源的自由流动和高效配置，为创新活动提供更加全面、有力的支持。

最后，对创新项目进行优先级排序是确保重点项目获得更多资源的关键措施。在资源有限的情况下，需要根据项目的重要性、紧急性和潜力等因素，对创新项目进行优先级排序。这样可以确保重点项目获得更多的资源和支持，提高创新项目的成功率和影响力。同时，通过对项目的优先级排序，还可以引导资源向更具潜力和价值的领域流动，推动整个创新生态系统的健康发展。

在实施这些措施时，还需要注意以下几点：要确保创新基金的透明度和公正性，避免资源的浪费和滥用；要加强跨部门协作的沟通和协调，确保各部门之间的合作顺畅有效；要定期对创新项目的进展和成果进行评估和反馈，及时调整资源分配策略，确保资源的优化配置和高效利用。

4. 人才引进与培养

人才引进与培养是确保政府创新能力持续增强的重要一环。为了吸引和留住具备创新精神和专业能力的人才，政府需要制定一系列具有吸引力的优惠政策，并与高校、研究机构等建立紧密的合作关系，同时构建完善的人才激励机制。

为了吸引政府创新人才，政府可以制定一系列优惠政策。提高薪资待遇是最直接也是最有效的方式之一。通过提供具有竞争力的薪酬，可以吸引更多优秀的人才加入政府创新团队。此外，可以为人才提供培训机会，帮助他们不断提升自己的专业能力和综合素质。这些培训包括专业技能培训、领导力培训、创新思维培训等，旨在打造一支既具备专业能力又富有创新精神的人才队伍。

加强与高校和研究机构的合作是引进人才的重要途径。高校和研究机构是人才培养和创新的重要基地，通过与他们建立紧密的合作关系，政府可以引进更多具有创新精神和专业能力的人才。政府可以与高校和研究机构共同开展科研项目，为他们提供实践机会和资金支持，同时吸引优秀人才加入政府创新团队。此外，政府可以与高校和研究机构共同建立人才培养基地，为政府创新人才提供更多的学习和交流机会。

建立人才激励机制是留住人才的关键。为了激发人才的创新活力和工作热情，需要为他们提供充足的晋升和发展机会。政府可以设立创新成果奖励制度，对在创新工作中取得突出成果的人才给予物质和精神上的奖励。同时，可以建立人才晋升机制，为优秀人才提供更多的晋升机会和发展空间。此外，可以为人才提供良好的工作环境和福利待遇，让他们在工作中感受到归属感和成就感。

在实施人才引进与培养计划时，还需要注意以下几点：要制定明确的人才引进标准和流程，确保引进的人才符合政府创新工作的需求；要加强与高校、研究机构等合作伙伴的沟通和协调，确保合作顺利进行并取得实效；要定期对人才引进与培养计划进行评估和调整，及时发现问题并加以解决，确保计划的顺利实施。

（二）外部环境方面

1. 应对法规政策的限制

应对法规政策的限制是任何政府创新项目在推进过程中都不可回避的重要任务。为了确保创新项目的顺利进行并符合法律要求，政府需要采取一系列措施来积极应对这些限制。

深入研究相关政策法规是至关重要的。这包括对现行法律法规、政策文件以及行业标准的详细解读。只有对政策法规有充分的了解，才能确保创新项目在设计、实施和运营过程中不会违反任何法律规定。这样的研究不仅能够帮助政府创新在实施过程中避免潜在的法律风险，还能为项目提供法律上的支持和保障。

加强与立法机构和监管部门的沟通十分重要。通过与立法机构和监管部门的沟通，可以更深入地了解政策法规的制定背景、目的和具体内容，从而更好地把握政策动向。同时，能够及时获取最新的政策信息，以便对项目进行及时调整。此外，有助于争取到更多的政策支持，为项目的顺利推进创造有利条件。在沟通过程中，需要清晰地表达创新项目的意义、目标和价值，让立法机构和监管部门了解政府的创新理念和努力方向。另外，需要积极回应他们提出的疑虑和关切，提供充分的证据和解释，以消除他们的担忧。

当政策环境发生变化时，需要及时调整创新策略。政策环境的变化可能会对项目产生重大影响，甚至导致项目无法继续进行。因此，需要密切关注政策环境的变化。一旦发现可能对项目产生不利影响的政策变化，需要立即采取行动进行调整。这可能包括改变项目的目标、调整项目的实施方案、寻求新的合作伙伴等。通过及时调整创新策略，可以确保项目始终在法律和政策允许的范围内进行，从而降低项目风险并保障项目的顺利进行。

2. 提高社会接受度

提高社会接受度是确保政府创新项目顺利推进并取得成功的关键因素之一。为了赢得公众的支持和认可，需要采取一系列措施来加强与公众的沟通和宣传，建立公众参与机制，并妥善处理公众的疑虑和投诉。

加强与公众的沟通和宣传是提高政府创新项目知名度和认可度的重要途径。可以通过多种渠道，如媒体发布、社交媒体推广、公共讲座和研讨会等，向公众介绍创新项目的背景、目标、意义和价值。这些活动不仅可以帮助公众了解项目的具体情况，还能增强他们对项目的兴趣和关注度。

建立公众参与机制是增强政府创新项目民主性和透明度的重要举措。公众参与不仅能够提高项目的认可度和支持度，还能帮助政府发现潜在的问题，为项目的优化和改进提供有益的参考。政府可以通过建立项目官方网站、设立公众咨询热线、组织公众听证会等方式，为公众提供表达意见和建议的渠道。同时，政府还要认真倾听公众的声音，及时反馈他们的意见和建议，确保项目的决策和实施过程更加民主、透明和公正。

及时处理公众的疑虑和投诉是确保政府创新项目顺利实施的重要保障。在项目实施过程中，公众难免会遇到一些疑虑。这些疑虑可能涉及项目的各个方面，如安全性、环保性、经济效益等。为了消除这些疑虑，政府需要建立健全的投诉处理机制，及时收集、整理和分析公众的反馈意见，并采取有效的措施进行整改。同时，还要加强与公众的沟通和交流，解释项目的相关情况，增强公众对项目的信任和支持。

3. 应对技术更新速度

应对技术更新速度对政府创新的成功实施至关重要。随着科技的飞速发展，新技术和新理念不断涌现，政府必须保持敏锐的洞察力，紧跟科技发展的步伐，以确保政府创新项目能够充分利用最新的科技成果，提高项目的效率和质量。

密切关注科技发展趋势是应对技术更新速度的基础。政府创新的实施需要建立专业的科技监测团队，定期收集和分析科技领域的最新动态，包括新技术、新产品、新应用等。通过对这些信息的深入研究，及时把握科技发展的方向和趋势，为政府创新项目的决策提供科学依据。

在政府创新实施的过程中，要及时引进新技术和新理念。新技术和新理念的引入不仅能够提升项目的技术水平，还能够为项目带来新的思路和解决方案。政府可以通过与高校、研究机构、科技企业等建立合作关系，引进他们的先进技术和研究成果，为政府创新项目提供技术支持和创新动力。

加强与私营部门的合作是应对技术更新速度的重要途径。私营部门在科技创新方面往往具有更敏锐的市场洞察力和更灵活的创新机制。通过与私营部门建立紧密的合作关系，可以共同研发新技术和新产品，实现资源共享和优势互补。这种合作模式不仅能够推动政府创新项目的快速发展，还能够促进科技与经济的深度融合。

在引进新技术和新理念的过程中，政府创新的实施必须关注数据安全保护问题。随着技术的不断发展，数据安全问题日益凸显。为了确保新技术应用过程中的信息安全，政府需要建立健全的数据安全保护机制。这包括制定严格的数据管理制度、加强数据加密和防护技术、建立数据泄露应急响应机制等。通过这些措施的实施，确保政府创新项目在利用新技术的同时，保障数据的安全和完整。

（三）创新本身的不确定性方面

1. 风险管理

在推进政府创新项目的过程中，风险管理是不可或缺的一环。一个完善的风险评估和管理机制能够帮助政府工作人员预先识别潜在风险，制定有效的风险应对策略，确保项目的顺利进行。

建立完善的风险评估机制是风险管理的基础。政府创新的实施需要组建专业的风险评估团队，运用科学的风险评估方法，对政府创新项目进行全面、系统的风险评估。这包括对项目的技术风险、市场风险、管理风险、法律风险等各个方面进行细致的分析和评估。通过风险评估，政府可以清晰地了解项目的风险状况，为后续的风险应对和管理提供决策依据。

制定风险应对预案是风险管理的关键环节。在风险评估的基础上，针对可能出现的风险制定详细的应对预案，这些预案包括风险识别、风险评估、风险应对、风险监控等各个环节，确保在出现问题时能够迅速、有效地应对。同时，还要定期对预案进行修订和完善，以适应项目进展和外部环境的变化。

加强项目监控和评估是风险管理的重要手段。在项目实施的过程中，对项目的进展情况进行实时监控，及时发现问题并进行调整。通过定期的项目评估，可以了解项目的实施效果、存在的问题以及需要改进的地方。这些评估结果可以作为政府调整创新项目实施策略、优化资源配置的重要依据。

2. 高效管理体系

在复杂项目管理的实践中，需要构建一个高效且协作紧密的管理体系，以确保政府创新项目能够顺利推进并取得预期成果。

设立跨部门的创新项目管理团队是管理复杂项目的关键。由于政府创新项目往往涉及多个部门、多个领域的知识和资源，因此，一个跨部门、多学科的团队是必不可少的。这样的团队能够集合不同部门的专业知识和经验，形成合力，共同推进项目的实施。在团队中，每个成员都应明确自己的职责和角色，以确保工作的高效进行。同时，建立明确的协作机制，如定期召开项目会议、共享项目进展信息等，有助于加强团队成员之间的沟通和协作，共同解决项目中的问题和挑战。

制定详细的项目计划和时间表是确保政府创新按计划推进的基础。项目计划应该包括项目的目标、范围、任务、资源、时间等各个方面的详细信息。通过制定详细的项目计划，可以清晰地了解项目的整体情况，明确每个阶段的任务和目标，以及所需的资源和时间。同时，根据项目的实际情况，可以制定合理的时间表，确保项目能够按照计划有序进行。在项目实施过程中，还要根据项目进展的实际情况，及时调整项目计划和时间表，确保项目能够顺利推进。

加强与合作伙伴的沟通和协作是确保政府创新顺利实施的重要保障。政府创新项目往往需要与高校、研究机构、企业等合作伙伴共同合作，以实现资源共享、优势互补。因此，政府需要与合作伙伴建立紧密的合作关系，加强沟通和协作。这包括：定期与合作伙伴召开会议，共同讨论项目进展和存在的问题；建立信息共享机制，确保合作伙伴能够及时了解项目的最新情况；在项目实施过程中，与合作伙伴共同解决遇到的技术难题和管理问题。

三、政府创新实施的经验推广

政府创新实施的经验推广，不仅是一个简单的知识传递过程，更是对政府效能提升和社会进步的深远推动。在当今快速变化的社会环境中，政府作为公共管理和服务的核心力量，通过总结和提炼创新实践经验，能够优化政府工作流程，提高决策效率和执行力，进而增强政府的公信力和影响力。这些经验不仅有助于激发社会各界的创新热情，还能推动形成开放、包容、创新的社会环境。因此，政府、社会各界和广大民众应共同努力，推动创新成果的转化和应用。

但是，并非所有的政府创新实施的成功经验都适合直接推广。在将经验进行扩散时，需要审慎考虑并遵循以下几点原则。

第一，要评估经验的适用性和可复制性。不同的政府创新项目面临不同的背景、环境和挑战，因此成功的经验并不一定适用于所有情况。在推广之前，需要深入分析这些经验的适用性，评估它们在不同背景下的可复制性。只有在确保具有普遍适用性和可复制性的前提下，才能进行推广。

第二，要注重经验的本土化改造。即使某些经验在其他地区或领域取得了成功，但在具体推广时，仍然需要根据本地的实际情况进行必要的调整和改进。这包括考虑本地的政治、经济、文化等因素，以及本地的资源、人才等条件，确保经验能够真正落地生根，发挥实效。

第三，要加强沟通和协作。在推广政府创新实施的成功经验时，需要加强与相关部门、机构和人员的沟通和协作。这包括与政府内部的各部门进行沟通，了解他们的需求和反馈；与合作伙伴进行协商，共同制定推广计划；与社会各界进行交流和宣传，提高公众对创新的认识和支持。通过加强沟通和协作，可以更好地整合资源、形成合力，推动经验的顺利推广。

第四，要注重经验推广的可持续性和长效性。政府创新的实施经验推广不仅是为了解决当前的问题或挑战，更是为了推动长期的社会进步和发展。因此，在推广过程中，需要注重经验的可持续性和长效性。这包括建立长效的推广机制、加强后续跟踪和评估、及时调整和优化推广策略等。只有确保经验的推广具有可持续性和长效性，才能为政府的长远发展提供坚实保障。

总之，将政府创新实施的成功经验进行扩散是一项复杂而重要的工作，需要审慎考虑并遵循以上几点原则，确保经验能够真正发挥实效，为提升政府效能和推动社会进步做出积极贡献。

同时，政府创新实施成功经验的推广需要一系列环节的共同作用才能实现。

（一）明确创新目标，确保创新经验推广的针对性

在推广政府创新经验前，首要任务是明确创新目标。这涉及识别当前政府工作面临的挑战和问题，并据此设定具体、可衡量的创新目标。明确的目标能够确保经验推广的针对性和实效性，避免资源浪费，实现预期成效。

（二）提炼创新模式，形成可复制、可推广的创新经验

对成功的政府创新案例进行深入剖析，提炼出具有普遍适用性的创新模式。通过案例分享会、研讨会等形式，将这些创新模式向其他地区和部门推广，以复制成功经验，推动政府创新工作的持续发展。

（三）建立推广机制，确保创新经验推广的有效性

为确保创新经验推广的有效性，应建立包含政策支持、资金保障和技术支持的推广机制。政策上鼓励和支持推广，资金上设立专项基金和提供财政支持，技术上利用大数据、云计算等现代手段提高效率。这些措施将共同促进创新经验的广泛传播和有效应用。

（四）加强培训与交流，提升政府部门的创新能力

为提升政府部门的创新能力，应强化创新培训，提高公务员的创新意识和技能。

同时，组织部门间的交流活动，分享创新经验，促进相互学习与进步。这些措施有助于构建更具创新活力的政府团队。

（五）定期评估与反馈，确保创新经验推广的持续改进

为确保创新经验推广的持续优化，需建立定期评估机制，监测推广效果，并根据评估结果及时调整推广策略，实现持续改进。

（六）结合实际情况，因地制宜推广创新经验

在推广创新经验时，需要充分考虑地区、部门的差异，因地制宜地制定推广策略。鼓励政府部门结合自身特点，灵活应用创新模式，形成特色创新实践，以实现创新经验的有效推广，促进政府创新工作的深入发展。

通过以上步骤，政府可以有效地推广创新实施经验，提高政府效能和服务水平。同时，政府部门需要政府部门保持开放的心态，积极学习借鉴先进经验，不断提升自身的创新能力和服务水平。

🔍 案例延伸　　福建：网上服务"不打烊"，智慧税务"闽捷办"

福建省税务局紧扣国家"十四五"规划数字化政务要求与《2021年数字福建工作要点》部署，2021年全国首创"八闽办税码"，后升级为"八闽政务码（试点）"并省内推广。该码实现95%以上涉税业务线上办理，集成企业电子档案，推动多部门数据共享，切实减轻群众与政府部门负担，为优化营商环境注入税务动能。其创新做法获国家税务总局刊载，在福建省"'最受欢迎惠企政策'网络评选"中以58万票夺魁，并被新华社等主流媒体报道。

目前，福建90%以上办税缴费业务由电子税务局承担，线下办理占比从2019年18%降至9%，266项税费事项"非接触式"办理，主要业务100%全程网办，网上申报率达99.5%，企业办税迈入智能便捷新阶段。

自助办税，效率跃升

2022年9月，"福建省建设'闽捷办'智慧税务平台，打造'不打烊'的网上税务服务厅"入选国务院第九次大督查60项典型经验，获国办通报表扬。自2021年起，福建紧扣深化税收征管改革要求，依托全国电子税务局与"数字福建"优势，打造"闽捷办"品牌，实现政策"不问即知"、事项"不见即办"、红利"不来即享"、信息"不跑即用"。

全省推广的"智慧税务办税云厅"自助终端，让发票领用等业务可自助办理，服

务能力翻倍，办税时间缩短 1/3。税务部门还优化高频事项办理渠道，推出"一键式"取数、"一单式"预填服务。全国首创的"同屏帮办"技术实现办税界面与操作指引同步展示，提升网办便利性与准确性；"税悦工作室"通过远程服务为纳税人化解争议、解决疑难。"热线＋窗口＋同屏帮办"模式推动"一件事"审批环节精简 66.15%、时限压缩 54.14%、材料减少 35.35% 以上。

智慧推送，政策速达

福建税务创新"学税定制"服务，运用标签技术梳理 35 份税费支持政策，自动匹配纳税人信息，实现精准推送与需求反馈。落实优惠政策精准推送机制，已完成 45 批次增值税留抵退税政策推送，惠及 1307.8 万户次；网上纳税人学堂定制 2961 个标签，智能推送课程、政策 6.3 万人次。

"八闽办税码"以税收大数据为支撑，将福建自贸区升级为集成 10 项功能的企业"电子名片"，实现政务商务信息共享，降低企业办事成本。2022 年 10 月，"八闽政务码"拟入驻"闽政通"App，未来将从"一企一码"扩展至"一人一码"，进一步提升群众、部门、企业办事效率。

"下一步，我们将加快推进税收征管全面智能化，落实好国家接续实施的减税政策，全力稳市场主体，全方位推进高质量发展。"国家税务总局福建省税务局一级巡视员林国镜说。

资料来源：福建：网上服务"不打烊"智慧税务"闽捷办"[EB/OL].（2022-10-24）.https://www.chinatax.gov.cn/chinatax/n810219/n810739/c5182239/content.html.

本章小结

本章从政府创新实施综述、政府创新实施的运行、政府创新实施的体制机制与政府创新实施的可持续性四个方面阐述了政府创新的实施。政府创新的实施是政府创新全过程的关键阶段，需要借助各种工具完成。这些工具主要有数字化技术、政策创新、管理创新、创新平台等，它们可以相互结合和协同使用，并在政府创新实施的设立实施团队、制定详细实施计划、落实创新措施、培训和宣传等各个环节中发挥作用。同时，政府创新实施的运行需要进行方案的抉择、创新环境资源的支撑以及全过程的控制。这些环节相互联系，保障了政府创新实施全过程的顺利开展。此外，政府创新的实施还需要体制机制的保障，特别是容错纠错机制在政府创新实施中发挥出关键作用。在这个过程中，政府也会面临各种各样的问题。对这些问题，政府需要多管齐下，通过营造创新氛围、提高人才创新素养、优化资源分配等措施，推进政府创新的实施。在实施后，还需要对实施的经验进行总结，并在合理范围内因地制宜地推广。

? 思考与练习

1. 何为政府创新的实施？其重点和核心是什么？

2. 政府创新实施的工具有哪些？需要经过哪些具体环节？

3. 在政府创新实施的过程中，如何选择实施的方案？

4. 政府创新实施需要哪些环境资源为其保驾护航？实施过程中需要哪方面的控制？

5. 政府创新实施的制度建构是怎样的？其容错纠错机制是什么？如何运行？

6. 政府创新实施过程中会遇到哪些问题与挑战？如何解决？

7. 怎样实现政府创新实施经验的再推广？

参考文献

[1] 深圳公积金贷款服务荣获"2022数字政府创新成果与实践案例"[J]. 住宅与房地产，2022，（24）：4-5.

[2] 曹龙虎，段然. 地方政府创新扩散过程中的利益契合度问题：基于H省X市2个综合行政执法改革案例的比较分析[J]. 江苏社会科学，2017（5）：104-115.

[3] 曹伟，陈国权. 地方政府的创新与创优[J]. 浙江人大，2008（8）：26-27.

[4] 曹伟. 政府创新管理的制度建构：基于杭州实践的研究[J]. 中国行政管理，2014（10）：29-32.

[5] 陈贵梧. 地方政府创新过程中正式与非正式政治耦合研究：以公安微博为例[J]. 公共管理学报，2014，11（2）：60-69，141-142.

[6] 陈朋. 地方政府创新实践：政府与社会的共同作用：浙江温岭民主恳谈实践的案例启示[J]. 北京联合大学学报（人文社会科学版），2010，8（4）：66-74.

[7] 陈雪莲. 国外政府创新的研究与实践[J]. 国家行政学院学报，2010（1）：116-120.

[8] 陈永杰，曹伟. 从政府创新到政府创新管理：一个分析框架[J]. 中国行政管理，2016（2）：40-44.

[9] 迟全华. 地方治理创新实践的浙江经验[J]. 浙江学刊，2011(4)：10-14.

[10] 冯猛. 目标权衡与过程控制：地方政府创新的行为逻辑[J]. 社会学研究，2020，35（2）：124-145.

[11] 高新军. 地方政府创新如何可持续？（上）[J]. 南风窗，2010（23）：26-28.

[12] 蓝煜昕. 社会组织管理体制：地方政府的创新实践[J]. 中国行政管理，2012（3）：48-51.

[13] 李兆友，董健. 过程论视野中的政府创新[J]. 东北大学学报（社会科学版），2018，20（4）：380-386.

[14] 李兆友，董健. 政府创新过程研究的现状与展望[J]. 北京理工大学学报（社会科学版），2016，18（4）：94-101.

[15] 苗月霞. 建设服务型政府的重要探索：地方政府创新实践：以广东省江门市政府创新实践为例[J]. 学习与探索，2005（5）：93-95.

[16] 石红梅，邱丹文. 习近平在福建的政府治理创新理念与实践启示[J]. 东南学术，2021（6）：12-20.

[17] 王厚芹，何精华. 中国政府创新扩散过程中的政策变迁模式：央地互动视角下上海自贸区的政策试验研究[J]. 公共管理学报，2021，18（3）：1-11.

[18] 王猛. 从地方回应、中央推广到自发学习：政府治理创新的过程演变与结构约束：基

于网格化管理的纵向案例研究 [J]. 求实，2023（4）：44-61.

[19] 俞可平. 中国地方政府创新的可持续性（2000—2015）：以"中国地方政府创新奖"获奖项目为例 [J]. 公共管理学报，2019，16（1）：1-15.

[20] 俞可平. 中国地方政府的改革与创新 [J]. 经济社会体制比较，2003（4）：31-34.

[21] 张翔，ZHAO W Y G. 地方政府创新何以持续：基于"政绩安全区"的组织学解释：对一个县级市"智慧市"项目过程的案例观察 [J]. 公共管理学报，2020，17（4）：98-109.

[22] 赵汝周. 政府治理该如何创新：成都市以行政文化推进政府治理创新的实践探索 [J]. 紫光阁，2015（1）：51.

[23] 郑长旭. 地方政府如何保持其创新的可持续性：基于多案例比较的探索性研究 [J]. 公共管理学报，2023，20（2）：12-24.

[24] 郑长旭. 行为恰当、执行沟通与制度化：地方政府创新的可持续研究 [J]. 中国行政管理，2020（1）：40-45.

[25] 钟伟军. 地方政府的分散创新与中央主导下的创新整合：长三角政务服务"一网通办"的实践路径 [J]. 江苏社会科学，2022（1）：63-73.

[26] 卓越，于湃. 政府创新可执行性评估体系的构建与验证：以 L 市 J 区 C 局公共服务标准化创新实践为例 [J]. 四川大学学报（哲学社会科学版），2015（5）：10-16.

第六章

政府创新的应用

"最多跑一次"：办好小事，就是大事

"最多跑一次"改革是浙江省政府在 2016 年年底提出的一项重要政策，旨在通过"一窗受理、集成服务、一次办结"的创新服务模式，提升政府办事效率。

一窗通办，信息通代替群众跑

2019 年 11 月初，家住北京的李女士为房屋产权继承的事情犯了难。父母都是安徽的退休工人，老人去世后，在合肥留有一处房产，"老人走得突然，还没来得及找原厂补办独生子女证，结果就因为少了这个证明材料，没办法办理房产继承。"李女士父母原单位已经改制无法联系补办，当年的经办人员又联络不上，怎么办？李女士抱着试试看的心态，打电话向合肥市瑶海区和平路街道咨询。

街道为民服务中心"一窗通办"工作人员通过细致的了解和核实，快速为其办理了所需证件。"我们将试点街道原有 10 个业务专项受理窗口，整合精减为 4 个综合窗口。通过实际案例演示、岗位交流讨论等形式，加大对窗口工作人员的培训，打造'全能柜员'。"瑶海区政务服务中心负责人陆诩说，所有业务"一窗受理、一窗通办"，免去群众"找窗口"的烦恼，为群众提供最大便利。

清理无谓证明，简化办事流程

2018 年 9 月，司法部在中国法律服务网上正式开通"群众批评——证明事项清理投诉监督平台"，接受人民群众对地方和部门设立的"奇葩"证明、循环证明、重复证明等问题的投诉，回应涉及群众利益的痛点、难点问题。

截至 2019 年 9 月，各地区、各部门共取消证明事项 1.3 万余项，投诉监督平台累计收到证明事项清理工作 1394 件，已办结 1239 件，99 件投诉正在办理中。通过取消各种无谓证明，简化了办事创业的流程和材料，提高了企业和群众的满意度。

办好小事就是大事

"最多跑一次"改革是什么？就是让信息多跑路、群众少跑腿。不必要的证明能否再少一些？部门间的信息共享能否再多一些？办事程序能否再精简一些？别看这都是些百姓的小事，可汇聚起来，就是国计民生的大事。越是与人民群众生产生活联系紧密、人民群众反映强烈的领域和问题，就越是"最多跑一次"改革的聚焦点、着力点。

总的来说，这项"刀刃向内"、面向政府自身的自我革命——"最多跑一次"，已然显现出成效，并在全国范围内不断推广和应用。

资料来源："最多跑一次"：办好小事，就是大事 [EB/OL].（2019-12-27）. https://baijiahao. baidu.com/s?id=1654036351319305173&wfr=spider&for=pc.

在全球化与信息化迅速发展的今天，政府正面临前所未有的挑战与机遇。面对复杂多变的社会需求和不断提升的公共服务标准，政府创新的应用已成为提升公共管理效能的重要手段。政府创新项目的持续性和扩散性特征，使其不仅限于一次性实施，而是在多次实践中不断迭代与优化。同时，随着智能化浪潮席卷各行各业，政府部门越发需要借助新兴技术，灵活借鉴国内外成功政府创新案例，以应对不同地区的实际情况，进而实现更高效的公共服务和治理。因此，本章将围绕政府创新应用的概念展开，探讨其过程、绩效评估及制度化管理等方面，深入分析如何在各层面有效推动政府创新应用，以实现创新成果的最大化利用。

第一节　政府创新应用概述

一、政府创新应用的概念

何谓政府创新应用？一国或地方的政府部门往往通过某种方式在借鉴国内外政府成功创新项目的基础上，将其本地化并应用于本地政府，以最大限度地推动社会效益的实现。杨雪冬对政府创新应用做了深入研究，并将其解释为其他主体学习和采纳政府创新的过程。他通过观察中国地方政府创新，总结出三种政府创新应用的形式。首先是体制型学习，即上级政府根据发展战略的要求，指定特定地方政府进行政策、机制、体制等方面改革的先行试验，然后进行总结并加以推广应用。其次是自主型学习，即地方政府根据本地发展的需要，有意识、有目的地学习国内外相关经验和做法，并加以调整以解决本地问题。最后是无意识学习，即地方政府在解决当地问题时，把偶然获得的信息加以使用。这通常发生在现有的做法都无法使用的情况下，偶然获得的信息成为其解开工作"死结"的窍门。这些形式构成了政府创新应用的核心内容，是推动政府创新不断向前发展的重要驱动力。

　　基于此，本书将政府创新应用界定为：政府部门在成功实施一项创新后，将所学习到的创新经验和成果进行本地化的调整和定制后，在同一政府内其余部门或不同政府间再次应用，以促进创新成果的最大化利用和社会效益的最大化。其中，政府创新应用的核心在于政府创新的持续性和扩散性。持续性意味着政府创新应该是一个不断迭代、不断优化的过程，政府部门需要在实践中不断总结经验、改进方法，以确保创新活动的持续性。而扩散性则强调政府创新成果应该得到最大范围的传播和推广，以实现社会效益的最大化。

二、政府创新项目的持续与扩散

　　创新不是一个行为，而是一个过程。成功的创新是一个可以延伸的过程。政府创新项目成功实施一次后的持续性和扩散性是衡量政府创新应用质量的关键指标，是政府创新再次实施的前提条件。持续性要求政府创新项目能够在长期内保持有效，并在实践中不断进行更新和完善；扩散性则要求政府创新项目能够在同一政府内的不同部门间和不同政府间进行传播和推广，实现创新成果的最大化利用。

（一）政府创新项目的持续性

1. 政府创新持续性的定义

　　"政府创新持续性"这一定义，可以从狭义与广义两个维度探讨。在狭义层面，它聚焦于创新项目在时间跨度上的持续存在乃至深化发展，强调其在空间与时间上的延续性。在广义层面，它关注于创新项目中核心要素的传承与广泛传播，即这些关键元素如何被保留并扩散至更广泛领域。囿于不同的研究视角，学者们对政府创新项目的持续性这个概念给出了各自的定义。包国宪等学者从地方政府间的竞争与合作机制出发，认为政府创新的持续性体现在优良创新因子通过选择、模仿与试错过程被保留并扩散，进而催生新的创新活动，维持并激发持久的创新动力。王焕祥等从管理学及新古典经济学的成本效益分析视角切入，指出政府创新的持续性是政府作为创新主体，通过有效协调与控制各类创新资源，旨在长期维护和增进公共利益的过程。韩福国等则创新性地提出了"政府创新持续力"这一概念，它综合了影响政府创新及其制度成果得以延续的关键要素，并强调这种持续力是推动地方政府创新维持并朝制度化方向稳步前进的结构性支撑力量。这些定义虽表述各异，但共同揭示了政府创新持续性多维度、深层次的内涵与重要性。

　　综上所述，政府创新持续性的定义不能单纯从时间持续来进行衡量，而是更多地关注持续性给创新带来的正向影响和动力。也就是说，"政府创新持续性"不是一个过程概念，而是具有结果导向的概念，强调"质"而不是"量"。因此，本书认为政府创新持续性，是指政府创新成果在政府及其部门成功实施和应用后，能够持续增进当地政府公共利益，不断推动政府管理和服务水平的提升。政府创新持续性包含两个方面的内容，即持续的效果和持续的改进。持续的效果是指某一地方政府创新项目不仅在初期实施后取得一时的成果，而且能够长期产生持久的影响和效益。持续的改进意味着政府创新项目在实施和应用过程中能够不断进行优化和完善，以适应环境变化和需求变化，进而得以延续并呈现出良性发展态势。

2. 影响政府创新持续性的因素

影响政府创新持续性的因素有很多，其中可以分为外部因素和内部因素两大类。外部因素主要包括政治制度环境、上级政府支持、社会大众认同、新闻媒体关注和学术研究关注等。而内部因素主要包括直属领导个体偏好、创新项目绩效、创新项目成本、创新者个人态度和创新成果制度化等。

（1）外部因素。

第一，政治制度环境。作为创新的摇篮，宽松且稳定的政治制度环境为政府创新提供了必要的土壤。政治风向的微妙变化，尤其是与现行制度框架的兼容性考量，往往成为决定创新项目生死存亡的关键。当创新项目遭遇政治生态的变迁，若被视为与当前体制格格不入，即便其成效显著，也可能面临被搁置或中止的命运。

第二，上级政府支持。在我国独特的行政管理体系中，上级政府的认可与支持不仅是地方政府创新的基石，更是推动其持续深化与扩展的强大引擎。这种自上而下的影响力深刻地塑造着地方政府的创新生态，激发着基层的创新活力，并引导着创新方向的精准定位。首先，上级政府的支持为地方政府创新提供了明确的政策导向。当上级政府明确表态支持某一创新领域或项目时，地方政府便能获得清晰的创新方向指引，减少因政策不确定性而带来的风险与顾虑。其次，倾斜的资源分配是上级政府支持地方政府创新的直接体现。在资源有限的情况下，上级政府的认可与支持往往意味着更多的财政拨款、人才引进、技术支持等关键要素的注入。这些资源的汇聚，为地方政府创新项目提供了充足的物质保障与智力支持。再次，上级政府的支持将促使地方政府在决策过程中更加注重创新项目的可行性与可持续性。最后，上级政府的支持还具有重要的示范效应与带动作用。当某一创新项目在上级政府的推动下取得显著成效时，其成功经验与做法将被广泛传播与借鉴，从而激发更多地方政府参与创新项目的热情与动力。

第三，社会大众认同。社会大众的广泛参与和深切认同，是确保政府创新项目持续生命力的核心要素。当创新项目紧密贴合社会需求、精准回应民众关切时，它便如同植根于肥沃土壤的树苗，能够汲取到充足的养分，苗壮成长。公众的认同不仅为创新项目提供了强大的情感支撑，还通过口碑传播、社会动员等方式，汇聚成推动创新持续发展的磅礴力量。此外，社会大众的认同还体现在对创新项目的监督与反馈上。公众作为创新成果的直接或潜在受益者，对项目的实施效果有着最直观的感受和最深切的期待。他们的反馈意见能让政府清晰地看到创新项目的优点与不足，从而及时调整策略、优化方案，确保创新活动始终沿着正确的方向前进。

第四，新闻媒体关注。在信息高度发达的时代，新闻媒体作为公众舆论的放大器，其影响力不容小觑。对政府创新项目而言，新闻媒体的关注程度直接决定了其社会影响力和可持续性。媒体的积极报道，不仅能够提高项目的知名度和透明度，增强公众的信任感和参与感，还能够通过构建正面舆论场，为创新项目营造良好的外部环境；同时，新闻媒体还扮演着监督者的角色。它们通过深入调查、揭露问题、提出批评等方式，对创新项目的实施过程进行全方位的监督。这种监督不仅有助于政府及时发现并纠正项目中的偏差和错误，还能够激发政府内部的自我革新动力，推动创新项目不断优化和完善。

第五，学术研究关注。学术研究作为政府创新的重要外部资源，其作用不容忽视。学者们的深入调研与理论探讨，为创新项目提供了坚实的理论支撑和智力支持。他们通过挖掘创新背后的深层次原因、揭示创新的内在规律与潜在风险，为政府制定科学合理的创新策略提供重要参考。此外，学术研究还通过知识共享与经验交流的方式，促进创新项目的完善与升级。同时，学术研究的广泛传播可以提升创新项目的知名度和影响力，为政府创新的可持续发展奠定坚实的基础。

（2）内部因素。

第一，直属领导个体偏好。在政府创新的复杂生态中，直属领导的个体偏好构成了影响创新持续性不可忽视的内部因素。鉴于地方政府在推进创新时面临的时效压力与内容的多元化挑战，普遍采用"一把手负责制"这一高效而灵活的决策机制。在这种决策架构下，直属领导的个体偏好，深刻影响着创新的方向与路径。在探讨政府创新持续性的内部影响因素时，必须正视直属领导角色的双刃剑效应。一方面，其权威与决断力是创新初期快速突破瓶颈的关键；另一方面，过分依赖个人偏好而忽视制度建设的创新模式，又难以保障创新的长期稳定性与可持续性。为实现政府创新的健康发展，必须在尊重并发挥领导作用的同时，加强制度建设，明确创新导向，确保创新活动能够根植于社会需求，形成自我驱动、持续进化的良好机制。

第二，创新项目绩效。政府创新的根本宗旨，是造福于民、增加人民群众的实际权益。只有当创新项目的实际效果能够带来社会经济效益、满足民众需求、提升政府治理水平时，政府创新才能够得到广泛的认可和支持，从而保证其持续进行。研究表明，政府创新项目的绩效越强，政府创新可持续性越强。

第三，创新项目成本。政府创新项目的持续开展需要充足的经费支持。经费保障直接关系到政府创新项目的实施和推进。在公共资源有限的情况下，政府创新项目所需经费的保障显得尤为重要。政府需要对创新项目进行合理的经费安排，确保项目能够顺利进行，达到预期目标。特别是对一些需要大规模投入的创新项目，政府更需要审慎考虑经费的分配和使用，以确保创新活动的持续性和稳定性。只有有了足够的经费保障，政府创新项目才能够稳步推进，取得实际成果，为社会发展和民众福祉做出更大贡献。

第四，创新者个人态度。在探讨政府创新持续性的内部影响因素时，创新者个人的态度扮演了至关重要的角色。具体而言，创新者对项目前景的坚定信念与乐观预期，是驱动政府创新不断向前的无形动力。这种自信与乐观，根植于对政府创新项目内在价值的深刻洞察，以及对本职工作由衷的热爱与对未来的积极展望。它超越了短期利益的考量，让创新者即便在面临挑战与困境时，也能保持坚韧不拔的毅力，推动创新项目持续深入。一个满怀激情、对未来充满信心的创新者，其领导下的政府创新项目往往更具生命力和可持续性，能够有效避免因个人情绪波动或外界干扰而导致的政府创新中断。

第五，创新成果制度化。创新成果的制度化是保障政府创新持续性的关键所在，其意味着创新成果得到了正式认可与保护。通过将创新实践上升为地方性法规、规章制度乃至国家层面的法律条文，创新成果得以在更广泛的范围内推广实施，其影响力和社会效益得以最大化。同时，制度化的过程也是一个不断优化完善的过程。它促使创新成果不断适应社会发展的新要求，提高与公众需求的契合度，从而确保创新的持续有效性和生命力。

（二）政府创新项目的扩散性

1.政府创新扩散的定义

创新成果能否有效扩散直接影响着政府创新应用的质量和效果。目前，学界对"政府创新扩散"还没有一个统一的定义。埃弗雷特·罗杰斯（Everett Rogers）认为，政府创新扩散是指一项创新通过特定通道在政府系统的成员之间传播的过程，其本质是有关政府创新的信息沟通与传播。马亮从府际关系的角度出发，将政府创新扩散界定为：创新是从一个政府（A）向另一个政府（B）的传播过程。这种传播可以是A政府主动宣传而B政府被动接受的结果，也可以是B政府主动向A政府学习和效法的结果，还可以是更高层级的C政府要求B政府采用A政府的创新。A政府和B政府既可以居于同一行政层级（水平关系），也可以分属不同层级（垂直关系），还可以没有法定的政治或行政关系（通过正式或非正式的政府间网络联系）。显然，A政府和B政府还可以跨越国界而分属不同地区或国家。王大鹏等则强调扩散的"空间"因素，认为政府创新扩散是政府创新在不同主体之间的空间流动以及在空间上的延续与拓展，该过程是创新项目合法化和制度化强化的过程，意味着该创新项目有一定的可操作性和价值意义。

综合上述观点，本书认为政府创新扩散是指在政府创新实践过程中，政府创新实施成果向更广泛范围传播和推广。其中，根据扩散区域的不同，可分为内部扩散和外部扩散。内部扩散是指创新成果在政府内部不同部门之间的传播和推广。扩散期间，政府各部门可以共享和借鉴彼此的创新成果,实现资源共享和优势互补,进而提高整体的创新水平和效率。外部扩散是指创新成果在不同政府之间的传播和推广。政府间的创新成果交流可以促进各地区之间的经验共享和合作交流,推动全国范围内的创新发展和进步。只有通过内部和外部的扩散,政府创新成果才能充分发挥其价值和作用,为社会带来更大的效益和影响。

此外,政府创新扩散也是推进政府创新可持续性的重要路径。政府创新项目的不断传播和推广,说明该创新具有一定的可实现性和意义。对首创政府来说,创新被借鉴学习和应用也会增强其信心,提高其推动创新可持续发展的积极性。

2. 政府创新扩散中面临的挑战

在推动政府创新项目广泛传播与应用的过程中,不可避免地会遇到一系列复杂挑战。这些挑战深刻影响着创新的扩散效率与效果,具体可归纳为属地壁垒、功利化倾向与特殊性局限三个方面。

首先,属地壁垒限制了政府创新的跨域流通。当前,政府创新项目普遍呈现出鲜明的地域性特征,即创新往往局限于特定的行政区域或部门内部,形成了一种"孤岛效应"。这种孤立状态不仅阻碍了创新经验的交流与共享,还削弱了创新成果对更广泛区域的潜在影响。更关键的是,同级政府间的激烈竞争环境,如政治锦标赛的激励机制,进一步削弱了政府间分享与学习的意愿。地方政府更倾向于追求"独树一帜"的创新成果,而非积极借鉴他人的成功经验,这种心态无疑加剧了创新扩散的难度。

其次,功利化倾向扭曲了政府创新的本质目的。在政府创新的应用过程中,来自上级和本级领导的意志往往成为重要的驱动因素。然而,这种自上而下的压力有时却导致了创新的异化,使部分政府创新项目偏离了提升公共服务质量和公共利益的初衷,转而成为迎合考核、追求政绩的"应景之作"。这种功利化的创新不仅浪费了公共资源,也损害了政府创新的声誉,使真正有价值的创新难以得到有效传播与推广。

最后,特殊性局限影响了政府创新的普适性应用。政府创新往往针对特定地区的特定问题而设计,具有较强的针对性和经验性。然而,这种特殊性也限制了创新的广泛适用性。如果不对创新成果进行深入的制度化提炼和普遍性总结,就很难将其转化为其他地区或部门可借鉴的模式。因此,在推动政府创新扩散的过程中,需要加强对创新经验的提炼与总结,以提升其普适性和可复制性,从而更好地服务于更广泛的治理需求。

三、政府创新应用的基本模式及主要机制

(一)政府创新应用的基本模式

一般来说,对政府创新应用的研究具有时间、空间和行动主体等多个分析维度。从时间维度观察,政府创新应用的轨迹往往呈现出"S形"曲线的发展态势,即经历起

步期的缓慢探索、加速期的迅速扩展，直至成熟期的平稳运行。这一过程犹如植物生长，从萌芽到繁茂，最终趋于稳定。在空间维度上，政府创新应用的扩散则展现出多样化的地理效应。近邻效应揭示了创新活动对周边区域的自然辐射；等级效应体现了创新依据区域发展水平的差异进行"跳跃式"传播；轴向效应强调了交通等基础设施在创新扩散中的桥梁作用；集聚效应则展现了相同或相似创新项目在空间上的集中布局，形成规模效应。

然而，仅仅从时间和空间的自然维度来解析政府创新应用是远远不够的，必须深入社会和政治层面，特别是关注行动主体的角色与行为。基于此，我们提炼出几种基本的政府创新应用模式。

1. 自上而下的层级应用模式

自上而下的层级性创新应用模式，是指在政府体系内部，上级创新推动者选择和采纳某项创新项目，并用行政指令要求下级采纳和实施该项创新的政府创新应用模式。该模式以高层政府为创新引擎，通过精细规划的创新项目与强有力的行政指令，驱动下级政府逐步接纳并实践这些创新。这一过程不仅确保了政策的连贯性与权威性，还通过层层细化与调整，使创新更加贴近地方实际。在中国这一单一制国家，中央、省（自治区、直辖市）、地（州、旗）级市、县级市和乡镇构成的五级政府体系的紧密联动，使创新项目能够迅速穿越层级壁垒，实现从中央到地方的全面覆盖。特别是在"局部试点—全面推广"的路径中，试点地区作为创新的试验田，不仅验证了创新项目的可行性与效果，还为后续的大规模推广积累了宝贵的实践经验与数据支持，降低了全面铺开时的风险与不确定性。

2. 自下而上的吸纳辐射扩散模式

与自上而下的层级应用模式相呼应，自下而上的吸纳辐射扩散模式则展现了地方政府在创新过程中的独特魅力与活力。在中央政府提供的基本框架内，地方政府凭借对地方实际需求的深刻理解与敏锐洞察，勇于探索、敢于尝试，创造出了一系列符合地方特色的创新项目。这些项目不仅解决了地方发展的实际问题，还因其显著的成效与广泛的适用性，逐渐引起了上级政府的关注与认可。随后，在上级政府的支持与推动下，这些创新项目得以在更大范围内推广应用，形成了自下而上的辐射效应。省级政府在这一过程中扮演了关键角色，它们凭借较高的自主权限与丰富的实践经验，成为许多创新项目的孵化器与推广者，推动了政府创新能力的整体提升。

3. 同一层级的区域或部门间扩散模式

在同一政府层级，由于创新主体是区域政府或政府部门，政府创新项目也会出现区域和部门之间的应用模式。这种模式主要体现在以下三方面：其一，邻近区域、城市间的政府创新应用。中国的政府创新实践表明，创新项目应用具有近邻效应。由于邻近区域、城市间政府信息交流频繁，邻近区域、城市间政府容易获得创新项目的信息，加上邻近区域和城市政府在提供公共物品和服务中具有竞争关系，进而驱使相邻区域和城市政府倾向于积极采取创新项目跟踪和创新项目学习方式，由此客观上推动了政府创新项目应用。其二，政府部门间的创新项目应用。从中国的政府创新实践来看，其创新应用呈现出权力部门之间创新应用的鲜明特点。从中国的政府创新实践来看，创新项目应用在行政部门间呈现出显著的横向扩散特征。以"互联网＋政务服务"一体化平台建设为例，税务部门于 2016 年率先推出在线税务申报与缴纳功能，开启了政务服务智能化的先河；2019 年，公安部门紧随其后，上线"互联网＋政务服务"平台，推动全国公安业务"一网通办"；同年，人社部门推出"国家社会保险公共服务平台"，实现社保查询、资格认证、养老金测算等多项服务的全国跨地区办理。这一过程体现了政府行政部门间通过技术标准化与业务流程优化，逐步实现创新应用的横向扩散与协同整合。其三，区域间的政府创新位移应用，即政府创新呈现跨区域的位移应用。这方面的主要表现是：在学习机制和模仿机制的驱动下，作为主导社会经济发展和政府创新应用重要主体的地方政府，积极促使政府创新由创新领先地区向创新跟进地区扩散、推广。

4. 不同发展水平区域间创新跟进应用模式

在政府创新系统中，创新应用具有梯度性。由于政府创新在时间和空间上存在势能差或位势差，政府创新通常会沿着扩散动力源向周围创新势能较低的地区推广应用。在中国这样一个地域辽阔、发展不均的国家里，东部发达地区凭借其优越的经济条件与丰富的创新资源，成为政府创新的领头羊。它们通过不断探索与实践，创造了一系列具有前瞻性与引领性的创新项目与政策。而中西部地区则在学习与跟进的过程中，逐步吸收了东部地区的成功经验与先进做法，结合自身实际进行了创新性的转化与应用。这种梯度发展的学习与创新跟进模式，不仅促进了区域间的知识流动与技术扩散，还推动了全国范围内政府创新能力的整体提升。特别是在招商引资、产业升级等关键领域，中西部地区通过积极学习东部地区的成功经验与政策创新，逐步实现了经济发展的跨越式提升。

（二）政府创新应用的主要机制

政府创新应用的深化，离不开一系列机制的驱动，主要包括学习机制、竞争机制、模仿机制及压力机制等。它们相互作用，共同推动政府创新的步伐。

1. 学习机制

当传统方法遭遇瓶颈，组织便需启动问题导向的学习之旅，以组织学习的力量推动自我革新。在中国地方政府的语境下，"取经""考察""调研"等词语，正是学习机制生动实践的写照。尤其是作为创新试点的政府，它们在探索未知、选择创新领域与方式时，面临着巨大的压力与挑战。为规避风险，确保创新成功，这些政府往往会主动向其他先行者的创新经验学习。这不仅是对既有模式的简单复制，更是一个信息吸收、理念转变与创新应用深度融合的过程。

2. 竞争机制

我国政府创新领域内的竞争，并非西方意义上的政党选举竞争，而是更多地体现在地区与部门间的绩效比拼上。依据蒂伯特（Tiebout）的地方政府竞争理论，居民通过"用脚投票"[①]选择公共服务更优的地方政府，这一机制促使地方政府不断提升公共服务质量与创新水平。在中国，这种竞争尤为激烈，如"京沪之争""成渝之争"等，均体现了城市间在创新项目上的激烈角逐。

在中央积极倡导创新的今天，创新本身就是一项地方政府重要的工作任务，作为竞争者之一的地方政府，更希望启动自己的创新项目而非完全模仿其他同一层级地方政府的制度安排。如果把创新视为一轮新的政绩竞争目标，追求最"快"最"新"成为必然的选择，这也意味着竞争型创新应用过程会经历加工和再创造。例如，各地相继推广的政府购买社会服务：一是在购买领域求异，从居家养老、市政设施养护、水资源监测、社区建设、社会矫正、残障康复等方面越铺越广；二是在购买形式上求异，推出相关职能部门的先监督评议再付费、合同外包、项目委托等多种形式。竞争型创新应用并不特别强调应用的项目能够带来的效益提升，而强调通过差异带来的竞争优势。

3. 模仿机制

模仿机制作为政府创新应用中的另一重要机制，其重要性不容忽视。这一机制的核心在于对其他地区或部门成功创新项目的直接借鉴与复制，它如同一股强劲的推动力，加速着政府创新实践的步伐。追赶者通过积极模仿创新领跑者的创新模式与策略，不仅能够迅速缩短与领跑者之间的差距，还能在多个层面实现正向效应。

首先，模仿机制有助于快速获得公众与创新对象的广泛认同。当一项创新项目在某一地区或部门取得显著成效时，其背后的理念、方法与成果往往具有高度的吸引力和说服力。追赶者通过模仿这些成功的创新实践，能够迅速建立起公众对创新项目的信任与期待，从而提升创新应用的合法性与社会接受度。其次，模仿机制能借助上级政府或部门的权威力量，提高创新项目获得批准与实施的可能性。追赶者通过模仿已获成功的创新项目，能够向上级展示其积极响应创新号召、努力提升治理能力的决心与行动，从而更容易获得上级的认可与批准。最后，模仿机制还能有效降低政府创新实践的成本与风险。政府创新项目往往伴随着高昂的成本与不确定的风险，对资源有限、风险承受能力较弱的地方政府而言，这无疑是一大挑战。而模仿机制则提供了一种成本相对较低、风险相对可控的创新路径。

然而，模仿机制的有效实施并非无条件的。它依赖于地区或部门间在政治、经济、

---

① 用脚投票，最早由美国经济学家蒂伯特提出：在人口流动不受限制、存在大量辖区政府、各辖区政府税收体制相同、辖区间无利益外溢、信息完备等假设条件下，由于各辖区政府提供的公共产品和税负组合不尽相同，所以各地居民可以根据各地方政府提供的公共产品和税负的组合，来自由选择那些最能满足自己偏好的地方定居。

文化等方面的高度相似性。若缺乏这一基础，简单的模仿可能不仅无法达到预期效果，反而可能因水土不服而产生负面效应。

4. 压力机制

在压力型体制下，上级政府特别是中央政府和各级党委为了完成某些重要任务，将其确定为"政治任务"，要求下级政府以及职能部门全力完成，并相应给予政治上和经济上的激励和惩罚。因此，中国政府创新应用还具有政府行政指令等压力机制。我国地方政府的权力来源于中央授权，在国家纵向权力关系中，地方政府接受中央政府的统一领导。这种领导与被领导的关系、命令与服从的关系是我国中央到乡镇五级政府关系的核心权力关系。这种权力关系决定了上级政府及部门，尤其是中央政府及其各部门，可通过行政权威指令性压力机制推动特定创新的广泛扩散和应用。

我国压力性政府创新应用机制具体体现在两个方面：一是上级政府及部门直接嵌入下级创新发起者的项目议程设置，推进创新扩散和应用；二是上级政府及部门直接介入创新内容本身，推动政府创新内容的直接应用。需要指出的是，随着我国政府行政管理体制改革的深入推进，中央政府进一步简政放权和转变政府职能，中央政府的指令性创新应用将更多地侧重于创新项目议程介入，省级政府等地方政府在地方政府创新内容应用方面的自主性将逐渐增强。

在我国政府创新应用实践中，政府创新的四种应用机制各有短长。因此，评价这些机制的关键在于关注政府创新应用的结果即创新在当地政府实施的绩效。经验表明：适度创新学习可节约成本，过度则致趋同化；适度创新竞争激励创新，过度则耗损资源；适度创新模仿克服偏见，过度则脱离实际；适度创新压力推动创新开展，过度则易造成创新"一刀切"。总的来说，压力机制在规制性强的领域有效，但激励性创新项目中应优先采用学习、竞争与模仿机制，通过主动学习、激发竞争、积极模仿，营造创新氛围，实现卓越创新绩效。

四、政府创新应用的影响因素

政府创新应用的影响因素是指影响政府创新在同一政府内不同部门间或不同政府间再次实施过程的各种因素，主要分为创新项目自身因素、政府层面因素和社会层面因素。

（一）创新项目自身因素

1. 创新的内容和性质

政府创新的独特内容与性质是其成功传播与长期生命力的基石。当政府创新项目紧密围绕民众普遍关注的议题，精准捕捉并有效回应社会需求时，其推广的潜力便显著增强。例如，村务监督委员会制度的创新，正是基于广大农民群众对村务管理透明化、民主化的迫切需求，通过制度设计确保了农民群众的知情权、参与权和监督权，从而赢得了广泛的认可和支持。此外，创新项目还需具备高度的可操作性，即易于理解、实施和复制，以降低推广过程中的技术门槛和成本。因此，创新者在设计项目时，应力求简洁明了，避免复杂冗长的流程和晦涩难懂的概念，使创新成果更易于被社会各界接受和应用。

2. 创新的成本与收益

政府创新项目的经济可行性是其能否广泛推广的重要标尺。低成本、高效益的项目往往更容易获得青睐，因为它们能以较少的资源投入实现显著的成效。创新的成本与收益不仅关乎资源分配，还直接影响创新者的积极性与复制者的意愿。一方面，成本的大小直接关系到创新活动的应用。任何一个政府创新的推广应用均需要付出一定的成本，无论是创新活动的持续还是创新的扩散均与其成本相关联。有些创新项目可能由于成本过高而难以推广应用。另一方面，创新的收益也是影响创新可推广性的一个重要因素。创新的收益可以有多种表现形式，诸如收入、权力、声望和安全等。如果一项政府创新会大幅度增加创新者的收益，这一创新项目就会持续下去并扩散推广；如果它有损于创新者的收益，则面临失败。同理，如果一个政府创新项目能够给创新复制者带来明显收益，那么就有可能被广泛地复制；反之，则不可复制。

3. 创新项目的制度化水平

政府创新项目的制度化程度是其稳定性和可推广性的重要保障。将政府创新成果通过正式文件加以确认，并赋予其相应的法律效力，可以确保政府创新项目的权威性和规范性。高制度化水平意味着政府创新项目得到了更坚实的制度支撑，有助于其在面对各种挑战和变化时保持稳定性和连续性。此外，制度化水平的提高还有助于增强政府创新项目的社会认同感和公信力，吸引更多的参与者和支持者。

（二）政府层面因素

1. 上级政府的态度

在我国单一制的政治体制框架下，上级政府的立场与态度，犹如风向标，深刻影响着下级政府及部门的创新行为。上级的认可与鼓励，不仅是对创新成果的肯定，更是对创新精神的激励，它能迅速点燃创新之火，加速创新理念与实践的扩散。反之，若上级政府持保留或否定态度，则可能使创新项目遭遇冷遇，甚至夭折于萌芽状态。故此，创新者时常会以获得上级领导的肯定和批示为荣，并将其转化为坚持和推广创新的强大动力。在实践过程中，一项创新越是得到更高级别政府和权威政府部门及其官员的关注和肯定，创新经验越容易被他人接受，从而转化为一种特殊的驱动力，促进创新的推广与应用。

2. 政府间竞争与合作的程度

政府间的互动关系复杂而微妙，既存在竞争，也蕴含合作。在竞争领域，尤其是在资源分配、政绩考核等方面，政府间可能因利益冲突而采取保守策略，限制创新信息的流通与共享。然而，在涉及公共利益、区域协调发展等合作领域，政府间则更倾向于开放交流，共同探索创新之路。因此，构建良好的政府间互动机制，加强沟通与协作，打破信息壁垒，是实现创新资源共享、促进创新成果快速传播应用的关键。同时，通过搭建政府间创新交流平台，组织经验分享会、专题研讨会等活动，可以有效促进创新理念与实践的交流与碰撞，激发新的创新灵感，进而促进政府创新的应用。

（三）社会层面因素

1. 社会的关注度

社会关注度作为衡量政府创新影响力的重要指标，其深度与广度直接关系到政府创新项目的传播效果与社会影响。媒体报道以其广泛的传播力和影响力，能够迅速将政府创新项目置于公众视野之中，引发社会热议与讨论。学术研究则通过深入分析政府创新项目的理论基础、实践效果与潜在问题，为创新提供理论支撑与智力支持。公众参与则是政府创新项目得以落地生根、开花结果的重要力量，通过公众的监督与反馈，可以不断完善政府创新项目，确保其更加贴近民生、符合实际。因此，创新者应充分利用媒体、学术与公众的力量，形成合力，共同营造关注创新、支持创新的社会氛围；同时，还需注重政府创新项目的社会影响力评估，及时调整优化创新策略，确保创新成果能够真正惠及民生、推动社会进步。

2. 外部环境的情况

外部环境的具体情况对政府创新项目的推广应用至关重要，主要包括社会、经济和技术等方面的环境。

首先，社会的发展水平、文化传统、价值观念以及政治氛围会对政府创新应用产生直接或间接的影响。例如，一个注重创新和开放的社会，往往能够更好地支持政府创新项目的推广和应用，而一个保守的社会则可能对创新持怀疑态度。以"最多跑一次"改革为例，中国社会逐渐追求高效便捷的政务服务，这种社会需求促使政府采取创新措施，推动"最多跑一次"改革在全国范围内的推广应用。

其次，经济是影响政府创新应用的重要因素之一。经济的发展水平、产业结构以及市场需求都会影响政府是否愿意投入资源和精力来推动创新项目的应用。例如，在经济转型期间，政府可能更加注重创新来推动产业升级和转型，因此会更积极地推动创新项目的应用。

最后，技术对政府创新应用产生深远的影响。随着科技的发展和进步，新技术的出现为政府创新提供了更多的可能性。例如，人工智能、大数据和物联网等新技术的应用，为政府提供了更多创新的方向和手段，也促进了政府创新项目的实施和应用。

综上所述，在当前的体制下，政府创新的成功实施与广泛应用，离不开上级政府乃至中央政府的积极介入与支持，这一层面的支持直接为创新赋予了必要的合法性与权威性，为创新的推广奠定了坚实的政治基础。具体而言，要使某一创新举措在特定地方生根发芽并取得显著成效，关键在于其能否灵活适应当地的独特环境，特别是要确保创新内容具备高度的可操作性，能够迅速融入并优化现有治理体系。

第二节 政府创新应用的过程

一、政府创新应用的适用性评估

政府创新是推动中国经济社会可持续发展的重要动力，是实现政府治理现代化的前提与保障。正因为如此，政府创新受到社会各界的广泛关注，成为观察当代中国政府改革与政治发展进程的重要窗口。在政府创新的大量实践中，很多有效的创新并没有得到持续与扩散。90% 的创新都只停留在地方层面，甚至名存实亡，政府创新的"孤例"现象十分普遍。创新的推广应用也因此成为地方政府创新研究中的重大议题，多位学者致力于有效推广与应用政府创新研究。诚然，深入探究之际，我们面临一个更为复杂的问题，即：是否每一项政府创新都普遍适用且应当无差别地推广实施？对此，答案显然是否定的。正如罗杰斯在其经典著作《创新的扩散》中所深刻阐述的那样，"并非所有创新都具备广泛传播与普及的潜力和条件"。正是基于这一洞察，本节内容应运而生。

（一）适用性评估的定义

政府创新的适用性评估是指在目标地区政府的特定情境下，针对其是否满足中央政策精神和地方实际需求，对政府创新成果进行全面、系统的分析和评价。该评估不仅是推动中国经济社会可持续发展的关键环节，还是实现治理现代化的基石。其中，适用性评估过程不仅聚焦于政府创新实践的有效性，更深刻地探讨了哪些创新真正适合并应被广泛应用。鉴于众多政府创新案例往往局限于地方层面，甚至逐渐消失，如何判断并推广那些既符合中央政策导向又贴合地方实际的创新显得尤为重要。

政府创新的适用性评估的核心，在于细致入微地分析地方政府创新在特定环境下的契合度。这一过程包含双重维度的考量：一个维度是中央层面的适用性，即确保地方创新不仅与国家的宏观发展战略相契合，还要精准对接中央政策的精髓，如同浙江"最多跑一次"改革，其成功推广正是因其紧密贴合了国家"放管服"改革的大方向，从而获得了广泛的认可与支持。这一维度强调了地方创新需有中央顶层设计的支撑，方能行稳致远。另一个维度则是地方适用性，它要求创新必须深深扎根于地方的具体环境之中，包括自然条件、资源状况、社会环境及经济发展水平等多元因素。这种"量身定制"的评估方式，确保了创新成果在地方实施时的可行性与有效性，避免了"一刀切"的盲目推广。同时，还需兼顾创新发源地与采纳地之间的差异性，通过细致的本土化改造，使创新成果真正融入并促进当地的发展。

为了实现全面而深入的评估，需要汇聚具备深厚专业知识和丰富实践经验的评估团队。他们将运用多元化的方法，如详尽的问卷调查、深入的访谈交流以及严谨的回归分析等，广泛收集目标地区的数据与信息。这些数据的综合分析，将为政府提供关于创新成果在特定区域适用性的精准画像，为后续的政策制定与应用决策提供科学依据。此外，适用性评估还具备前瞻性的指导意义。它不仅能够揭示当前创新成果的应用状况，还能为未来的改进与优化指明方向。通过不断地评估与反馈循环，政府创新能够持续迭代升级，更加紧密地贴合时代发展的需要与民众的实际期盼。

（二）适用性评估的必要性

政府创新成果的应用并非简单的复制与模仿，需要对创新成果进行深入理解和本土化适配。每一个地区都有其独特的政治、经济、文化和社会等背景，这些因素共同构成了政府治理的复杂生态。因此，当政府决定引入一项其他政府的创新成果时，必须充分考虑目标地区的实际情况，以确保这项成果能够在此地生根发芽，发挥预期的效果。

首先，政府创新成果的引入是一个复杂的决策过程。这不仅是一个技术或工具的引进，更是一个涉及政策、制度、文化等多方面的综合性工程。如果忽视了目标地区的实际情况，盲目地引入创新成果，很可能导致水土不服，甚至引发一系列不可预见的问题。

其次，适用性评估是确保创新成果有效应用的关键环节。通过对目标地区的政策制度、文化特色、资源配置等方面进行全面的评估，可以及时发现潜在的问题和挑战，并制定相应的应对策略。这样不仅可以提高创新成果的成功率，还可以避免资源浪费和效果不佳。

最后，适用性评估有助于推动政府创新成果的本土化。在评估过程中，可以深入了解目标地区的实际需求和社会期望，结合当地的实际情况对创新成果进行必要的调整和优化。这样不仅可以提高创新成果的适用性和有效性，还可以增强其在当地的认可度和接受度。

（三）适用性评估的原则

进行政府创新成果应用的适用性评估时，必须遵循以下三个原则。

1. 全面性原则

全面性原则要求在评估过程中考虑多方面因素，进行综合分析。这包括政策制度、文化特色、资源配置、技术条件等多个方面。当地政府需要全面收集和分析相关信息和数据，确保评估结果能够全面反映创新成果在目标地区的适用情况。通过综合分析，确保评估结果的全面性和准确性，为政府决定是否应用创新成果提供科学依据。

2. 科学性原则

科学性原则强调在评估过程中运用科学方法和工具进行评估。这包括采用定性和定量相结合的分析方法，运用统计分析、比较分析、案例分析等工具和技术手段，对创新成果进行客观、准确的评估。同时，进行适用性评估的评估者需要具备丰富的专业知识和实践经验，能够准确理解和把握评估对象的特点和规律，进而通过熟练运用科学的方法和工具，确保评估结果的客观性和可靠性。

3. 针对性原则

针对性原则要求依据目标地区的实际情况进行评估。这包括深入了解目标地区的政治、经济、社会、文化等背景信息，分析目标地区的政策环境、制度体系、文化特色、资源配置等实际情况。评估者需要针对目标地区的具体情况，制定合适的评估指标和评估方法，确保评估结果能够真实反映创新成果在当地的适用情况。

（四）创新应用前的适用性评估内容

在探讨政府创新应用的适用性时，需要从多个角度进行综合评估，以确保创新成果能够在不同政府中得到有效推广和应用。主要评估内容如下。

1. 政策制度评估

政策制度是影响政府创新应用的关键因素。在适用性评估过程中，需要分析目标政府与首创政府之间的政策差异，以及这些差异对创新成果应用的影响。同时，需要评估目标政府的制度体系是否完善，是否能够为创新成果的应用提供有力的支持和保障。具体来说，需要关注目标地区的政策导向、政策体系、政策执行力度等方面，以及行政体制、法律法规、监管机制等制度特点。通过对比分析，识别出可能存在的政策制度障碍，并提出相应的改革建议和完善措施，以优化目标地区的政策制度环境，为创新成果的应用创造更好的条件。

2. 文化特色评估

当地文化特色是影响政府创新应用接受度和认可度的重要因素。在适用性评估过程中，需要深入了解目标地区的文化特色、社会习惯和价值观，以预测创新成果在文化适应方面的潜在挑战。具体而言，需要关注目标地区的语言、习俗、信仰、价值观等方面，并评估创新成果在这些方面的适应性和融合度。针对可能存在的文化冲突和误解，提出相应的文化融合和文化适应建议，如加强文化沟通、提供文化解释和翻译服务等，以提高创新成果在目标地区的接受度和认可度。此外，可以通过社会调查和民意分析，先了解当地民众对创新成果的认知、态度和支持程度，以及可能存在的社会疑虑和反对意见，并据此调整创新成果的推广策略和应用计划，以提高其社会接受度和支持度。

3. 资源配置评估

目标政府的资源配置是保障政府创新应用顺利运行的重要因素。在适用性评估过程中，需要分析目标地区在人力、物力、财力等方面的资源配置情况。这包括分析资源的数量、质量、分布和利用效率等。通过了解这些资源情况，进而评估资源配置是否满足创新成果运行的需求。如果资源配置存在不足或不合理的情况，则需要探讨优化资源配置的策略和措施，以提高资源的利用效率，为创新成果的应用提供有力的保障。

4. 技术条件评估

目标政府的技术条件是保障政府创新应用顺利运行的关键因素。在适用性评估过程中，需要分析目标地区的技术水平、技术设施和技术支持能力等方面的情况，以评估其是否满足创新成果运行的技术需求。具体来说，需要关注目标地区的信息技术、通信技术、网络技术等方面的发展水平，以及相关的技术设施和技术支持团队的建设情况。通过对比分析，识别出可能存在的技术瓶颈和制约因素，并提出相应的技术改进和升级建议，以提高创新成果的技术可行性和运行效率。

另外，在评估政府创新应用的适用性时，必须紧密结合创新的具体类别来考量，因为不同类别的创新在适用性上有不同的标准和要求。比如，对目标创新而言，其适用性主要取决于该创新是否能够有效满足目标地区政府的治理需求，是否能够解决当地面临的特定问题；而对工具创新，则需要权衡移植或借鉴该创新所需的调试成本与地方政府自主创新的成本，以判断其是否具备在目标地区推广的经济性和可行性。然而，在实际操作中，许多政府创新并非纯粹的目标创新或工具创新，而是同时融合了两者的特点。这些兼具目标与工具创新的改革举措在评估其适用性时，更需要进行深入的具体情况分析。

二、政府创新应用的本地化修改

经过对政府创新应用的适用性进行深入评估，对展现出广泛推广应用潜力的创新成果，将转入本地化修改和定制阶段。此阶段旨在确保创新成果在维持其核心优势的同时，能够紧密结合目标地区的独特环境、文化和社会需求，从而更精准地满足当地的实际需求。同时，对那些由于特定首创背景而仅限于首创地区的政府创新治理与服务成果，将暂不进行本地化修改，而是专注于在首创地区特定情境下的持续优化和完善。因此，本部分旨在实现对具备推广潜力的政府创新进行精细化的本地化修改和定制，以确保创新成果与目标地区实际情况的有效对接。

（一）本地化修改方法

在再次实施政府创新时，本地化修改是确保创新成果顺利融入目标政府并产生实效的关键环节，具体可从以下四个层面入手。

1. 政策与制度层面

根据政策制度评估的结果，针对目标地区的政策差异和制度体系特点，对创新项目的具体内容进行相应的调整。在政策层面，主要是在推广创新项目时，针对目标地区的政策差异，进行政策微调，如个性化精准填充，以符合当地政策导向，确保政策的一致性和连贯性，避免出现"符号型政策"现象。在制度层面，主要是将创新项目中的制度框架具体化，制定符合当地实际的实施细则和操作指南。

2. 文化与社会需求层面

在对政府创新项目进行本地化调整时，需深入剖析目标地区的文化背景，巧妙地将创新项目中的文化元素与当地特色文化相融合，以增强民众的文化认同感与归属感，并赋予创新成果鲜明的地域特色。同时，应开展详尽的社会需求调研，精确把握当地民众的实际需求与期望。基于调研结果，应对创新项目进行定制化改进，调整服务内容，创新服务方式，优化服务流程，确保创新成果能够精准匹配并高效服务目标地区的民众。例如，在推广某项公共服务创新时，可以针对老年人的特殊需求，提供定制化的服务内容和方式，如设立老年人优先窗口、提供上门服务等。

3. 资源配置层面

在对目标政府地区的资源配置进行适用性评估的基础上，根据政府创新项目的要求，对当地资源进行优化配置。注重加强目标地区内部资源的共享机制，促进各部门之间的紧密协作，以提高资源利用效率。以推广智慧城市创新为例，建立智慧城市资源共享平台，实现跨部门、跨领域的数据共享和协作，从而显著提升智慧城市建设的效率和质量。这不仅有助于资源的最大化利用，还能促进目标地区在智慧城市建设上的全面发展。

4. 技术条件层面

应根据目标政府地区的技术环境和基础设施状况，对创新成果中的技术进行适配和改造。例如，在推广某项信息化创新时，可以针对目标地区的网络环境和设备状况，优化信息系统的设计和开发，确保信息系统在当地的稳定运行。同时，对当地政府相关人员进行技术培训。通过组织技术培训班、提供技术咨询和服务等方式，提高当地技术人员的专业水平和实践能力。

此外，在进行政府创新成果本地化修改时，还需注意以下几点：第一，保持创新成果的核心价值。在修改过程中，应确保创新成果的核心价值和功能不受影响，避免过度修改导致创新成果的失真。第二，充分沟通与合作。与目标地区的政府、企业和相关利益方进行充分沟通与合作，共同推动创新应用本地化工作的顺利进行。第三，持续监控与评估。在创新应用的本地化过程中，应持续监控创新成果的运行情况，并进行必要的评估和调整，以确保其能够持续满足目标地区的需求。

（二）本地化定制策略

完成对政府创新项目的本地化修改后，将进一步制定具体的定制策略，以确保政府创新成果能够精准匹配并高效服务于目标政府地区的特殊需求。

定制化服务是政府定制策略的重要一环。基于对目标地区民众需求的深入了解，提供一系列定制化的服务支持，包括政策解读与咨询、技术适配与指导、培训与支持等，旨在确保政府创新项目能够在本地顺利落地，并得到广泛应用。

定制化应用计划是政府定制策略的另一个关键方面。结合目标地区的实际情况和定制化需求，精心策划并制定具体的应用计划。这包括选择适宜的创新项目推广渠道和方式，如与当地媒体合作、举办宣传活动等；明确创新项目应用的目标和时间表，确保创新活动的有序进行；制定具体的创新项目应用策略，以确保创新项目能够在本地得到广泛认可和接受。

通过本地化定制策略的实施，能够更好地满足目标地区的特殊需求，推动创新项目在当地的高效应用和推广，为当地民众带来实实在在的利益。

第三节 政府创新应用的绩效评估与调整

政府创新应用的绩效评估与调整是政府创新项目应用过程的一个重要环节。一般而言，创新项目应用之后，政府就会开始评估项目应用是否取得预期效果。由于大部分政府创新只有在得到中央政府接受和认可后，才会被其他地方政府所采纳，因此本节主要针对自上而下的地方政府创新应用的绩效评估与调整。

一、政府创新应用绩效的框架与原则

（一）政府创新应用绩效的框架

当涉及评估政府创新项目的应用成效时，构建一个精细化和特定化的绩效评估框架显得尤为重要。这一框架的核心目标在于全面、系统地衡量和评估政府创新项目在

二次实施过程中所展现出的适应性、效果以及可持续性，从而为创新项目的持续改进和优化提供有力支持。

1. 适应性评估

适应性评估是绩效评估框架中的首个关键组成部分。它主要关注政府创新项目在目标政府应用过程中对当地环境、社会需求的适应程度。这一评估旨在检验创新应用是否根据新的环境和需求进行了相应的调整和优化。第一，政策与制度的适应性评估。在创新项目应用过程中，与创新有关的政策和制度需要根据新的环境和社会需求进行必要的修订和完善。评估需要关注政策和制度是否根据当地实际情况进行了调整，是否能够有效解决当前面临的问题，以及是否具备足够的灵活性和前瞻性以应对未来可能出现的挑战。第二，服务流程和管理模式的适应性评估。在创新项目的应用过程中，服务流程和管理模式需要根据新的需求进行必要的调整和优化。评估需要关注服务流程和管理模式是否根据新的需求进行了优化，是否更加便捷、高效，管理模式是否更加科学合理，且这些调整是否得到了有效的实施和推广。

2. 成效评估

成效评估是绩效评估框架中的另一个核心组成部分。它主要关注创新项目在二次实施后所达到的实际效果，这些效果包括经济效益、社会效益、环境效益等多个方面。

首先，经济效益评估。主要关注政府创新的应用是否带来了显著的经济效益，包括促进经济增长、提高生产效率、降低生产成本等。评估需要收集和分析相关的经济数据，对比二次实施前后的变化，以客观、准确地评估创新应用的经济效益。

其次，社会效益评估。主要关注政府创新项目的应用是否带来了积极的社会影响，包括提高公共服务水平、改善民生福祉、促进社会和谐稳定等。此外，此评估需要明晰创新应用是否真正解决了社会问题，是否得到了广大民众的认可和支持。

最后，环境效益评估。主要关注政府创新项目的应用是否有利于环境保护和可持续发展，是否减少了环境污染、节约了资源、促进了绿色发展等。

3. 可持续性评估

可持续性评估是绩效评估框架中的最后一个组成部分。它主要关注政府创新项目在应用后能否实现长期的、稳定的、有益的发展。第一，长期发展潜力评估。评估需要关注应用的创新项目是否具备长期发展潜力，就是评估其是否具备持续创新和自我完善的能力。这要求创新项目在政策制定、服务提供、管理模式等方面能够不断适应时代的变化，满足社会需求的升级。同时，还要求建立有效的反馈机制，及时发现并解决问题，确保其在长期运行中保持稳定性和可靠性。第二，资源利用效率评估。可持续性评估需要关注应用的创新项目在资源利用方面的效率和可持续性。一方面，评估应用的创新项目是否能够有效利用各类资源，如资金、人才、技术等，以实现其长期发展目标；另一方面，在应用的创新项目取得一定成效后，评估该项目是否能够得到持续的资金支持，政府、企业、社会等各方是否愿意为创新项目的持续发展提供必要的资金和资源。

（二）政府创新应用绩效评估指标体系的构建原则

在构建地方政府创新应用绩效评估指标体系的过程中，为保障其既科学又实用，必须遵守一系列核心原则，以全面而有效地衡量创新项目的应用效果。这些原则不仅指导了指标体系的设计思路，还确保了评估结果能够精准反映地方政府在创新治理方面的真实情况。因此，其设计过程需要遵循以下几个关键原则：第一，首要原则是方法论的严谨性，即指标体系的设计需根植于坚实的理论基础与实证分析之上，确保每一项指标的确立都经过深思熟虑，以科学方法论的指引，保障评估结果的客观性与科学性。同时，这一原则也强调了指标设立的合理性与逻辑性，使评估过程有据可依，有章可循。第二，指标体系应紧密贴合地方政府创新管理的实际状况，遵循事实逻辑。这意味着在设计时，需充分考量地方政府创新职能的内在特性与当前管理实践的特点，确保指标体系能够真实、准确地映射出地方政府在创新应用领域的实际能力与成效。第三，比较逻辑是构建指标体系不可忽视的重要原则。作为标准化的评估工具，绩效评估指标体系不仅要服务于地方政府内部的自我审视，还需具备横向比较的功能，为不同地区政府之间的创新管理实践提供可资借鉴的参考。因此，在设计过程中，需注重指标的可比性，确保评估结果在不同情境下均具备广泛的适用性与参考价值。

具体而言，指标体系设计还需遵循以下六项细化原则。

1. 全面性原则

在构建政府创新应用的绩效评估指标体系时，必须将焦点放在评估的目的上，而非仅仅是描述性。政府创新应用绩效评估的核心目的在于推动创新项目的全面有效实施，进而提升政府的创新能力和治理效率。

2. 系统性原则

指标体系的设计需注重其内在的逻辑性和结构性，确保各项指标之间既相互独立又相互联系，共同构成一个逻辑严密、结构合理的有机整体。这种系统性不仅要求各项指标在内容上具有互补性、在逻辑上具有连贯性，还要求在评估过程中能够相互支撑、相互验证，从而形成一个完整的评估系统。

3. 一致性原则

在构建评估指标体系时，需充分考虑客观事实与主观感受的结合。客观指标能够直观反映政府创新应用的实际效果，如创新项目的完成率、服务质量的提升等；而主观指标则能体现利益相关者的感受与评价，如公众满意度、企业反馈等。因此，评估体系需兼顾这两类指标，采用科学合理的量表设计，确保测量结果的客观性与有效性。

4. 动态性原则

政府创新应用是一个持续不断的过程，其效果与影响也随着时间的推移而不断变化。因此，评估指标体系需具备灵活应变的能力。需要用动态的视角审视地方政府创新后职能的变迁和职能履行效果，这就强调融合存量改革与增量建设。存量改革是对已有政策、服务和管理模式的优化，以提升效率和适应性；而增量建设则是积极引入新技术、新业态，拓展政府职能和服务范围。通过存量改革，确保政府的基础职能得以稳固和提升，为创新应用提供坚实基础；而增量建设则不断推动政府职能的拓展和服务质量的提升。两者的结合，使政府能够在保持稳定性的同时，不断寻求新的发展机遇，实现创新应用的全面、持续发展。

5. 可靠性原则

评估指标体系的可靠性是评估结果有效性的基础。为了确保评估结果的稳定性与一致性，需采用科学的数据收集与分析方法，确保数据的真实性与准确性。同时，还需对评估过程进行严格的监控与管理，避免人为因素的干扰与误差。此外，还需定期对评估体系进行修订与完善，确保其能够适应政府创新应用的新情况与新需求。

6. 可操作性原则

评估指标体系的设计需充分考虑其实用性与可行性。确保各项指标均有明确的数据来源且易于采集，数据采集方法需切实可行且成本可控。同时，还需为评估人员提供清晰的指导与培训，确保他们能够准确理解评估指标的含义与要求，并熟练掌握评估方法与工具。这样的可操作性不仅有助于降低评估工作的难度与成本，还能提升评估工作的效率与质量，确保评估结果的有效运用。

二、地方政府创新应用绩效评估的指标体系

一般而言，绩效评估有两种途径：客观评估和主观评估。相应地，绩效指标也被划分为客观指标与主观指标。客观评估主要是运用统计数据和相关的事实衡量实际绩效水平与预期绩效水平之间的差距；主观评估则是通过了解利益相关者对绩效的满意程度而获得所需的绩效评估结果。因此，在对政府创新应用的绩效进行评估时，首先需要确定一系列客观和主观的评估指标。本书在构建地方政府创新应用绩效评估的指标体系时，综合考虑绩效评估框架中的适应性、效果及可持续性三个关键组成部分，并同时结合客观与主观的评估方式，以确保评估结果的全面性和准确性。

（一）适应性评估

在评估地方政府创新应用的适应性时，首要考量的是政策与制度以及服务流程和管理模式的契合度。首先，针对政策与制度的适应性，采用量化分析的方式，评估政

策与当地实际需求的匹配程度。通过比较政策实施前后相关指标的变化来实现，能够客观地反映出政策在推动当地发展中的作用和效果。同时，重视制度修订和完善的及时性，通过统计制度修订的周期和评估修订后制度实施的效果，确保制度能够持续适应地方发展需求，为创新应用提供稳定的制度环境。其次，服务流程和管理模式的适应性也不容忽视。通过数据收集和分析，量化评估服务流程优化后的效率提升情况，如服务响应时间和处理效率的提升。同时，关注管理模式改进后的效果，如管理成本降低和管理效率提升，从而全面评估管理模式的适应性和优化效果。最后，除了客观评估，主观评估也是适应性评估的重要组成部分。通过问卷调查、访谈等方式，广泛收集利益相关者对政策、服务流程和管理模式调整的主观感受和反馈。这些反馈能够直接反映调整和优化措施在实际操作中的效果，以及公众对调整后的政策与制度、服务流程和管理模式的接受度和满意度，对进一步改进和优化政策、制度、服务流程和管理模式具有重要的参考价值。

（二）成效评估

在评估政府创新应用的成效时，同样需从客观和主观两个维度进行综合考虑。客观评估旨在通过量化数据来准确衡量创新应用在经济、社会和环境三个方面的实际效益。首先，经济效益是评估创新应用成功与否的重要指标之一。收集和分析相关的经济数据，如经济增长率、税收增长、就业率等，以量化评估创新应用对当地经济的贡献。通过对比创新项目应用前后的经济数据变化，客观地评估创新项目应用对经济增长的实际促进作用。其次，社会效益也是衡量创新应用成效的重要方面。通过收集和分析公共服务质量、民生福祉改善等方面的数据，量化评估创新应用对社会的积极影响。同时，关注创新项目应用是否真正解决了社会问题，如教育、医疗、交通等领域的痛点，并关注这些改善是否得到了广大民众的认可和支持。最后，环境效益的评估同样不可忽视。收集和分析环境保护、资源节约等方面的数据，以量化评估创新应用在环境保护和可持续发展方面的贡献。关注创新项目应用是否有利于减少污染、节约资源，并评估这些措施是否有利于环境保护和可持续发展。

（三）可持续性评估

在评估创新项目的可持续性时，需要综合考量其长期发展潜力。首先，从客观评估的角度出发，需深入探究创新项目在政策制定、服务提供、管理模式等方面的持续创新和自我完善能力。这不仅意味着项目能够与时俱进，持续满足社会发展的需要，更要求项目具备应对挑战、解决问题的能力。为此，可通过分析反馈机制的有效性和问题解决效率，评估创新项目的长期稳定性和可靠性。其次，资源利用率和可持续性也是评估创新项目可持续性的关键。通过详细分析创新项目在资金、人才、技术等资源利用方面的效率和可持续性，确保这些资源得到合理、高效的利用。最后，还需评估创新项目的持续资金支持和资源保障。通过评估政府、企业、社会等各方对创新项目持续发展的支持情况，以确保项目在资源方面的可持续性。

三、地方政府创新应用的调整与优化

随着时代的进步和科技的快速发展，地方政府在创新项目应用方面不断探索与实践，以期提高公共服务水平、优化政府治理效能。然而，政府创新应用并非一蹴而就，而是一个持续迭代、不断优化的过程。本部分将基于地方政府创新应用绩效评估的结果，详细阐述地方政府创新应用的调整与优化策略。

（一）调整与优化的必要性

基于地方政府创新应用绩效评估的结果，地方政府需要对创新项目的应用进行必要的调整与优化。这是因为，在创新应用的实施过程中，可能会遇到各种预期之外的问题和挑战，导致实际效果与预期目标之间存在偏差。如果不及时进行调整与优化，这些偏差可能会逐渐积累，最终影响创新项目应用后的持续性和有效性。

具体来说，调整与优化的必要性体现在以下几个方面：

第一，纠正偏差。通过对比实际绩效与预期绩效，可以发现创新应用过程中存在的偏差。这些偏差可能是由于政策制定不当、服务提供不足、技术创新滞后等原因造成的。通过调整优化，可以纠正这些偏差，确保创新项目能够按照预期目标发展。

第二，满足需求。绩效评估的结果可以反映出创新项目应用后是否真正满足了社会需求和公众期望。如果实际绩效与预期绩效存在较大差距，说明创新项目可能未能有效满足社会需求和公众期望。通过调整优化，可以更加准确地把握社会需求和公众期望，提高创新应用的针对性和有效性。

第三，促进发展。调整与优化是政府创新应用持续发展的必要条件。通过不断调整优化，可以推动创新项目应用过程的持续改进和升级，提高创新应用的效率和质量，进一步推动社会发展和进步。

其中，绩效评估与调整优化之间会形成一个循环的过程，如图6-1所示。

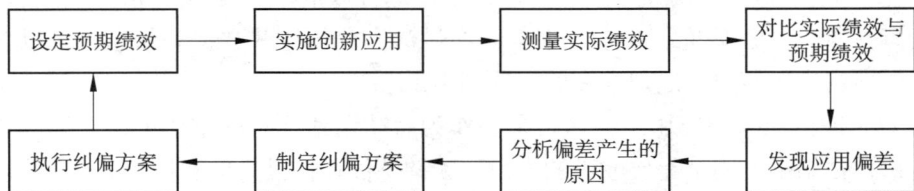

图 6-1 创新绩效评估的循环过程

具体来说，这个过程包括以下几个步骤：

第一，设定预期绩效。在开始创新应用之前，地方政府需要明确预期绩效，即希望通过创新应用实现的目标和效果。

第二，实施创新应用。按照预期绩效的设定，地方政府开始实施创新应用。

第三，测量实际绩效。在创新应用实施一段时间后，地方政府需要收集相关数据和信息，对实际绩效进行测量和评估。

第四，对比实际绩效与预期绩效。将实际绩效与预期绩效进行对比，分析两者之间的差距和偏差。

第五，发现应用偏差。通过对比和分析，发现创新应用过程中存在的问题和不足。

第六，分析偏差产生的原因。深入剖析偏差产生的原因，明确问题的根源。

第七，制定纠偏方案。基于偏差产生原因的分析，制订针对性的纠偏方案。

第八，执行纠偏方案。按照制定的纠偏方案，采取相应的措施和行动，对创新应用进行调整和优化。

第九，重新设定预期绩效。经过调整优化后，地方政府需要重新设定预期绩效，确保创新应用能够持续、有效地满足社会需求和促进社会发展。

通过绩效评估与调整优化的循环过程，地方政府可以不断纠正偏差、满足需求和促进发展，确保创新项目应用能够持续发挥积极作用，为社会进步和发展贡献力量。

（二）调整与优化策略

1. 定期评估与监测

第一，设定评估与监测周期。为了及时发现和解决政府创新应用过程中出现的问题，地方政府应明确评估与监测的周期，如每季度、每半年或每年进行一次，以确保对创新应用的实施情况进行持续跟踪和监控。

第二，确定评估指标与标准。评估指标和标准的确定应基于创新应用的目标和预期效果，包括经济效益、社会效益、公众满意度、技术可行性等多个方面。通过制定明确的评估指标和标准，可以确保评估结果的科学性和准确性。

第三，数据收集与分析。在评估过程中，地方政府应广泛收集相关数据和信息，包括统计数据、案例研究、公众反馈等。通过深入分析这些数据和信息，可以全面了解政府创新的应用情况，发现存在的问题和不足。

第四，评估结果的应用。评估结果将作为后续调整优化的重要依据。地方政府应认真分析评估结果，明确需要改进的方面，为调整优化提供方向和指导。

2. 问题反馈与意见征集

第一，及时反馈问题。在评估过程中发现的问题和不足，地方政府应及时反馈给相关部门和人员。这有助于相关部门和人员及时采取改进措施，确保问题得到及时解决。

第二，公开征集意见。为了更全面地了解政府创新应用的实际效果和社会反响，地方政府应积极征集公众的意见和建议。可以通过调查问卷、座谈会、在线论坛等方式，收集公众对创新应用的看法和建议。这些反馈和意见将为调整优化提供重要的参考。

第三，回应与沟通。对公众提出的意见和建议，地方政府应积极回应并进行有效沟通。通过及时回应和沟通，可以增强公众对创新应用的信任和支持，为调整优化创造良好的社会氛围。

3.调整与优化措施

第一，策略调整。基于评估结果和反馈意见，地方政府应对创新项目的应用策略进行调整。这可能涉及政策导向、资源分配、目标设定等。通过策略调整，可以确保创新应用更加符合社会需求和公众期望。

第二，方法改进。地方政府还应关注创新应用的方法和手段。对发现的问题和不足，可以通过改进方法和技术手段来提高创新应用的效率和效果。例如，引入新技术、优化工作流程、加强人员培训等。

第三，持续创新。为了推动创新应用的不断升级和发展，地方政府应保持开放创新的态度，积极引进新技术、新方法和新应用，探索新的解决方案和模式。同时，鼓励相关部门和人员积极参与创新活动，营造浓厚的创新氛围。

第四，跨部门协作。在调整与优化的过程中，地方政府需要加强各部门之间的沟通与协作。通过跨部门协作，可以共同解决创新应用过程中遇到的问题和挑战，提高调整优化的效率和效果。同时，也可以促进各部门之间的信息共享和经验交流，为未来的创新应用提供借鉴和参考。

第四节　政府创新应用的制度化管理

在剖析政府创新应用的深层机制时，制度化管理无疑扮演着至关重要的角色，它贯穿于政府创新的发起、实施，乃至后续推广应用的每一个环节。特别是在创新成果的实际应用阶段，制度化管理不仅确保了创新实践的连续性和稳定性，还促进了创新效能的最大化释放。因此，本节聚焦于政府创新应用的制度化管理，旨在通过多维度的解析，为读者构建一个深刻且全面的理解框架，以便精准把握政府创新项目的实践精髓。

一、制度化管理

（一）什么是制度化

"制度化"这一概念，其内涵丰富且层次多样。它根植于"制度"这一基石之上，却又超越了制度本身的静态范畴。从制度构成的角度来看，它融合了正式的法律法规与非正式的社会规范，共同塑造了一种稳定且可预期的行为框架。迈克尔·史密斯（Michael Smith）认为，制度是制度化过程创造的"共享行为规范"，侧重制度本身的效能和发展。伯格（Berger）与卢克曼（Luckmann）则认为，制度化与行为模式相关。他们指出，制度化是这样一个将行动中产生且重复的、逐步在自我和他人间引发稳定且相同意义的过程。麻宝斌和马振清认为，政治参与的制度化是强调参与主体的参与行为符合法律规范，以及法律规范的程序和步骤；反之，非制度化参与是指不符合制度和程序的政治参与。从制度与组织的角度来看，亨廷顿（Huntington）认为，制度是"稳定、受珍重的周期发生的行为模式"，政治制度化则是"组织与程序获得价值和稳定性的过程"，并用组织和程序的适应性、复杂性、自立性和凝聚力来测度。迪马吉奥（DiMaggio）与鲍威尔（Powell）对制度化的定义也流传甚广，他们认为"制度化是一种状态依赖的过程，这种过程通过限制组织可以进行的选择，而使组织减少工具理性的色彩"。因而，可以看出制度化可以是进行时、完成时或者两者皆有。进行时的制度化是一种动态过程，没有尽头，而完成时是一种结果。

值得注意的是，制度化并非孤立存在，而是深深嵌入特定的社会、政治与经济环境之中。一方面，它可能如伯格与拉克曼所言，是环境中自然演化的结果；另一方面，正如迪马吉奥等学者所强调的，制度化也是行动者在既定制度框架内，为实现特定目标而主动进行策略性调整与优化的过程。在国内研究语境下，后者的观点更为普遍接受，尤其是迪马吉奥的制度化理论，因其融合了新旧制度主义的精髓，而成为分析政府创新管理中制度化现象的有力工具。

本书依据迪马吉奥的理论框架，对制度化做出如下阐释：在政府创新管理的语境下，制度化指的是一个动态过程，其中各级政府及其他相关利益主体，在追求创新目标的过程中，受到既有制度环境的深刻影响。为增强自身在特定制度框架内的生存与适应能力，这些主体不断调整其制度设计与行为策略，进行适应性变革，从而确保能够在不断演变的制度环境中保持竞争力与生命力。这一过程体现了制度化作为一种策略性调整与优化的核心要义。具体而言，政府创新应用的制度化管理，就是要求各级政府在追求创新目标的同时，注重构建一套完善的制度体系，以规范政府创新项目应用的各个环节。这一制度体系应当具备高度的灵活性与适应性，能够随着政府创新项目实践的深入而不断调整与完善。同时，它还应当充分考虑到各利益相关主体的需求与利益，确保创新成果能够真正惠及社会、促进发展。

（二）制度化的价值与优化空间

1. 制度化的价值

从制度化内涵的指向看，制度化对行为体系具有规范约束作用，可以保持行为的持续性，并有助于促进好的制度与观念、方法的扩散与传播。

第一，制度化扮演着规训与引导的双重角色，是塑造社会行为的指南针。制度化作为社会秩序的坚固基石，其核心价值在于对个体及集体行为的深刻影响。在规训方面，制度化确保了社会行为的规范性，通过奖惩机制促使个体遵循既定的规则，有效遏制了非理性与破坏性行为的发生。在引导方面，它则像一盏明灯，照亮了社会前行的道路，倡导并鼓励合理、有益的行为模式，促进了社会整体的和谐与进步。此外，制度化还减少了人为干预带来的不确定性，避免了权力滥用与腐败现象的发生，维护了规则体系的整体平衡与公信力。

第二，制度化促进持续性与传播力的增强，是文化传承与创新的加速器。通过一系列制度化的安排与措施，价值观念、知识体系得以在代与代之间稳定传递，形成了深厚的文化积淀与民族认同。这种代际连贯性不仅增强了社会的凝聚力与向心力，还为社会的长远发展奠定了坚实的文化基础；同时，制度化的环境为创新思想与方法的扩散提供了肥沃的土壤。在稳定的制度框架下，创新者能够安心地进行探索与尝试，不用担心因制度变迁而带来的不确定性风险。

第三，制度化是稳定性与合法性的源泉，是组织行为与政治稳定的基石。制度化通过确立一系列稳定的惯例与习惯，为组织行为提供了坚实的合法性基础与决策指南。在不确定性与复杂性交织的社会环境中，这些惯例为组织提供了明确的行动方向与判断标准，有助于其迅速做出适应性决策以应对各种挑战。在政治领域，高度的政治制度化水平更是政治稳定与良好秩序的关键所在。它通过建立完善的政治制度体系与运行机制，确保了政治权力的合法性与正当性来源。同时，政治制度化还能够扩大政治体系的包容性，为不同利益主体提供表达诉求与参与政治的渠道与平台。这有助于减少社会内部的矛盾与冲突，增强公众对政治体系的信任与支持，从而降低政治不稳定的风险与成本。

2. 制度化的优化空间

制度化过程及其制度化结构对保证社会生活的秩序性具有基础作用。但在复杂多变的治理环境中，制度化设计需持续完善以适应新挑战，具体体现在以下两方面。

第一，制度调适的适应性提升。制度化结构在保障社会秩序稳定的同时，需增强其与快速变化的动态社会环境之间的适应性匹配。这种挑战性不仅体现在对新兴社会现象与行为模式反应的迟缓上，更在于难以精准匹配并规范日益复杂多样的社会现实。然而，挑战往往伴随着机遇。为了应对制度化结构带来的挑战，持续的制度创新成为关键。这意味着要建立一种机制，能够敏锐地捕捉社会变迁的脉搏，及时评估现有制度的适用性与有效性，并据此进行必要的调整与完善。通过引入灵活的制度设计元素，如弹性条款、试验性政策等，可以使制度规则更加贴近现实需求，提高其对复杂多变社会环境的适应能力。

第二，制度设计的平衡性优化。制度化结构在追求高效运作与结果一致性的过程中，需着力构建多维平衡机制。首先，制度刚性与弹性的张力调和。制度刚性虽能确保规则的稳定性与权威性，但也可能抑制创新与变革，导致灵活性缺失。因此，在强化规则约束力的同时，建立创新豁免与动态修订程序。其次，工具理性与价值理性的融合。制度化中工具理性的过度膨胀可能使决策过程过于依赖量化指标与经济效益，忽视社会、环境等多元价值的考量。因此，需要通过完善绩效评估指标体系，纳入公共服务满意度、生态效益等质性维度来平衡工具理性与价值理性。再者，市场机制与公共属性的边界厘定。市场原则的不当泛化，更可能加剧社会不平等与资源分配不均等问题，可以通过负面清单明确市场作用领域，健全资源分配矫正机制。最后，依托常态化监测评估与多元主体协同治理框架，持续提升制度化设计的包容性与发展适配度。

综上所述，制度化管理在为社会带来秩序与稳定的同时，其动态适应性与设计平衡性需持续关注。只有通过持续的制度创新、深化运行评估和多元协同优化，可更好发挥制度化的治理效能，服务社会发展需求。

二、政府创新应用的制度化管理

在政府创新的应用实践中，制度化的推进是对创新历程中宝贵经验的系统整理与制度性确认，是将那些原本隐含于实践中的知识与智慧明确化、规范化的过程。这一过程不仅涵盖了对创新过程中遇到的问题、积累的经验以及取得的成效进行全面回顾与总结，更关键的是探索如何将这些实践成果转化为具有普遍约束力的法律法规或制度规范，从而为其在更大范围、更深层次上的推广应用铺平道路。通过这样的制度化提炼，政府创新不仅能够巩固其既有成果，还能激发新的创新活力，推动政府治理不断迈向新的高度。

（一）政府创新制度化的表现

政府创新制度化是将创新的理念、方法和成果，通过制定和完善相关法律法规、政策文件、规章制度等政治机制，使其固定化、规范化和法制化。这种制度化不仅确保了创新成果的长期保留和传承，更为后续的政府创新活动提供了科学的指导和稳定的保障。

在探讨国外政府创新制度化的表现时，秦上人的见解聚焦于三大核心：创新项目的广泛认可奠定创新制度化的权威基础，稳定性与常规性确保创新成果的横向扩展与时间延续，创新成果与现有组织制度深度融合促进创新与既有体系无缝对接。反观国内，政府创新制度化被视为稳健发展的基石。王焕祥、黄美花指出，政府创新制度化是政府以法规规章为框架，规范创新行为之综合能力。付建军则细化其表现：官方认可与文件固化、共识价值观下的规范构建与组织保障、社会广泛认同、可持续性评估以及特殊经验向一般化知识的转化，共同构筑了创新制度化的多维图景。

综上所述，政府创新制度化是确保创新活动持续、稳定、有效进行的关键所在。

无论是国外还是国内，政府都需要通过制定和完善相关法律法规、政策文件、规章制度等机制，来推动创新成果的固定化、规范化和法治化，从而为国家的长远发展注入源源不断的创新动力。因此，本书将政府创新制度化定义为：为提高各级政府治理和服务的实效性，政府将与治理或服务相关的创新政策或项目的各类行动参与者内部形成的共识上升为机制，并与外部创新环境对接，使治理和服务创新合法化、规范化和稳定化，在此过程中完善自身组织与制度运作模式，实现政府创新可持续发展。

（二）政府创新制度化的若干模型

基于社会行为学的多维视角，即组织、制度与行为之间的复杂交织，下面将从微观至宏观的不同层面，重新阐述政府创新制度化的几种关键模型，以展现其生成与发展的多样路径。

1. 组织内与组织间制度化多阶段模型

伯格与拉克曼关注文化与认知性制度要素的作用，突出共同信念的日益客观化在政府创新制度化中的功能。客观化描述了行动者互动过程中产生的各种意义对行动者而言日益成为外在于行动者的事实的过程。在向其他组织扩散的过程中，制度世界的客观性日益固化。

托尔伯特（Tolbert）与朱克（Zucker）拓展了这种基于客观化的政府创新制度化程序，构建了一个描述发生在组织内与组织间的制度化过程的多阶段模型，用于分析某些样板、诀窍与方法以最好的实践或先进的组织化模式的名义扩散时其制度化水平如何强化，如图6-2所示。

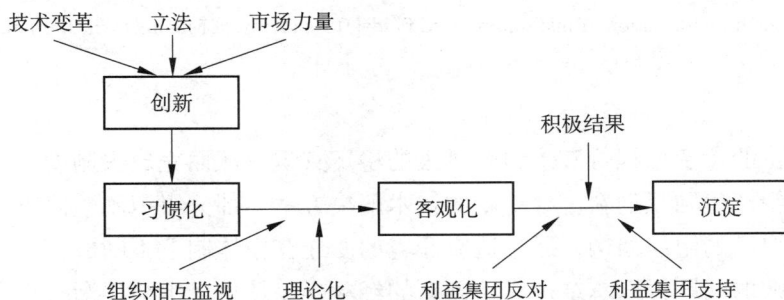

图6-2 组织内与组织间制度化多阶段模型

资料来源：TOLBERT P S, ZUCKER L G. The institutionalization of institutional theory[J].Handbook of Organization Studies, 1996, 12 (2): 175-190.

在处理各种政治、技术或市场问题时，组织中的行动者会创造并推广新的思想、方案和实践。因此，被证明有效的部分创新会引起其他组织的关注。这些创新在组织内部与组织间的交互中被广泛传播接受并成为习惯，将"什么是创新以及如何进行"

进行正式化、理论化，并界定这些创新所适用的问题和组织。然后，进入客观化阶段，组织决策者对某种结构的价值获得一定程度的共识，并日益采纳之。此时，扩散的内在动力从简单的模仿转为更具规范性的基础；创新既是认知性过程，又是规范合法性过程。最后是沉淀，创新在纵向上实现代际之间的持续传递，在横向上大量扩散到所有潜在采纳者的相关组织群体中。

2. 专业协会组织多阶段制度化模型

若将创新制度化过程的目光聚焦于政府组织本身，则制度化将刻画组织面临突变的外界环境时如何寻求变革以适应新环境。格林伍德（Greenwood）等描绘了一个专业性组织在一个变迁的、高度制度化组织领域中获得合法性的过程，并给出了如图 6-3 所示的制度化模型。

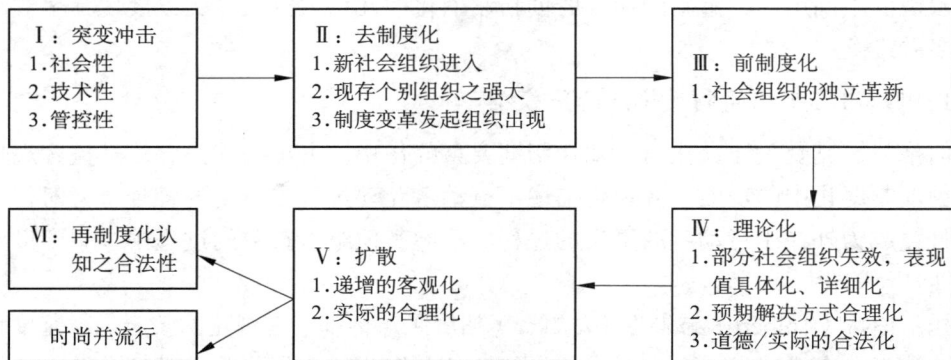

图 6-3 专业协会组织多阶段制度化模型

资料来源：GREENWOOD R, SUDDABY R, HININGS C R. Theorizing change: The role of professional associations in the transformation of institutionalized fields[J].Academy of Management Journal, 2002, 45 (1): 58-80.

外界冲击的量变累积打破了组织过去的稳定共识，从而完成去制度化。在前制度化阶段，组织产生独立创新，寻求新的技术解决方案。部分组织脱颖而出，挑战现有制度并重组自己的组织架构，通过适应环境的变迁在新体制下不断成长。在理论化阶段，组织失败的问题得以总结，成功创新的经验得以认可，组织逐渐获得合法性，制度得以继续。理论化将来自流行的通则约定的地域化差别抽解出来而使之简洁可行以获得更为广泛的应用。优胜组织的行为嵌套在解决问题的过程中，获得道义和实际的合法性，新的制度获得生存。理论化的完成伴随着扩散的到来。大量关于组织体系内部观念的扩散机制研究表明，这些创新行为在扩散前必定被客观化，其实用性获得了社会认可，从而扩散更远。最后，认知合法性得到进一步巩固而完成再制度化。

3. 行为与制度互动多阶段制度化模型

如果将政府创新制度化过程的目光聚焦于制度与行为之间的互动，将描绘出行为与制度之间的制度化路径。制度与结构理论虽强调制度和行为不可分割，但并没有解释制度的产生、改变以及再生产机制。巴利（Bally）与托尔伯特结合制度理论和结构理论，构建了行为与制度互动多阶段制度化模型，认为行动者在制度与行为之间的不断互动促成制度化的生成。此后，伯恩斯（Burns）与斯凯本斯（Scapens）结合对会计领域实践行为的进一步观察，对前者的模型进行了补充性重构，如图 6-4 所示。

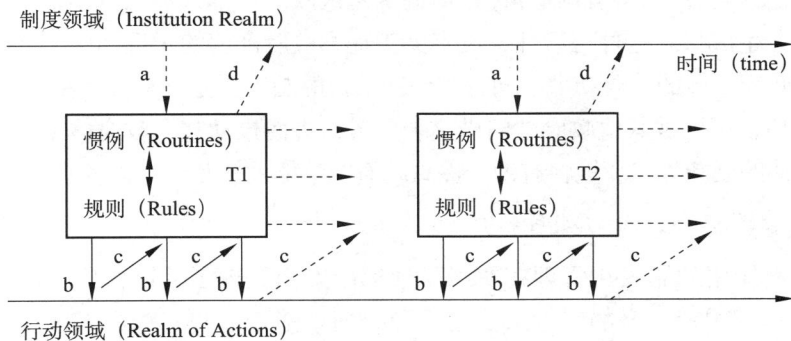

图 6-4　行为与制度互动多阶段制度化模型

资料来源：BURNS J, SCAPENS R W. Conceptualizing management accounting change: An institutional framework[J].Management Accounting Research, 2000, 11 (1): 3-25.

在上图的多阶段制度化模型中，每一个制度化回合 T1、T2 包括四个步骤：a. 编码；b. 执行；c. 复制；d. 外界化 / 制度化。实线表示所需时间较短，虚线表示所经历时间较长。伯恩斯与斯凯本斯在每一个制度化回合中，补充了规则和惯例之间的互动。规则是某一流程正式书面文件，惯例则是真正发挥作用、实际发生的流程。从制度领域出发，外部制度变量通过其存在的意义、价值与权威，经过编码成为惯例与规则。其中，惯例主要源于隐性默认知识，虽非刻意接受，却反映当前流行的制度因素，还可能诱导新规则的产生。编码得到执行后，组织行为受到变革，制度领域被移植到具体行动领域，如上图 a 和 b 所示。制度与行动之间是双向影响、双向互动的，如 c 和 d 所示。在复制阶段，类似的行为得以在组织内部广泛模仿甚至重复发生。当这种行为模式与其先前的背景最终脱离渊源时，便成为理所当然的约定，制度化得以实现。

（三）政府创新应用制度化管理的作用

1. 规范创新流程，强化组织保障

政府创新应用的制度化管理，在规范创新流程方面起到了至关重要的作用。通过制定一系列详细的规则和程序，创新活动被纳入了一个有序、系统的框架之中。这不仅确保了创新项目的顺利进行，还强化了政府内部的协作和配合。在这种规范化的创新环境中，政府组织文化得以传承和发展。此外，制度化管理还促进了政府部门间的

交流和合作，使创新经验得以广泛分享和传播，为整个政府体系的创新发展提供了有力支持。

2. 保障项目持续，促进能力提升

政府创新应用的制度化管理通过将创新项目进行制度化，确保了创新项目的持续性和稳定性。这意味着即使面临外部环境的变化或政府内部人员的变动，创新项目也能继续运行并产生成果。这种持续性不仅有助于提升政府部门的管理和服务能力，还使创新成为推动政府发展的重要动力。同时，创新项目的制度化还具有可复制性和可推广性。成功的创新项目可以被其他政府部门借鉴和参考，进而推动整个政府体系的创新应用发展。这种良性的创新生态环境将有助于提高政府的整体效能和公共服务水平。

3. 明确管理标准，助力项目推广

政府创新应用的制度化管理在明确管理标准方面发挥了关键作用。通过多次创新项目的试点和应用，政府部门积累了经验和教训。基于这些实践成果，政府可以整理出一套适用于政府创新应用的项目管理标准。在采纳新的创新项目之前，政府部门可以根据标准对自身的能力和资源进行评估，以确定是否适合采纳该项目。如果发现存在不足或需要改进的地方，政府部门可以根据标准进行本地化的修改和优化，以确保创新项目能够在目标地区发挥最大作用。

三、政府创新应用中制度化管理的实践路径

政府创新项目的成功实施与推广应用并非一蹴而就的终点，而是需要持续耕耘和精心管理的起点。为了确保创新成果能够持续发挥作用，为政府部门和公众带来长期的效益和价值，必须深入探讨政府创新应用中制度化管理的实践路径。

（一）理论化：构建与编码知识体系

政府创新应用中制度化管理的首要步骤是理论化，这一步骤对整个管理过程具有基础性和指导性的意义。理论化不仅是对创新管理经验的总结和提炼，更是对创新管理知识的系统化和规范化。通过构建一套完整的创新管理知识体系，可以为政府创新活动提供坚实的理论支撑和实践指导。在理论化的过程中，首创者肩负着对新制度的观念和因果关系进行深入剖析和编码的重任。他们不仅要对旧制度的滞后性进行批判性审视，还需全面阐述新制度的优越性和创新性。此外，对首创者在新制度中扮演的角色与功能，也要由首创者进行详细的描述和规划。同时，还需要结合政府部门的实际情况和具体需求，将创新管理的理论成果转化为具有可操作性和可实施性的政策措施和行动计划。

构建创新管理知识体系的过程也是一个不断学习和探索的过程，需要时刻关注国

内外创新管理的最新理论和实践成果，及时吸收和借鉴先进的经验和方法。同时，还需要加强政府部门内部的培训和教育工作，提高政府部门工作人员的创新意识和创新能力。通过不断学习和探索，不断完善和创新管理知识体系，为政府创新活动提供更加全面和深入的指导和支持。通过理论化阶段，首创者将创新经验进行模式化，形成一套具有可操作性的创新管理知识体系。这不仅有助于创新接受者更好地了解和掌握新制度，还能为创新的推广和实施提供有力的理论支撑。

（二）规模化：推广新制度并提升知名度

新制度在理论化的过程中就可能会实现扩散，即所谓的规模化，因此规模化阶段也成为政府创新制度化管理的关键一环。在这一阶段，创新供给者将采用规范合法性策略，大力推广新制度，提升其在社会各界的知名度和影响力。

为了实现规模化推广，首创者会运用多种手段，如召开会议、媒体宣传、投放广告等。这些手段不仅有助于让更多的人了解和认识新制度，还能增强公众对新制度的认同感和接受度。同时，通过破坏旧制度的规范性基础，动摇利益相关者对旧制度的信念，为新制度的推广和实施创造有利的社会环境。在规模化推广的过程中，首创者还需注重分离和重组新制度相关的技术和规则。他们需要将与新制度相关的一些技术和规则从原有的制度框架中脱离出来，与新制度进行重新整合。这样做不仅有助于增强新制度的独立性和自主性，还能提高新制度在实际操作中的灵活性和适应性。

（三）嵌入与接受：促进新制度的落地实施

制度嵌入与接受是政府创新应用中制度化管理的重要环节，关乎新制度能否真正落地实施并取得预期效果。在这一阶段，首创者需要努力将新制度嵌入现有的制度秩序中，使其与现有制度相互融合、相互支持。

为了实现新制度的嵌入与接受，首创者会通过相关媒介频繁向外界推广创新经验，他们会利用媒体的力量，将新制度的优点、特点、创新点等信息传递给公众和利益相关者。同时，他们还会建立相应的考核激励机制，以驱动政府创新接收者积极应用新制度。这些考核激励机制包括政策扶持、资金补贴、税收优惠等多种方式，旨在提高政府创新接收和应用新制度的积极性和主动性。在嵌入与接受的过程中，首创者还需注重与利益相关者的沟通和协商，了解其需求，回应其关切。通过有效的沟通和协商，首创者可以建立起与利益相关者的良好关系，为新制度的顺利推广和实施创造良好的社会环境。

（四）标准化：提升创新管理的执行效率

项目管理标准化是提升创新管理执行效率的重要手段。通过制定项目管理标准，可以明确项目策划、实施、监控等各环节的具体要求，为政府部门提供清晰的工作流程和操作框架。

标准化的过程需要遵循一定的原则和规范。首先，要确保标准的科学性和合理性，符合实际工作需要。其次，要注重标准的可操作性和实用性，便于政府部门在实际工作中应用。最后，要加强标准的宣传和培训力度，提高政府部门对标准的认知度和掌握程度。通过项目管理标准化，政府部门可以更加高效地进行创新管理工作。他们可以根据项目管理标准制定具体的工作计划和时间表，确保各项工作按时按质完成。同时，项目管理标准化还可以促进政府部门之间的协作和配合，提高整个创新管理系统的运行效率。

（五）合法化：正式化新制度

在合法化阶段，首创者主要使用规制合法性策略，通过正式化新制度以获取规制合法性要素。当创新在特定区域范围内得到充分应用和认可后，首创者会采取一系列措施对新制度进行确认和正式化。这些措施包括政府发文、参与立法等方式。通过政府发文，首创者可以将新制度纳入政府正式文件中，明确其法律地位和实施要求。参与立法则是通过制定相关法律或行政法规将新制度正式化，使其具有更强的法律效力和约束力。在合法化阶段，首创者还需注重与新制度的利益相关者的沟通和协调。他们需要确保利益相关者对新制度的认同和支持，避免在正式化过程中出现不必要的阻力和障碍。同时，首创者还需加强新制度的监管和评估工作，确保其在实施过程中能够持续发挥作用并取得预期效果。通过合法化阶段的工作，新制度将正式成为政府创新管理的一部分，为政府创新管理提供有力的制度保障。

（六）适应需求：持续优化与创新

在政府创新应用制度化管理的进程中，适应社会发展需求、持续优化与创新是不可或缺的环节。面对快速变化的社会环境和公众需求，政府需要不断调整和优化新制度，确保其能够持续适应和满足社会发展的新要求。一方面，政府需要敏锐地捕捉社会变化的趋势，及时引入新的管理理念和技术手段，以优化管理流程、提升管理效率。这包括利用信息技术手段提升政府服务的便捷性和透明度，以及通过创新管理模式提升公共服务的覆盖面和质量。另一方面，政府需要鼓励和支持公务员队伍的创新精神和实践能力。通过建立容错机制、激励机制和培训体系，激发公务员的创新热情，鼓励他们勇于尝试、敢于创新，为政府创新管理提供源源不断的动力。通过持续优化与创新，政府创新制度化管理能够不断适应社会发展的需求，实现管理模式的不断创新和升级，为公众提供更高效、更优质的公共服务。

在未来的发展中，政府应不断完善和创新制度化管理机制，以适应不断变化的社会需求和发展趋势。通过推动政府创新项目的持续发展，提高政府部门的创新能力和管理水平，为政府部门和公众带来长期的效益和价值。

🔍 案例延伸　　　　　"最多跑一次"改革的基本经验与未来

"最多跑一次"改革，确实有益于提高政务效能、方便群众办事。目前，这一改革已经在浙江成功落地，并在全国推广应用。

值得注意的是，"最多跑一次"改革尽管是浙江省委、省政府自上而下推动的政府改革项目，但它仍然保留了地方政府因地制宜、因时制宜创新的自主性，省委、省政府把自身角色严格界定为引导、规范和支持。在统一目标方向的前提下，地方政府可以根据当地经济社会发展、地理区位等实际情况，选择适当的切入点探索推进"最多跑一次"改革的方式方法。如在经济相对欠发达的衢州市，企业投资项目、商事服务和便民服务事项办理人次总体较少，当地政府就首先探索了"一窗受理、集成服务"这一模式，以物理集成为突破口倒逼各部门再造流程、减少事项。在人口数量密集且前期电子政务发展基础良好的杭州，当地政府就把"互联网+政务服务"作为突破口，实现了"60分钟完成不动产登记"的杭州速度。在工业化、城市化处于快速发展期的湖州市德清县，当地政府则尝试了企业投资项目"并联审批""区域环评"和"标准地建设"等新做法。

总之，以"最多跑一次"改革撬动重要领域和关键环节的改革是一项系统工程。推进"最多跑一次"改革应用并发挥其撬动作用，不但可以为浙江改革闯关，而且可以为全国改革探路。

资料来源：郁建兴，高翔.浙江省"最多跑一次"改革的基本经验与未来[J].浙江社会科学，2018（4）：76-85，158.

📖 本章小结

本章系统阐述了政府创新应用的概念、过程、绩效评估及制度化管理等方面的内容。首先，介绍了政府创新应用的概念，并强调了创新项目的持续性和扩散性是衡量其质量的重要指标。其次，详细讨论了政府创新应用的过程，包括适用性评估和本地化修改与定制，强调了在对成功的创新项目进行应用前，政府应根据实际情况，对创新应用进行适应性调整，以确保其在本地区的有效实施。再次，聚焦于政府创新应用的绩效评估与调整方法，确定了评估创新应用绩效的指标体系，并建立了创新应用调整和优化机制，以便及时调整改进应用中出现的问题。最后，讨论了政府创新的制度化管理问题，指出制度化管理有助于确保政府创新活动的规范性和可持续性，进而为政府推进创新活动提供了制度保障。

❓ 思考与练习

1. 什么是政府创新应用？它有哪些应用模式和机制？
2. 影响政府创新应用过程的因素有哪些？请简要谈谈。
3. 为什么要在政府创新应用前进行适用性评估？请谈谈你的看法。
4. 政府创新应用的绩效评估需要考虑哪些因素？请给出理由。
5. 如何对政府创新应用进行制度化管理？

📖 参考文献

[1] 柏维春，钟哲. 缘何"人走政息"：制度伦理视域下的地方政府创新可持续性问题解读 [J]. 哈尔滨师范大学社会科学学报，2012，3（4）：17-21.

[2] 包国宪，孙斐. 演化范式下中国地方政府创新可持续性研究 [J]. 公共管理学报，2011，8（1）：104-113.

[3] 曹伟. 政府创新管理的制度建构：基于杭州实践的研究 [J]. 中国行政管理，2014（10）：29-32.

[4] 曾盛聪，卞思瑶. 乡村振兴背景下"田园综合体"的政策扩散分析：基于多个经验性案例的考察 [J]. 中国行政管理，2019（2）：60-65.

[5] 陈天祥，宁静. 社会建设绩效测量：一项公民满意度调查 [J]. 中山大学学报（社会科学版），2010，50（2）：171-181.

[6] 陈永杰，曹伟. 从政府创新到政府创新管理：一个分析框架 [J]. 中国行政管理，2016（2）：40-44.

[7] 付建军. 城市社会治理创新的制度化研究 [J]. 上海交通大学学报（哲学社会科学版），2019，27（2）：50-59.

[8] 傅金鹏，杨继君. 我国地方政府创新的可持续性：影响因素与对策 [J]. 理论导刊，2010（12）：14-16.

[9] 谷志军，黄卫平. "上下联动"：地方政府创新可持续性的影响因素分析 [J]. 学术研究，2018（10）：59-64.

[10] 韩福国，瞿帅伟，吕晓健. 中国地方政府创新持续力研究 [J]. 公共行政评论，2009，2（2）：152-171.

[11] 胡宁生，杨志. 中国地方政府社会治理创新的持续性：影响因素与政策优化 [J]. 江苏社会科学，2015（3）：114-120.

[12] 郎玫. 地方政府创新可持续的影响因素及其交叠效应研究：基于西北案例的定性比较分析 [J]. 经济社会体制比较，2018（6）：109-120.

[13] 李妮. 地方政府创新采纳行为研究：一个比较分析 [J]. 领导科学，2015（2）：30-34.

[14] 卢福营. 可延扩性：基层社会治理创新的生命力：写在后陈村村务监督委员会诞生十周年之际 [J]. 社会科学，2014（5）：67-75.

[15] 罗杰斯. 创新的扩散 [M]. 唐兴通，郑常青，张延臣，译. 北京：电子工业出版社，2016.

[16] 麻宝斌，马振清. 新时期中国社会的群体性政治参与 [J]. 政治学研究，2005（2）：49-55.

[17] 马亮. 府际关系与政府创新扩散：一个文献综述 [J]. 甘肃行政学院学报，2011（6）：33-41.

[18] 秦上人. 基层社会治理创新的制度化：一项多案例研究 [D]. 杭州：浙江大学，2016.

[19] 汤淇皓，陈志广. 中国地方政府创新模式的可持续研究：基于"中国政府创新最佳实践"案例（2011—2016）的 QCA 方法 [J]. 南京邮电大学学报（社会科学版），2019，21（1）：68-77.

[20] 王大鹏，岳春颖，项皓，等. 中国地方政府创新可持续性的影响因素分析：基于华北五省区市地方政府创新获奖项目的调查 [J]. 云南行政学院学报，2020，22（1）：6-16.

[21] 王焕祥，黄美花. 东西部地方政府创新制度化能力及其可持续性的实证比较 [J]. 社会科学辑刊，2008（1）：78-82.

[22] 王焕祥，黄美花. 中国地方政府创新的可持续性问题研究 [J]. 上海行政学院学报，2007（6）：20-27.

[23] 王浦劬，赖先进. 中国公共政策扩散的模式与机制分析 [J]. 北京大学学报（哲学社会科学版），2013，50（6）：14-23.

[24] 鲍威尔，迪马吉奥. 组织分析的新制度主义 [M]. 姚伟，译. 上海：上海人民出版社，2008.

[25] 吴建南，张攀. 创新特征与扩散：一个多案例比较研究 [J]. 行政论坛，2014，21（1）：1-7.

[26] 吴理财，刘建. 地方政府创新的可持续性分析：基于"中国地方政府创新奖"中部地区获奖项目的跟踪调查 [J]. 江汉论坛，2019（8）：11-16.

[27] 杨雪冬. 简论中国地方政府创新研究的十个问题 [J]. 公共管理学报，2008（1）：16-26.

[28] 俞可平. 中国地方政府创新的可持续性（2000—2015）：以"中国地方政府创新奖"获奖项目为例 [J]. 公共管理学报，2019，16（1）：1-15.

[29] 郁建兴，黄飚. 地方政府创新扩散的适用性 [J]. 经济社会体制比较，2015（1）：171-181.

[30] 郁建兴，秦上人. 制度化：内涵、类型学、生成机制与评价 [J]. 学术月刊，2015，47（3）：109-117.

[31] 周望. 政策扩散理论与中国"政策试验"研究：启示与调适 [J]. 四川行政学院学报，2012（4）：43-46.

[32] 卓越，黄六招. 政府创新生成的评价标准构建与验证：以厦门市集美区行政服务中心创新实践为例 [J]. 行政论坛，2016，23（6）：71-75.

[33] BARLEY S R, TOLBERT P S. Institutionalization and structuration: Studying the links between action and institution[J].Organization Studies, 1997, 18 (1): 93-117.

[34] BECKERT J. Agency, entrepreneurs, and institutional change: The role of

strategic choice and institutionalized practices in organizations[J].Organization Studies, 1999, 20 (5): 777-799.

[35] BURNS J, SCAPENS R W. Conceptualizing management accounting change: An institutional framework[J].Management Accounting Research, 2000, 11 (1): 3-25.

[36] DIMAGGIO P J. Interest and agency in institutional theory[J].Institutional Patterns and Organizations, 1988 (5): 3-21.

[37] GILARDI F. Who learns from what in policy diffusion processes?[J].American Journal of Political Science, 2010, 54 (3): 650-666.

[38] GREENWOOD R, SUDDABY R, HININGS C R. Theorizing change: The role of professional associations in the transformation of institutionalized fields[J].Academy of Management Journal, 2002, 45 (1): 58-80.

[39] KARCH A. National intervention and the diffusion of policy innovations[J]. American Politics Research, 2006, 34 (4): 403-426.

[40] MENZEL D C, FELLER I. Leadership and interaction patterns in the diffusion of innovations among the American states[J].Western Political Quarterly, 1977, 30 (4): 528-536.

[41] SUCHMAN M C. Managing legitimacy: Strategic and institutional approaches[J].The Academy of Management Review, 1995, 20 (3): 571-610.

[42] TOLBERT P S, ZUCKER L G. The institutionalization of institutional theory[J]. Handbook of Organization Studies, 1996, 12 (2): 175-190.

[43] WOLFE R A. Organizational innovation: Review, critique and suggested research directions[J].Journal of Management Studies, 1994, 31 (3): 405-431.

[44] ZUCKER L G. The role of institutionalization in cultural persistence[J].American Sociological Review, 1977, 42 (5): 726.

第七章
政府创新的考核

>>> 案例导入

厦门构建全流程闭环监督，赋能科技创新跑出"加速度"

科技是第一生产力，人才是第一资源，创新是第一动力。

在厦门市委的正确领导下，市人大常委会充分发挥特区立法先行先试作用，2021年年底出台《厦门经济特区促进科技创新若干规定》（以下简称《若干规定》），并于2022年3月1日起实施。此后，厦门市把《若干规定》落实情况作为监督抓手，从组织代表专题调研到开展课题研究，从实地走访执法检查到面对面专题询问，从推动代表建议办理到加强重点建议督办，从听取整改落实情况报告到满意度测评，构建起"执法检查—发现问题—专题询问—提出意见建议—代表建议督办—整改落实—满意度测评"人大监督闭环效应。

执法检查：真找准问题，真解决问题

执法检查是人大监督的法定形式和重要途径，也是人大推动法律法规贯彻实施、推进法治国家建设的重要抓手。2023年2—4月，市人大常委会执法检查组对《若干规定》进行执法检查。

市人大教科文卫委牵头组织、精心策划，从对照检查、实地走访到座谈调研，紧跟市委、市人大常委会要求，紧贴法规规定；以问题为导向，注重补短促长，确保执法检查不走过场、取得实效。将法规细化为9个重点方面35个具体项目，以表格清单形式，交由市政府及相关部门逐一对照检查；先后组织开展15场座谈调研，采取分小组实地检查、大组集中视察等方式，深入相关部门、各区政府、高校科研院所、科技型企业、产业园区，深入检查法规贯彻实施情况，并将收集到的11个方面49个问题提交部门研究。

建议督办：提升代表建议，办理工作质效

厦门市各级人大代表对科技创新工作极为关注。市十六届人大二次会议期间，市人大代表提出关于科技创新方面的议案建议共5件。市人大教科文卫委坚持把建议督办与业务工作有机结合，充分发挥人大代表在建议办理中的主体作用，积极践行全过程人民民主，支持和保障代表依法履职。通过一系列跟踪督办，避免代表建议办理"重程序、轻落实""有答复、没下文"的情况，不断提升代表建议办理工作质效，也进一步提高代表对建议办理工作的满意率。

开展测评：效果好与坏，"满意度测评"说了算

市人大常委会办公厅将执法检查报告及审议意见转市政府研究处理后，市人大教科文卫委持续做好跟踪问效，结合重点建议督办，督促相关问题的整改落实。整改效果好与坏，最终还要通过"满意度测评"说了算。

开展满意度测评是市人大常委会延伸监督链条、提高监督实效的有效载体和有力抓手，是做好法规贯彻实施"后半篇文章"、畅通监督工作"最后一公里"的重要举措，也是监督支持市政府及相关部门改进工作、解决问题的重要途径。

测评绝不流于形式，一旦被测评为不满意，报告机关应进行整改。市人大常委会会议将对整改情况报告再次进行满意度测评，结果仍为不满意，常委会可在次年再次听取整改情况报告，或通过质询、特定问题调查等方式进行跟踪监督。必要时，常委会可做出相应决议。

资料来源：厦门构建全流程闭环监督 赋能科技创新跑出"加速度"[EB/OL].（2023-09-04）. http://fj.people.com.cn/n2/2023/0904/c181466-40556641.html.

党的二十大提出要"完善科技创新体系、加快实施创新驱动发展"的战略目标，并强调要"健全共建共治共享的社会治理制度，提升社会治理效能"。这些政策导向为新时代党和国家推动社会治理理论与实践创新指明了方向。在新方向引导下，各领域政府创新活动层出不穷，地方政府创新实践逐渐成为各政府部门进行政绩生产的普遍选择。但如何处理好地方政府创新与绩效考核的关系，突出绩效考核对于政府治理的正向激励，推动各领域政府创新的持续性，这一问题始终悬而未决。近年来，一些地方政府设立政府创新专项考核、将专项考核纳入经济社会发展整体考核，旨在通过用好绩效考核的"指挥棒"，来激发地方政府部门创新内生动力，增强经济社会发展治理能力。因此，本章将对政府创新考核的概念、指标体系和结果等内容进行深入探讨。

第一节　政府创新考核概述

一、政府创新考核的概念

（一）政府考核

关于政府考核，我国有综合考核、政绩考核、干部考核、公务员考核、综合评价等多种类型的描述，目前尚未形成统一的定义标准。唯一确定的是，当代政府考核愈发强调量化管理，从模糊性考核向精细化考核转变。模糊性考核（Ambiguous Evaluation）指具有较为主观、过程动态式、指标定性化、奖惩不严和结果部分公开等特点的考核。精细化考核（Accuracy Evaluation）则指具有相对标准化、固定化、指标清晰量化、奖惩严格和结果完全公开等特点的考核。精细化考核遵循泰勒（Taylor）的科学管理和福特主义思路，自现代以来被美国、德国、西班牙等多国采纳，成为一种广为接受的制度实践。斯科特（Scott）指出，现代国家发展的一个趋势是借助清晰化测量工具，实施一种简约和标准的度量政治学，"如果没有标准化、固定性的度量单位，那么可能难以有效进行集中监督或者控制性比较"。与之类似，中国自改革开放以来也在推进精细化考核，由最初的年终考核演变为侧重日常的近距离考核；考核指标由定量和定性并重转向强调以"能量尽量"的量化考核为原则；考核方式由趋同性考核转为差异化考核，强制拉开指标差距；考核结果走向公开化，并做到奖优罚劣，推进干部能上能下，不能"干与不干一个样、干多与干少一个样、干好与干坏一个样"。

组织经济学的不完全契约理论指出，受有限理性和机会主义等因素影响，组织订立的契约通常是不完全的。类似地，受制于政府组织的独特制度环境，政府考核难以完全按照泰勒科学管理的思路来进行精细化考核，而是呈现出模糊与精细并存的混合考核实践。其中，精细化考核只是初步实现了考核目的，之后组织通过模糊运作获得权威控制，缓解了精细化考核的事本主义，具有"模糊的精确性"功能。

（二）政府创新考核

政府绩效作为政府管理与服务的核心目标，其实现依赖于政府创新的实施与应用。政府创新不仅追求新奇与突破，更需确保创新举措能够奏效并产生实效，创造公共价值并增进公共利益。在这一过程中，政府创新考核作为政府创新管理的重要组成部分，既是政府创新激励机制的关键环节，也直接关联到政府创新的质量及其实际效果。吴建南等学者指出，政府创新绩效是对一个政府创新项目实际成效的反映。政府创新对各类主体产生的影响，构成了政府创新绩效的不同维度。这些维度不仅是本轮政府创新的成果展现，更是新一轮政府创新的起点和动力。

基于此，本书对政府创新考核的定义是：对政府及其各部门在创新活动全过程中的表现、效果和影响进行全面、系统、客观的评估与测量。这一考核旨在准确识别政府创新的优点与不足，为政府改进创新策略、提升创新能力提供决策依据。同时，需要认识到政府创新活动在现实中往往并非遵循简单的线性发展逻辑，其管理机制可能相互交叉和重叠。例如，激励机制与考核机制可能存在交集，考核机制对应用机制亦可能产生深远影响。因此，政府创新考核应如图 7-1 所示贯穿于政府创新管理的全过程，涵盖创新的发起、实施以及应用等各个环节，以确保考核的全面性和有效性。

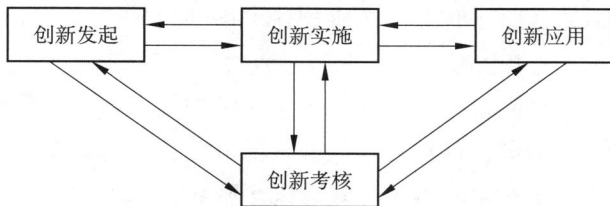

图 7-1　政府创新考核的全过程

二、政府创新考核的类型

不同类型的政府创新考核因其侧重点和标准的差异，所得出的创新考核结果也会有所不同。以下是按照不同划分标准对政府创新考核进行的分类。

第一，以考核时间为标准将其分为日常考核和年度考核。日常考核侧重于对政府部门日常工作中的创新实践进行持续性的跟踪和评估，以确保创新举措能够持续有效地推进。年度考核则是在年初或年终对政府部门一年内的创新成果进行综合评估，以全面客观地反映其创新能力和成效。

第二，以考核内容性质为标准将其分为定性考核和定量考核。定性考核又称非量化考核，主要关注政府创新举措的合理性、可行性、创新性等方面的评估，一般没有具体的量化标准，或是考核部门不公布明确的评价标准，通常根据日常材料、材料报送、答辩评审等方式来进行专业综合评判。定量考核又称量化考核，一般具有非常明确的打分和评价标准，按照一定的量化标准逐项进行评判打分，如创新项目的数量、质量、经济效益、社会效益等，只有达到标准才能符合得分要求，并最终汇总确定得分。

第三，以考核主体为标准将其分为上级考核、专业人士考核和社会考核。上级考核通常由上级政府部门对下级政府部门的创新工作进行考核，以确保下级政府能够按照上级的部署和要求推进创新工作。专业人士考核是邀请具有相关专业知识和经验的人士对政府创新工作进行评估，以提供更专业、更深入的意见和建议。社会考核是通过问卷调查、民意调查等方式，了解公众对政府创新工作的满意度和认可度，以反映政府创新工作的社会效果。

第四，以考核形式为标准将其分为现场考核和书面考核。现场考核是通过实地走访、现场观察等方式，直接了解政府创新工作的实际情况和成效，以获取更直观、更真实的信息。书面考核则要求政府部门提交相关的书面材料，如创新工作方案、实施报告、成果总结等，以便考核人员对其进行评估和审核。

第五，以考核导向为标准将其分为目标导向型考核、绩效导向型考核和综合导向型考核。目标导向型考核主要关注政府创新工作是否达到预期的目标和效果，强调对创新目标的追求和实现。绩效导向型考核则更加关注政府创新工作的实际绩效和成果，以绩效为导向来衡量政府创新工作的质量和成效。绩效考核是在目标考核层面的延展，是从战略层面、结果导向上来关注如何制定出"好"目标的问题。综合导向型考核综合考虑目标导向和绩效导向，既关注政府创新工作的目标设定和实现情况，又关注其实际绩效和成果，以实现更全面、更客观的评估。

值得注意的是，政府创新考核往往不是单一类型的考核，而是结合各种考核的优点进行，如结合定性与定量、日常与年度考核的方法，旨在更全面、更准确地评估创新项目及其成果。这种多元化的考核方式有助于政府更精准地把握创新方向，提升创新工作的质量和效率。

三、政府创新考核的基本原则

为了全面准确地评估政府部门的创新能力与创新绩效，确保其创新举措的有效实施和持续改进，需要建立一套科学合理的政府创新考核体系。这套体系不仅要有明确的考核标准和程序，更要遵循一系列基本原则，以确保考核的公正性、客观性和有效性。因此，提出以下几点政府创新考核的基本原则，旨在为政府创新考核提供指导和规范。

1. 全面性原则

政府创新考核内容应当全面考虑政府部门在创新方面的各项表现，包括政策创新、管理创新、服务创新等多个方面，从而全面评估政府部门的创新能力和成效。全面性原则要求考核不仅局限于单一领域，而是要综合考量各方面的创新举措和成果，以全面反映政府部门在创新中的整体表现。

2. 统一性原则

在考核过程中，应尽量采用统计部门有统一口径的指标数据，确保考评结果的可比性和可操作性。同时，各考核主体之间应保持标准统一，避免考核过程中出现标准不一致的情况，保证考核结果的公正性和权威性。统一性原则的实施有助于建立透明、公正的考核体系，确保各部门之间在同一标准下进行公平竞争，从而提高政府整体创新水平。

3. 动态适应性原则

政府创新考核标准应坚持动态适应性原则，即考核标准应随着政策环境、社会环境和市场环境等环境情况的变化而灵活调整。政府部门在应对新挑战、新机遇时，其创新能力和适应性是考核的关键。因此，需要及时调整考核标准，确保考核结果的时效性和准确性。这种动态适应性不仅要求考核者具备敏锐的洞察力和判断力，也要求政府部门具备高度的灵活性和适应性，以快速响应政策和社会变化，持续推动创新工作向前发展。通过动态衡量的方式，充分反映现代政府创新发展历程，使考核体系能够与时俱进，真正起到促进创新的作用。

4.公正和透明原则

政府创新考核应确保公正性和透明度，以被考核者的实际情况为依据，不受任何私人情感和偏见的影响。通过公开透明的考核标准和过程，让被考核者和社会公众了解考核的具体内容和要求，增强考核结果的公信力。这一原则不仅要求考核过程客观公正，还要保证考核结果的公开透明，以激励政府部门加强创新工作，提高创新能力和水平。透明的考核过程和公正的考核结果可以有效增强公众对政府创新工作的信任和支持，从而推动政府创新的持续发展。

5.定量为主、定性为辅原则

在政府创新考核中，应坚持定量为主、定性为辅的原则。定量考核能够提供具体、可衡量的数据支持，增强考核结果的客观性和可比性。然而，政府创新工作涉及众多复杂因素，有些方面难以完全量化，因此需要结合定性考核来进行主观判断，以全面准确地评估政府部门的创新能力和成效。通过定量为主、定性为辅的考核方式，可以更加科学、合理地评估政府创新工作，既保证了考核结果的客观性，又兼顾了实际情况的复杂性。

四、政府创新考核的经验借鉴

在前文深入探讨了政府创新考核的概念和基本内容之后，本部分将通过案例分析的方式，呈现两个典型城市在政府创新考核方面的实践经验。这两个案例或以创新的考核方法推动政府职能转变，或以科学的指标体系提升政府效能。通过具体的案例分析，可以借鉴它们的成功经验，为构建更加科学合理的政府创新考核体系提供有益的参考和启示。

（一）浙江省杭州市的综合考评

1.背景

杭州市的政府创新自改革开放以来就十分活跃，在转变政府职能、改进政府绩效等方面皆取得了积极成效。"开放式决策""城市大脑数字治理""亲清在线政企服务平台""未来社区综合试点建设"等创新项目，不仅在本地取得显著成效，还在全国范围内产生示范效应，备受社会各界关注。深入探究发现，这与杭州市不断完善的综合考评体系紧密相连。该体系以绩效考核为驱动，推动政府创新，本身也是政府创新的典型代表。经过多年的持续优化，杭州市综合考评始终坚持以公民需求为导向，注重创新创优，构建起一套更为科学、高效的政府绩效管理体系，有力提升了政府管理效能与公共服务水平。

2. 杭州市政府创新考核的主要做法

杭州市持续将政府创新目标绩效考核深度融入综合考评，致力于打破传统政府组织的"惰性"，为政府创新注入强劲动力。以 2022 年度综合考评工作为例，其展现出诸多新亮点与新举措。

第一，考核主体。考核主体是杭州市政府部门和专家。2019 年年后，政府部门进一步强化自身职能，通过数字化手段优化管理流程，对绩效数据进行实时监测与分析，提升管理的精准度与效率。专家库也不断更新扩容，吸纳了更多新兴领域专家，如大数据分析、人工智能应用等领域人才，以适应新时代政府创新考核的多元化需求。这些专家凭借丰富的实践经验和前沿的理论知识，为考核工作提供专业支撑。

第二，考核维度。2022 年度综合考评从"党建工作""重点攻坚""日常履职""创新创优"和"满意度评价"五个维度，对 114 家市直单位、13 个区县（市）进行考评。聚焦杭州市第十三次党代会提出的奋力打造世界一流的社会主义现代化国际大都市目标，优化综合考评指标体系，构建政治素质、高质量发展、党建工作"多位一体"大考核格局。实施"高质量发展和共同富裕示范区建设""亚运筹办""全面深化改革"等重点专项考核，突出考大事考要事。同时，坚持战略导向、职责导向，落实全市重点目标，激励各地各部门争先进位。

第三，考核方式。首先，实行精准化、差异化考核。针对不同考评对象，开展精准化、差异化的考核。13 个区县（市）中，杭州高新开发区（滨江）以其在全国高新区的排名作为考核重要依据；钱塘区以其在省级产业集聚区、国家级开发区、全国高新区考核中排名作为考核重要依据；淳安县作为"特别生态功能区"单列考核，以其在全省山区 26 县高质量发展实绩考核排名作为考核重要依据。其次，减轻基层负担。各考核牵头单位和组织单位贯彻落实中央、省委和市委为基层减负要求，充分用好数字化改革成果，简化考核方式，加强年终各类考核管理，运用"四不两直"方法进行实地核查，切实增强基层减负"实"感。最后，满意度评价数字化。综合考评满意度评价采用数字化手段，广泛采集市县评议和社会评价样本，全面实施电子化评价。其中，社会评价向全市各界 60 余万名代表发出邀约短信。收到邀请短信、获得参评资格的参评代表，点击短信中的链接或登录电脑输入网址，独立公正地行使手中的评价权；热心市民朋友可以关注"绩效杭州"微信公众号，回复"社会评价"，对市直单位和区县（市）工作提出意见建议。同时，严禁各地各单位干扰参评代表独立评价，社会各界可对满意度评价工作进行监督。

（二）山东省济南市的创新创优

1. 背景

近年来，山东省济南市为完成营商环境优化、新旧动能转换、黄河重大国家战略、高质量发展等重大治理任务，始终将创新摆在经济社会发展全局的核心地位。但如何将创新口号变成具体行动，是济南市政府所面临的巨大挑战。绩效考核这一管理政府及干部的制度工具有效解决了这一问题。2017 年，济南市印发《济南市干部正向激励实施办法》。该政策文件通过单独设立"干部创新行为"绩效考核栏目等措施，在全国率先构建干部正向激励机制，在理念思路、制度措施方面肯定了政府部门公务人员的"创新行为"。2018 年年底，济南市政府出台《济南市绩效管理条例》，该条例从法治层面进一步探讨了针对"干部创新行为"绩效考核的相关问题，肯定了针对干部创新能力考核的相关做法。两项重要文件的出台，为开展济南市政府绩效考核提供了法治保障，也为政府创新考核提供了新的思路。

2. 济南市政府创新创优考核的主要做法

第一，明确"谁考核"。参与济南市政府创新创优考核的主体主要有济南市考评委员会、济南市绩效考核工作办公室（简称"考核办"）和济南市创新创优考核专家委员会，具体如图 7-2 所示。

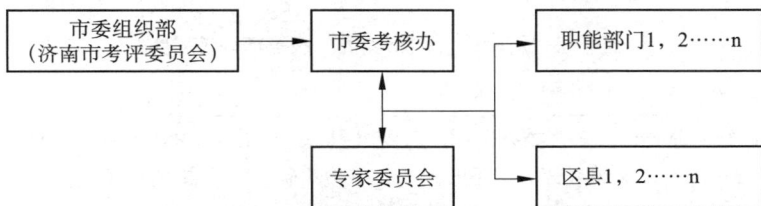

图 7-2　济南市"创新创优"专项考核的组织结构

资料来源：祝子翀. 绩效考核下地方政府创新的行为逻辑研究：对济南市"创新创优"的案例考察 [D]. 济南：山东大学，2023.

起初，济南市并没有专门负责创新绩效考核的工作部门，一般有关政府创新的考核也仅是简单地纳入政府绩效考核之中，由济南市委组织部负责。在 2017 年济南市开展创新创优行动及出台《济南市绩效管理条例》后，在济南市委、市政府的牵头下，成立了济南市考评委员会。该机构负责济南市创新创优绩效考核的牵头统筹、组织协调与督导落实职责，其办公室设置在济南市委组织部。考核办除承担日常工作、负责制定年度综合考核方案外，还需制定年度创新创优考核方案，方案在提交济南市考评委员会进行审议同意后，再组织实施。同时，济南市在设立考评委员会与绩效考核工作办公室两个机构的同时，还成立了济南市创新创优考核专家委员会。委员会专家由济南市部分党政领导与国内相关领域教授专家担任。专家来自党的建设、社会治理、公共服务、政治法律等多个研究领域。专家委员会负责年终创新考核的评审工作，并为各被考核部门提供创新指导与决策咨询。由此，济南市构建起考评委员会具体组织、考核办具体落实、专家委员会参与考评的层级联动、对口协调的政府创新考核工作组织结构。

第二，明确"考核谁"。济南市采取"条块结合"的差异化考核方式。在创新创优考核中，按照单位性质和条块关系的不同，考核对象大致可以分为两类：

第一类考核对象是"属地或垂直管理的块块"，主要由济南市下属的各个区、县和市管开发区构成。其中，区县的各创新项目可来源于下辖管理的乡镇街道。济南市在考核过程中依据不同"块块"的发展特征，除常规创新项目外，还提出了差异化的要求。创新项目没有选题、规模、领域等门槛限制，各区县可以根据自身发展情况开展重点领域和重点项目的创新。例如，新旧动能转换先行区以数字经济、优化营商环境、智慧产业、科技创新四个领域进行体制和机制创新。

第二类考核对象是"负责专业领域的条条"，由各个归口的业务部门组成。各"条条"根据自身工作职能和行政管理关系，分为一、二、三、四、五类考核单位（具体信息详见表 7-1）。以 2021 年济南市创新创优项目为例，济南市考核办对 104 个市直部门的创新工作展开考核，包括市政协机关、市委组织部等人大、政协与党委部门 21 个一类考核单位，市总工会、市妇联等群团组织 24 个二类考核单位，市政府办公厅、市教育局等政府综合管理 22 个三类考核单位，市发改委、市财政局等政府经济与服务 26 个四类考核单位，市税务局等 11 个五类考核单位。各市直部门可根据所属类别展开针对性的创新。

表 7-1　济南市"创新创优"被考核单位分类

单位类别	名称	备注	数量
一类单位	市纪委监委机关、市委办公厅、市委组织部、市委宣传部、市委统战部、市委政法委、市委政研室、市委网信办、市委编办等	党委部门、人大常委会机关、政协机关和法检两院	21
二类单位	市总工会、团市委、市妇联、市科协、市文联、市侨联、市社科联、市残联、市工商联、市红十字会、市贸促会、市委党校、市委党史研究院等	群团组织	24
三类单位	市政府办公厅、市教育局、市科技局、市公安局、市民政局、市司法局（市监狱）、市自然资源规划局、市水务局、市政府研究室、市仲裁办等	综合管理—市直部门	22
四类单位	市发改委、市工业和信息化局、市财政局、市人社局、市交通局、市农业农村局、市商务局、市文旅局、市应急管理局、市审计局、市外办等	经济与服务—市直部门	26
五类单位	市税务局、市某政法机关、市气象局、市消防支队、国家统计局济南调查队、市出入境边防站等	垂直管理单位	11

资料来源：祝子翀.绩效考核下地方政府创新的行为逻辑研究：对济南市"创新创优"的案例考察 [D].济南：山东大学，2023.

第三，明确"考什么"。济南市在设置创新创优专项考核中，遵循"特殊性和普遍性相结合"的基本原则。在考核内容方面，针对不同的单位性质展开兼具共性和差异化的考核。

从共性部分来说，所有"条块单位"的创新绩效考核均由创新创优得分、创新专项加分项与减分项、负面清单与一票否决项构成。创新创优得分由创新创业专家委员对本单位年度提交的部门创新创优申请材料根据评审指标打分构成，评审指标主要由目标完成规范程度、创新水平、创新难度与规模、综合效益与扩散推广价值、社会影响力等几个维度构成。创新专项加分项与减分项由各单位年度工作任务分解和市考核办制定办法形成。加分项包括国家或省领导的批示或有正式文号的书面表彰奖励、产生了重大的创新效益等情况。减分项包括国家或省领导的书面批评或有正式文号的通报批评、存在违反创新负面清单等情况。具体加减分标准将根据不同层级和程度酌情处理。

从差异部分来说，"条块单位"在创新绩效考核中的创新专项加减分数设置、负面清单与一票否决项内容各不相同。如区县在创新专项加减分项中的分值上限为100分，市直部门创新专项加减分项中的分值上限为50分。所有创新考核单位除安全生产维稳及触碰政治红线两个项目外，其余一票否决项则根据自身单位类别进行定制。如市直二类、三类考核单位存在形式主义、官僚问题突出等问题，则将给予创新考核一票否决；而市直四类考核单位存在产品服务质量问题突出的，则将给予创新考核一票否决。济南市创新创优考核负面清单表如表7-2所示。

表7-2 济南市"创新创优"考核负面清单表

序号	负面清单（创新项目）	扣分意见	责任部门
1	项目落实习近平新时代中国特色社会主义思想和党中央决策部署不力、存在政治或意识形态风险或问题	实行一票否决制度，本年度部门创新绩效考核结果为"不合格"	市委办公厅、市纪委监委机关、市委组织部
2	严重触碰安全生产、维稳情形的		市直相关部门
3	统筹疫情防控和经济社会发展、安全工作不力的		市委疫情防控领导小组和其他市直部门
4	落实全面从严治党主体责任监督不力的	市直部门每项最多扣10分，最高扣50分。区县每项最多扣20分，最高扣100分。扣至0分时，本年度部门创新绩效考核结果为"不合格"	市委办公厅、市纪委监委机关
5	违反中央八项规定精神及其实施细则精神，违反省、市相关要求的		市委办公厅、市纪委监委机关
6	形式主义、官僚主义问题突出，政策落实不到位，推进"七个求突破"不力		市委办公厅、市纪委监委机关、市委组织部
7	落实"六稳""六保"要求不力		市直相关部门
8	破坏生态环境重大事件		市生态环境局、市水务局、市自然资源和规划局、市园林和林业绿化局

续表

序号	负面清单（创新项目）	扣分意见	责任部门
9	安全生产事故		市应急管理局
10	影响安全稳定事件		市委政法委
11	重大失信事件（含政府信用、金融生态、产权和企业合法权益等）		市发改委
12	产品和服务质量及农产品食品药品安全事件		市市场监管局、市农业农村局、市发改委（市粮食局）
13	数据造假		市统计局
14	因工作失职失责引发重大舆情和没有及时有效处置、造成不良影响的		市委宣传部、市委网信办
15	相关工作受到中央、省书面通报批评或在中央（国家）督查检查考核中成绩较差，受到通报、批评约谈、警示的，受到市委领导批评或约谈的		市委办公厅、市政府办公厅

资料来源：祝子翀．绩效考核下地方政府创新的行为逻辑研究 [D]．济南：山东大学，2023.

    在结果运用上，创新考核结果将与奖惩挂钩。济南市委组织部考核办将根据部门创新考核分数高低进行排名，如表 7-3 所示，排名前 30%、30% ~ 60% 的"条条"将获得 5 分、3 分的创新创优考核分数。排名前 30%、30% ~ 60% 的"块块"将获得 10 分、6 分的创新创优考核分数。该分数将纳入济南市年度经济社会高质量综合绩效考核中，作为年度高质量绩效考核的重要组成部分。同时，考核得分排在前 30% 的条块单位将被定为创新考核"优秀等次"，给予适当的物质奖励，进行通报表扬。而排名倒数三位的"条条"和排名末位的"块块"则需要接受上级部门督导并进行整改。

表 7-3　济南市"创新创优"考评办法

排名	条条维度	块块维度	备注
排名前 30%	5 分	10 分	定位"优秀"
排名在 30% ~ 60%	3 分	6 分	—
排名倒数三位的条条、排名末位的块块	接受上级部门督导并进行整改		—

资料来源：祝子翀．绩效考核下地方政府创新的行为逻辑研究：对济南市"创新创优"的案例考察 [D]．济南：山东大学，2023.

五、政府创新考核的要素与方式

政府创新考核作为推动政府改革和提高治理效能的重要手段，其主体、内容和方式的明确界定对确保考核的公正性、有效性和权威性至关重要。基于前文的案例分析，本部分将探讨一般情况下政府创新考核的主体、内容和方式。

（一）政府创新考核的主体

政府创新考核的主体主要包括以下三个方面。

1. 政府创新管理考核部门

政府内部设立的创新管理考核部门是考核工作的直接执行者，负责制定考核标准、组织考核过程、监督考核结果，确保考核工作的有序进行。这些部门在不同城市可能有不同的名称和职责，但其核心任务都是推动政府创新并评估其成效。以杭州市为例，杭州市考评办作为政府创新管理的制度建构者和主要实施者，整合了多个相关职能，成为专门对相关政府部门进行绩效考核、评价和管理的组织化平台。通过设立这样的专门机构，杭州市确保了政府创新考核工作的专业性和系统性。而济南市成立了考评委员会和绩效考核工作办公室，专门负责政府创新绩效的管理和评价。这两个机构的设立，为济南市政府创新考核提供了更加明确的组织保障。

2. 专家委员会

专家委员会在政府创新考核中扮演着不可或缺的角色。这些委员会由政府或第三方机构组织，汇聚了来自不同领域的专家学者。他们凭借深厚的学术背景和丰富的实践经验，为政府创新考核提供专业性、权威性的评估意见。专家委员会通过细致的分析和评估，确保考核结果的准确性和科学性，为政府决策提供有力支持。同时，他们作为第三方机构，与政府创新考核的其他主体保持相对独立的关系，从而确保评估过程的公正性和透明度。此外，他们还能够为政府提供决策咨询服务，根据实际需求提出切实可行的解决方案，推动政府创新工作向更深层次和更广领域发展。

3. 社会公众

社会公众作为政府服务的直接受益者，对政府创新活动有着直观的感受。他们通过满意度调查、社会评价等方式参与政府创新考核，为政府改进创新工作提供重要的反馈。通过收集和分析社会公众的意见和建议，政府可以更加准确地了解公众的需求和期望，从而制定更加符合实际、更加有效的创新政策和服务。同时，社会公众的参与还能够激发公众的参与热情和创造力，推动政府创新工作的深入发展。

（二）政府创新考核的内容

政府创新考核的内容全面细致，旨在全面评估政府及其部门在创新活动中的表现与成效。首先，创新能力是考核的核心内容之一。这包括政府及其部门在创新活动中的创新意识、

创新方法以及创新资源的整合能力。创新投入是衡量创新能力的重要指标，包括财政投入、人力资源投入以及技术研发投入等。同时，创新团队的建设也是创新能力的重要体现，一个高效、专业的创新团队能够推动创新活动的深入开展。此外，创新机制的完善与否也直接关系到政府创新能力的发挥，包括激励机制、合作机制、评估机制等。

其次，创新过程是考核的重要内容。政府创新活动的全过程，从创新项目的发起、实施到应用，都需要经过严格的考核和评估。在立项阶段，需要评估项目的创新性和可行性，确保项目能够符合经济社会发展的需求。在实施阶段，需要考核项目的执行情况，包括项目进度、资金使用、团队建设等。在应用阶段，需要评估项目的实际效果和影响，及时发现问题并采取相应的措施加以改进。

最后，创新成果是考核的最终目标。政府创新项目的实际成果是评估政府创新活动成效的重要标准。这些成果包括经济效益、社会效益、环境效益等，需要综合考虑项目的直接效益和间接效益。同时，还需要考虑创新成果对经济社会发展的贡献和影响，包括推动产业升级、促进就业、改善民生等。在评估创新成果时，还需要考虑评选标准，如创新程度、参与程度、效益程度、重要程度、节约程度、推广程度等，以确保评估结果的客观性和公正性。

（三）政府创新考核的方式

为确保政府创新考核的全面性和准确性，需要采用多元化、系统化的考核方式。这些方式应能够全面反映政府创新活动的质量、效率和影响力。

首先，社会评价在政府创新考核中占据重要地位。社会评价能够直接反映公众对政府创新项目的认知、满意度和实际效果，是检验政府创新质量和有效性的重要标准。因此，应赋予社会评价相对较高的权重，通过问卷调查、网络评议等方式广泛收集社会意见，作为考核的重要依据。

其次，专家委员会评审作为专业权威的参考，同样不可忽视。专家具备深厚的专业知识和实践经验，能够对政府创新项目进行客观、全面的评估。因此，应将专家委员会评审纳入考核体系，并赋予适当权重。通过组织专家评审会、开展专家咨询等方式，充分听取专家的意见，为政府创新考核提供有力支持。

最后，政府创新管理考核部门（领导）的考核也应作为一种"兜底评价"，确保考核的完整性和准确性。政府部门领导作为创新活动的决策者和管理者，对创新项目的

进展和成效负有直接责任。因此，应将政府部门领导的考核纳入创新考核体系，通过听取汇报、查看资料、实地考察等方式，全面了解创新项目的实施情况，确保考核的公正性和客观性。

以杭州市为例，其创新项目的绩效评估体系由考评办核验、专家评估和满意度测评三部分构成，形成了一个完整的政府创新管理"闭环"。考评办核验负责对项目的实施过程进行监督和检查，确保项目按照既定计划和目标进行。专家评估是对项目的创新性、可行性和实际效果进行专业评估。满意度测评是通过问卷调查等方式，收集公众对项目的满意度和反馈意见。这种多元化的考核方式有效保障了创新项目的真实性与有效性，为政府创新活动的持续发展和改进提供了有力支持。

第二节 政府创新考核的指标体系

政府创新考核的指标体系应由一系列具体的、可量化的指标构成，这些指标应全面反映政府创新活动的各个方面。指标的设置应遵循科学性、系统性、可比性和可操作性的原则，确保考核结果能够客观、公正地反映政府创新的实际水平。

一、政府创新考核的指标与权重

在构建政府创新考核体系的过程中，选择恰当的指标与合理分配权重是至关重要的两个步骤。以下是对几种核心指标筛选与权重分配方法的深入阐述，旨在提供更为丰富且差异化的视角。

（一）考核指标的筛选方法

为了准确识别并筛选出能够全面反映政府创新能力的关键指标，科学的方法论不可或缺。这些方法包括结构方程模型（Structural Equation Model，SEM）、层次分析法（Analytic Hierarchy Process，AHP）、主成分分析（Principal Components Analysis，PCA）以及灰色聚类分析（Grey Cluster，GC）等。它们各自以其独特的优势，在复杂的数据中挖掘出有价值的内容，有效地对政府创新要素进行精准筛选和综合评价。

1. 结构方程模型

结构方程模型作为一种强大的统计分析工具，它超越了传统回归分析的局限，通过构建变量间的复杂网络关系，揭示政府创新项目中各要素之间的内在联系。结构方程模型广泛应用于心理学、经济学、社会学、行为科学等领域。实际上，结构方程模型是计量经济学、计量社会学与计量心理学等领域的统计分析方法的综合。该方法融合了多元回归（Multiple Regression）、因子分析（Factor Analysis）和路径分析（Path

Analysis）等技术的精髓，为深入理解政府创新机制提供了坚实的理论基础。

2. 层次分析法

层次分析法是美国运筹学家、匹兹堡大学教授萨蒂（Satie）于 20 世纪 70 年代初提出的一种层次权重决策分析方法。层次分析法以其独特的层次化结构，将复杂的政府创新评价体系分解为一系列易于理解和操作的子问题。通过定性与定量相结合的方式，层次分析法帮助决策者系统地考虑各种因素及其相互关系，从而做出更加科学合理的判断。这种方法尤其适用于那些难以直接量化且涉及多层面因素的政府创新项目。

3. 主成分分析

面对纷繁复杂的政府创新数据，主成分分析以其卓越的降维能力脱颖而出。该方法是研究如何将多指标问题转化为较少的综合指标的一种重要统计方法。它能将高维空间的问题转化到低维空间去处理，使问题变得比较简单直观，而且这些较少的综合指标之间互不相关，又能提供原有指标的绝大部分信息。主成分分析除了能够降低多变量数据系统的维度以外，还可以简化变量系统的统计数字特征。主成分分析作为最重要的多元统计方法之一，在社会经济、企业管理、地质、生化等各领域都有其用武之地，对提高政府创新考核的效率和准确性同样具有重要意义。

4. 灰色聚类分析

灰色聚类分析以其独特的灰色关联矩阵和可能度函数为基础，为政府创新考核提供了一种灵活而强大的分类工具。其中，一个灰类就是属于同一类的观测指标或观测对象的集合。按聚类对象划分，灰色聚类可分为灰色关联聚类和基于可能度函数的灰色聚类。灰色关联聚类主要用于同类因素的归并，以使复杂系统简化；基于可能度函数的灰色聚类主要用于考察观测对象是否属于事先设定的不同类别，以便区别对待。

（二）考核指标权重的确定方法

在确定政府创新考核指标权重的过程中，融合主观与客观两类策略是确保评估全面性与精准性的关键路径。主观方法，诸如对比排序法（Pairwise Comparison，PC）、德尔菲法（Delphi）及层次分析法，凭借专家的深厚知识与丰富经验进行判断，虽在创新型经济评价体系中占据重要位置，但其结果易受人为偏见影响，需经严格验证以确保其可靠性。为弥补这一不足，标准离差法（Standard Deviation，SD）、熵权法（Entropy Weight Method，EWM）、CRITIC 法（Criteria Importance Through Intercriteria Correlation）、变精度粗糙集法（Variable Precision Rough Set，VPRS）等客观方法应运而生，它们侧重于通过数据驱动的量化分析来规避人为因素的干扰。但使用这些方法时，也需注意数据离散程度可能带来的问题，以确保权重分配的合理性和准确性。为了提高指标评价的全面性和准确度，一般推荐采用主观赋值法与客观赋值法相结合的"结构熵权法"（Structural Entropy Weight Method，SEWM）。这种方法融合了定性分析与定量分析的优点，既考虑了专家的专业知识和经验，又基于实际数据进行了客观计算，能够形成更为科学合理的权重系数结构。

1. 对比排序法

对比排序法，也称成对比较法或相对比较法，是一种基于两两比较来确定元素相对重要性的方法。该方法的核心思想是将待评价的元素或选项进行逐一比较，根据它们之间的相对优劣关系来构建一个比较矩阵。在比较过程中，每个元素都会与其他所有元素进行对比，以明确其相对位置和权重。通过统计和分析比较矩阵中的结果，可以得到各元素的最终排序或权重值。该方法不仅简单易行，而且能够直观地反映元素之间的相对关系。此外，在使用对比排序法时，需要确保评价者具备足够的专业知识和经验，并尽可能减少主观因素的干扰。

2. 德尔菲法

德尔菲法，也称专家调查法，是一种反馈匿名函询法。该方法始于 1946 年，由美国兰德公司创始实行。德尔菲法的核心在于通过匿名方式征询一组专家的意见，并经过多轮反馈和调整，直至专家们的意见基本达成一致。德尔菲法特别强调匿名性、多次反馈和小组统计回答，旨在消除权威影响，确保结果的客观性和准确性。在确定权重时，德尔菲法首先选择相关领域的专家，然后收集他们对特定指标或问题的权重意见，进行整理、归纳和统计后匿名反馈给专家，如此反复进行，直至专家们的意见趋于统一，从而确定最终的指标权重。这种方法尤其适用于需要基于专家经验和知识进行决策的情况。

3. 标准离差法

标准离差法是一种基于数据变异程度来确定权重的方法。其原理是，当某个指标的标准差（标准离差）越大时，表示该指标的变异程度越大，提供的信息量也越大，因此在综合评价中所起的作用越大，其权重也应越大。具体来说，标准离差法通过计算每个指标的标准差，然后按照一定规则（如直接比例或归一化方法）将这些标准差转化为权重。例如，可以使用公式 $\mu_j = \sigma_j / \Sigma \sigma_j$ 来计算第 j 个指标相对于准则层的标准离差权重，其中 μ_j 为第 j 个指标的权重，σ_j 为第 j 个指标的标准差，$\Sigma \sigma_j$ 为所有指标标准差之和。总之，标准离差法通过量化数据的离散程度来确定权重，使变异程度大的指标在综合评价中获得更高的权重。

4. 熵权法

熵权法是一种客观赋权方法，它基于信息熵的原理来确定权重。信息熵是系统无序程度的一个度量，而熵权法则利用这一原理，通过计算各指标的熵值来判断其离散程度。具体来说，熵值越小，指标的离散程度越大，该指标在综合评价中的影响（即权重）也就越大。反之，如果某项指标的值全部相等，则其在综合评价中不起作用，权值为 0。该方法确定权重的步骤主要包括：首先构建评价指标的判断矩阵，并进行归一化处理；其次根据熵的定义计算各指标的熵值；接着定义熵权，并据此计算各指标的权重；最后根据权重值进行综合评价。熵权法能够客观反映数据本身的离散性，为多指标综合评价提供科学依据。

5. CRITIC 法

CRITIC 法是由迪亚库拉奇（Diakoulaki）提出的一种客观权重赋权法。该方法是基于评价指标的对比强度和指标之间的冲突性来综合衡量指标的客观权重。它的基本思路是确定指标的客观权数以两个基本概念为基础：一是对比强度。它表示同一指标各个评价方案取值差距的大小，以标准差的形式来表现，即标准差的大小表明了在同一指标内各方案的取值差距的大小，标准差越大，各方案的取值差距越大。二是评价指标之间的冲突性。指标之间的冲突性是以指标之间的相关性为基础，如两个指标之间具有较强的正相关，说明两个指标冲突性较低。对 CRITIC 法而言，在标准差一定时，指标间冲突性越小，权重也越小，而指标间冲突性越大，权重也越大。另外，当两个指标间的正相关程度越大时（相关系数越接近 1），冲突性越小，这表明这两个指标在评价方案的优劣上反映的信息有较大的相似性。

6. 变精度粗糙集法

变精度粗糙集法是一种扩展经典粗糙集理论的方法，旨在处理数据中的不确定性和不精确性问题。该方法基于概率近似空间，通过定义上近似和下近似来描述集合的粗糙边界，从而实现对不确定性和不精确性的度量和处理。在权重确定方面，变精度粗糙集法通过评估指标对评价对象分类的影响程度来确定权重。具体来说，它首先对所有指标进行原始分类，然后逐步约简指标，并观察约简后对象分类与原始分类的变化程度。指标的重要性与其导致的分类变化程度成正比，从而可以确定各指标的权重。

7. 结构熵权法

结构熵权法是将信息熵和结构熵相结合的一种多指标决策方法。该方法基于熵理论来评估不同指标在决策过程中的重要性和权重。熵是信息论中衡量系统无序程度的一个度量，而结构熵权法则利用这一原理来判断各指标之间的关联性和离散程度，从而得出更合理的权重分配。在确定权重时，结构熵权法首先需要确定决策目标和评价指标，其中，决策目标是要达到的目的，评价指标是用于衡量决策目标是否达成的量化指标；其次，需要收集与评价指标相关的数据，并对数据进行预处理，包括缺失值填充、异常值处理等；再次，根据收集到的数据，计算每个评价指标的信息熵，并根据信息熵计算出各评价指标的权重；从次，将各评价指标按其相互关系连接成一个图形，并根据邻接矩阵计算出系统结构熵；最后，将信息熵和结构熵进行加权平均，得到最终权值。根据最终权值对各方案进行排序，得出最优方案。

（三）具有代表性的国际创新考核指标体系

目前，国内外评价创新型国家的指标体系较多，但未形成统一且广泛认可的权威标准。相比较而言，有六大评价指标体系影响较广，深受推崇，分别是：世界经济论坛（WEF）1979年推出的《全球竞争力报告》（Global Competitiveness Report，GCR，2006年开发出全球竞争力指数），瑞士洛桑国际管理发展学院（IMD）1989年推出的《世界竞争力年鉴》（World Competitiveness Yearbook，WCY），欧盟创新政策研究中心2001年推出的《欧洲创新记分牌》（European Innovation Scoreboard，EIS），世界知识产权组织、康奈尔大学和欧洲工商管理学院2007年推出的全球创新指数（Global Innovation Index，GII），中国科学技术发展战略研究院2011年推出的中国创新指数（China Innovation Index，CII），以及美国彭博社2013年推出的彭博创新指数（Bloomberg Innovation Index，BII）。本部分着重介绍全球创新指数和中国创新指数。

1. 全球创新指数（GII）

全球创新指数用以衡量全球120多个经济体在创新能力上的表现，是全球政策制定者、企业管理执行者等人士的主要基准工具。GII的主题为"面对不确定性的创新"，以包括每个经济体的政治环境、教育、基础设施和知识等在内的80项指标为分析依据，2023年度的GII对132个经济体的创新情况进行了排名。此外，80项指标中64个是硬指标，11个是综合指标，5个是调查问卷。

表7-4　全球创新指数指标体系的前三级指标

一级指标	二级指标	三级指标
创新投入	制度	政治环境、监管环境、营商环境
	人力资本与研究	教育、高等教育、科学研究与试验发展
	基础设施	信息通信技术、普通基础设施、生态可持续性
	市场复杂度	信贷、投资、贸易、竞争、市场规模
	商业复杂度	知识型工人、创新关联性、知识的吸收
创新产出	知识与技术产出	知识的创造、知识的影响、知识的传播
	创意产出	无形资产、创意产品和服务、网络创意

资料来源：世界知识产权组织（WIPO）等编制的《2023年全球创新指数第16版》附录Ⅲ。

GII主要分为创新投入和创新产出两大部分。创新投入包括制度、人力资本与研究、基础设施、市场复杂度和商业复杂度五个方面。制度方面，评估政治环境、监管环境和营商环境；人力资本与研究包括教育、高等教育和科学研究与试验发展（R&D）①；基础设施涵盖信息通信技术（ICT）、普通基础设施和生态可持续性；市场复

---

① Research and Development缩写为R&D，即科学研究与试验发展，是指在科学技术领域，为增加知识总量以及运用这些知识去创造新的应用而进行的系统的创造性的活动，包括基础研究、应用研究、试验发展三类活动。国际上通常采用R&D活动的规模和强度指标反映一国的科技实力和核心竞争力。

杂度包括信贷、投资、贸易、竞争和市场规模；商业复杂度则涉及知识型工人、创新关联性和知识的吸收。创新产出涵盖知识与技术产出、创意产出两个方面。知识与技术产出包括知识的创造、知识的影响和知识的传播；创意产出涵盖无形资产、创意产品和服务、网络创意。

通过详细的指标体系，GII 为各国提供了科学、全面的创新能力评估，为政策制定者提供了重要参考，助力政府优化创新政策，提高全球竞争力。

2. 中国创新指数（CII）

中国创新指数由国家统计局精心研究编制，旨在全面反映我国科技创新的总体水平与发展状况。该指数体系中，创新指数作为最高层次的综合性指标，是衡量我国创新整体发展态势的关键。为进一步贯彻落实党中央关于创新发展的决策部署，更好地适应我国创新发展的新形势新变化，也为了更加有效发挥统计监督职能作用、进一步推进科技创新统计改革，国家统计局对指数编制方法进行了完善，并于 2023 年发布了新测算的指数结果。该创新总指数基于四大分领域指数的计算得出，这四大领域分别是：创新环境、创新投入、创新产出以及创新成效。这些分领域指数进一步细化为一系列具体评价指标，以便提供更详尽、深入的分析视角（见表 7-5）。

表 7-5　中国创新指标体系框架 ①

维度	指标名称	计量单位	权数
创新环境 （1/4）	1.1 每万人就业人员中大专及以上学历人数	人 / 万人	1/5
	1.2 人均 GDP	元 / 人	1/5
	1.3 理工类毕业生占适龄人口比重	%	1/5
	1.4 科技拨款占财政拨款比重	%	1/5
	1.5 享受加计扣除减免税企业所占比重	%	1/5
创新投入 （1/4）	2.1 每万人 R&D 人员全时当量	人年 / 万人	1/4
	2.2 R&D 经费占 GDP 比重	%	1/4
	2.3 基础研究人员人均经费	万元 / 人年	1/4
	2.4 企业 R&D 经费占营业收入比重	%	1/4
创新产出 （1/4）	3.1 每万人科技论文数	篇 / 万人	1/4
	3.2 每万名 R&D 人员高价值发明专利拥有量	件 / 万人年	1/4
	3.3 拥有注册商标企业所占比重	%	1/4
	3.4 技术市场成交合同平均金额	件 / 百家	1/4

---

① 国家统计局 . 中国创新指数如何编制 [EB/OL]. （2025-05-29）.https://www.stats.gov.cn/zs/tjws/tjjc/202301/t20230101_1903933.html.

续表

维度	指标名称	计量单位	权数
创新成效 （1/4）	4.1 新产品销售收入占营业收入比重	%	1/5
	4.2 高技术产品出口额占货物出口额比重	%	1/5
	4.3 专利密集型产业增加值占 GDP 比重	吨标准煤 / 万元	1/5
	4.4 "三新"经济增加值占 GDP 比重	万元 / 人	1/5
	4.5 全员劳动生产率	%	1/5

　　第一，创新环境。该领域主要反映驱动创新能力发展所必备的人力、财力等基础条件的支撑情况，以及政策环境对创新的引导和扶持力度，主要用每万人就业人员中大专及以上学历人数、人均 GDP、理工类毕业生占适龄人口比重、科技拨款占财政拨款比重和享受加计扣除减免税企业所占比重五个评价指标来评估。

　　第二，创新投入。该领域通过创新的人力财力投入情况、企业创新主体中发挥关键作用的部门（即研发机构）的建设情况以及创新主体的合作情况，来反映国家创新体系中各主体的作用和关系。该领域共设四个指标，分别为每万人 R&D 人员全时当量、R&D 经费占 GDP 比重、基础研究人员人均经费和企业 R&D 经费占营业收入比重。

　　第三，创新产出。该领域通过论文、专利、商标、技术成果成交额反映创新中间产出结果。该领域共设四个指标，分别为每万人科技论文数、每万名 R&D 人员高价值发明专利拥有量、拥有注册商标企业所占比重和技术市场成交合同平均金额。

　　第四，创新成效。该领域通过产品结构调整、产业国际竞争力、节约能源、经济增长等，反映创新对经济社会发展的影响，主要用新产品销售收入占营业收入比重、高技术产品出口额占货物出口额比重、专利密集型产业增加值占 GDP 比重、"三新"经济增加值占 GDP 比重和全员劳动生产率五个评价指标来评估。

　　此外，中国创新指数在比较国内外赋权方法优劣的基础上，采用"逐级等权法"进行权数的分配，即各领域的权数均为 1/4；在某一领域内，指标对所属领域的权重为 1/n（n 为该领域下指标的个数）。因此，指标最终权数为 1/4n。

　　总的来说，GII 和 CII 提供了系统、全面的创新评估框架，值得政府借鉴，进而科学评估本国政府创新能力，制定和优化创新政策，提升全球竞争力，实现经济社会的可持续发展。通过深入分析这些评价指标体系，发现其具有如下共性表现：一是各评价指标体系设计既有定量指标又有定性指标，且定量指标多于定性指标，大多采用层次分析法等权重赋值法考察创新能力；二是为适应科技、经济、社会发展需要，各评价指标体系在指标设置上大多经过动态调整和逐年优化。

（四）构建政府创新考核指标体系的关键点

　　在构建政府创新考核指标体系时，需要综合考虑多个方面，以确保体系的科学性、合理性和实用性。以下是在构建过程中需要特别注意的关键要素。

1. 创新指标的整合

传统上，创新指标往往分为创新投入和创新产出两大类。但在政府创新的考核中，需要进一步细化，将创新能力、创新过程和创新成果相结合，以全面评估政府创新项目的实际效果和贡献。

第一，创新能力。创新能力反映政府满足社会需求和提升公共服务的行为效率。创新能力主要从政策创新和技术应用两方面考虑。政策创新的制定和执行是政府创新的核心，而技术应用则是实现政策目标的重要手段。这一维度应涵盖政策创新、财政投入、人力资源投入、技术投入、团队规模、团队结构、团队素质等，反映政府创新的基础和潜力。

第二，创新过程。创新过程包括项目的立项、实施、监测和评估等各个环节。具体指标应包括项目进度、执行情况、资金使用、团队合作、创新方法应用等，确保创新活动的有序进行和有效执行。

第三，创新成果。创新成果是衡量政府创新项目成效的关键，应从政策效果、公共服务水平提升、社会效益、环境效益等多个维度进行评估。具体指标应包括政策效果改善、公共服务满意度、社会治理模式创新、环境改善等，确保政府创新项目的实际价值和影响力。

2. 考核指标的动态调整

政府创新是一个持续不断的过程，随着时代的发展和社会的进步，政府创新的目标和任务也会发生相应的变化。因此，在构建政府创新考核指标体系时，应注重考核指标的动态调整。具体来说，可以根据以下原则进行动态调整。

第一，与时俱进。随着新技术、新产业、新业态的不断涌现，政府创新的目标和任务也会发生相应的变化。因此，在构建政府创新考核指标体系时，应注重与时俱进，及时将新的创新目标和任务纳入考核体系中。

第二，突出重点。在考核指标的动态调整中，应突出重点，注重考核政府创新的关键领域和重点环节。通过加大对关键领域和重点环节的考核力度，推动政府创新在重点领域和关键环节取得突破。

第三，注重实效。在考核指标的动态调整中，应注重实效，注重考核政府创新的实际效果和贡献。通过加强对创新成果的评估和考核，推动政府创新成果的转化和应用，提高政府创新的质量和效益。

总之，构建科学合理的政府创新考核指标体系是推动政府创新深入发展的重要保障。在构建体系时，应综合考虑创新能力、创新过程和创新成果，并根据其重要性、影响力和可衡量性进行权重配置。同时，应注重考核指标的动态调整，确保体系与时俱进、突出重点、注重实效。通过构建科学合理的政府创新考核指标体系，可以激发政府创新动力、增强政府创新氛围、提高政府创新质量。

二、政府创新考核的数据采集

数据采集是政府创新考核的重要环节，它不仅关乎考核结果的准确性和可靠性，更是衡量政府创新活动成效的关键依据。因此，深入探讨政府创新考核的数据采集工作，对提升政府治理能力和治理水平具有重要意义。

（一）数据采集的原则

数据采集在政府创新考核中扮演着至关重要的角色，它直接关系到考核结果的客观性和公正性。为了确保数据采集的准确性和有效性，必须遵循以下原则。

第一，真实性原则。数据的真实性是数据采集的首要原则。它要求所采集的数据必须真实反映政府创新活动的实际情况，不得有任何虚构、夸大或缩小事实的现象。这一原则不仅是对数据采集人员的职业操守要求，更是对政府部门公信力的维护。因此，政府部门和采集人员必须严格遵守职业道德和法律法规，确保所采集的数据真实可信。

第二，完整性原则。数据的完整性是数据采集的又一重要原则。它要求数据采集应全面、完整地反映政府创新活动的各个方面，包括创新项目的进展情况、创新成果的产出情况、创新活动的社会影响等，不得遗漏任何重要信息，以确保数据的完整性。完整性原则有助于全面了解政府创新活动的全貌，为政府决策提供全面、准确的信息支持。

第三，及时性原则。数据的时效性对政府创新考核来说至关重要。它要求数据采集应及时进行，确保数据的时效性和新鲜度。政府部门应定期更新数据，及时反映创新活动的最新进展和成果。及时性原则有助于及时把握政府创新活动的动态变化，为政府决策提供及时、有效的信息支持。

第四，保密性原则。在数据采集过程中，保密性原则同样不可忽视。它要求在数据采集过程中严格遵守保密规定，确保所采集的数据不被泄露。对涉及国家机密、商业秘密和个人隐私的数据，应采取严格的保密措施。保密性原则有助于保护政府信息的安全和稳定，维护政府部门的形象和声誉。

总之，数据采集的以上四大原则是确保政府创新考核数据准确性和有效性的重要保障。必须严格遵守这些原则，确保数据采集工作的顺利进行。

（二）数据采集的方式

在政府创新考核的实践中，数据采集是一项复杂而细致的工作，需要综合运用多种方式来确保数据的全面性和准确性。以下将详细探讨几种常见的数据采集方式及其特点。

1. 政府部门的自查报告

政府部门作为创新活动的直接参与者和管理者，其自查报告是数据采集的重要来源之一。政府部门应定期向考核部门提交自查报告，详细阐述创新活动的进展情况、取得的成效、遇到的问题以及解决方案等。自查报告的内容应客观真实，能够全面反映政府部门在创新活动中的努力和成果。同时，相关政府部门还应积极反思和总结创新活动中的经验教训，为今后的创新活动提供借鉴和参考。

2. 第三方机构的调查报告

第三方机构作为独立的评估机构，其调查报告在政府创新考核中具有很高的参考价值。第三方机构可以通过问卷调查、实地考察、访谈等方式，收集与政府创新活动相关的数据和信息。这些数据和信息相对客观、中立，能够更全面地反映政府创新活动的实际情况。此外，第三方机构还可以对政府创新活动进行深入分析和研究，提出有针对性的建议和意见，为政府改进创新活动提供有力支持。

3. 公众评价

公众作为政府创新活动的受益者和参与者，其评价对衡量政府创新成效具有重要意义。政府可以通过网络评议、问卷调查等方式收集公众对政府创新活动的评价和建议。这些评价和建议能够直接反映公众对政府创新活动的满意度和期望，为政府改进创新活动提供重要的参考依据。同时，公众的参与也能够增强政府创新活动的透明度和公信力，提高公众对政府工作的信任和支持。

另外，在运用以上数据采集方式时，政府还应注重数据的整合和分析工作。通过综合运用多种数据来源，政府可以形成更加全面、准确、客观的创新考核数据体系，为政府决策提供有力支持。同时，政府还应加强对数据采集工作的监督和管理，确保数据的真实性和准确性，避免数据失真和误导。

（三）数据采集的注意事项

在进行政府创新考核的数据采集过程中，不仅要关注采集的方法和手段，还要重视数据采集的注意事项。这些注意事项是确保数据采集工作顺利进行、数据质量可靠、结果客观公正的关键。以下将详细探讨数据采集过程中需要注意的几个方面。

首先，要注意数据来源的可靠性。数据来源的可靠性是数据采集工作的基础。政府部门和采集人员应确保所采集的数据来源可靠、真实可信。在选择数据来源时，应优先考虑官方渠道、权威机构和专业数据库等，避免采集到虚假、误导性的数据。同时，还应对数据来源进行严格的筛选和审核，确保数据的真实性和准确性。在数据采集过程中，应建立数据来源的档案记录，以便后续验证和核查。

其次，要注意对数据质量的控制。数据质量的好坏直接影响到数据分析的准确性和有效性。在数据采集过程中，应对数据进行适当的处理和分析，以提取有用的信息和数据。对存在异常或错误的数据，应及时进行修正或剔除，避免对后续分析造成干扰。同时，还应对数据进行汇总和分类，以便后续分析和比较。在数据质量控制方面，可以引入专业的数据清洗和校验工具，提高数据处理的效率和准确性。

再次，要注意数据采集的规范性。数据采集工作应遵守相关的法律法规和规章制度，确保数据采集的合法性和规范性。在数据采集过程中，应明确采集的目的、范围、方法和时间等要素，并严格按照规定进行操作。对涉及个人隐私和国家机密的数据，应采取严格的保密措施，确保数据的安全性和保密性。在数据采集过程中，还应遵循公正、公平、公开的原则，确保数据的客观性和公正性。

最后，要注意数据采集的持续性。政府创新考核是一个长期的过程，需要持续不断地进行数据采集和分析。因此，应建立健全的数据采集机制，确保数据采集的连续性和稳定性。在数据采集过程中，应定期更新和维护数据，确保数据的时效性和准确性。同时，还应根据考核需求和实际情况，不断调整和优化数据采集方案，提高数据采集的效率和效果。

第三节　政府创新考核的结果与反馈

在探讨政府创新考核的整个过程时，结果的产生与反馈是不可或缺的重要环节。这不仅是对创新活动成效的评估，更是对创新者工作价值的认可与激励。本节将重点阐述政府创新考核的结果与反馈机制。

一、政府创新的全过程考核

在上一节中，已经详细阐述了政府创新考核的指标体系。通过构建科学、全面的考核指标体系，可以对政府创新活动的全过程进行量化评估，从而更准确地了解创新活动的实际成效。然而，一个完善的考核体系并不仅仅是一纸空谈，它需要在实际的创新过程中得到应用和验证。因此，本部分将重点探讨如何将政府创新考核的指标体系应用到实际创新的全过程中，即贯穿于创新的发起、实施和应用三个阶段。

首先，在创新的发起阶段，考核应聚焦于创新的创意来源、目标的明确性和可行性分析等。第一，创新活动的起点在于创意的产生，这一阶段决定了创新的方向和路径。因此，需要关注创意的来源是否广泛、是否具有前瞻性和创新性。第二，创新目标的明确性是考核的重点之一。一个清晰、具体的创新目标能够为后续的创新活动提供明确的方向和动力。第三，可行性分析也是不可或缺的环节。通过对创新项目的可行性进行评估，可以避免盲目投入和无效劳动，确保创新活动能够顺利进行。

其次，进入实施阶段后，考核应关注创新项目的进度、资源配置的效率、团队协作的紧密程度以及风险管理的效果等。第一，创新项目的进度是衡量创新活动是否按计划进行的重要指标。需要密切关注项目的进展情况，确保项目能够按时完成。第二，资源配置的效率是考核的重点之一。合理的资源配置能够确保创新活动得到充分的支持和保障。第三，团队协作的紧密程度也对创新活动的成功与否起到至关重要的作用。一个紧密、协作的团队能够克服各种困难和挑战，推动创新活动的顺利进行。第四，风险管理也是不可忽视的环节。通过识别、评估和应对风险，可以降低创新活动的失败风险，确保项目的成功实施。

最后，在应用阶段，考核应关注创新成果的实际应用效果、社会反响和经济效益等。创新活动的最终目的是将创新成果应用于政府的实际工作中，推动社会的进步和发展。第一，应用阶段的考核应关注创新成果的持续实施情况。通过定期跟踪和评估创新成果的实施情况，了解其在长期内的稳定性和可持续性，从而判断其是否真正具有持久的价值和影响力。第二，需要考核创新成果的推广范围。这包括了解创新成果在哪些地区、哪些部门得到了推广和应用，以及这种推广的广度和深度。第三，社会反响和经济效益也是考核应用阶段的重要指标。需要收集和分析社会各界的反馈意见，了解创新成果在社会上的认可度和影响力。同时，通过评估创新活动所带来的经济效益，了解其对经济发展的贡献程度。

总之，政府创新的全过程考核是一个复杂而重要的工作。通过全过程考核，可以更全面地了解政府在创新过程中的表现，找出存在的问题和不足，进而提出改进的建议和措施。同时，可以借助考核结果为政府制定相关政策提供有力的支持。因此，需要高度重视政府创新的全过程考核工作，确保考核的科学性、公正性和有效性。

二、政府创新考核的奖惩机制

政府创新考核结果的奖惩机制，作为创新活动持续发展的动力源泉，其重要性不言而喻。这一机制旨在通过明确的奖励和惩罚措施，激发创新者的积极性和动力，同时约束和纠正不当行为，确保创新活动的正常有序进行。

（一）奖励机制

在推动政府创新的过程中，构建科学合理的奖励机制至关重要。这一机制旨在通过给予在创新活动中表现优秀的个人和团队充分的激励，来肯定他们的创新成果，激发他们的创新热情，进而推动创新活动的持续发展。

1. 授予荣誉称号

荣誉称号作为政府创新奖励机制的重要组成部分，具有极高的社会价值和认可度。政府可以设立一系列荣誉称号，如"创新先锋""卓越创新团队""地方先进创新奖"等，用以表彰那些在创新活动中做出突出贡献的个人、团队和地方政府。其中，荣誉称号的设立应遵循公正公平的原则，确保评选过程公开透明；荣誉称号的评选标准也应明确具体，既要体现创新成果的实质性贡献，也要考虑创新过程中的团队协作、创新方法等因素。通过颁发荣誉称号，政府可以提升获奖者的社会声誉和地位，增强他们的荣誉感和自豪感，进而激发更多人的创新热情，形成崇尚创新、尊重创新的社会氛围。

2. 提供晋升阶梯

除了荣誉称号外，政府还应为在创新活动中表现突出的个人提供更多的晋升机会。这种晋升机会不仅是对获奖者个人能力的肯定，更是对他们创新精神的激励和鼓舞。在提供晋升机会的过程中，政府应充分考虑获奖者的创新成果、创新能力以及创新能力对工作的贡献等因素。政府还应建立健全的晋升机制和渠道，确保晋升过程的公正性和公平性。通过提供更多的晋升机会，政府可以激发更多人的创新动力，促使他们更加积极地投入创新活动中去。

3. 颁发奖金激励

除了荣誉称号和晋升机会外，政府还可以给予政府创新考核突出者一定的奖金或其他物质奖励。这些物质奖励能够直接提升创新考核突出者的生活水平，增强他们的创新动力。在奖金等物质奖励的发放过程中，政府应确保奖励的公正性和合理性。奖金的数额应根据创新考核突出者的创新成果和贡献大小进行合理确定，避免过高或过低的情况发生。政府还应建立健全的奖励发放机制和流程，确保奖励的及时性和准确性。除了奖金外，政府还可以提供其他形式的物质奖励，如提供创新项目经费、购买创新所需的设备和器材等。这些物质奖励能够直接支持创新考核突出者的创新活动，降低他们的创新成本，提高他们的创新效率。通过给予奖金等物质奖励，政府可以激发更多人的创新热情，吸引更多的人才投入创新活动中去。

4. 构建综合激励体系

在构建政府创新奖励机制时，还应注重综合激励机制的构建。综合激励机制包括以上提到的荣誉称号、晋升机会和奖金等物质奖励，还包括其他形式的激励措施，如提供培训和学习机会、优化工作环境和条件等。通过构建综合激励机制，政府可以更加全面地满足获奖者的需求，激发他们的创新热情。同时，这种综合激励机制还能够促进创新活动的持续发展和深入推进，为政府创新提供强大的动力和支持。

（二）惩罚机制

在政府创新活动中，失败和挫折是难以避免的。然而，当这些失败和挫折源于可避免的原因时，政府有责任采取相应的惩罚措施，以确保创新活动的健康发展，并促使相关责任方深刻反思、积极改进。下面将从问责机制、整改措施以及惩罚措施三个方面，详细阐述政府在创新活动中应建立的惩罚机制。

1. 建立严格的问责机制

在政府创新活动中，一旦出现严重失误或违法行为，政府必须迅速启动问责程序。问责机制的核心在于明确责任主体和责任范围，确保每一个参与创新活动的个人和团队都能明确自己的职责和义务。通过问责程序，政府可以迅速查明问题的根源，找出责任主体，并根据实际情况采取相应的处罚措施。问责机制的实施应遵循公正、公平、公开的原则。政府应设立专门的问责机构，负责受理创新活动中的投诉和举报，对涉及严重失误或违法行为的个人和团队进行深入调查。在调查过程中，应充分听取各方意见，确保事实清楚、证据确凿。同时，问责机构还应及时将调查结果向社会公布，接受公众监督。

2. 制定切实有效的整改措施

对在政府创新活动中出现问题的个人和组织，政府应要求其制定整改措施并限期整改。整改措施应针对问题的根本原因进行制定，确保问题得到根本解决。政府应加强对整改情况的监督和检查，确保整改措施得到有效执行。在整改过程中，政府应提供必要的指导和支持。可以组织专家对整改措施进行评审和指导，帮助相关责任方找到问题的症结所在，提出切实可行的解决方案。政府可以为整改工作提供必要的资源支持，如资金、技术等，以推动整改工作的顺利进行。

3. 实施恰当的惩罚措施

对在政府创新活动中出现严重失误或违法行为的个人和组织，政府应依法依规采取相应的惩罚措施。这些惩罚措施包括罚款、降低职称或职务等级、限制参与创新活动等。通过惩罚措施的实施，可以促使相关责任方更加谨慎地对待创新活动，减少失误和违法行为的发生。在实施惩罚措施时，政府应充分考虑问题的性质、严重程度以及责任方的态度等因素。对轻微失误或初次违法的个人和团队，可以采取较为温和的惩罚措施，如口头警告、责令限期改正等；对严重失误或多次违法的个人和团队，则应依法依规采取严厉的惩罚措施，以起到警示作用。政府应注重惩罚措施的公正性和合理性。在惩罚过程中，应充分听取相关责任方的申辩和意见，确保惩罚措施符合法律法规和实际情况。政府还应加强对惩罚措施执行情况的监督和检查，确保惩罚措施得到有效执行。

（三）奖惩机制的灵活性与适应性

在探讨政府创新考核的奖惩机制时，不能忽视其灵活性和适应性。政府创新本身就具有复杂性和多样性，每个类别的创新项目都有其独特的特点和需求。因此，政府在设计奖惩机制时，必须充分考虑创新项目的公共性、政策导向性和复杂性，确保奖惩措施能够真正贴近实际，促进公共服务水平提升和社会治理优化。

1. 因时制宜，灵活调整

政府应该根据不同创新项目的特点，灵活调整奖惩措施。例如，对公共服务创新项目，政府应该更多地关注其对社会福祉的提升和政策效果的改进，采取适当的考核标准和激励措施；而对技术应用创新项目，则应注重其在提高行政效率和公众满意度方面的表现，采取相应的奖励措施。

政府还应该根据创新的不同阶段，灵活调整奖惩措施。在创新项目的初期阶段，政府应该给予更多的鼓励和支持，帮助创新者渡过难关，积累经验和资源；在创新项目的中后期阶段，政府应该更加注重成果的评估和奖励，激发创新者的积极性和动力，推动创新活动的深入发展。

2. 因地制宜，适应需求

除了因时制宜外，政府还应该根据不同地区的实际情况，因地制宜地设计奖惩机制。不同地区的社会需求、政策环境、资源禀赋等方面存在差异，这些差异会影响创新项目的目标和实施路径。政府应根据地方政府在公共服务、社会治理和经济发展中的具体需求，制定适合的奖惩措施，推动各地创新发展。例如，对经济发达、创新资源丰富的地区，政府可以更加注重高端人才的引进和培养，设立更高标准的奖励措施，以吸引更多的优秀人才投身于政府创新；而对经济相对落后、创新资源相对匮乏的地区，政府可以更加注重基础设施建设和创新环境的营造，为政府创新提供更好的支持和保障。

3. 动态调整，适应变化

政府创新是一个不断发展变化的过程，新的技术、新的模式、新的需求不断涌现，这些变化都会对政府创新产生深远的影响。因此，政府在设计奖惩机制时，必须注重动态调整，及时适应这些变化。一方面，政府应该密切关注创新项目的发展趋势和变化情况，及时调整奖惩措施和标准。例如，随着智慧城市、数字政府等新兴技术和理念的出现，政府可以设立专门的奖项和资金支持，鼓励相关领域的创新，推动政府治理现代化；另一方面，政府还应该建立反馈机制，及时收集创新者的意见和建议，对奖惩机制进行持续优化和改进。

4. 确保公正、公平、公开

在注重灵活性和适应性的同时，政府还应该确保奖惩机制的公正性、公平性和公开性。公正性是指奖惩措施应该基于客观事实和标准进行判断和决策，避免主观臆断和偏见。政府应通过公开招标、第三方评估等方式，确保评估的公正性和透明度；公平性是指奖惩措施应该对所有创新者一视同仁，不偏袒任何一方；公开性是指奖惩措施和决策过程应该公开透明，接受社会各界的监督和评价。为了确保奖惩机制的公正性、公平性和公开性，政府可以采取以下措施：一是建立健全考核指标体系和奖惩标准，确保奖惩措施具有可操作性和可衡量性；二是加强监督和考核工作，定期对奖惩措施的执行情况进行检查和考核；三是建立公开透明的决策机制和信息发布机制，及时向社会公布奖惩决定和相关信息。

三、政府创新考核结果的反馈机制

政府创新考核结果的反馈机制是确保考核结果得到有效利用、推动政府创新活动持续优化的关键环节。考核结果不仅是对过去创新活动成效的总结，更是对未来创新方向和策略调整的指引。因此，构建一个高效科学的反馈与改进机制，对提升政府创新效率、优化资源配置具有重要意义。

（一）反馈机制的重要性

政府创新考核结果的反馈机制在推动政府创新活动中扮演着举足轻重的角色。这一机制不仅架起了考核过程与结果应用之间的桥梁，更是促进政府创新活动持续优化的关键动力。

首先，及时准确的反馈能够使相关政府部门和个人对自身在创新活动中的表现有清晰的认识。通过反馈，他们可以明确自己在创新过程中的优点和长处，进一步巩固和发扬；同时，也能发现自身存在的不足和短板，为接下来的改进工作提供明确的方向。

其次，反馈机制对激发创新者的积极性和动力至关重要。当创新者收到来自考核结果的正面反馈时，他们会受到鼓舞和激励，进一步激发创新热情；当面对负面反馈时，他们也会将其视为改进的动力，努力寻找解决问题的方法，实现自我提升。

最后，反馈机制有助于促进政府创新活动的持续优化。通过不断收集和分析反馈信息，相关部门可以及时调整创新策略和方向，确保政府创新活动始终与社会发展和民众需求保持同步。反馈机制还能够推动政府创新活动的不断迭代和升级，为政府治理体系和治理能力现代化提供有力支撑。

（二）反馈机制的构建与执行

在推动政府创新考核结果的反馈机制中，构建与执行是不可或缺的两个环节。这一机制的成功实施，不仅依赖于明确的流程和标准，还需要相关部门的紧密协作和持续努力。以下将详细阐述反馈机制的构建与执行过程。

1. 反馈渠道与平台的建立

为了确保考核结果的反馈机制得到有效执行，需要建立多样化的反馈渠道和平台。这些渠道和平台应满足不同政府部门和个人的需求，确保信息能够畅通无阻地传递。

第一，设立专门的反馈邮箱或在线系统。为了方便相关政府部门和个人随时提交反馈意见和建议，可以设立专门的反馈邮箱或在线系统。这些系统应具备简单易用、响应迅速的特点，能够确保反馈信息得到及时处理。为了保护反馈者的隐私和信息安全，系统应采取严格的加密和保密措施。

第二，定期召开座谈会或研讨会。除了在线系统外，还可以定期召开座谈会或研讨会，邀请专家、学者、政府官员等共同参与讨论。这种面对面的交流方式能够更深入地了解反馈者的意见和建议，同时也有助于促进不同部门之间的沟通落实。在会议中，可以就考核结果进行深入分析和交流，探讨存在的问题和改进措施。

第三，利用社交媒体和官方网站发布信息。为了提高信息的透明度和公开性，可以利用社交媒体和官方网站发布考核结果和反馈信息。通过这些渠道，可以广泛征求公众的意见和建议，增强公众对政府创新活动的参与感和认同感。同时，也有助于提高政府的公信力。

2. 反馈信息的分析与处理

在收到反馈信息后，相关政府部门应及时对信息进行分析和处理。这一环节对发现问题、解决问题具有重要意义。

第一，要对反馈的结果信息进行分类整理。根据反馈内容的不同，可以将信息分为几类，如考核标准的合理性、创新活动的实际效果、改进措施的建议等。通过分类整理，可以更清晰地了解考核者的关注点和需求。

第二，要对反馈的结果信息进行深入剖析。不仅要关注问题的表面现象，还要深入挖掘问题的根源和关键所在。通过深入剖析，可以发现问题的本质和规律，为制定有效的改进措施提供依据。

第三，要根据分析结果制定相应的改进措施和方案。这些措施和方案应具有针对性、可操作性和可持续性，能够确保问题得到有效解决。

3. 反馈结果的跟踪与评估

为了确保反馈结果得到有效落实和改进，需要建立相应的跟踪与评估机制。这一机制可以确保改进措施的执行效果得到及时检查和评估，从而推动政府创新活动的持续优化。

第一，要明确责任部门和责任人。这些部门和人员应负责具体落实改进措施，并承担相应的责任。通过明确责任，可以确保改进措施得到具体执行和有效实施。

第二，要定期对改进措施的执行情况进行检查。这一环节可以通过自查、互查、抽查等方式进行，以确保改进措施得到全面、深入的落实。在检查过程中，要及时发现问题和不足，并制定相应的整改措施。

第三，要对改进措施的有效性和可持续性进行评估。这一环节可以通过收集数据、分析案例、对比效果等方式进行，以评估改进措施是否达到预期目标，并判断其是否具有长期效益和可持续性。

（三）改进策略的制定与实施

针对考核结束后反馈的考核结果，相关政府部门应及时提出具体的改进与优化策略。

1. 深入剖析考核结果，提出针对性改进建议

当考核结果公布后，相关政府部门应立即组织专家团队对结果进行深入剖析。这一过程不仅是对数据的简单解读，更是对创新活动全过程的审视和反思。针对考核结果，提出具体的改进建议和指导意见至关重要。这些建议应紧密结合实际情况，具有可操作性和针对性。例如，针对创新能力不足的问题，可以提出加强内部培训、引进外部人才等建议；针对创新资源配置不合理的问题，可以提出优化资源配置、加强项目管理等建议。

2. 鼓励优秀项目二次创新与优化，发挥示范作用

在政府创新考核中表现优秀的项目，无疑是创新活动的亮点和典范。为了充分发挥这些项目的示范作用，应鼓励其进行二次创新与优化。这不仅可以进一步提升项目的创新能力和竞争力，还可以为其他创新项目提供借鉴和参考。

为了实现优秀项目的二次创新与优化，可以采取以下措施：首先，组织专家团队对项目进行深入分析和总结，提炼出成功的经验和教训；其次，根据分析结果制定具体的二次创新方案，并明确实施步骤和时间表；最后，为项目提供必要的支持和保障措施，如资金、人才等。同时，还应加强与其他政府创新项目的交流和合作，共同推动政府创新能力的提升。

3. 加强跨部门协作与资源整合，形成创新合力

政府创新活动往往需要多个部门和资源的协同配合。因此，在改进策略的制定与实施过程中，应加强跨部门协作与资源整合。首先，建立跨部门协作机制，明确各部门的职责和协作方式；其次，加强资源整合和共享，确保创新活动所需的各种资源能够得到充分利用；最后，建立信息共享平台和沟通渠道，方便各部门之间的信息交流和协作。通过跨部门协作与资源整合，可以形成强大的创新合力，推动创新能力的不断提升。

第四节　政府创新考核机制的优化

本节将聚焦于有关政府创新考核机制的反馈收集与优化。本节在前文的基础上，探讨如何通过被考核方的反馈来优化考核机制，确保其在政府创新工作中的公正性和准确性。这一内容对深入理解政府创新考核的实质、推动政府创新工作的持续发展具有重要意义。

一、政府创新考核机制的反馈

政府创新考核机制的优化和完善，离不开全面、及时的反馈意见。这些反馈

不仅来自被考核的政府部门和机构，也来自公众、企业、专家学者等多元化的利益相关者。这些反馈意见对确保考核机制的公平公正、全面完善具有至关重要的作用。

首先，建立一个开放、透明的反馈渠道是收集反馈意见的基础。通过官方网站、社交媒体、电子邮件等多种方式，构建一个便于公众和利益相关者参与的反馈平台。这个平台应该具备易于操作、信息实时更新等特点，以确保反馈的及时性和有效性。在收集反馈意见的过程中，需要注重方法的多样性和科学性。在线调查可以作为一种高效、便捷的方式，快速收集大量数据；而座谈会、专家评审会议等形式则能够深入了解利益相关者的观点和看法。同时，还可以结合实地调研等方法，从多个角度收集和分析反馈意见。

其次，收集到反馈意见后，政府创新考核部门需要对其进行系统的整理和分析。这个过程包括两个主要步骤：一是识别共性和个性问题，二是分析问题的原因和影响。共性问题通常涉及考核机制的普遍性问题，如考核指标的设置、考核流程的公正性等；而个性问题则可能针对特定的政府部门或项目。在分析问题的原因和影响时，需要结合实际情况进行深入探讨，以便提出有针对性的优化建议。在整理和分析反馈意见的过程中，还需要注意评估反馈意见的合理性和可行性。这包括判断反馈意见是否符合政府创新考核的目标和原则，以及评估实施优化建议所需的资源和时间等。通过这个过程，可以筛选出有价值的反馈意见，为后续的优化工作提供有力支持。

最后，将反馈意见的分析结果作为优化政府创新考核体系的重要依据。这不仅可以提高考核机制的针对性和有效性，还能增强公众对考核结果的认同感和信任度。

二、政府创新考核机制的优化

在上一节的内容中，已经对政府创新考核机制的反馈意见进行了深入的探讨。这些宝贵的反馈意见不仅源自政府内部，更广泛地涵盖了公民、企业和社会各界的观点。通过对这些反馈信息的细致梳理和系统分析，可以清晰地识别出政府创新考核机制在特定环节上存在的改进空间，这正是本部分的核心议题——探讨如何对政府创新考核机制进行优化。接下来，将针对一些常见的反馈问题展开具体讨论，并提出相应的应对优化策略。

（一）优化考核指标体系

考核指标体系的优化是完善政府创新考核机制的基础，也是常见的反馈问题。为了确保考核的全面性和科学性，应从以下几个方面入手：首先，增加核心指标。在考核指标体系中，增加反映政府创新能力、过程和成果的核心指标，如创新投入、创新产出、创新影响力等。这些指标能够直观反映政府在创新领域的投入和产出情况，有助于全面评估政府创新工作的绩效。其次，设置差异化指标。根据不同政府部门和项目的特点，设置差异化的考核指标。这有助于更准确地反映不同部门和项目的创新绩效，避免"一刀切"的评价方式。最后，动态调整指标。随着政府创新工作的不断深入和发展，考核指标也应根据实际情况进行动态调整。这可以确保考核指标始终与政府创新发展的战略目标保持一致。

（二）完善创新考核流程

创新考核流程的完善是确保考核公正性和透明度的关键。为了改进现有考核流程中的问题，可以从以下几个方面入手：首先，简化考核流程。在实际应用过程中，应尽量减少不必要的环节和程序，提高考核效率。考核部门可以通过信息化手段，如在线填报、数据自动抓取等，来简化考核流程。通过简化流程，可以降低考核成本，同时减轻被考核方的负担。其次，加强监督评估。加强对考核过程的监督和评估，确保考核结果的客观性和准确性。可以通过设立专门的监督机构或引入第三方评估机构，对考核过程进行全程跟踪和评估。最后，引入第三方评估机构。引入第三方评估机构，对政府创新考核工作进行独立、客观的评价。这可以弥补内部评估可能存在的主观性和局限性，提高考核结果的公正性和可信度。

（三）增强考核机制的透明度

增强考核机制的透明度是提高公众对政府创新工作信任度和支持度的关键。为了实现这一目标，可以从以下几个方面入手：首先，定期发布考核报告。定期发布政府创新考核报告和结果分析，向公众展示政府创新工作的成果和进展，这有助于增强公众对政府创新工作的了解和认同。其次，邀请公众参与监督。邀请公众和利益相关者参与考核过程的监督和评价，通过公众参与的方式，提高考核工作的公正性和可信度，同时增强公众对政府创新工作的信任度和支持度。最后，公开考核结果信息。公开考核结果信息，包括考核得分、排名和评价等。这有助于公众了解政府创新工作的绩效情况，同时促进政府部门之间的良性竞争和协作。

（四）建立考核持续改进机制

政府创新考核机制是一个动态的过程，需要不断适应政府创新工作的新需求和新挑战。为了建立持续改进机制，可以从以下几个方面入手：首先，设立评估小组。设立专门的评估小组或委员会，负责收集和分析反馈意见、提出优化建议并监督实施，这可以确保考核机制的持续优化和改进。其次，建立定期评估制度。建立定期评估制度，对考核机制的实施效果进行定期检查和评估。通过定期评估的方式，可以及时发现机制中存在的问题和不足，并制定相应的改进措施和方案。最后，鼓励创新实践。鼓励政府部门和项目在创新实践中探索新的考核方法和手段。通过创新实践的方式，可以不断丰富和完善政府创新考核机制的内容和形式，提高考核工作的科学性和有效性。

案例延伸

考核激活创新"一池春水"

——济南市开展创新创优项目考核促进高质量发展

近几年，济南市结合本地实际，确立了建设全国重要的区域性经济中心、金融中心、物流中心、科技创新中心，建成与山东文化强省相适应的现代泉城的总体目标。围绕实现这一目标，济南市委进一步强化创新是引领发展第一动力的思想，以创新创优为动力，以建立考核机制为抓手，在全市各县区和市直部门（单位）全面开展了创新创优项目考核。

导向鲜明，单位申报热情高。为充分调动各单位申报积极性，创新创优项目实行"零门槛"，不规定项目类别，不限定项目规模，允许各单位根据工作职责和业务特点，围绕市委决策部署、工作中的短板弱项和人民群众关心的热点难点问题自主选题、自由申报。鲜明的创新导向有效激发了各单位的申报热情，县区申报率100％，市直部门（单位）申报率高达92.7％。

公开公平，严把评审质量关。项目有了，如何准确判断项目的创新程度和创优水平成了考核评审的关键。济南市采取委托第三方专业机构公开评审的方式，严把关口，强化监督，确保考核评审客观公正。严把程序关，研究制定考核评审实施方案，明确评审流程、评分标准、工作分工等，做到科学规范。严把标准关，对申报的创新创优项目，分别从规范化程度、创新创优水平、难度与广度、效益程度及推广价值、社会影响力五个方面进行评价打分。严把裁判关，根据项目类型多样化的特点，有针对性地邀请经济建设类、公共服务类等不同领域专家组建评审组，高水平的专家团队保障了评审结果的高质量。严把监督关，评审过程纪检、公证人员全面参与，全方位监督，实现了考核评审在阳光下进行。

以考促干，促进成果效益化。考核并不是目的，关键是通过创新创优项目评审，鼓励各县区和市直各单位围绕市委、市政府中心工作，大胆创新、积极作为，用新思路、新办法解决工作中遇到的新情况、新问题，并形成可推广、可复制的经验做法，为加快打造"四个中心"、建设现代泉城注入新动力。

考用结合，考得好的得实惠。考核评审结果只有在运用中才能发挥作用、体现价值、得到检验。济南市将创新创优评审结果作为加分项目，纳入全市经济社会发展综合考核，实现了评审结果的综合运用。北方地区冬季清洁取暖城市试点、济南东南二环路延长线工程、市直部门"大部制改革"、2017市领导重点课题调研工作、重大监督事项案件化机制探索等创新创优项目都为申报单位在综合考核中赢得了加分。同时，为激励干部担当实干，市委、市政府研究制定了《济南市干部正向激励实施办法（试行）》和《市管领导班子和领导干部年度考核结果运用实施办法（试行）》，提出了包含考核正向激励在内的政策措施，努力营造干得好的考得好、考得好的得实惠的浓厚氛围，用制度激励广大干部新时代新担当新作为，在推动省会各项工作走在前列、打造新旧动能先行示范区的征程中冲锋在前、勇挑重担、竞相出彩，奋力开创省会现代化建设新局面。

资料来源：考核激活创新"一池春水"：济南市开展创新创优项目考核促进高质量发展 [EB/OL].（2018-06-07）.http://news.china.com.cn/2018-06/07/content_51757140.htm.

本章小结

本章对政府创新考核进行了全面而深入的探讨，旨在构建一个科学、合理的政府创新考核体系。

首先，明确了政府创新考核的基本概念，探讨了考核的不同类型及其基本原则，这为理解政府创新考核奠定了坚实的理论基础。通过具体的案例分析，借鉴了成功的政府创新考核经验，明确了考核的主体、内容与方式，使考核过程更加清晰和具体。

其次，在考核指标体系部分，详细讨论了政府创新考核的指标与权重设置，以及评估方法的选择。合理的指标体系是考核工作的核心，它能够准确反映政府创新的真实水平。同时，数据采集的准确性和有效性也是确保考核结果公正、客观的关键。

再次，在考核结果与反馈部分，强调了对政府创新全过程考核的重要性，并提出了奖惩机制，以激励政府部门的创新动力。考核结果的反馈与改进则是政府创新考核闭环中的重要环节，它能够帮助政府部门及时发现问题、持续改进工作。

最后，针对政府创新考核机制的优化进行了深入探讨。通过收集和分析反馈意见，识别出考核机制中存在的问题和不足，并提出相应的优化策略。这些优化策略旨在提高考核的准确性和公正性，促进政府创新工作的持续改进和发展。

总体而言，本章构建了一个全面、系统的政府创新考核框架，为政府创新考核的实践提供了有力的理论支持和实践指导。

? 思考与练习

1.什么是政府考核？政府创新考核又是什么？请简要谈谈二者的区别与联系。

2.请简要谈谈政府创新考核的主体是什么？考核的内容与方式又是什么呢？

3.如何确定政府创新考核的指标体系？

4.政府创新考核结束后，被考核部门相应的奖惩是什么？

5.如何确保政府创新结果的反馈与落实？

6.请简要谈谈你对政府创新考核机制的理解。

📖 参考文献

[1] 莱特. 持续创新：打造自发创新的政府和非营利组织 [M]. 张秀琴，译. 北京：中国人民大学出版社，2004.

[2] 陈永杰，曹伟. 从政府创新到政府创新管理：一个分析框架 [J]. 中国行政管理，2016（2）：40-44.

[3] 杜斌，张可云，夏婷婷. 中国迈进创新型国家行列了么：基于六大权威评价指标体系的综合研判 [J]. 科技进步与对策，2022，39（15）：20-30.

[4] 杭州市综合考评委员会办公室. 杭州完善综合考评机制推进政府管理创新 [J]. 中国行政管理，2014（4）：126.

[5] 贺茂斌，任福君. 国外典型科技创新中心评价指标体系对比研究 [J]. 今日科苑，2021（3）：1-8.

[6] 胡恩华. 企业技术创新能力指标体系的构建及综合评价 [J]. 科研管理，2001（4）：79-84.

[7] 黄亮. 政府创新研究述评 [J]. 浙江社会科学，2016（12）：148-154.

[8] 黄巡晋. 地方政府"创新悖论"的机制及警示 [J]. 领导科学，2017（31）：54-56.

[9] 解学梅. 中小企业协同创新网络与创新绩效的实证研究 [J]. 管理科学学报，2010，13（8）：51-64.

[10] 李艳双，曾珍香，张闯，等. 主成分分析法在多指标综合评价方法中的应用 [J]. 河北工业大学学报，1999（1）：96-99.

[11] 李兆友，董健. 西方政府创新研究 [J]. 黑龙江社会科学，2015（5）：24-29.

[12] 练宏，陈纯. 不完全考核：模糊与精细混合的政府考核分析 [J]. 社会学研究，2023，38（6）：84-106，228.

[13] 刘洪，易继承. 创新型国家评价指标体系的构建与实证 [J]. 统计与决策，2020，36（24）：42-46.

[14] 马双，曾刚，张翼鸥，等. 中国地方政府质量与区域创新绩效的关系 [J]. 经济地理，2017，37（5）：35-41.

[15] 孙斐. 地方政府绩效评价的公共价值结构图景：基于杭州市综合绩效评价的混合研究 [J]. 行政论坛，2021，28（6）：66-77.

[16] 田先红. 基层政府"控制-自主"式创新模式研究：以S省D区数字政府改革为例 [J]. 郑州大学学报（哲学社会科学版），2023，56（5）：13-18.

[17] 吴建南，马亮，杨宇谦. 中国地方政府创新的动因、特征与绩效：基于"中国地方政府创新奖"的多案例文本分析 [J]. 管理世界，2007（8）：43-51.

[18] 伍彬. 杭州政府绩效综合考评的实践与探索 [J]. 行政管理改革，2010（12）：66-69.

[19] 伍彬. 以绩效考核促政府管理创新 [J]. 今日浙江，2011（8）：54.

[20] 夏维力，丁珮琪. 中国省域创新创业环境评价指标体系的构建研究：对全国 31 个省级单位的测评 [J]. 统计与信息论坛，2017，32（4）：63-72.

[21] 俞可平. 中国地方政府创新的可持续性（2000—2015）：以"中国地方政府创新奖"获奖项目为例 [J]. 公共管理学报，2019，16（1）：1-15.

[22] 赵全军，孙锐. 压力型体制与地方政府创新："人才争夺战"现象的行政学分析 [J]. 社会科学战线，2022（8）：183-190.

[23] 祝子翀. 绩效考核下地方政府创新的行为逻辑研究：对济南市"创新创优"的案例考察 [D]. 济南：山东大学，2023.

[24] 卓萍，卓越. 政府创新的前沿路向：从目标考核走向绩效评估 [J]. 中国行政管理，2013（1）：44-49.

第八章
政府创新管理的未来发展趋势

>>> **案例导入**

江苏升级数字底座 为城市治理赋能增效

近年来,以 5G 为代表的新一代信息技术加速融入数字政府建设,江苏数字化治理服务水平不断提升。通过打通"数据壁垒",江苏构建了数字政府"四梁八柱",利用数据"开放共享"服务企业和群众,促进各地各部门数字化转型,全力打造"数字化、智能化、一体化"的现代数字政府,加速推动政府基层治理、管理决策、公共服务提质增效,为江苏数字政府建设"注智赋能"。

打通"神经"末梢,数智走向基层

以信息基础设施打通基层治理的"神经末梢",加速政务资源和服务向社区网格的精准覆盖,成为推动城市治理体系和治理能力现代化的必由之路。政府数字化转型,云、网建设是基础。由点到线再到面,5G 基站几乎覆盖江苏大地,千兆光网连接 13 个设区市的 5.2 万个小区和所有行政村。依托高速、移动、安全、泛在的信息基础设施,江苏持续强化电子政务网络的支撑能力,加快网络向基层、乡村和社区延伸覆盖,促进基层治理精细化发展。《江苏省电子政务外网管理办法》和《江苏省政务"一朵云"建设总体方案》正式出台,其中明确,到 2027 年年底,江苏省全面建成集约共享、融合创新、智能敏捷、安全可控、高效服务的全省政务"一朵云"体系。

打破空间壁垒,一网整合城市数据

政府治理涉及诸多要素,同时受环境和外部条件的影响,面临一定的不确定性,这也制约了政府治理效能的发挥。将政府治理活动数据化,并对大量数据进行采集、聚合、分析和应用,从而发现不同要素之间的内在关联性,为政府治理降低不确定性、提升效能提供了新途径。例如,在盐城,"政务服务驾驶舱"纵向上可有效追溯涉民服务工作的历史数据变化情况、变化原因及变化依据等内容,横向上则可与对应的政策环境、企业情况、人员变动等因素相匹配，从而实现养老、医疗等政务服务整体情况的直观展示，为政府决策提供精准的数据支撑。江苏依托技术和资源优势，深入促进大数据、AI、云计算等数字技术与政府治理数据要素的融合运用，助力政府加强实时动态数据的决策判断与辅助支持，实现管理决策从主观的"经验决策"向客观的"科学决策"转型，提升科学决策能力。

多场景"数字 +"，惠及千家万户

当前，"江苏医保云"为全省各地医保查询、医保报销、异地就医申请备案、医保关系转移、参保缴费等业务"一端通办"提供了强有力支撑；苏州"园易停"已接入全市 33 个停车场、19 条道路的 8000 多个停车位，帮助市民通过数智化手段"停好车、好停车"；无锡梁溪区"24 小时不打烊社区自助服务便民小屋"可提供生活救助、生活保障补贴申请等政务自助服务 12 项；等等。江苏大地正涌现出"秒批""无感申办""一件事一次办"等智慧政务新模式，既方便了企业和市民办事，又促进了政府职能转变，为中国式现代化江苏新实践提供了重要支撑。

资料来源：江苏升级数字底座 为城市治理赋能增效 [EB/OL].（2024-01-18）.http://js.people.com.cn/n2/2024/0118/c360301-40717320.html.

伴随物联网、大数据、人工智能、云计算等新一轮信息科技革命，面向数字时代的政府创新管理成为未来发展趋势之一。数字技术为政府创新管理活动提供了新技术、新工具、新思维和新理念，推动政府创新管理更适应时代发展的需要。所谓"创新"，必须有效反映社会需求与社会意愿、体现社会价值与责任、形成共同期望的社会价值，开展有责任的政府创新管理成为未来发展趋势之二。责任式创新以实现国家可持续发展为目标，遵循着实现社会价值和责任共享的治理范式。绿色发展也已成为我国寻求经济和环境协调发展的重要选择，"低碳经济"发展模式受到人们的广泛关注，面向低碳经济与绿色发展的政府创新管理成为未来发展趋势之三。因此，本章将从以上三个维度切入，进一步探究政府创新管理的未来发展之路。

第一节　面向数字时代的政府创新管理

过去一个世纪见证了新技术发展的浪潮，包括内燃机、原子能、分子生物技术及信息技术革命等。而 21 世纪以来，技术创新的议题依旧受到广泛关注，信息技术的快速发展、大数据的兴起、人工智能的应用、云计算的普及、物联网的发展、区块链技术的应用等，不断催生出生物科技、基因技术与基因工程、原子能、医学病毒研究、纳米技术、合成生物等新兴技术领域。数字技术的发展是一个多维度、持续推进的过程，涵盖了社会、政治、经济、文化等多个方面，不断塑造和改变着人们的生产方式和生活方式，深刻影响着人们的社会结构与运作模式，为人类社会带来巨大的变革和发展机遇。

　　以系统化、网络化、智能化为代表的互联网技术的迅速发展催化了数字时代的高速发展，新形势下政府的管理也迎来了新的机遇和挑战。随着科技的快速发展和数字化的普及，政府管理也需要不断创新和进步。数字技术与政府创新管理的深度融合，为新时代政府治理体系与治理能力现代化带来新理念、引入新模式、注入新活力。数字时代的政府创新管理，不仅要适应新的技术和趋势，更要注重提升效率、服务和透明度，以更好地满足公众的需求和期望。因此，如何在互联网背景下，利用数字技术赋能，建设数字型政府，实现数字治理，成为研究与实践的重要课题。

一、理论层面

（一）"互联网 +"的应用形态

　　2015 年 3 月，李克强总理在政府工作报告中明确提出："制定'互联网 +'行动计划，推动移动互联网、云计算、大数据、物联网等与现代制造业结合，促进电子商务、工业互联网和互联网金融健康发展，引导互联网企业拓展国际市场。"所谓"互联网 +"，是指以互联网为主的新一代信息技术（包括移动互联网、云计算、物联网、大数据等）在经济、社会生活各部门的扩散、应用与深度融合的过程，这将对人类经济社会产生巨大、深远而广泛的影响。"互联网 +"的本质是传统产业的在线化、数据化。这种业务模式改变了以往仅仅封闭在某个部门或企业内部的传统模式，可以随时在产业上下游、协作主体之间以最低的成本流动和交换。实施"互联网 +"行动计划的总体思路就是要抓住新一轮科技革命和产业变革的历史机遇，以改革创新激发全社会发展新经济的积极性，使互联网等新一代信息技术与中国传统产业深度融合，使互联网经济模式促进新型业态的发展成为中国新常态下再创竞争优势的主要形态。

　　21 世纪以来，物联网、云计算、大数据、区块链等新一代信息技术的出现和充分应用，使互联网逐渐成为一种对经济社会发展具有重大影响的基础性设施。"互联网 +"作为现代信息技术发展的最新样态，既是互联网与传统行业以互联网为平台而进行的深度融合与发展态势的表征，也是以互联网为核心的新一代信息技术在经济社会各个行业、各个领域不断扩散、应用与深度融合，创造新的经济生态、工作业态和生活形态，推动人类社会网络化、信息化、智能化的过程的最新样态。

　　"互联网 +"给我国经济社会等各个领域带来的势不可挡的变革是全方位的。"互联网 +"的丰富内涵也更加全面地展现在世人面前，可以从微观、中观、宏观这三个层面来深刻把握。一是从微观层面看，"互联网 +"作为新一代网络信息技术发展的集中体现，是一种使人类的实践活动在虚拟网络空间与物理实体空间实现有机结合的技术平台，是一种能够为全球信息数据的交互传播提供可视化、立体化、即时化的中介技术平台。互联网技术的出现，使人类首次拥有了现实与网络两个世界，这从根本上改变了人类对世界的认知，极大地拓展了人类实践的活动空间。二是从宏观层面看，"互联网+"具有跨界融合、创新驱动和开放革新等多重特性，它为人类经济社会发展和生产生活方式变革提供了一个全新的网络信息环境，政府治理、社会治理、国家治理乃至世界治理也必将随之发生系统性改变。三是从宏观层面看，"互联网+"是一场由技术革命引发的社会革命，"互联网+"时代的来临和发展，将彻底改变人们的学习方式、工作方式、娱乐方式和生活方式。人类社会实践的各种生产要素都将借助"互联网+"平台，在复杂的网络空间和物理实体空间中重新优化组合，人类认识世界和改造世界的能力将会大幅提升。从这一层面来讲，"互联网+"是先进生产力的代表，是当前推动人类社会创新发展的重要依托。

简单来说，"互联网+"就是将互联网的创新成果与经济社会各领域深度融合，这势必将"推动技术进步、效率提升和组织变革，提升实体经济创新力和生产力，形成更广泛的以互联网为基础设施和创新要素的经济社会发展新形态"。目前，在国家战略的引导下，工业、交通、金融、教育、医疗、农业等社会相关领域大力推进互联网条件下的技术、服务、模式创新，从而利用互联网平台、利用信息通信技术，把互联网和包括传统行业在内的各行各业结合起来，并在新的领域和传统领域多个方面创造新的生态，表8-1列举了"互联网+"与传统领域创新结合的典型案例。

表8-1 "互联网+"与传统领域的创新结合

互联网+传统领域	典型案例	基本描述
互联网+通信	微信	智能终端即时通信与免费应用服务，实现即时通信、人机互联
互联网+零售	淘宝	网络零售、商圈、购物平台，以电子商务推动B2B、B2C、C2C、O2O等模式
互联网+家电	海尔U+智能家居开放平台	物联网时代生活家居解决方案的一站式平台，实现客户需求导向，平台提供一体化解决方案，汇聚产品、服务、供应商、客户体验等资源
互联网+教育	MOOC	全球在线课程学习平台，实现在线教育与学分认可，全球知识与教学资源整合
互联网+交通	Uber	即时用车软件，提供安全、舒适、便捷的城市交通服务，实现高用户体验，共享经济，优化资源配置
互联网+生活产品	Nike+	耐克系列健康追踪应用程序与可穿戴设备统称，丰富产品功能的社会化、人因工程、用户体验等效应

"互联网+"作为互联网时代社会信息交往的总体形象化概括，是一个充满技术变革、理念创新和实践创新的时代话语，是一个推进国家治理体系和治理能力现代化的重要技术手段，也是一个体现"大众创业、万众创新"的时代拼搏精神的核心概念。

在政府创新管理领域，"互联网+"与政府创新管理变革双向互动，是政府治理能力与治理体系现代化最为重要的变革动能。"互联网+"成为现代政府创新管理的数字技术供给载体，在数字化背景下，"互联网+政务服务"是以数据为核心的政务服务改革，是沿着数字技术赋能政府治理的创新路径。

"互联网+政务服务"是中国政府正在推行的一项改革，国外与此相对应的是电子政务服务（E-government service）。20世纪80年代，在新公共管理运动背景下，西方国家开始推行电子政务，为"顾客"提供信息和服务。当前，很多国家都将互联网技术深度应用到政务服务中，发达国家均相继进入了"数字治理时代"。因此，运用"互联网+政务服务"建设人民满意的服务型政府，既是深化行政体制改革的目标任务，也是新时代"互联网+"政府创新管理的主要目标。为了实现政府决策科学化、社会治理精准化、公共服务高效化，政府必须充分借助数字技术推进数字政府建设和治理转型。

（二）数字技术的赋能逻辑

随着物联网、大数据、人工智能、云计算等新兴科技迅猛发展，人类社会迈入"万物互联"时代。为适应新时代治理环境的变化，政府的数字化转型成为推进国家治理现代化的重要内容和战略选择。数字技术的应用可以推动社会治理的发展，凭借数字技术的可信计算与分析、多维重构与溯源等功能，可以为政府创新管理提供驱动力并带来新的发展机遇。2021年7月发布的《中共中央、国务院关于加强基层治理体系和治理能力现代化建设的意见》中明确提出，要加强基层智慧治理能力建设，用数字技术推动基层治理。基层治理是国家治理的基石，而数字技术是基层治理的重要工具。2022年4月，习近平总书记在中央全面深化改革委员会第二十五次会议上指出"要全面贯彻网络强国战略，把数字技术广泛应用于政府管理服务，推动政府数字化、智能化运行，为推进国家治理体系和治理能力现代化提供有力支撑"。

所谓"数字技术"，指的是新一轮技术革命中以互联网、云计算、人工智能、区块链、大数据等为代表的新兴技术，具有自由、开放、共享、实时、互动的特点，涵盖了计算机技术、网络技术、通信技术、多媒体技术等多个领域，是现代社会中不可或缺的重要技术之一。这些数字化技术可以用来处理、存储、传输和展示信息，具体应用范畴包括数据处理与分析、信息存储与管理、通信与互联网、多媒体技术、软件开发与应用等，对提高工作效率、拓展创新空间、改善生活质量等起着重要作用。借助于数字技术这一新兴技术的创新，人类社会的信息供给量不断增加，信息交互速度持续加快，信息应用场景也逐渐变得更加丰富。21世纪的今天，数字技术正在推动经济、社会、政治等各大领域的深层次变革，日渐成为驱动产业结构升级与社会治理转型的驱动力。

数字技术的应用场景十分广泛，涵盖空间规划、数字媒体、教育教学等众多方面，并且近几年开始逐步应用在政务服务和公共治理上。借助大数据技术的运算和分析功能，政府能够更好地了解社会舆情和民众偏好、把握公共问题的本质和规律，做到科学决策、智慧决策。政务服务的数字化和一体化建设，可以进一步提高行政审批的效率，推动政府管理的透明化程度以及政府服务的质量不断提升。在政府管理领域应用数字技术，不外乎将数字化治理的思维整合到政府管理的结构、流程、方式、制度等方方面面当中，借助数字技术赋能的方式，释放技术的正向效益，促进政府创新管理，以提升社会治理的有效性。因此，需要先对数字化治理的理论内核进行整理和归纳。通过对现有文献的收集整理，可以发现，学术界主要将数字治理理论的核心思想归结为重新整合、数字化变革和以需求为基础的整体主义三大主张，具体分析如下。

"重新整合"是指采用现代化信息通信技术手段，将原先从政府部门中分散出去的服务和职能整合协同起来，建立一个跨组织、跨部门的整体治理结构，减少资源浪费现象，使经过重新整合的公共服务更加便于公民获取。这里的重新整合，不是简单地进行中央集权式的管理，而是通过科学的技术手段和整合措施，实现新公共管理的综合回应。重新整合包括九大要素：协同治理、重新政府化、压缩行政过程成本、重建中央政府管理过程、重塑具备后勤保障功能的服务提供链、逆碎片化整合提高政府整体运行效率、开展集约型专业化采购、以混合经济为基础的服务共享、网络简化。

"数字化变革"是指借助数字技术实现公共管理的改造，通过在公共部门管理系统当中引入大数据、云计算、区块链等先进的数据处理技术，推动政府构建数字化平台来进行数据共享和资源整合，重塑公共部门组织结构和内部文化，实现数字时代公共服务的协同发展。数字化变革的实现主要依赖政府内部的组织变革、文化变革、公民的行为变革、新兴技术的发展变革等，一共包含九大要素：开发电子服务交互功能、以网络为基础进行公共事业估算、开展信息技术采购、进行渠道分流和顾客细分、运用零接触技术实现新形式的自动化流程处理、政务沟通非中介化、加速自我管理、减少受控渠道、组建开放式政府。

"以需求为基础的整体主义"是指通过数字化的方式，创造一个体积更庞大、数据存储量更多、涵盖范围更广的行政运作系统，简化不必要的流程、降低行政成本、强化监督，以实现公民需求的端与端连接，提供让公民更满意的公共服务。这种整体主义式的改革主要是通过数据库的应用，构建相互兼容的系统，利用数据存储的优良性能让具体个例的数据可以横跨多种利益，实现不同信息间的交流与联系，达到政府预测公民需求和分析政策风险的目的。以需求为基础的整体主义强调要利用大数据、区块链、云计算、物联网等数字技术来创新政民交互模式，进行政民互动以回应并满足民众需求，具体包含七大要素：交互式的信息搜寻与供给、建设数据仓库、提供一站式供应服务、确保发展的可持续性、以顾客和功能为基础进行组织重建、进行从终端到终端的服务流程重塑、灵活敏捷的政府过程。

政府的数字化治理，本质上是数字技术为政府治理全过程赋能增势。以数字化、信息化、智能化为核心特征的新一代网络通信技术发展迅猛，正以技术赋能的方式全面推动政务服务的数字化转型。一方面，依托技术嵌入的政务服务数字化转型，改变了传统组织中的制度架构与运行流程，重构数字聚类赋能下以数据共享为核心、以公民需求为导向、以问题解决为宗旨的全新基层政务服务供给模式，不仅强化了数据融合与业务协作，还催生出部门联盟和交叉团队，切实推动基层政务服务供给朝着业务互联、数字协作的零边际成本方向迈进。另一方面，以网络通信、云计算、人工智能等技术为载体搭建的数据关联、深度挖掘、综合研判的数字化平台，借助技术创新的扩散效应、技术嵌入的普惠效应，拓宽市场主体、社会组织等参与政务服务供给的渠道，在一定程度上减少了政务服务供给信息的不对称性，提高了公众参与集体行动的可能性，进而有效压缩了政务服务供需匹配的交易成本。简言之，数字技术与基层政务服务深度融合，在充分整合基层政务服务资源、持续拓宽基层政务服务供给的同时，为进一步完善政务服务体系、提高政务服务供给能力提供了重要支撑。

当前，我国不少地方已经开展了数字技术与政务服务的深度融合实践，表 8-2 摘录了部分"2023 数字政府建设优秀案例"。各地通过数字技术的赋能和应用，向数字型政府转型升级，以提升政府创新管理的质量和水平，推动政府治理能力和服务水平不断迈上新高度。

表 8-2　2023 数字政府建设优秀案例（节选 5 个）[①]

案例名称	申报单位	案例概述
以海口镇街政务服务规范化建设与基层治理融合的探索	海口市营商环境建设局	为打通业委会成立过程中的"痛点"和"堵点"，推进解决业委会成立难、小区维修基金使用不透明等突出的民生问题，海口市营商环境建设局采取了一些举措。比如，将业委会成立事项纳入全城通办范围，以"通办为原则，不通办为例外"，推出通办事项除开发区外全覆盖，通办事项占各区事项的 99.9%，占镇街、村居事项的 100%，实现同一事项，全城"同标准受理、无差别审批"。将业委会成立的政务服务事项全部纳入全城通办范围，全市 43 个镇街便民服务中心均可就近受理，统一使用海口市一体化平台，确保办件全流程公开、透明、可监督。
如皋市市域治理现代化指挥平台	江苏如皋市市域社会治理现代化指挥中心	在南通市级指挥平台县市区标准版的基础上，结合自身实际情况进行二次开发，建设如皋市市域治理现代化指挥平台，以"数据中台"为支撑，实现数据共享、智能搜索、统一监管、分析研判、监测预警、联动指挥、行政效能、统一认证和市域治理总图 9 项应用功能，同时建设联动指挥、政情民意、生态环境 3 个专题图，"放管服"综合研判平台、瓶装燃气安全监管平台、食品安全全流程监管平台 3 个特色应用。以食品安全为例，截至 2023 年 7 月，如皋市共检查处罚案件 113 起，累计处罚 45 万元，食品安全监管体系进一步完善。

---

① 肖隆平. 十个案例入选"2023 数字政府建设实践领航案例" [EB/OL]. (2023-12-12).https://m.bjnews.com.cn/detail/1702343918169275.html.

续表

案例名称	申报单位	案例概述
搭建"码"上议事新平台，促进基层协商民主新发展	政协淮安市委员会	淮安市政协坚持党建引领，将传统的协商议事工作与数字政协建设创新融合，以二维码为载体，在全市范围内开展"有事好商量—'码'上议"工作。借助生活中随处可见的手机、电脑，方便群众反映意见和建议，群众通过扫码随时随地都可参与，实现了协商人人都可参与、事事都可参与、时时都可参与。现在收集的议题，98%以上来自"码"上议平台。据统计，近三年来，全市1728个基层协商议事室累计开展协商议事活动4.52万场次，推动解决"小区停车难、农村留守老人看护、流动摊贩管理"等群众急难愁盼事项3.6万余个。
"数治东李"微平台打造乡村"慧"治新模式	山东夏津县东李官屯镇人民政府	2022年3月，东李官屯镇联合移动公司搭建了"智慧东李"云平台，打造"数治东李"微信小程序，积极拓展基层社会治理数字化应用场景。"数治东李"微平台立足"一个统筹五项职能"工作布局，做到五个职责到位，实现乡村慧治。"数治东李"微平台在基层治理中的应用，体现了数字化的便捷与高效，也提升了基层治理效能。自"数治东李"微信小程序上线投入使用以来，平台共归集各类信息7500余条，其中涉及村级事务管理类6950条，涉及便民服务类358条，涉及人民调解类16条，各类事项综合办结满意率96%以上。
i南山企业服务综合平台	深圳市南山区政务服务数据管理局、深圳市南山区企业发展服务中心	i南山企业服务综合平台是深圳市南山区政府打造的一项颇具创新性和综合性的企业服务平台。其主要目标是优化营商环境，推动南山区的高质量发展。在前端门户中，不仅汇聚了政策服务、政务服务、诉求服务、融资服务、科技服务、空间服务、人才服务、法律服务等50多项涉企服务，形成了一揽子的服务超市，同时构建了展示南山党建引领产业发展的党建板块、面向全国企业招商引资的投资南山板块、宣传推广南山企业产品和特色的南山展厅等特色板块，让所有用户一站式了解南山。

二、实践层面

（一）创新管理下的数字政府建设

在科技革新与治理现代化交错发展的时代进程中，数字技术与治理实践的深度融合与互嵌重构为我国带来了一场超大规模的"社会实验"。数字时代的新生治理对象日趋复杂并快速演变，伴随着数字技术的广泛应用，电子商务、社交网络、虚拟生活等数字化生活方式层出不穷，显著地增加了国家治理的复杂性。党的十九大以来，数字政府建设加速推进。党的十九届四中全会提出推进数字政府建设，党的十九届五中全会再次强调加强数字政府建设，《中华人民共和国国民经济和社会发展第十四个五年规划和2035年远景目标纲要》明确了数字政府建设的任务，单独设立"提高数字政府建设水平"章节，提出"加快建设数字经济、数字社会、数字政府，以数字化转型整体驱动生产方式、生活方式和治理方式变革"。2022 年 4 月，中央全面深化改革委员会第二十五次会议审议通过了《关于加强数字政府建设的指导意见》，明确提出"积极推动数字化治理模式创新""加快推进数字机关建设""推进公开平台智能集约发展"。习近平总书记在主持会议时强调，要全面贯彻网络强国战略，把数字技术广泛应用于政府管理服务，推动政府数字化、智能化运行，为推进国家治理体系和治理能力现代化提供有力支撑。这些从政策层面为新时代政府创新管理指明了方向。

当前，大数据、人工智能、区块链技术正在全球引领一次具有全局性、战略性、革命性的数字化转型潮流，信息技术的蓬勃发展正在重构政府管理模式与治理能力。建设数字政府是落实网络强国和数字中国战略的基础性和先导性工程，是推进国家治理体系和治理能力现代化的重要举措，是加强科学治理决策、提升政务服务效能、增强政府公信力、推动经济社会高质量发展、再创我国现代治理新优势的有力抓手和重要引擎，对加快转变政府职能，建设法治政府、廉洁政府和服务型政府具有重要意义。国家力求在多领域推进政府数字化转型，积极探索建设"智慧城市""城市大脑""领导驾驶舱"等新型政府治理数字化系统，发挥技术和数据资源在推动政府数字化转型中的显微镜、望远镜的作用。

所谓"数字政府"，是指以新一代信息技术为支撑、以应用场景为牵引、以数据治理为关键，通过重组政府架构、再造政府流程、优化政务服务，全面提升政务运行效能，推动政府决策向科学化、精细化和民主化迈进的新型政府运行形态。数字政府建设是基于政府治理现代化的要求与信息技术更新迭代的支撑，其深刻价值内涵是：从能力建设的"数字化转换"到价值再造的"数字化智能"；是以智慧技术高度集成、智慧服务高效便捷为主要特征的政府信息化发展新阶段；是基于互联网的跨部门协同，最终实现政府工作效率的大幅提高与治理能力、治理水平的大幅提升，是数字政府的3.0 时代。数字政府建设的目标在于形成以打造"一体化高效运行的整体政府"为核心，在国家层面设立推进数字政府建设的统领机构，统一领导数字政府的建设改革工作，形成以国家数字政府为主导、以国务院部门和省级数字政府为支撑的两级组织管理体制。

与电子政务发展模式相比，数字政府主要体现在创新公共价值、用户驱动的服务设计与交付、数据治理与协同等方面。从 20 世纪 90 年代起，我国就陆续启动了政府信息化工程、政府上网工程、"互联网＋政务服务""互联网＋监管""互联网＋督查"等数字政府建设的创新实践。但是在现阶段，推进数字政府建设不能仅停留在运用数字技术或数据资源提升治理能力的层面，而是要运用数字技术全面推进政府内跨层级、跨领域、跨地域、跨系统的整体协同以及政府与外部市场和社会主体的包容协同，以此来破解数字政府建设的难题。政府部门更加注重数字化转型的整体性、协同性和创新性，以实现更加高效、便捷、优质的政务服务，数据集中患者、集中专家、集中资源、集中救治等成为当前数字政府建设的特色。

随着大数据成为新生产要素，以数字技术带动政府管理体系和治理模式创新变革，即建设数字政府，逐渐成为数字时代下政府创新管理的未来发展趋势。具体而言，政府可以通过以下三个方面的管理创新来实现数字政府的全面升级。

第一，通过全面推进数字化转型，创新行政管理和服务方式，提升政府在经济、政治、文化、社会、生态文明建设中的履职效能。政府各部门承担着经济社会发展的多方面角色、功能和职责，包括经济监测调节、市场监管、社会管理、公共服务、文化传承发展、生态环境保护等。数字政府建设通过全方位提升政府履职能力，推动政府履职更加协同高效，有力支撑数字经济、数字社会、数字文化和数字生态文明等各领域目标的实现，赋能经济社会的创新、协调、绿色发展。

第二，通过构建开放共享的数据资源体系，布局相关新型基础设施，加强对数字化转型发展所需核心资源的供给、重组和配置。一方面，数字政府建设可以提高政府决策的科学性和精准性，意味着政府可以更有效地组织和配置资源，推动经济发展和社会进步。另一方面，数据和基础设施等是数字化转型发展的核心资源，数字政府建设有序推动公共数据资源的开发利用，加强数字基础设施建设，从而提升各行业各领域运用公共数据和数字基础设施推动经济社会发展的能力。

第三，通过加快政府职能转变，构建科学规范的制度规则体系，形成共建共治共享的社会治理体系，推进国家治理体系和治理能力现代化。数字政府建设是建立现代化治理新优势、引领高质量发展的必然。数字政府建设将极大地增强政府的治理能力，政务信息的透明化、公开化以及政务决策的智能化，能够有效避免以权谋私等不良行为的出现，提高政府的公信力和廉洁性。数字政府建设通过数字化手段和技术，推动政府服务和治理的数字化转型，从而带动全社会各领域的数字化发展。数字政府建设，可以提高政府的决策能力、管理能力和服务能力，同时推动政府治理理念、治理方式、治理体系和治理能力的现代化，提高政府服务能力和社会治理能力，充分发挥政府在数字中国建设和高质量发展中的主体作用。

总之，数字政府建设作为数字中国建设的重要组成部分，在网络强国、数字中国建设中起着重要的引领驱动作用。它不仅可以推动数字化发展、实现政府治理体系和治理能力现代化，还可以带动数字经济和数字社会发展、促进数字文化和数字生态文明建设。通过加强数字政府建设，可以推动各个领域实现数字化转型和创新发展，促进经济社会实现高质量发展。

（二）创新管理下的数字政府治理

从管理的视角来看，数字政府追求政务效能、效率以及经济的最大化。首先，在组织结构层面，数字政府追求效能最大化。政府通过设置专门的数据管理机构，重新整合政务服务，优化权力配置，使整个组织结构趋向扁平化，各部门拥有更多的自主决策权，能够对民众的需求有更大的回应性，从而提升政府效能。其次，在认知途径方面，数字政府追求效率最大化。数字政府强调结果获取而非遵循程序，通过鼓励市场参与政府治理，利用企业先进的技术及信息获取能力，推动政务系统升级更新，从而大大提升政府行政效率。最后，在政府决策层面，数字政府追求经济最大化。数字政府的决策建立在成本效能分析的基础上，通过听取各方意见并对海量数据加以处理分析，有效识别政府服务对象的总体特征和偏好需求，做出减少成本提升绩效的最佳策略，实现数字政府经济最大化的目标。

1. 数字政府治理的重点业务

结合政府的实践来看，数字政府治理的重点业务主要表现为面向政府的科学决策、面向社会的精准治理和面向公众的高效服务。

第一，面向政府的科学决策。建设数字政府的首要任务是改变传统的政府决策方式、提升决策科学化水平。一方面，整合信息，扩大决策信息基础。大数据善于处置巨量历史数据，通过采集汇总、分析处理所有相关数据信息形成决策数据集，政府能够第一时间掌握大量最新信息或数据，极大地提高了政府决策的科学化水平。另一方面，灵活反应，增强决策预见性。政府运用现代数字技术构建二元动态监测、决策案例推演算法、决策效果反馈评估的应急管理机制，可以构建较精确的决策机制，极大地提高了决策的精准性、多样性和预见性。

第二，面向社会的精准治理。精准化治理是数字政府治理的关键任务。传统政府尽管注重效率的提升，但由于治理的主动性不够，政策有时无法正确识别和及时回应社会的需求，造成政策效果欠佳。数字政府通过大数据技术获取用户的精准信息，在对这些海量信息统计分析处理后，可以对社会需求进行精准把握和预判，进而及时提出与社会需求相匹配的政策方案，为社会提供精准服务供给，有效节省政府试错成本，推动社会良性成长。

第三，面向公众的高效服务。向公众提供高效服务是数字政府治理的目标。数字政府通过构建公共服务平台，摒弃了传统办事的烦琐程序和敷衍塞责的工作态度，让人们能够享受简便、快捷的在线服务，从此告别"跑断腿""挤破门""急死人"的办事难题。首先，"互联网＋政务服务"把跨层级、跨地域、跨部门的业务和数据资源汇集到统一的"政务中台"，让政务信息"多层纵向贯通、多面横向连通"，公众办事不再"跑断腿"。其次，政府通过"一网通办"，优化业务流程、智能填充资料、多终端应用统一等方式，推动政务数据标准化、服务网络化、办理自动化，实现业务线上办理全程化，从而使公众办事不再"挤破门"。最后，平台驱动的数字政府通过集成、优化已有政务系统，对服务事项进行重新整合，实现在政务服务平台上"一键"生成工单，经由"智能派单"交给专业人员进行处理，减少业务办理的等候时间，让人们办事不再"急死人"。

2. 数字政府治理的优化升级

政府可以从以下五条管理路径切入，实现大数据时代数字政府治理的优化升级。

第一，优化数字政府治理的首要路径，是要对政府所处的环境进行透视。首先，数字技术推动了历史变革。大数据改变了人们获取信息、创造价值的方式，政府治理方式也从官僚政府转变为数字政府。其次，数据平台改变了社会规范。当前，互联网商业模式呈现出平台化、网络化的趋势，生产者和消费者通过互动形成了新的市场规则，从而影响了整个社会的价值规范。再次，数字传媒影响了价值观念。数字媒体的发展降低了信息传播的成本，为促进公民的政治参与和水平化沟通带来了机遇，但由于其具有高度的交互性和隐蔽性，社会公众的价值判断和价值选择也容易受舆论的影响。因此，政府应完善对数字传媒的监督管理机制，净化数字媒体环境，正确引导社会价值取向。最后，公众看法引导数字服务供给。社会公众对数字政府治理的态度能够决定数字政府的未来发展。因此，要树立以人民为中心的用户思维，着力满足大众对政务服务的需求，提高人民群众的获得感、幸福感与安全感。

第二，数字政府治理需要明确愿景目标并完善统筹规划机制。数字政府的愿景目标是实现社会的可持续发展，而目标的实现是建立在政府客观的角色定位和科学的发展规划基础上的。数字政府强调利用先进技术为公众提供高质量服务，同时为公民参与国家事务管理提供便利的渠道和平台，本质上体现了以人为本的服务理念。同时，数字政府治理还需要做好统筹规划工作。政府数字化转型是基于国家战略的数据驱动治理创新，一方面要树立整体性思维，从全局出发考虑资源整合和制度安排；另一方面要坚持因地制宜，根据当地经济社会发展要求优化数字政府治理，构建绿色发展的长效机制，促进可持续发展目标的实现。

第三，在数字政府治理的组织实施过程中，可以从科学决策机制、法律保障机制和人才队伍建设三个方面入手。一是优化科学决策运行机制。一方面，要建成导向明确、职能精细的领导班子，负责统筹全局、协调推进数字政府治理的重大事项；另一方面，要优化数字政府治理的机构设置，明确每个人的职责，提升行政运行的效率。二是优化法律保障机制。将政策转变为法律制度是实现政府数字转型规范有序的前提。政府应建立健全与数字政府治理相适应的制度，如信息公开制度、数据安全保护制度、数字政府标准化建设制度等，推动数字政府深入发展。三是加强数字政府人才队伍建设。加强对公务员数字应用能力的培训，各级政府应重视内部人员的数字化技能提升，通过设置专题讲座、纳入人员考核计划、更新政府组织文化等方式培养公务员数字素养；加大引入数字人才的力度，通过完善优秀人才的福利保障机制，吸引政府急需的顶尖人才和复合型人才的加入。通过推动高校开设与政府数字化需求相关的专业，为政府定向输送高质量数字人才；加强外部"智力支持"，成立地方"数字政府"建设专家咨询机构，组织不同领域的专家参与数字政府治理的过程。

第四，监测评估是根据相应的评估标准对数字政府治理成效的考察和评价，是政府部门提升治理效能的重要环节。开展数字政府治理的监测，主要应做好两个方面的工作：一是外部监测，在政务服务平台上完善群众评价功能，鼓励公众通过在线反馈、"好差评"等方式表达意见；二是内部监测，利用信息化手段将工作留痕，随时监测各部门履职情况,实现结果动态跟踪。在进行数字政府的评估时,要注意三个问题:一是评估主体的多元化。数字政府的评估,不应局限于政府自身单方面的评估,而要重视公众、专家、第三方机构等多方意见。二是评估指标的规范性。数字政府评估指标需规范指标标准,对每一项指标的应用及操作原理进行系统阐释,确立指标名称时要言简意赅、通俗易懂。三是评估方法的适应性。在评估时需根据指标的属性与评价方法的适用程度选择评价方法,使评估结果更具参考价值。

第五,反馈改进是数字政府治理生态体系的最后一环,是将数字政府监测评估的结果有效传递给政府部门和其他相关主体,并采取措施提升绩效的重要路径。数字政府的反馈,一方面要重视政府内部的沟通交流,将评估结果及时反馈给被评估部门,并与其主要负责人进行绩效沟通,以增进对当前工作的认识;另一方面还应增强与外界的沟通,通过媒体、网站等互联网平台,将结果信息及时公示,获取民众的意见反馈。数字政府的改进,应把握好以下三个环节:一是绩效结果的分析。要对结果进行认真分析与反思,不仅要总结数字政府治理的不足之处,剖析造成结果的缘由,同时也要提出改善数字政府绩效管理的有效对策。二是改进措施的制定。要根据当前数字政府治理中存在的问题及对策建议,制定完善的整改方案,并建立有效的监督机制,确保方案的落实。三是奖惩机制的实施。通过奖励先进,对表现出色的部门及个人给予奖励;对绩效考核不佳的部门和个人给予批评或处罚,以确保持续改进和提升数字政府绩效。

第二节　开展有责任的政府创新管理

习近平总书记指出:"坚持创新发展,必须把创新摆在国家发展全局的核心位置,不断推进理论创新、制度创新、科技创新、文化创新等各方面创新,让创新贯穿党和国家一切工作,让创新在全社会蔚然成风。"以 21 世纪技术创新与产业革命为例,原子能技术、工业内燃机、分子生物学、纳米科学、信息革命等成为推动社会进步与持续变革的重要因素,技术创新实现了驱动经济增长、推动可持续发展、改善健康、提高民众生活水平等众多社会价值。然而,随着科技与社会的交互程度不断加深,典型的科技创新在促进社会进步的同时产生了许多负外部性影响,如基因工程的社会伦理性危机、核物理引发的区域安全威胁、信息与通信技术的隐私泄露、人工智能武器的安全隐患等。技术创新的环境负外部性等发展的负向结果引发了研究与实践层面对创新双重性的反思,也就是说,科学的社会责任议题、开展有责任的创新议题受到了研究与政策的极大关注。

在此背景下,欧盟开始反思科学如何实现自身对社会角色的定位以及科学如何用一种有责任的方式反映社会挑战,发布了"地平线 2020"框架计划,将其重要性提高至全球战略高度,提出了责任式创新,认为科技创新需要匹配社会需求,在具体研究与项目进展中对伦理、社会、环境议题的改变和影响做出反应，并强调研究与创新必须有效反映社会需求与社会意愿，反映社会价值与责任，形成共同期望的社会价值，政策制定者的职责在于建构治理框架以促进有责任的研究与创新。因此，开展有责任的政府创新管理是未来新形势下国家与区域层面需要着重关注的议题。

一、理论层面

（一）责任式创新的基本内涵

责任式创新源于研究自由化与科学自治在面向社会责任、伦理道德与公众利益时存在的潜在冲突与矛盾，突出表现在：其一，技术创新的双重性，即好奇心驱使的研究与创新活动及其结果在创造进步的同时可能产生危害性的结果；其二，科学自治与社会责任的不匹配，即科学家需要在专业自治与自身作为社会民众的一般责任间寻找平衡；其三，科林格里奇困境，即一项技术的社会后果不能在技术生命的早期被预料到；其四，创新治理的制度空白，即面向科技创新活动对社会需求与道德伦理的满足，开展有责任的科学治理。

责任是研究与创新实践的重要议题，其概念不仅涉及技术属性，同时包含科学与技术的社会和政治意义。科学与技术增加我们对未知与不确定性的感知，同时可能造成无法预知的社会与政治危害。责任式创新的内涵追溯到早期关于研究诚信、道德、法律、社会影响等相关领域，后逐步延伸至社会、自然、生理等领域的协同。

1. 责任式创新的概念

责任式创新，是指通过对现有科学与创新的集体管理去探索创新的未来，聚焦点在于创新活动的集体管理与时间跨度。责任式研究与创新，是指一个透明、互动的过程，社会行为者与创新者相互承担责任，以期实现创新过程与市场产品的（道德）可接受性、可持续性及社会满意性，聚焦点在于创新活动的动态过程以及创新结果的评价（包含社会、伦理道德、环境等）。责任式发展，是指开发和利用技术以满足人类和社会需求，尽一切合理努力，预测和减轻不利影响，聚焦点在于创新结果的影响与评估。综合以上三者的内涵概念，本书将责任式创新界定为包含多利益攸关主体协同决策，基于现有知识对创新目标与结果展开前瞻性评估，并构建科技治理的适应性制度体系，以引导创新朝社会需求满足与道德伦理要求方向演进的动态过程，其主要聚焦点在于创新活动的多主体性、创新活动的责任评估、创新的时间与动态属性。

2. 责任式创新的行为主体

责任式创新的行为主体，主要包含独立的研究者、研究型组织、科学道德委员会及其参与成员、研究与创新的用户、民间社会组织、各层次政策制定者、专业机构、立法者及组织、教育组织、公共机构等。同时，作为责任式创新理论架构的核心要素，包容性强调更大范围内的异质性利益攸关主体参与共同治理。学者梅亮和陈劲在系统梳理前人关于责任式创新相关主体的基础上，形成了以创新活动专家、民众和政策制定者为基本分类的行为主体分类及角色描述。

3. 责任式创新的相关活动

责任式创新的相关活动，即行为主体延伸带来创新活动延伸，通常包含对研究与创新行为的风险评估、影响评估、技术评估、预测活动、敏感性设计、内部反馈、道德评估等。此外，萨克利夫（Sutcliffe）认为，关注创新社会与环境效益活动，能够更好地促进社会与公众参与的活动，对现在和未来进行社会、道德、环境等评估的活动，经济与社会视角下有效的、适应的、响应式的活动，过程开放与透明的研究与创新活动，等等。勋伯格（Schomberg）则从反面入手，对非责任式创新活动做了划分，认为当下非责任式创新活动主要表现在四个方面，即单纯依赖技术推动的创新活动、忽视道德与社会伦理准则的创新活动、单纯依赖政策拉动的创新活动、缺少预先评估与结果预测的创新活动。

4. 责任式创新的规范准则

责任式创新的规范准则，即责任式创新依赖基本规范以评价特定研究与创新是否真正受所有利益相关者期望与接受。欧盟"地平线2020"总结推动科学与技术的国际优势，完善竞争力的社会与市场经济，实施可持续发展，推进社会公平、男女平等、团结等基本公民权利，以及创造高保障的生活质量、健康与环境水平五大发展准则。斯塔尔（Stahl）认为，责任式创新的核心在于知识延伸符合道德与公众利益，确保创新得到理想与可接受结果，以体现参与、民主代表、民主治理、信息透明的原则。潘扎（Pandza）认为，责任式创新需建立在道义论、目的论以及德性伦理基础之上，创新的行动与影响不确定性较低时，其道德规范在于实现受专家群体认可的科学成果标准；创新的行动与影响不确定性较高时，其道德规范在于符合不确定和分布式的科学实践发展要求，得到更广泛社会群体的认可。责任式创新是对现有价值观和实践创造非结构化的制度重构过程。责任式创新最终应该符合社会、国家的正确导向，如竞争性的社会市场经济、可持续发展、高质量生活水平等。责任式创新应当表现在道德可接受的、社会需要的、安全与可持续的规范准则框架之内。

5. 责任式创新的显著特征

责任式创新的显著特征，包括以下七个方面：第一，前瞻性。其意味着立足现在看未来，描述并分析经济、社会、环境等方面未知的影响，过程由预测、技术评价、情景开发等方法来支撑，通过预测获取关于未来结果的指示，引导创新发展轨迹朝符合社会价值的方向演进。第二，集体参与和共享。其意味着更广泛的利益攸关者参与创新过程并构建更好的公有与私有关系。第三，责任共担。其指组织集体的责任，创新的轨迹需要利益相关者共同承担责任。第四，反应能力。其意味着对研究与创新潜在目标、动机、影响进行反应，反应过程置于开放环境，即一个参与式的、基于对话与共同评估的质询环境。第五，制度模糊向制度建构演化。第六，自省性。责任式创新作为一个元责任，需要表现一种自我反思的属性，即责任式创新需要考虑并对自身的假设、前提与要求的结果做反应。第七，过程交互性。责任式创新是一个交互的过程，将社会价值的意见积极地反映在创新过程之中，从而使创新更加道德、可接受、可持续以及满足社会的期望。

责任式创新是不断演化和发展的，其创造某种程度的制度模糊，这些制度通常没有说明谁对什么事情负责，对谁有权威，以及事情应怎样做。对责任式创新的呼吁是一个制度化的建构过程，以建立反思、预测、包容性的审议机制与制度化的创新过程。

（二）责任式创新的理论基础

责任式创新的理论基础与其对应的核心研究议题主要包括以下五个方面。

1. 正义论（面向伦理与价值准则议题）

正义论涉及科学研究领域中关于公平性道德哲学的讨论，聚焦"正义观"在思想发展与社会发展中的核心作用，以及"正义原则"在社会制度、民生、经济规范等具体层面的作用。罗尔斯（Rawls）认为"正义是社会制度存在的核心价值"，并提出了关于正义的两大基本原则：一是每个个体都享受最广泛与最平等的基本权利，即自由；二是社会与经济发展过程的不平等应当基于两个基本原则，其一是在符合正义的框架下实行投入产出相匹配的差别原则，其二是在遵照机会公平与平等的原则下将社会地位与职务向全社会所有人开放。这一框架体系及其理论推演为责任式创新提供了面向伦理与价值准则的判断依据，同时，责任式创新的理论与实践进程需考虑道德伦理可接受的基本准则，并将这种准则与特定创新活动与创新行为所嵌入的地域情境相适应，最终实现公共价值的输出。比如，在欧盟框架计划之下，责任式创新关注技术进步、经济竞争、可持续、生活质量、社会公正平等团结的责任式创新价值准则。由此，正义论从伦理的价值准则角度为责任式创新的社会公平、道德可接受、利益攸关主体参与、公共价值输出等提供理论解释。

2. 技术社会控制视角（面向科林格里奇困境议题）

技术社会控制视角来源于英国社会学专家科林格里奇（Colling ridge）提出的"科林格里奇困境"，即对任何一项技术，人类无法在其生命周期的早期阶段有效预测它的社会影响与相关后果，当技术发展后期的负向影响出现时，技术由于对经济社会的深度嵌入而难以被有效控制。围绕责任式创新研究，从创新的"技术—社会"关系出发，传统科技创新范式过分强调技术层面的先进性，进而导致因过分关注技术进步而忽视技术相关社会属性的"现代化偏见"。技术的社会控制视角由此试图从时间、知识、权力三个角度探讨特定技术创新的社会控制，以体现创新及其演进的责任嵌入。从时间维度来看，在面对"科林格里奇困境"之时，行为主体何时实施特定技术的控制才是合适的？责任式创新由此展开了预测式与前瞻式控制与治理、实时技术控制与评估等研究。从知识维度来看，即行为主体面向特定的技术创新，了解并知晓这种技术活动的潜在危害，认知自身的能力局限，并通过特定方法避免技术负向后果的发生。责任式创新由此延伸并展开了关于行为主体自省性（reflexivity）的讨论，以及知识共享、知识开放、参与式治理与共识讨论等方面的研究。从权力维度来看，即技术开发与实施的行为主体在技术生命周期早期拥有控制和改变技术演进方向的权力，责任式创新的科技政策规范建立、技术创新的经费引导与社会评估也对此做了发展。作为对技术社会控制议题的延伸讨论，科林格里奇试图通过技术的可控性、可修正性、可选择性来改变技术决策的模式以解决困境，其逐步延伸出科学、工程技术、产业实践等面向特定科学与技术活动的责任式创新研究。

3. 行动者网络理论（面向科学的社会建构议题）

科学的社会建构议题源起于科学研究向社会学的转向。基于科学研究与社会学领域分离的认识论传统，拉图尔（Latour）最早将社会学、人类学的理念引入科学，以将科学研究置于社会"大科学"情境中，探讨科学的社会建构本质：科学事实作为人为结果，其本身的外在性与客观性是社会实践建构的产物。在这种大科学背景下，拉图尔及其合作者提出了面向科学社会研究的"行动者网络理论"（Actor Network Theory），包括行动者和网络。行动者是驱动科学社会建构过程的因素，如科学活动的参与主体。网络是科学活动的资源集中于某些节点，这些节点彼此联结形成链条与网眼，使分散资源结网，并最终扩展至整体网络的各个位置的理论。科学的社会建构议题揭示了责任式创新的研究本质，引发了关于传统科学与社会契约线性模式的反思，即科学的自由与发展需要以社会需求与价值满足为基本前提，而且，基于特定技术创新行为与过程，主体的参与和交互、资源网络的动态演进促使新旧技术范式的更迭与涨落，实现科学研究与技术创新活动在更大社会主体与资源网络"场域"内的涌现、发展、成熟、解构、重构、衰亡等自组织演进，最终引导创新承担社会发展的责任。

4. 制度理论（面向公共事务的治理议题）

公共事务的治理议题源起于埃莉诺·奥斯特罗姆（Elinor Ostrom）公共池塘资源治理问题讨论及其背后的制度逻辑，强调面向特定公共事务治理议题，制度对利益攸关主体行为和行为结果的影响。技术创新离不开特定的制度情境，包括正式的制度（包含法律、标准、规则、合同）和非正式的制度（包括习俗、文化、规范、传统等）与之所对应的监管压力（regulatory pressure）与规范压力（normative pressure），以引导技术创新演进的制度化建构过程。与此同时，制度本质上也是对所有创新过程与创新结果相关的价值的优化整合。从责任式创新的"治理"议题出发，旧有的创新管理方法、科技政策与治理模式、科学与社会契约关系等在应对新兴技术发展时产生"制度空白与制度缺失"。探索新的治理模式，重审科技发展与创新治理的互动关系，将道德伦理接受与社会满意等嵌入创新治理研究，成为责任式创新面向制度建设与治理议题研究讨论的焦点，也为异质性学科与知识背景下不同技术创新寻求一般意义的治理方法与模式，并在相关的监管压力与规范压力双重作用下实现创新独占性与行动合法性提供分析与解释依据。

5. 创新扩散理论（面向创新效益传播议题）

创新扩散，指的是特定创新活动经一段时间，由特定渠道在某个社会系统行为主体中的传播过程。创新扩散理论是新创意产生到首次商业化的创新过程的后续子过程，也是一个完整、独立的技术与经济相结合的演化过程。知识传播者有效利用资源系统，实现创新传播以及面向用户系统的扩散，用户系统经一系列活动，采纳消化并实现创新扩散对自身的价值创造。在这一逻辑引导下，责任式创新的研究关注于特定技术创新演进过程与结果的相关方面——包含技术先进性与可行性、经济效益、道德伦理可接受、社会期望满足——在主体成员与社会区域等方面的扩散与传播，尤其面向争议性的技术创新，如纳米科学与技术、信息与通信技术、人工智能、核能应用、生物医药、基因科学与技术等，所产生的双重性影响（即技术创新有积极效应，同时引发负面危机与影响）是否传播扩散和如何传播扩散的机制探索，以及对争议性技术创新双重性影响传播扩散的管理控制等。

基于此，表 8-3 对责任式创新的共性理论基础、研究议题及所延伸的理论问题做了总结。

表 8-3　责任式创新共性理论基础及问题延伸

责任式创新共性理论基础	议题与关注点	责任式创新相关的研究延伸与理论问题探讨举例
正义论	伦理与价值准则	责任式创新伦理与价值准则；技术创新责任嵌入的价值准则及情境的相关性
技术社会控制视角	技术创新的"科林格里奇困境"	责任式创新的技术社会控制方法；责任式创新技术社会控制相关的时间、知识、权力等因素
行动者网络理论	科学研究与技术创新的社会建构	科学与创新同社会的交互关系；责任式创新主体、资源网络的"场域"及其演化过程
制度理论	公共事务的治理	新兴技术治理的"制度空白与制度缺失"；异质性技术创新的一般治理模式；技术创新制度情境及与之相关的独占性、合法性基础
创新扩散理论	创新效益的传播	责任式创新过程与结果评估以及面向主体与区域的影响；技术创新双重性的传播扩散机制与管理控制机制

资料来源：梅亮，陈劲，李福嘉.责任式创新："内涵—理论—方法"的整合框架 [J].科学学研究，2018，36(3)：521-530.

二、实践层面

(一)责任式创新的具体运行实践

新技术的目的性和非目的性影响引发责任式创新的关注,发达国家的研究与政策开始重新审视科学服务的根本社会目的,以及创新及其不确定性在传统商业模型以外带给可持续发展、环境友好、民众生活、公众价值普及的意义。其强调传统创新之外的道德、合法性、社会影响因素,并开启关于责任式创新政策实践的广泛探讨,如表8-4所示。

表8-4　发达国家责任式创新政策与活动举例

计划	目标与内容
荷兰责任式创新项目	整合创新过程与社会道德议题,确保科学技术与社会协调发展
德国纳米计划	降低环境、健康、资源的负面影响,探索纳米技术对可持续发展的价值,完善方法与政策; 分析纳米材料对环境与人类健康产生的潜在危机
英国工程与物理研究会纳米药材公共对话	定义纳米技术的医疗研究焦点与优先级; 讨论纳米药材的方向与决策
欧洲纳米科学与技术管理规范	制定欧洲纳米科学与技术管理规范的准则、概念、价值; 探讨纳米技术发展的道德规范、研究活动、利益主体关系及治理机制,实现责任式发展
英国工程物流科学研究会责任式创新框架	责任式创新的目的、远景、当下与未来影响、动机、开放对话等,实现道德、自省与响应式的创新治理
美国"社会—技术整合研究"项目计划	实验室研究整合社会期望与需求,对比评估; 跨学科协同研究对责任式创新的响应机制
BASF公司纳米技术开放式论坛	讨论纳米技术责任式创新的七条准则
欧洲委员会ETICA项目	探讨新兴通信技术应用道德议题,包括技术分类、通信技术道德观察、研究与开发的道德价值、通信技术开发实践道德反馈

资料来源:梅亮,陈劲,盛伟忠.责任式创新:研究与创新的新兴范式[J].自然辩证法研究,2014,30(10):83-89.

相较于发达国家,处于经济高速发展与社会结构转型的中国科技体制与创新政策追溯到1985年3月13日中共中央做出的《关于科学技术体制改革的决定》,并发展形成了"面向"和"依靠"阶段(1985—1992年)、"稳住一头"和"放开一片"阶段(1993—1998年)、"科教兴国"和"建设国家创新体系"(1999年至今)三个阶段。2006年,国家提出《国家中长期科学和技术发展规划纲要》,将自主创新能力提升到国家发展战略高度。党的十八大报告明确提出"科技创新是提高社会生产力和综合国力的战略支撑"，确立"创新驱动发展战略"。2014 年，习近平总书记在两院院士大会上明确指出："实施创新驱动发展战略是一个系统工程。科技成果只有同国家需要、人民要求、市场需求相结合，完成从科学研究、实验开发、推广应用的三级跳，才能真正实现创新价值、实现创新驱动发展。"基于责任式创新视角的中国科技政策描述如表8-5 所示。

表 8-5　基于责任式创新视角的中国科技政策描述

政策来源	描述
《关于科学理念的宣言》	科学技术在为人类创造巨大物质和精神财富的同时，也可能给社会带来负面影响，并挑战人类社会长期形成的社会伦理……在科技界也不同程度地存在着科学精神淡漠、行为失范和社会责任感缺失等令人遗憾的现象
《关于科学理念的宣言》	在长期的科学实践中，科学所拥有的博大精深的文化和制度传统，形成了科学的自我净化机制和道德准则
《关于科学理念的宣言》	鉴于现代科学技术存在正负两方面的影响，并且具有高度专业化和职业化的特点，要求科学工作者更加自觉地规避科学技术的负面影响，承担起对科学技术后果评估的责任，包括：对自己工作的一切可能后果进行检验和评估；一旦发现弊端或危险，应改变甚至中断自己的工作；如果不能独自做出抉择，应暂缓或中止相关研究，及时向社会报警
《关于科学理念的宣言》	鉴于现代科学的发展引领着经济社会发展的未来，要求科学工作者必须具有强烈的历史使命感和社会责任感……要求科学工作者应当从社会、伦理和法律的层面规范科学行为，并努力为公众全面、正确地理解科学做出贡献
《中国科学院关于加强科研行为规范建设的意见》	遵守中华人民共和国公民道德准则，坚持以科教兴国为己任、以创新为民为宗旨的科技价值观，弘扬科学精神，恪守科技伦理，拒绝参加不道德的科研活动
一年一度的全国科技伦理研讨会	2011 年转基因技术伦理研讨会、纳米技术伦理研讨会；2012 年干细胞研究伦理研讨会；2013 年互联网技术发展伦理研讨会，关注重大科技创新的伦理问题与科学家责任
《国家创新驱动发展战略纲要》	提出创新驱动发展战略，强调科技创新要服务于经济社会发展，注重科技伦理和社会责任，推动绿色技术创新，促进可持续发展
《中国制造 2025》	推动制造业智能化、绿色化发展，强调技术创新与环境保护相结合，实现资源高效利用和低碳转型
《"十三五"国家科技创新规划》	明确科技创新要服务于民生、生态和国家安全，强调科技创新的社会责任和伦理规范
《新一代人工智能发展规划》	提出人工智能发展要遵循伦理规范，确保技术安全可控，推动 AI 技术造福社会

续表

政策来源	描述
《关于全面加强基础科学研究的若干意见》	强调基础研究服务于国家战略需求和社会可持续发展，注重科研伦理和责任
《关于推动人工智能产业创新发展的指导意见》	提出人工智能发展需注重伦理和社会责任，推动技术应用的安全性和公平性
《中华人民共和国国民经济和社会发展第十四个五年规划和2035年远景目标纲要》	明确提出科技自立自强，强调科技创新要服务于绿色发展和社会责任
《关于加强科技伦理治理的意见》	首次系统提出科技伦理治理框架，明确科技创新的伦理责任，确保技术发展符合社会价值
《数字中国建设整体布局规划》	推动数字技术与经济社会发展深度融合，强调数据安全和隐私保护，促进社会公平
《关于加快形成新质生产力的指导意见》	强调科技创新服务于高质量发展，注重生态保护和资源节约，推动绿色转型

部分资料来源：梅亮，陈劲.责任式创新：源起、归因解析与理论框架 [J].管理世界，2015（8）：39-57.

责任式创新以实现国家可持续发展与公共价值为目标，通过特定创新行为中更广泛利益攸关主体参与及制度响应的持续互动，揭露创新系统的非责任行为并预测创新潜在影响，从而为发展中国家创新战略与现有政策转型的结合提供一个可选择的发展模式与开放的对话平台，提升科学与技术创新、制度、政策的社会响应性。在科技创新同社会伦理相结合、公共利益攸关者紧密关联的基础上，责任式创新对国家竞争力与经济公平性做出有效反馈，以保证发展依赖更好的社会效益，而非仅仅是经济增长与技术领先。

（二）责任创新的治理范式重构

目前，我国的发展仍然存在不协调和不可持续等问题，融合社会价值、实现责任共享的治理机制有待完善。为了推动我国发展随着责任式创新的趋势前进，可以从以下几个方面对政府治理范式进行重构，以期推动社会经济的持续发展。

1. 建立政策框架和指导原则

政府应建立完善的政策框架和指导原则，为责任式创新提供清晰的方向和指引。其中，最重要的是进行价值定位，进行科学、技术和创新综合治理，关注责任创新的社会价值。当前，处于"后常规科学"时代，创新往往与事实不确定、价值存在争议和决策紧迫等情况密切相关。为确保科学产出"负责任"成果，必须突破固有的线性结果预测范式。在承认创新行为主体认知不足的前提下，在创新初始阶段引入社会讨论，坚持公共价值的根本目标，将风险、社会问题、"新价值"与"在正确时间提供正确知识"相结合，探索面向国家创新驱动发展的公共价值，建立以技术先进性与可行性、经济效益与社会道德期许相协调的创新评估准则，在技术争论的基础上，构建前瞻式预测模型。技术争论可引发两种根本导向：一是预测技术社会前景，改变技术未来发展感知方式；二是通过指出哪些技术对未来更有价值而对政府管理领域产生巨大影响。例如，在纳米技术治理方面，我国不仅要依托"纳米生物效应与安全性重点实验室"大力开展纳米生物效应及安全性研究，还要从纳米伦理机制化构建等方面进行创新综合治理。总之，政府应基于过去的经验和能力，面向未来的创新过程与结果目标，建立起责任式创新的政策与指导原则，将伦理问题的反思和关注贯穿于整个创新过程，将创新治理置于蕴含道德伦理、社会民生、环境友好等社会价值的负责任框架下，促进创新向社会可持续和公众满意的方向演进，使政府创新管理活动更优质地服务于社会。

2. 重视多学科"嵌入"与协同

重视科技创新发展过程中的多学科"嵌入"与协同。现代科技发展往往包含着多元价值的交织与碰撞，要求人们必须对已出现或即将出现的价值冲突进行反思，突破创新过程的学科分立，制定行为准则，通过多学科合作对创新问题设计、决策和管理进行调整并提出解决方案。从新兴技术发展历程看，技术评估要求将伦理审慎作为研究与创新过程中不可或缺的一环，并由科学家与伦理学家合作进行。在我国现阶段，虽然有些创新项目的实施已经尽可能地引入多学科专家的集体审议、预测和反思，但从整体情况看，伦理价值等因素在创新中的"嵌入"作用还不明显。因此，应进一步鼓励社会科学家、哲学家、伦理学家等"嵌入实验室"，通过知识系统互补与协调，寻找创新面向社会发展的解决方案，从而将研究与创新开放至一个更广泛的多学科输入、讨论与创造情境之中。

3. 推进决策转型和公众参与

推进决策转型和公众参与，实现多元利益攸关主体参与创新。政府治理的关键在于，在决策制定和执行过程中，各类专家、利益相关者和公民能够广泛互动和参与，达到多元行动主体的协同治理。因此，合理的创新决策应超越"专家治理"的误区，为政策制定者、科技专家与公众搭建沟通对话的平台。对政府管理领域而言，公众一般是指传统科学决策主要角色（政府、大学、研究所和企业等）之外的个人和社会组织。当前，公众已成为大学—企业—政府"三螺旋"之外的第四个重要因素。总的来说，政府应进一步探索和建立多元主体公众参与决策机制，应制定合理的公众参与政府治理实施计划，"从创新系统外部规范入手，强调社会行动者应包含在科学与创新过程中，从而将特定研究与创新活动引至社会满意与期望方向，以实现特定创新系统演化过程中多元主体参与和协调响应"。通过创新主体间的系统协调，寻找创新面向社会进步的解决方案，使项目研发、技术设计等相关信息能够被公众理解，以降低因信息不全而发生价值冲突的可能，并形成自上而下和自下而上的双向互动发展态势。具体而言，政府可以通过设立奖励机制、推动产学研合作、举办创新大赛等形式，鼓励各方参与创新活动，促进创新资源的共享和创新成果的落地。

4. 构建适应性制度体系

通过制度整合，构建适应性制度体系，实现政府责任创新发展利益攸关者长期共赢。在科技治理中，"科林格里奇困境"使技术评估困境重重，即在技术形成早期根据预测控制技术，会因预测不可靠而失败，而当技术后果显露出来时再控制技术，则会因技术发展不稳定而导致失败。为有效协调这一困境和矛盾，应依赖责任式创新范式进行制度整合。我国在多次重大会议中强调，要加快形成有利于创新发展的市场环境、产权制度和人才培养引进使用机制等。根据这些要求，应以国家立法、行业规范和地方性法规等组成的制度体系为基础，整合创新伦理道德规范和政策机制，通过体制和机制创新形成责任式创新治理制度情境。另外，还应在宏观经济管理创新能力、企业管理创新能力、政府管理创新能力和生态建设创新能力等方面强化体制和机制创新，根据不同地区、不同行业等实际情况适当调整创新步伐，关注新技术如何适应各种社会行为和地方情境，以互动和开放的态度不断吸收科技创新的社会因素，根据反馈情况对创新过程和方法随时进行调整。对因失责而造成重大创新项目社会危害案例，应作为典型予以宣贯或追责，实现创新共同体与政策面向社会可持续发展的承诺，从而构建责任式创新自省式预警机制，进一步在创新活动中适时调整和重塑创新方向，确保特定政府管理和发展融合社会价值和满足社会需求。此外，政府应建立健全的创新评估和监督机制，对企业和社会组织的创新活动进行监督和评估。通过建立独立的评估机构和指标体系，政府可以评估创新项目的社会责任和可持续性，确保创新活动符合相关要求。

第三节　面向低碳经济与绿色发展的政府创新管理

2015年10月，党的十八届五中全会将创新发展、协调发展、绿色发展、开放发展、共享发展作为指导我国经济社会发展的重大理念。2016年3月，《中华人民共和国国民经济和社会发展第十三个五年规划纲要》正式发布，其中用了超过十分之一的篇幅论述绿色发展问题。2017年10月，党的十九大报告指出，"加快生态文明体制改革，建设美丽中国"首先需要推进绿色发展。2023年7月，习近平总书记在全国生态环境保护大会上进一步强调：坚持把绿色低碳发展作为解决生态环境问题的治本之策，加快形成绿色生产方式和生活方式，厚植高质量发展的绿色底色。显然，绿色发展充分体现了人民对生态环境可持续发展的美好愿景，深刻体现了中国国情与时代特征，成为我国治国理政的新战略。在传统的技术可行性与经济效益导向的创新模式之外，创新的环境影响开始受到关注，生态创新、环境创新等新兴创新范式纷纷涌现，成为驱动社会迈向可持续发展的重要因素。

然而，伴随创新与经济活动的负外部性等影响，全球越来越重视环境与生态议题及其所带来的挑战。当下，我国面临经济下行压力增大和环境污染加剧的双重约束，因此，实施绿色发展已成为我国寻求经济和环境协调发展的必然选择，"低碳经济"发展模式受到人们的广泛关注。

改革开放四十多年的高速经济发展产生了环境污染、发展不平衡等社会问题，国家创新驱动发展与制度转型正在面临经济发展与生态环境保护的双重目标。从20世纪80年代末期开始，中国环境保护与可持续发展政策经历了五个方面的转变：第一，从环境保护作为基本国策，转向以可持续发展为国家战略；第二，从污染控制转向生态保护；第三，从末端处理转向源头控制；第四，从污染源节点处理转移到区域环境治理；第五，从行政管理手段治理污染转向经济与法律手段相结合治理污染。

由此可见，在经济发展模式由高投入、高消耗为特征的传统模式向低排放、高环保的低碳模式转变过程中，客观上要求及时推进政府创新管理。换句话来说，未来政府创新管理的趋势必定是面向低碳经济与绿色发展的。

一、理论层面

（一）低碳经济

1. 低碳经济的概念

"低碳经济"（low-carbon economy）这一名词首次出现在英国政府2003年发布的能源白皮书《我们能源的未来：创造低碳经济》中。该报告指出，在全球气候变化的背景下，需要通过改进英国的能源结构，鼓励发展更加清洁、智能和可靠的能源系统，同时明确了其低碳经济的发展目标。而后，英国政府在2006年10月发表《气候变化的经济学斯特斯报告》，该报告对全球变暖对经济发展的影响做了定量评估，呼吁全球应向低碳经济的模式发展。随后，欧盟、美国、日本也加入了低碳经济的队伍。

低碳经济，是指一种以低能耗、低排放、低污染为基本特征的经济发展模式，即通过制度创新、技术创新与管理创新，从根本上减少人类对化石能源的依赖、减少二氧化碳等温室气体排放的可持续发展的生态文明模式，同时，也可以理解为是一场依靠技术和政策创新而实施的能源革命，从而建立起一种较少排放温室气体的经济发展模式。一般认为，低碳经济具有两个基本特征：一是低碳包括生产、交换、分配和消费在内的整个社会再生产全过程的低碳化，目标指向将二氧化碳等温室气体的排放尽可能降低直至零排放，由此获得最大化的生态经济效益；二是低碳同时也是包括生产、交换、分配和消费在内的整个社会再生产全过程的能源消费生态化，以此形成低碳能源甚至无碳能源的国民经济体系，确保整个经济社会的清洁发展。

低碳经济的本质在于通过各类方式和手段，并基于经济和市场的方式和手段，来协调碳排放（或者说温室气体排放）与经济增长之间的矛盾关系，使两者的对立面逐步得以控制，统一面日益增强，从而在不影响经济增长及人类福利的前提下，实现经济、社会乃至文化系统的"低碳"转型。具体而言，可以从以下五个方面来深入理解低碳经济。

第一，低碳经济的核心是减少高碳能源消耗并减少温室气体排放量。工业革命以来，煤炭、石油和天然气等化石燃料的使用使人类社会的生产力大大提高，与此同时也引起全球气候变暖等一系列问题。化石燃料燃烧时会释放二氧化碳，产生温室效应，地表将变热，由此会产生一系列严重的后果。低碳经济的核心是减少高碳能源消耗，减少温室气体排放量。

第二，低碳经济的目的是实现可持续发展。可持续发展是以保护自然资源环境为基础、以激励经济发展为条件、以改善和提高人类生活质量为目标的发展理论和战略。低碳经济的目的是实现人类经济社会的可持续发展。低碳经济是实现可持续发展的重要途径。

第三，低碳经济的实质是能源经济革命。发展低碳经济实质上是对现代经济进行一场深刻的能源经济革命。这场能源经济革命的基本目标是努力推进两个根本转变：一是由以高碳能源为基础的不可持续发展，向以低碳与无碳能源为基础的可持续发展的转变；二是由高碳型绿色能源消费结构，向低碳与无碳型绿色能源消费结构的转变。

第四，低碳经济的关键是技术创新。控制和降低大气中二氧化碳水平的主要途径有：提高能源使用效率；发展碳捕捉和封存技术；发展清洁能源；植树造林。目前，这四条途径都存在明显的技术瓶颈。因此，发展低碳经济首先必须在技术上实现突破和创新。没有技术创新，低碳经济不过是人类的一个"美好幻想"。

第五，低碳经济是一种新的经济发展模式。在工业社会发展初期，使用的能源全部是煤炭、石油和天然气等高碳能源，这种经济发展模式可称为高碳经济。随着对环境与发展问题的不断认识，以及对环境污染和生态破坏的不断反思，人类逐渐认识到要摒弃18世纪以来的经济发展模式，寻找一种新的经济发展模式。发展低碳经济就是建立高能效、低能耗、低排放的经济发展模式。

2. 低碳经济的必要性

低碳经济是人类社会走向可持续发展的必由之路，发展低碳经济的必要性主要包括以下三个方面。

首先，低碳经济是世界经济发展的趋势。2003年，英国政府发表了题为《我们能源的未来：创造低碳经济》的能源白皮书，首次提出了"低碳经济"的概念。2007年

6月，日本与英国联合主办了以"发展可持续低碳社会"为主题的研讨会，勾画了未来低碳社会发展的蓝图。2007 年 7 月，美国出台了《低碳经济法案》，公布了题为《抓住能源机遇：创建低碳经济》的报告，提出了创建低碳经济的 10 步计划，对风能、太阳能、生物燃料等一系列可再生能源项目实行减免税收、提供贷款担保和经费支持等优惠政策。除英国、日本、美国以外，加拿大、法国、意大利等发达国家都在发展低碳经济方面做出了积极的努力。巴西、墨西哥、韩国、印度等发展中国家也主动减排、限排，发展低碳经济已成为国际社会主流的战略选择。

其次，发展低碳经济是应对气候变化的现实选择。在全球气候变暖的大背景下，我国的气候也发生了明显变化。近年来，极端天气事件频发，如暴雨、干旱、高温热浪等，对农业、水资源、生态系统和经济社会发展造成了严重影响。农业生产因极端天气面临减产风险，粮食安全压力加大；水资源分布不均问题加剧，北方地区干旱频发，南方地区洪涝灾害增多；生态系统脆弱性增加，生物多样性丧失和土地退化问题日益突出。与此同时，海平面上升威胁沿海地区的安全，风暴潮和洪涝灾害频发，对沿海城市和基础设施构成巨大挑战。面对未来气温升高及其可能导致的一系列严重后果，发展低碳经济已成为当务之急。

最后，低碳经济是以减少温室气体排放为前提来谋求最大产出的经济发展理念或发展形式。"低碳"强调的是一种区别于传统的高能耗、多污染的发展思路。"经济"则强调了这种新理念从根本上不排斥发展。从广义上来说，"低碳"可以被视为经济发展在环境保护、节能降耗等方面新的约束条件。但是，这类条件并非一味消极地限制和约束发展，而是可以通过与新约束条件相匹配的技术和制度，创造和扩大市场规模，激发人的创造性和盈利能力，从而促进发展。

（二）绿色发展

1. 绿色发展的概念

绿色发展是新时代中国发展的主题之一，也是全球发展所应选择的正确方向。与"绿色发展"概念密切相关的是可持续发展、绿色经济、绿色增长等概念。"可持续发展"一词最早出现在 1980 年由国际自然保护同盟制定的《世界自然保护大纲》中。1987 年，世界环境与发展委员会（WECD）在《我们共同的未来》这一报告中正式提出"可持续发展"的概念。1999 年，美国国家研究理事会（NRC）在 WECD 提出的可持续发展概念的基础上，发表了《我们共同的旅途：向可持续性过渡》一文，详细讨论了发展和可持续之间的关系。2002 年，联合国可持续发展世界首脑会议上发表的《约翰内斯堡可持续发展宣言》阐述了可持续发展的"三支柱"（Three Pillars）或"三重底线"（triple bottom line）的概念，即可持续发展的关键在于实现环境保护、经济发展与社会平等三者间的平衡。随着对可持续发展认识的不断深入，绿色经济开始逐渐进入人们的视野。1989 年，"绿色经济"一词首次在英国环境经济学家大卫·皮埃尔斯（David Pearce）的报告《绿色经济蓝图》中出现，报告主张环境与经济是相互影响的，经济是在自然与人类自身均可承受的范围内发展起来的，人们不能因一味盲目追求经济增长而导致自然生态出现危机。

改革开放以来，中国经济高速增长，创造了世界经济增长的奇迹。但是，在粗放的经济增长方式下，中国的生态环境也逐步恶化，保护生态环境成为人民群众日益增长的强烈诉求。为积极应对环境问题，避免出现生态危机，1997 年党的十五大明确提出，要"正确处理经济发展同人口、资源、环境的关系"，开启了中国寻求绿色、可持续发展的道路。党的十七届四中全会首次将生态文明建设纳入经济、政治、文化、社会建设的战略方针中，形成"五位一体"总体布局，反映了党和政府实施绿色发展的坚定决心。党的十八大报告指出，要"把生态文明建设放在突出地位，融入经济建设、政治建设、文化建设、社会建设各方面和全过程，努力建设美丽中国，实现中华民族永续发展"。习近平总书记提出，要坚定不移贯彻创新、协调、绿色、开放、共享的新发展理念。至此，绿色发展在全国形成共识。

作为可持续发展的一种表现模式，绿色发展具有自身的特点，主要表现为：第一，系统协调性。绿色发展是经济、社会、环境间的调和器，实现绿色发展涉及绿色升级、环境治理、资源的循环再利用等多个领域的协调。第二，全球共担性。高能耗、高排放、高污染的粗放式增长模式阻碍了全球经济的健康发展，环境污染乃全球各个国家共同面临的巨大挑战。实现经济可持续发展，关乎每个国家的切身利益。推行绿色发展，并非凭一己之力而能为之，需多方共同努力，才可达到最终目标。第三，社会实践性。绿色发展涉及生产和消费的方方面面，作为世界上最大的发展中国家，中国具有后发优势，具有较大的实践市场，可以通过对传统产业的转型升级，发展绿色产业，促进绿色消费，实现绿色发展。

总的来说，绿色发展指的是经济增长摆脱对资源使用、碳排放和环境破坏的过度依赖，通过创造新的绿色产品市场、绿色技术、绿色投资以及改变消费和环保行为来促进增长。这意味着经济发展要与生态环境之间形成良性循环，绿色发展应成为未来经济发展的新模式。绿色发展通过绿色文化的引领、绿色创新的驱动、绿色制度的规范和绿色消费的促进，以社会生产的绿色化和社会生活的绿色化为主轴，全面构建绿色化的社会发展模式，从而破解环境资源瓶颈，实现经济社会的绿色化发展。

2. 绿色发展的必要性逻辑

加快并持续推进人与自然和谐共生的现代化，绿色发展既是可选之路，更是必选之路。坚持绿色发展的必要性逻辑包括以下三个方面。

首先是理论逻辑。绿色发展是对马克思主义生态自然观、中华传统优秀文化的传承与发展。绿色发展涵盖"自然、经济、社会"三大维度和"人口、资源、环境、发展"四个方面的辩证关系，主张经济社会的永续发展需要审慎考虑资源环境的承载力。

追求经济增长的质量，调控环境和发展的平衡，是中华民族永续发展的必由之路。

其次是历史逻辑。绿色发展在中国共产党的不懈探索中向前推进，是正确处理人与自然关系的理论升华和实践结晶。进入新时代，中国愈加重视环境保护工作，把生态文明建设和绿色发展提升到重要战略高度。党的二十大强调，人与自然和谐共生是中国式现代化的重要特征之一。推动绿色发展、促进经济社会发展全面绿色转型成为中国式现代化的全面共识。

最后是现实逻辑。绿色发展统筹经济、社会与环境的可持续发展，以人与自然和谐共生为价值取向。第一，绿色发展是人民对美好生活追求的重要体现。在绿色发展过程中，着力解决群众身边的突出环境问题，积极拓宽"绿水青山就是金山银山"的转化渠道，能够增进人民群众的生态环境福祉。第二，绿色发展是解决污染问题的根本之策。改革开放和社会主义现代化建设新时期，中国煤炭消费占比持续高于65%，煤炭消费比重过高导致粉尘等大气污染物大量排放，给生态环境造成巨大压力。第三，绿色发展是缓解能源资源约束的重要抓手。过度依赖能源和资源大规模开发和利用的粗放发展模式，给生态环境造成沉重负担。第四，绿色发展是构建高质量现代化经济体系的内在要求。高质量发展以绿色为普遍形态，绿色发展为高质量发展提供绿色动能。第五，绿色发展是应对气候变化问题的重要遵循。通过推动绿色发展，中国采取一系列措施减少碳排放，鼓励清洁能源和节能环保产业发展，把减污降碳落实到能源、交通、建筑等经济社会的各个领域。

二、实践层面

（一）以政府创新管理顺应低碳经济

低碳经济是人类社会继农业文明、工业文明之后的又一次重大进步，其实质是提高能源利用效率、调整清洁能源结构、追求"绿色 GDP"，核心是能源技术创新、制度创新和人类生存发展观念的根本转变。低碳经济已经成为国家核心竞争力的一部分，中国在未来要想取得国际竞争的有利地位，政府就必须拥有推动低碳经济发展的创新优势，统筹低碳经济发展全局的责任，从而引导社会的低碳发展方向和进程。在低碳经济发展背景下，政府创新管理活动日益复杂，其中政府的关键性角色在于根据低碳经济自身的特点进行政策探索，在其管理理念、管理角色、管理制度、管理职能上有所创新，实现各要素的共生联动，构建一个适应低碳经济发展的政府管理体系。

1.理念创新

近年来，随着以高效、清洁、低碳排放为标志的"低碳经济"的来临，对我国政府的管理思路和管理思想造成了挑战，原有的管理理念已经无法与低碳经济的时代精神和发展要求相适应。"理念创新是前提与基础，缺少了思想解放与观念更新，政府管理创新将难以启动。"从这个角度讲，以低碳经济的发展要求为导向，在政府管理价值体系中全面树立"绿色低碳发展"的价值理念，是低碳经济时代我国政府管理创新的重要内容，也能为政府低碳管理实践提供价值指引。

2. 角色创新

低碳经济发展中的种种障碍，有些是能够通过完善市场机制逐渐消除的，而有些是必须政府进行有效干预的。基于此，低碳经济中的政府角色必然不同于传统经济中的政府角色。与传统线性经济一样，政府首先是经济活动的参与者和管理者。除此之外，政府更应该扮演低碳经济中的主导者，通过绿色采购、绿色消费等自身行为引导和带动企业和个人参与低碳经济活动，加强对低碳经济的宣传，使其他经济主体意识到高耗能、高污染对经济社会、生态环境、人类生存条件的严重危害，推动形成政府大力推动、企业积极响应、公众自觉参与的低碳经济发展格局。

3. 制度创新

制度经济学认为，制度是为了决定人们相互关系而设定的一整套涉及社会政治和经济的行为规则，旨在约束追求主体福利或效用最大化的个人行为。在存在外部效应时，需要政府通过制度安排提供对负外部性行为的约束与正外部性行为的补偿。低碳经济所包含的低碳产品基本上都是外部性产品，因此，政府必须承担起建立低碳经济发展的制度框架的任务，为低碳经济发展提供重要的制度保障。较长一段时间以来，在历史和现实因素的影响下，我国对生态环境治理和自然资源保护采取的是"强政府、弱社会"的态度。在这一管理体制下，低碳治理的效果十分有限，无法与人类社会的未来发展目标相统一。为了改变这一现状，需要强化政府管理制度的改革和创新，以此提升低碳治理能力和治理效率。比如，创新政府绩效管理模式，构建低碳绩效考核体系，促使政府把生态保护、环境治理等工作当作重要任务加以完成；又如，要适时构建低碳采购、低碳投资和相关招商制度，强化我国在国际事务中的话语权，提高政府对低碳政策的执行力。

4. 职能创新

在响应低碳经济号召、发展低碳经济的实践中，由于要面对新的经济发展范式，政府管理工作极易出现边界模糊、公共服务职能薄弱、地方分治与部门职能分割严重等现象。在这种情况下，需要不断突出政府的角色定位，创新管理职能，以此提高低碳治理效率。当然，在这一过程中，需要重新定位政府的角色，并对其低碳管理职能加以重构，通过明确政府在低碳经济治理中的地位和作用，全面明晰政府管理边界，该交予市场的要遵循价值规律，该回归社会的要注重发挥民间力量、鼓励社会组织参与，该归位政府的要加强产品和服务的供给，以此奠定低碳经济视域下政府管理职能的市场和社会基础。

具体而言，在低碳经济条件下，政府创新管理的主要内容应该包括以下几个方面。

第一，必须明确政府的作用与角色定位。在全球变暖的大背景下，希望碳排放自动减少和低碳经济自动实现几乎是不可能的，低碳经济的发展必须依赖政府从法律法规、政策环境、技术发展等方面加以强力推动，这就决定了政府在低碳经济发展中的重要地位与作用。因此，在低碳经济发展过程中，政府必须扮演更重要的战略角色，即低碳经济行动的主导者和引导者。例如，开展效能政府建设，对行政机关进行成本的精细化管控，降低资源的过量使用和浪费；减少公务用车数量；大力发展电子政务，实行电子办公系统，率先使用节能减排设备和办公用品；建筑物新建、扩建、改建要合理规划，积极采用节能技术，推行政府的节能采购和绿色采购原则等。

第二，必须立法先行。通过立法来强化政府在低碳经济发展中的法律责任与行政责任，是发达国家的一条重要经验。我国需要构建低碳经济法律体系，以《中华人民共和国循环经济促进法》为基础，制定与低碳经济相关的促进法，明确规定低碳经济的基本方针、指导思想、基本原则和具体的法律制度；修订已经发布的能源法规，制定其相关配套的法规和政策，进一步增强低碳能源开发和利用的鼓励政策的力度；逐步将低碳经济发展纳入国家正式制度的轨道，更加明确政府、企业和公众在低碳经济发展中的义务和职责，使低碳经济发展有法可依、有章可循。

第三，必须转变政府职能。要实现低碳经济的战略目标，必须调整政府与市场的关系。政府要充分发挥制定规则和弥补市场失灵的作用，同时要充分利用市场机制，尽可能地调动企业、消费者等微观经济主体在低碳经济发展中的积极性；为弥补低碳经济发展中的市场失灵，应采取碳基金、配额制度、行政法律强制、碳排放税、建立排放贸易体系等低碳政策工具。在低碳经济发展的过程中，要将碳减排纳入国民经济与社会发展调控的总体框架，协调低碳发展与政府经济调节、市场监管、社会管理、公共服务职能的关系，要正确处理碳排放需求与人类发展需求、公共服务需求之间的关系。

第四，必须加快公共政策转型。为实现低碳转型，就必须实现公共政策流程的"低碳化""减碳化"乃至于"无碳化"，也就是要优化政府决策程序，在决策中结合推进低碳经济的发展思维，支持实现发展低碳经济的目标。国际经验表明，政府通过明确发展规划、完善法律法规、创新体制机制、推动科技创新等方面的公共政策导向，综合运用碳预算、征税、补贴、基金、市场交易等政策工具，可以有效推动低碳经济的发展。借鉴国外经验，我国可以建立碳排放交易制度。碳排放交易是指在市场上买卖排放量的方法，减排能力强或排放量富余的企业可以将剩余的碳排量卖给减排额度不足的企业，从而达到各取所需的共赢目标，有利于社会整体减排成本的最小化。通过推行碳排放交易制度，引导企业发展低碳的可再生能源，研发和采用低碳技术，加快技术升级，有效降低单位 GDP 碳排放的强度，实现低碳发展。

第五，必须转变政府管理方式。发展低碳经济，必须实现从高碳政府管理模式向低碳政府管理模式的重大转变。一要强化政府对气候变化的管理，提升政府气候管理部门的战略地位。二要提高政府的碳管理水平，促进经济向低碳经济转型。三要强化政府责任，设立独立能源监管机构。在低碳发展中，政府必须起表率作用。四要突出政府的法律责任，完善政府低碳发展的问责机制。五要实现政府绩效管理方式创新。对低碳经济时代的政府来说，必须树立生态行政观，改革政府绩效评估机制，以效率与公平并重、效率与民主兼顾、经济增长与社会发展同步的价值标准为指导，建立科学、合理、符合中国国情的绩效评估指标体系。新型的绩效评估指标不仅要反映当下经济发展的速度，更要考虑当前与未来社会的综合协调与发展的问题。

第六，必须完善公共治理结构。发展低碳经济，必须完善政府、市场、公民三方互动的低碳治理模式。一是政府在低碳社会建设中起领导作用。要制定低碳城市发展目标与规划，促进多方合作，建立相应的监管制度；要通过市场体系促进节能技术升级，形成低碳技术与低碳产品开发的市场环境。二是要促进政府、企业、行业协会、咨询公司、投资公司、科研机构及媒体等多方力量的参与和合作，共同促进低碳发展。在碳减排的过程中，公民和非营利组织具有不可替代的作用。三是公民要树立低碳理念，改变消费观念，参与低碳决策。一方面，可以利用公民对环保的关注和宣传，形成整个社会低碳行为习惯、低碳消费的良好氛围；另一方面，公民低碳意识的增强可以扩大自愿碳信用交易市场。

（二）以政府创新管理推动绿色发展

如何实现绿色发展是中国目前面临的巨大挑战。要实现绿色发展，必须寻求合适的管理方式。党的二十大报告深刻阐明，"必须牢固树立和践行绿水青山就是金山银山的理念，站在人与自然和谐共生的高度谋划发展""协同推进降碳、减污、扩绿、增长"。因此，绿色发展的管理方案就是在推动绿色发展，促进人与自然和谐共生的进程中所采取的理念、战略和行动。

1. 坚持管理制度创新

人类活动与工业生产引发的环境污染属于环境负外部性问题，其原因主要是生态环境作为一种公共物品而缺少明显的产权界定，任何个体和集体均可获得生态环境资源，或者向自然界排放污染物。因此，有必要从制度层面建立健全绿色管理体系，构建起约束和激励两大制度驱动机制，进而促使人类活动与工业生产向绿色发展转型。

第一，在约束驱动机制方面。必须有效地规范人类利用环境资源的行为，规避环境损害和资源浪费。首先，绿色发展作为一项全员参与的社会系统工程，应以资源环境权的同代公平和代际公平为基本原则，健全全面系统的绿色制度体系，规范所有社会主体的各种环境资源行为。其次，绿色制度体系要按照生态优先的原则，高标准严要求，设置严厉的违规处罚措施，让违规者付出惨痛的代价，才能从根本上制止污染环境和浪费资源的现象，强力促进社会生产和生活的绿色化。再次，由于资源环境的公共性和污染浪费的隐蔽性及随机性，环境监管不仅难度大而且成本高。因此，必须多渠道、多方式建立严密而灵敏的环境资源监管体系，及时发现环境资源违法行为。最后，要打造最严绿色执行力，以零容忍、无退让的态度和措施严格处理违法违规行为，确保环境资源的同代公平和代际公平。

第二，在激励驱动机制方面。一方面，要优化选择性绿色治理制度。绿色发展的激励机制是指政府利用市场机制设计的，旨在借助市场信号引导企业排污行为，激励排污者降低排污水平，或使社会整体污染状况趋于受控和优化的约束机制，也称为选择性绿色治理制度。该制度体系包括环境税、排污费、排放权交易、环保补贴、能权交易等。当前的主要任务是优化该类制度，提高政策的精准性和科学性，扩大企业参与度。另一方面，要丰富引导性绿色治理制度。在政府与市场主体之外，公众参与型的绿色治理方式也对公众实施节能减排具有显著的引导和激励作用。当前的主要任务是丰富和拓展公众环保投诉、生态标签、绿色消费、环境教育等，提高全社会推动绿色发展的主观能动性。因此，构建集强制性、选择性和引导性为一体的绿色治理制度体系，是保障绿色发展的重要举措。

2. 坚持管理体系创新

未来，政府创新管理的重点之一在于构建起政府绿色管理体系，以此来加强政府环境管理的能力，协调政府、企业、公众之间的关系，最终实现可持续发展。

"绿色管理"一词译自英文的"green management"，是在20世纪90年代初伴随着西方绿色运动的浪潮，由企业将"绿色"一词引入企业的经营管理领域而产生的。德国的瓦德玛尔·霍普芬贝克（Waldemar Hopfenbeck）在20世纪90年代初较早正式使用了"绿色管理"。之后，不同的学者陆续对绿色管理提出了不同的见解，大都是以可持续发展、生态经济学和循环经济学等作为理论依据。从环境学的角度来讲，绿色管理是企业根据经济社会可持续发展的要求，把生态环境保护观念融入现代企业的生产经营管理当中，从企业经营的各个环节着手来控制污染与节约资源，以实现企业的可持续增长，达到企业经济效益、社会效益、环境保护效益的有机统一。从管理学的角度来讲，绿色管理是企业在生产经营活动中，综合运用各种管理手段，对人、财和物进行统一的组织和安排，协调各个部门的职能，实现企业的可持续发展。从资源学的角度来讲，绿色管理意味着企业的各项生产经营活动应做到对自然资源的适度利用、综合利用和循环利用，在现有资源的基础上，充分利用各项资源。从经济学的角度来讲，绿色管理就是指企业的生产经营活动在实现效益的基础上，要做到节约能源资源和保护环境的有机统一，注重提高产品质量，增强企业的经济竞争力和可持续发展能力。从生态学的角度来讲，绿色管理是指企业的生产经营活动应遵循生态系统的发展规律，在企业的生产经营过程中，做到企业与环境、人与环境的和谐发展与有机统一。

政府绿色管理是指遵循经济、社会、生态三大系统协调互动规律，全面体现生态规律要求，以生态文明和绿色经济为根本取向，全力促进科学发展和经济社会生态化进程的公共管理。本文将政府绿色管理具体理解为政府各部门利用自身的行政和管理优势，通过制定符合生态规律的战略目标，把环境保护的观念贯穿于政府内部运营过程和对外管理过程之中，构建能够促进经济、社会和环境协调发展的管理体系，降低部门行为对环境的不利影响，并对企业和公众的环境保护意识和行为产生约束和引导作用，为生态文明建设奠定基础，最终实现整个社会的可持续发展。

具体来说，政府绿色管理体系创新的内容可以概括为"一个目标、两个方面"的总体框架，即绿色发展战略目标、内部绿色管理体系、外部绿色管理体系。

一是绿色发展战略目标。它指的是为实现社会生产经营活动绿色化，对社会发展中带有全局性、长期性和根本性问题谋划的总体性目标，是政府部门进行规划、建设和管理的纲领和重要组成，是构建和评估绿色管理体系的重要依据。构建政府绿色管理体系的首要任务就是确定各部门绿色发展战略目标，并通过对环境、经济和社会效益的综合考虑，定量或定性地设置约束性或引导性指标体系。指标的设定要突出生态优先原则，要与地区经济发展现状紧密结合，要充分考虑各部门间的利益协调和责任分配，确保各部门的积极参与和有效支持。最重要的是，指标一旦确定，就要认真贯彻执行，合理进行指标的分解和实施，最终实现指标"落地"。

二是内部绿色管理体系，即针对政府运营全过程所进行的自我绿色管理。通过这种管理，能够改善政府行为，提升政府自身运营效率和环境友好性，以促进全社会可持续消费理念的形成。

首先，要建立政府行为规范，培养政府绿色文化。政府绿色行为规范是政府发扬环境管理的主动精神，结合部门特点，规范政府日常活动的行为守则，用以有效促进资源的循环利用，节约政府开支，降低政府运营成本，提升政府环境意识，培养政府绿色文化。政府绿色行动方案应从绿化办公行为、促进政府节能减排、改善工作环境质量、加强废物管理等方面进行设计。

其次，要推行政府绿色采购，树立政府绿色形象。绿色采购是保护环境、促进环境友好型社会形成的有效途径和手段，政府是最大的消费团体，也是落实绿色采购的关键领域。在我国绿色政府管理体系中推行政府绿色采购，利用政府庞大的采购力量，优先购买对环境影响较小的产品，可以直接获得环境效益和规模效益，树立政府绿色形象。通过政府绿色采购的政策导向和宏观调控作用，能够引导绿色消费，鼓励企业生产绿色产品，推动我国经济结构转型。推行政府绿色采购，借助政府采购中心等代理机构力量，建立规范的采购程序，设置绿色采购标准和技术方法等。

最后，要建立内部监管机制，实施绿色绩效考核。在政府内部建立绿色监管机制，是政府了解评价自身行为、促进部门沟通协调的重要途径。政府内部监管主要通过建立政府绿色绩效考核制度，设定绿色考核指标体系，将部门年度能耗情况和节能降耗水平、绿色行动方案执行情况、绿色产品采购比例等纳入考核指标体系，以提高部门实施内部绿色管理的积极性和主动性。政府还应及时将部门运营情况与考核结果向公众公开，接受公众监督，从而树立政府的绿色形象。

三是外部绿色管理体系，即政府作为管理主体对外实施管理时，在制定目标、决策、执行和监督管理的全过程中都充分考虑环境影响，把环境效益和经济效益、社会效益共同作为政府决策的重要依据。

首先，促进部门协同合作，实现环境辅助决策。为使政府各部门在环境问题上保持一致，可以通过成立高层委员会、牵头机构或召开部门联席会议等方式实现部门协调。为促成合作，应确定牵头机构，充分发挥经济发展相关部门的积极性，通过协商和沟通，识别环境问题，明确各部门环保责任。环境部门作为技术支持部门，应通过法规制定、标准设定、环境监测等相关数据的分析、预测和评价，为各部门决策提供依据，以减少其他部门的发展阻力，实现环境辅助决策。

其次，转变政府管理方式，加强服务引导职能。为提高政府环境管理效率，充分发挥其政策引导、激励刺激、服务保障等职能，我国绿色政府管理体系需要从强制性管理向激励性和自愿性管理转变。为此，在构建绿色政府管理体系时，政府应建立有效的激励机制，通过优惠补贴、技术支持、政策引导、自愿协议等方式，刺激企业和公众的积极参与，并使其成为推进绿色政府管理工作的外在动力。通过引入先进、绿色的产业、技术和方法，促进企业的绿色管理和生产。进一步理顺政府与企业、政府与市场、政府与社会的关系，降低绿色政府管理的执行成本，逐步建立高效、健全的绿色管理机制，实现政府职能从命令型向管理型、服务型的绿色转化。

再次，建立环境报告制度，推动环境信息公开。目前，我国针对环保部门和企业的"环境信息公开办法"已经出台，并对公开信息的范围进行了规定，为我国建立环境报告制度奠定了基础。应进一步扩大环境信息公开的范围，在城市规划部门、政府采购部门、发展和改革委员会等与环境密切相关的部门推行环境报告制度，各部门在报告中根据部门职能和特点制定部门环保目标、规划和环保政策等，汇报实施情况，总结在环境保护方面的成绩与不足，并制定下一年的环保目标。此外，还应进一步鼓励并引导企业建立环境报告制度，公开企业环境信息；建立公众与政府信息互动的工作机制，构建公众参与的信息平台，接受公众监督。

从次，推进绿色宣传教育，提高社会环境意识。绿色宣传教育是绿色政府管理的重要职能之一，政府肩负着提高社会环境意识、宣传环境政策、弘扬生态文明的重任。政府在推行绿色管理过程中，可以通过展示、讨论、有奖征答、问卷调查、主题活动等多途径开展绿色宣传教育活动，增强人们的环境责任感和使命感，树立正确的环境价值观和环境道德风尚，为绿色政府管理奠定坚实基础。政府还可以将绿色宣传教育推广延伸到企业、学校和社区，建立绿色教育基地和绿色社区，倡导节约环保的生活方式，推广绿色消费、绿色出行等绿色行为，引导公众积极参与环境保护。

最后，还需积极推进新型环境政策。与时俱进地引入绿色贸易、绿色信贷、绿色保险、绿色金融、排污权交易等环保新政，为绿色政府管理提供有力的支撑和发展的动力。特别是排污权交易这一在国际上获得承认，在我国试点取得巨大成就的环境管理手段，使排污权交易成为继排污收费制度之后另一个重要的环境政策。

🔍 案例延伸　　三峡集团：技术创新驱动的责任式创新

中国长江三峡集团有限公司（以下简称"三峡集团"）努力实现水电技术创新突破，并积极践行绿色发展理念，利用技术创新助力企业社会责任的履行，取得了良好的社会效益与经济效益。三峡集团的前身是成立于1993年的中国长江三峡工程开发总公司，经过28个春秋，如今三峡集团明确了"两翼齐飞"的发展战略，把长江大保护摆在全局工作的压倒性位置，发挥骨干和主力作用。

突破核心技术，守护动植物

三峡集团在对长江流域进行开发的同时，不忘对流域内的动植物采取保护措施，以避免对长江生态造成破坏。在保护长江流域的植物方面，三峡集团在三峡工程兴建过程中，通过采取建立自然保护区、保护点、种质资源保存、野外迁地保护等多种保护措施，针对三峡地区特有的珍稀植物，如珙桐、荷叶铁线蕨等，掌握了一套拥有自主知识产权的引种驯化和移栽技术。在保护长江鱼类资源方面，三峡集团使用鱼类标记技术，结合数字化技术，让放流的中华鲟体验了"互联网+"的新生活。通过对标记追踪数据的收集整理分析，科研人员掌握了各江段鱼的数量变化、游速差异等信息，从而探寻个中规律。该技术不仅是针对中华鲟的保护，经过收集数据，深入分析，也可以探寻长江各江段其他珍稀鱼类的重点繁殖期、关键影响因素、重点保护区域等，是长江生态保护的重要技术手段之一。

开创"水资源管家"，治理城镇污水

在生态环保领域，三峡集团明确了"两翼齐飞"的发展思路，把长江大保护摆在全局工作的压倒性位置，举全集团之力加快推进，实现由试点先行、拓展合作到全江转段、全面铺开的转变，使长江大保护业务取得新突破。在生态修复、环境保护、长江水电开发、城市污水治理等方面也都取得了新进展。2020年，三峡集团申请了国家重点研发项目——城市多源污泥协同处置。这不只是污水处理厂处理污泥的单一问题，而是一个多主体污泥处理项目。三峡集团联合十家单位集中攻关，除了科研项目本身所列的内容以外，三峡集团也在做配套的物理攻关体系。同时，三峡集团通过探索创新"资本"模式，利用社会资本形成了长江大保护"共抓"工作格局。此外，三峡集团还打造"三峡初心服务队"，宣传三峡治水理念，助力脱贫攻坚；搭建"政府＋企业＋社会组织"多元主体合作模式，举办黑臭水体治理工作座谈会，解决管网堵塞等问题；建设自媒体平台，联结客户、同行和员工，开展污水治理主题报道……一系列共抓共建举措，指引公众参与城镇治水中。

创新模式与路径总结

三峡集团承担长江大保护的职责和使命，提出"两翼齐飞"的发展思路，始终把社会责任与企业发展战略相结合，实现了社会责任与企业利润的"双赢"。三峡集团将长江大保护摆在全局工作的压倒性位置，联合十家单位集中攻关，首创污泥处理技术，通过全方位的持续的技术创新取得优势，突破发展瓶颈，保障了其社会责任的践行。

资料来源：陈劲，冀浩哲，霍旭佳.技术创新驱动的责任式创新：以三峡集团为例 [J].企业管理，2021（11）：117-120.

本章小结

"互联网 +"就是将互联网的创新成果与经济社会各领域深度融合，这势必将推动技术进步、效率提升和组织变革，提升实体经济的创新力和生产力，形成更广泛的以互联网为基础设施和创新要素的经济社会发展新形态。政府的数字化治理，本质上是数字技术为政府治理全过程赋能增势。以数字化、信息化、智能化为核心特征的新一代网络通信技术发展迅猛，正以技术赋能的方式全面推动政务服务的数字化转型。责任式创新要求科技创新需要匹配社会需求，要对伦理、社会、环境议题的改变和影响做出反应，必须有效反映社会需求与社会意愿，反映社会价值与责任，形成共同期望的社会价值。在低碳经济的发展背景下，政府创新管理活动日益复杂，其中政府的关键性角色在于根据低碳经济自身的特点进行政策探索，在其管理理念、管理体制、管理职能上有所创新，实现各要素的共生联动，构建一个适应低碳经济发展的政府管理体系。

思考与练习

1. 未来的政府创新管理有哪些新趋势？
2. 科学技术如何赋能政府创新管理？
3. 什么是责任式创新？开展有责任的政府创新管理有什么意义？
4. 如何使政府创新管理活动更加绿色、可持续？
5. 运用"互联网 +"的相关知识，对本地区的数字治理过程与效果进行分析评价，并提出 1～3 条政府创新管理方面的建设性意见和建议。

📖 参考文献

[1] 陈浩，付皓. 低碳经济的特性、本质及发展路径新论 [J]. 福建论坛（人文社会科学版），2013（5）：29-34.

[2] 陈劲，郑刚. 创新管理：赢得持续竞争优势 [M]. 3 版. 北京：北京大学出版社，2016.

[3] 顾益，陶迎春. 扩展的行动者网络：解决科林格里奇困境的新路径 [J]. 科学学研究，2014，32（7）：982-986.

[4] 胡雯. 基层政务服务数字化转型的路径选择：基于对 E 市 G 区政务服务"融易办"实践的考察 [J]. 领导科学，2024（3）：148-154.

[5] 黄斌，阮英娇. "互联网 +"推进政府治理现代化的作用、目标与路径 [J]. 西安财经大学学报，2021，34（1）：54-60.

[6] 黄栋，胡晓岑. 低碳经济背景下的政府管理创新路径研究 [J]. 华中科技大学学报（社会科学版），2010，24（4）：100-104.

[7] 江诗松，龚丽敏，魏江. 转型经济背景下后发企业的能力追赶：一个共演模型：以吉利集团为例 [J]. 管理世界，2011（4）：122-137.

[8] 喇娟娟. 中国数字政府现代化建设的逻辑链路与实现进路 [J]. 湖南社会科学，2024（1）：137-145.

[9] 李军鹏. 面向低碳经济的政府管理创新 [J]. 领导科学，2010（10）：4-6.

[10] 廖小平，邹巅，袁宝龙. 推动我国绿色发展的模式及路径研究 [J]. 湖南师范大学社会科学学报，2020，49（1）：14-23.

[11] 刘波. 西部地区发展低碳经济的必要性及对策 [J]. 宁夏社会科学，2011（6）：67-69.

[12] 刘华军，吴倩敏. 新时代十年中国绿色发展之路 [J]. 中国人口·资源与环境，2024，34（3）：102-111.

[13] 梅亮，陈劲，盛伟忠. 责任式创新：研究与创新的新兴范式 [J]. 自然辩证法研究，2014，30（10）：83-89.

[14] 梅亮，陈劲，吴欣桐. 责任式创新范式下的新兴技术创新治理解析：以人工智能为例 [J]. 技术经济，2018，37(1)：1-7.

[15] 梅亮，陈劲. 创新范式转移：责任式创新的研究兴起 [J]. 科学与管理，2014，34(3)：3-11.

[16] 梅亮，陈劲. 负责任创新：时域视角的概念、框架与政策启示 [J]. 科学学与科学技术管理，2016，37（5）：17-23.

[17] 孟天广. 以数字政府建设助推中国式现代化 [J]. 前线，2023（10）：28-31.

[18] 沈费伟，曹子薇. 数字如何实现治理：大数据时代数字政府治理的实现路径考察 [J].

公共治理研究，2023，35（4）：20-29.

[19] 盛明科，朱青青. 低碳经济发展背景下政府管理创新的必要性、内容与途径 [J]. 当代经济管理，2011，33（7）：46-51.

[20] 斯科特. 制度与组织：思想观念与物质利益 [M]. 北京：中国人民大学出版社，2010.

[21] 孙越. 区域科技发展的环境评价体系研究 [J]. 南京林业大学学报（人文社会科学版），2016，16（2）：117-125.

[22] 田玉忠，尤强林. 政府在推进和发展低碳经济中的责任 [J]. 贵州社会科学，2010（7）：67-72.

[23] 王明杰，章彤. 低碳经济视角下政府管理创新的路径研究 [J]. 湖湘论坛，2011，24（4）：71-73.

[24] 王琦，鞠美庭，张磊，等. 绿色政府管理体系的构建思路与实践 [J]. 生态经济，2011（7）：180-184.

[25] 王益民，刘彬芳. 数字政府建设的引领驱动作用：价值和推进策略 [J]. 行政管理改革，2023（12）：4-13.

[26] 王益民. 数字政府 [M]. 北京：中共中央党校出版社，2020.

[27] 魏志恒，庞莹. 当前我国发展低碳经济的必要性与节能减排的艰巨性分析 [J]. 生态经济，2010（6）：95-96.

[28] 魏志荣，赵兴华. "互联网＋政务服务" 创新扩散的事件史分析：以省级一体化网上政务服务平台建设为例 [J]. 湖北社会科学，2021（1）：37-46.

[29] 肖雷波，柯文. 技术评估中的科林格里奇困境问题 [J]. 科学学研究，2012，30（12）：1789-1794.

[30] 许宪春，任雪，常子豪. 大数据与绿色发展 [J]. 中国工业经济，2019（4）：5-22.

[31] 薛桂波，赵一秀. "责任式创新" 框架下科技治理范式重构 [J]. 科技进步与对策，2017，34（11）：1-5.

[32] 薛军堂，王嘉. 基于绿色管理视角的政府管理创新 [J]. 科技管理研究，2008（6）：22-24.

[33] 殷成志. 德国城市规划的制度创新：环境鉴定与环境报告制度 [J]. 城市问题，2006（5）：87-91.

[34] 郁建兴. "最多跑一次" 改革 [M]. 北京：中国人民大学出版社，2019.

[35] 苑琳. 构建政府绿色管理的若干战略着力点 [J]. 中国行政管理，2010（12）：118-119.

[36] 张立. 加快建设数字政府 [J]. 旗帜，2024(4)：55-56.

[37] 中共中央文献研究室. 习近平关于科技创新论述摘编 [M]. 北京：中央文献出版社，2016.

[38] 朱效民. 科技体制改革的 "体" 与 "用"：兼谈科技体制改革的一点思路 [J]. 自然辩证法研究，2012，28（7）：68-73.

[39]   邹巍，廖小平. 绿色发展概念认知的再认知：兼谈习近平的绿色发展思想 [J]. 湖南社会科学，2017（2）：115-123.

[40]   金珠. 专家称气候变化成粮食生产不确定因素 [EB/OL]. (2010-11-05)[2024-08-27]. https://www.chinadaily.com.cn/zgrbjx/2010-11/05/content_11504568.htm.

[41]   LAZAR R, GIANLUIGI V. Information technology governance in public organization theory and practice[M].Berlin: Springer, 2017.

[42]   MACNAGHTEN P, OWEN R, STILGOE J, et al. Responsible innovation across borders: Tensions, paradoxes and possibilities[J].Journal of Responsible Innovation, 2014, 1 (2): 191-199.

[43]   MORRISJ, WILLISJ, MARTINISL. Science policy considerations for responsible nanotechnology decisions[J].Nature Nanotechnology, 2011, 6 (2): 73-77.

[44]   PANDZA K, ELLWOOD P. Strategic and ethical foundations for responsible innovation[J]. Research Policy, 2013, 42 (5): 1112-1125.

[45]   RODRIGUEZ H, FISHER E. Integrating science and society in European framework programmes: Trends in project-level solicitations[J].Research Policy, 2013, 42 (5): 1126-1137.

[46]   ROGERS M. Diffusion of innovations[M].New York: Simon and Schuster, 2003.

[47]   SCHOMBERG V. Vision of responsible research and innovation[J].Responsible Innovation, 2013 (5): 51-74.

[48]   SUTCLIFFE H. A report on responsible research and innovation[J].DG Research and innovation of the European Commission, 2011 (4): 24.

[49]   WILLIAMSON B. Political computational thinking: Policy networks, digital governance and "learning to code"[J].Critical Policy Studies, 2016, 10 (1): 1-20.